Rainer Kirsch
Werke IV

Rainer Kirsch

Essays & Gespräche

Werke / Band IV

Eulenspiegel Verlag

Das Wort und seine Strahlung

Über Poesie und ihre Übersetzung

Gedichte sind Fenster. Wir sehen durch sie hindurch. Wohin? Auf die Welt, gespiegelt in einem Ich, das sich zum Sprecher aller gemacht hat, wer immer »alle« diesem Ich sind. Gedichte sind Spiegel der Seele. Was wird gespiegelt? Unser Ich, das unsichtbar ist und sich sichtbar macht, indem es die Welt in einem ernsten Spiel verzerrt. Die Verzerrungen der Welt in den Bildern und Tönen der Kunst sind die Zeichen, die uns das Ich erkennen lassen – in großer Poesie als Zentrum einer Welt und als Vor-Bild menschlicher Selbstverwirklichung, welche Finsternisse immer geschildert werden. Gedichte sind Gegenstände aus Sprache. Sprache bildet nicht nur Welt ab, sondern auch Beziehung des Menschen zur Welt, die ein assoziierter Kampf um seine Freiheit ist. In diesem Kampf versichert sich das Subjekt nicht nur mit Hilfe der Wissenschaft arbeitend der Dinge, sondern auch mit Hilfe der Kunst tätig anschauend seiner selbst. Poesie verzerrt Welt in der Sprache, indem sie durch die rhythmische Organisation des Verses die Wörter auflädt, so daß diese mehr bedeuten als die Dinge, die sie benennen: das Ich, seine Affekte, Strebungen, Wünsche werden arbeitend anwesend im Benannten. So spiegelt das Gedicht in der Sprache das Ich, setzt es in Schwingungen und erzieht es, damit seine Freiheit möglicher werde.

1

Von den sieben Kennzeichen der Poesie, die Christopher Caudwell in einem 1937 postum veröffentlichten Essay* aufzählt, lautet das erste *Poesie** ist rhythmisch*, das zweite *Poesie ist schwer zu übersetzen*. Caudwell erläutert: »Wenn Übersetzungen gute Poesie sind, ... sind es eigentlich Neuschöpfungen. Die von ihnen neu geschaffene poetische Emotion hat nur selten mit der vom Original hervorgerufenen Ähnlichkeit.« Statt »schwer« stünde also genauer »schwerlich«, die These meint: Poesie ist nicht übersetzbar.

Dafür lassen sich gute Gründe sammeln. Wir stellen uns einen Nachdichter vor, der Matthias Claudius' »Abendlied« in seine Sprache bringen soll:

> Der Mond ist aufgegangen,
> Die goldnen Sternlein prangen
> Am Himmel hell und klar;
> Der Wald steht schwarz und schweiget,
> Und aus den Wiesen steiget
> Der weiße Nebel wunderbar.

Der Nachdichter, nehmen wir an, beherrscht das Deutsche soweit, daß er den Sinn jeder Zeile versteht, oder ihm liegt neben Angaben zu Versmaß und Reim eine wörtliche Übersetzung (Rohübersetzung, Interlinearversion) vor. Diese würde, zurückübersetzt, etwa lauten:

> Der Mond ging auf,
> goldene Sternchen glänzen prächtig
> hell und klar am Himmel;
> während der Wald schwarz dasteht und schweigt,
> erhebt sich aus den Wiesen weißer Nebel
> wie ein Wunder.

---

* *Deutsch »Illusion und Wirklichkeit«, Dresden 1966. Caudwells Arbeit ist für die Literaturwissenschaft der DDR kaum wirksam geworden.*
** *Daß Caudwell zur Poesie auch Versdramen rechnet, lassen wir unberücksichtigt.*

Resignation muß ihn befallen: aus oft gebrauchten Floskeln, die eine Art Wetterbericht ergeben, soll er gute Poesie machen! Was kann der Nachdichter tun? Wir sehen drei Möglichkeiten, oder vier.

Erstens. Er lehnt die Arbeit ab. Zweitens. Er stellt, weil ihm Geld, Gewissen oder tiefere Einsicht fehlen, ein ärmliches Surrogat her. (Das widerfuhr Puschkin, der sich nun deutsch wie ein beliebiger drittklassiger Dichter vom Range eines Tieck liest.) Drittens. Er macht das Original zum Anlaß für ein eigenes Werk, das mit jenem gewisse Wendungen, das Reimschema, die Situation o.ä. gemeinsam hat. Man nennt das oft *freie Nachdichtung;* der Ausdruck ist, je nachdem wie wir »frei« definieren, leer, logisch widersprüchlich oder sinnlos. Ergebnis des Verfahrens können bedeutende Adaptionen sein, wie in Goethes »West-östlichem Divan«, oder Texte in der Art der Villon-Verschnitte Paul Zechs, deren Gewissenlosigkeit jeden schütteln muß, der ein Villon-Gedicht wenigstens in der Rohübersetzung gelesen hat. Die vierte Möglichkeit – der Nachdichter findet eine Fassung, deren neu geschaffene poetische Mitteilung der des Originals ähnlich ist – gliche im Sinne Caudwells ungefähr der Chance des Sisyphos, seinen Felsbrocken auf der Bergspitze zum Balancieren zu bringen: Caudwell hält sie für theoretisch. Dies auch, weil, wie unser Beispiel zeigt, ein Gedicht selbst in der Originalsprache nicht *umschrieben* werden kann: mit anderen oder den gleichen, nur anders geordneten Wörtern wiedergegeben, verliert es sein Leben. Wir alle mußten in der Schule Gedichte nacherzählen, kennen also den Vorgang.* Sätze

---

* Das heißt nicht, wir hielten erläuternde Analyse von Gedichten für nicht möglich oder nicht wünschenswert. Vielmehr kann sie das Verständnis für Poesie vertiefen. So sollte in der Schule Krylows »Grille und Ameise« (Lesebuch der 3. Klasse) zusammen mit Brechts »Die Vögel warten im Winter vor dem Fenster« (im Lesebuch nicht enthalten) besprochen werden, um zu zeigen, wie anders – nämlich positiv – Brecht ästhetische Aktivität wertet als Krylow. Analyse unterscheidet von Umschreibung, daß jene ein Gedicht erhellen, diese es ersetzen will, womit sie es nicht bloß verdunkelt, sondern aus der Welt schafft.

der gewöhnlichen Rede dagegen sind immer umschreibbar: ihr Sinn ist mit anderen Worten exakt auszudrücken. Auch Märchen, wissenschaftliche Abhandlungen und die meisten Romane verlieren, verständig nacherzählt, kaum an Substanz und überstehen darum eine Übersetzung meist ohne größeren Schaden. Wieso aber gleicht ein Gedicht einem hochempfindlichen Organismus, dessen Teile weder untereinander noch gegen fremde auszutauschen sind, ein Roman dagegen mehr einer robusten Pflanze, der man allerhand herausschneiden kann, ohne daß sie eingeht? (Man bedenke, welche Amputationen Defoes »Robinson Crusoe« in den Fassungen für Kinder aushalten mußte, und ausgehalten hat.) Weshalb sind Auswahl und Anordnung der Wörter im Gedicht so endgültig und bleiben, bei Strafe der Zerstörung, die einzig möglichen?

Caudwells weitere fünf Merkmale heißen: *Poesie ist irrational* (ihre Sätze genügen nicht dem Wahrheitskriterium der Wissenschaft und erheben darauf keinen Anspruch); *Poesie ist aus Wörtern zusammengesetzt* (statt wie gewöhnliche Rede und Prosa aus Sätzen); *Poesie ist nicht symbolisch* (ihre Wörter sind nicht reine Zeichen wie die Symbole der Mathematik, die nur für Klassen, Beziehungen von Klassen usw. stehen, als Zeichen aber keinerlei eigenen, »persönlichen« Wert haben und deshalb restlos übersetzbar sind); *Poesie ist konkret* (die poetischen Aussagen »Meine Geliebte ist eine rote Rose« und »Meine Geliebte ist eine weiße Lilie« enthalten keine Verallgemeinerung, können also gleichzeitig im gleichen Zusammenhang gelten, das Gesetz vom ausgeschlossenen Dritten ist auf sie nicht anwendbar); *Poesie wird durch konzentrierte Affekte gekennzeichnet* (die kollektive, nicht private Affekte sind).

Caudwell selbst meint, sein Merkmal *Poesie ist aus Wörtern zusammengesetzt* gehe aus dem zweiten *Poesie ist nicht übersetzbar* hervor; tatsächlich dürfte es sich eher umgekehrt verhalten. Auch die Merkmale drei, fünf und sechs betreffen das gleiche Problem. Andererseits gehören die Merkmale *Poesie ist rhythmisch* und *Poesie wird durch konzentrierte Affekte gekennzeichnet* offenbar zusammen. Wir könnten so formulieren: (1) Poesie vermittelt, weil sie rhythmisch ist, konzentrierte Affekte, (2) Poesie ist aus Wörtern zusammengesetzt, folglich irrational, nicht symbolisch und konkret, folglich nicht übersetzbar. Und, indem wir vermuten, daß (1) und (2) nicht ohne Zusammenhang existieren, sondern einander bedingen: *Poesie besteht aus rhythmisch angeordneten Wörtern**, darum läßt sie sich nicht übersetzen.

---

* J. Tynjanow bestimmt in seinem Aufsatz »Das literarische Faktum« ähnlich: »Literatur ist Rede-Konstruktion, die als Konstruktion empfunden wird, d. h. dynamische Rede-Konstruktion.« – »Im Vers ist der Rhythmus der vorwaltende Konstruktionsfaktor, die semantischen Gruppen sind das Material. In der Prosa bildet die semantische Gruppierung (das Sujet) den Konstruktionsfaktor, während die rhythmischen Elemente des Wortes das Material liefern.« Durch Einsetzen würden wir erhalten: Poesie ist dynamische Rede-Konstruktion mit dem Rhythmus als vorwaltendem Konstruktionsfaktor. *Doch geht Caudwell, wo Tynjanow nur linguistisch und literaturhistorisch argumentiert, auch anthropologisch vor und kann so umfassender sein.*

2

Dennoch wird Poesie seit Jahrhunderten übersetzt. Das besagt freilich kaum etwas; allgemeine Zustimmung ist kein Kriterium für Wahrheit. Ebensowenig garantieren beliebige Gepflogenheiten, daß das, was sie wollen, durch sie auch befördert würde. Allerdings deuten sie auf ein – wirkliches oder von Machtgruppen künstlich erzeugtes – gesellschaftliches Bedürfnis, andernfalls würden sie aus Gründen der Ökonomie verschwinden. Selbst der Teufel ist so eine geschichtserhellende Figur: er läßt auf den Wunsch schließen, miserable Zustände kausal zu erklären, und auf politisches Interesse, den Wunsch durch eine tiefen- und massenwirksame Hypostase zu stillen, also abzuleiten. Daß Poesie seit Jahrhunderten übersetzt wird, beweist somit nicht ihre Übersetzbarkeit, wohl aber, daß die Gesellschaft übersetzte Poesie verlangt, wo nicht braucht.

Das rührt aus der Entwicklung der Kommunikation in geschichtlich neuerer Zeit. *Die Bourgeoisie hat durch ihre Exploitation des Weltmarkts die Produktion und Konsumtion aller Länder kosmopolitisch gestaltet. ... An die Stelle der alten lokalen und nationalen Selbstgenügsamkeit und Abgeschlossenheit tritt ein allseitiger Verkehr, eine allseitige Abhängigkeit voneinander. Und wie in der materiellen, so auch in der geistigen Produktion. ... Die nationale Einseitigkeit und Beschränktheit wird mehr und mehr unmöglich, und aus den vielen nationalen und lokalen Literaturen bildet sich eine Weltliteratur,* schreiben Marx und Engels 1847.

Heute ist Literatur Weltliteratur*, und alles in Kunstabsicht Geschriebene hat an ihrem, im Gang der Geschichte jeweils anders leuchtenden Kosmos sich zu messen, wie Isolationisten und Provinz-Poeten immer dagegen heulen

---

* *Der Begriff hat in seiner Anwendung freilich oft etwas Europazentristisches – für viele ist Europa, oder nur ein Stück davon, die Welt.*

mögen – es gibt Prozesse, die sich nicht zurücknehmen lassen. (Deutsche Literatur beginnt großenteils mit Übersetztem, und das lange vor Luther: Heinrich von Veldeke, Hartmann von Aue, Wolfram von Eschenbach übertrugen französische und lateinische Vorlagen. Freilich war künstlerisches Übersetzen damals gleichzeitig Bearbeitung, da unser Begriff des *geistigen Eigentums* unbekannt war. Übersetzung heute ist an diesen Begriff gebunden, der mit dem Bürgertum aufkam und dem ideologisch das sich emanzipierende Individuum, ökonomisch das Kunstwerk als Ware entsprechen.) Inzwischen ermöglicht eine Schar von Berufsübersetzern in jedem entwickelteren Land die Zirkulation, die Literatur als Weltliteratur wirklich macht. Betrachten wir ästhetische Aktivität, damit auch Kunst als für die Menschheit lebensnotwendig und berücksichtigen die Schlüsselstellung der Literatur im System der Künste, folgt daraus die gesellschaftliche Funktion der Übersetzung heute. Sie berührt auch die Produktion von Literatur – ohne Weltkenntnis und Kenntnis von Weltliteratur wird kaum ein Schriftsteller mehr Bleibendes leisten, selbst Naive sind heute belesen. Bedeutende Schriftsteller haben in den letzten zwei Jahrhunderten immer wieder selbst übersetzt, manche ihr Bestes gerade darin geleistet – wenn gesagt wird, die eigentlich bleibende Leistung der deutschen Romantik seien die Shakespeare-Übersetzungen, könnte das stimmen, gäbe es nicht E. T. A. Hoffmann und Heinrich von Kleist –; nur gelegentlich war Anlaß der Übertragung soziale Not.

Und die Poesie? Denn daß, auch in Versen verfaßte, epische und dramatische Werke meist ohne Verlust ihrer Identität übersetzbar sind, gilt als sicher. Gewiß kennen wir Thomas Manns gefaßte Resignation, als er die Perioden seines »Doktor Faustus« in der englischen Fassung zerlegt sah – geschachtelte Sätze werden im Englischen, da die Substantive dort nur ein Geschlecht haben, bei größerer Länge unverständlich. Bekannt ist, wie schwer Dialektismen, oder Wortspiele – die mit dem Kontrast von Klangähnlichkeit und Bedeutungsunterschied arbeiten – in fremden wie in der eigenen Sprache sich wiedergeben lassen. In allen drei Fällen dienen Syntax oder Wörter nicht nur zum Ausdruck eines Sachverhalts (symbolisch im Sinne Caudwells), sondern enthalten Mitteilungen, die darüber hinausgehen. Damit wären wir ungefähr bei der Frage des Anfangs. Die Genres der Literatur existieren ja selten rein – Romane, Theaterstücke enthalten poetische Elemente oder Passagen, Gedichte erzählende. Leichtere oder schwerere Übersetzbarkeit hängen so auch vom »Typ« des Originals ab; ein Roman, der viel äußeres Geschehen schlicht berichtet, wird leichter zu übersetzen sein als einer, bei dem der Stil wichtige Funktionen des Sujets übernimmt, es stark »einfärbt«. Shakespeares Stücke enthalten ganze Passagen, die nicht nur poetisch, sondern Poesie sind. Die Handlung ruht dann gewissermaßen aus, die Sprachmittel werden auf die Vertiefung eines bewertenden Gefühls beim Zuschauer versammelt.*

Doch wird auch inadäquate Übersetzung solcher Stellen das Drama nicht zerstören, da dieses anderen Gesetzen folgt: Das Zusammenprallen der Figuren, der Weg des Helden zu Triumph oder Untergang, die *Handlung* bildet sein vergleichsweise robustes vorwaltendes Konstruktionselement. Umgekehrt braucht ein Gedicht, überschreitet es eine gewisse Länge, zusätzliche Transportmittel, die unser Interesse wachhalten: es bekommt, nach einem Hinweis Tynjanows, ein *Sujet* und geht in die Epik über, was dann auch für die Übersetzbarkeit Folgen hätte. So wäre Dantes

---

* *Das gilt für die literarische Seite des Textes. In der Darstellung auf der Bühne können solche Stellen durch Aktionen gebrochen, bloßgestellt, kommentiert werden. Doch betrifft das nicht nur poetische Stellen. Mirandas Worte »O schöne neue Welt« beim Anblick der Schiffsbesatzung (Shakespeare, »Der Sturm«, V/I) sind von ihr ganz ernst gemeint, in Wirklichkeit steht sie Halunken und potentiellen Mördern gegenüber. Undurchdachte Aufführungen verschmieren die große Metapher gern zur Idylle.*

»Göttliche Komödie«, entbehrte sie der epischen Fabel und des ausgebreiteten Stoffs, auf die Dauer nicht lesbar – kein Mensch kann 14 000 Verse lang konzentrierte Affekte aufnehmen. Teile der »Göttlichen Komödie« dagegen können wir als reine Poesie lesen. Andererseits finden wir in Arno Schmidts von Jargon, Dialekt, deutsch-englischen Wortwitzen und expressiven Metaphern durchsetzten Texten, die extrem schwer übersetzbar scheinen, nicht zufällig oft überschaubare, der Trivialliteratur entliehene Sujetklischees, die durch Schmidts – ohnehin temporeiche – kalkuliert ruppige Fügungen zum Weiterlesen treiben.

Kurz, Romane und Stücke lassen sich in der Regel übersetzen. Und Poesie?* Können Gedichte nur im Original gelesen, d. h.: müssen Sprachen gelernt werden? Welche? Die verbreitetsten: Chinesisch, Englisch, Russisch, Spanisch, Französisch? Wer einmal den Ergebnissen achtjährigen Russischunterrichts an unseren Schulen begegnet ist, muß die gewiß schöne Forderung für illusionär und snobistisch halten. Poesie kleinerer Nationen wäre auch dann außerhalb des Verkehrs. So bliebe, auf die Gedichte der eigenen Sprache sich zu beschränken: der Ausschluß der Poesie aus dem System der Weltliteratur.

Nun ist aber deutsche Poesie der letzten zweihundert Jahre nicht denkbar ohne den Einfluß altgriechischer, englischer, französischer Dichtung.** Politisch gesprochen, sind wir überzeugt, das Nationale könne nur blühen als vermittelter Teil des Weltprozesses. Nationalismus ist ohnehin eines

---

* *Die Lösung, Poesie müsse statt übersetzt eben übertragen oder nachgedichtet werden, lassen wir außer Betracht. Sie verschiebt das Problem nur auf die Definition dieser Wörter. Caudwells* übersetzen *meint genau das, was andere mit* nachdichten *oder* übertragen *sagen wollen. Wir gebrauchen die drei Ausdrücke synonym.*
** *Man könnte hier sagen, die nationalen Poesien begegneten sich eben in den Dichtern, die womöglich Zeit haben, Sprachen zu lernen. Doch hat nicht überall Poesie einen so schütteren Leserkreis wie im deutschen Sprachraum, wo, wie ein melancholischer Autor meint, fast nur die Dichter Gedichte lesen.*

der großen Übel gegenwärtiger Geschichte; sollen wir noch glauben müssen, Poesie, die wir lieben, sei nur von wenigen, dazu aussterbenden Kennern international kommunizierbar? Wir möchten es nicht und flüchteten uns lieber in die Hoffnung, Poesie sei doch zu übersetzen. Um diese Hoffnung möglicherweise zu begründen, müssen wir Fragen aufnehmen, die im Gang unserer Erörterung bisher liegengeblieben sind. Sie lauten:

Wie fungiert Sprache in der menschlichen Gesellschaft? Was bedeutet Rhythmus für den Menschen? Welchen Ursprung und gesellschaftlichen Sinn hat Poesie? Was wollen wir unter *übersetzen* verstehen? Was hat es mit Caudwells These, Poesie bestehe aus Wörtern, auf sich? Welche Schichten der Mitteilung lassen sich in einem Kunstwerk unterscheiden?

3

Sprache kommt aus dem Laut. Dieser ist zunächst instinktiv: Reaktion auf einen Reiz, der Lust oder Schmerz macht oder erwarten läßt. Da das Lebewesen nicht allein, sondern mit Artgenossen (zumindest im Paar) lebt, wird der Laut für die anderen zur Information: er zeigt etwas an.* Und zwar einmal den inneren Zustand dessen, der den Laut ausstößt, zweitens das, was diesen Zustand verursacht hat: etwas Äußeres, ein Ding, eine Bewegung. So wird der Laut zum »Namen« für dieses Äußere und bekommt eine Bedeutung: das und das ist da. Gleichzeitig bewegt er den, der den Laut hört, sein Verhalten zu ändern: er reagiert, als hätte er das, was der Laut anzeigt, selbst wahrgenommen.
Das Modell, das wir bei Vögeln und Säugetieren finden, gilt auch für menschliche Sprache.** Wörter (Sätze) zeigen einen inneren Zustand des Sprechenden, beschreiben äußere Gegenstände (Sachverhalte) und sind an jemand gerichtet, d. h. bewirken oder ermöglichen eine Anpassung seines Verhaltens an die mitgeteilten Umstände.***

---

* *Es gibt unter Lebewesen andere Mitteilungsmedien. Bienen zeigen sich durch »Tänze« die Richtung einer Nahrungsquelle. Doch ist bei den meisten höheren Tieren neben dem Geruchs- der Gesichtssinn für das Erfassen der Umwelt am wichtigsten geworden: er allein informiert über größere Raumabschnitte und macht so sichere Bewegung möglich. Das Gehör wurde so frei für die Aufnahme von Lautmitteilungen, deren Vorteil ist, daß sie auch bei optisch ungünstigen Bedingungen (die weit häufiger sind als akustisch ungünstige) ausgetauscht werden können.*
** *Nach einer Hypothese von Tembrock ist menschliche Sprache aus* Geste *und* Grimasse *entstanden, die von Lauten zunächst nur begleitet waren. Dafür würde sprechen, daß Schimpansen bis einhundert optische Wortzeichen verstehen und benutzen lernen können, u. a. solche für abstrakte Beziehungen wie »wenn – so« und »ist Zeichen für«, aber kein einziges akustisches, und daß bei primitiven Stämmen (Buschmännern) die Verständigung zusammenbricht, wenn der Zuhörende das Gesicht des Sprechenden nicht mehr im Blick hat.*
*** *Georg Klaus (»Die Macht des Wortes«, Berlin 1964) bezeichnet diese Grundfunktionen der Sprache mit Bühler als Symptom-, Symbol- und Signalfunktion.*

Sprechen wir oder schreiben, treten die drei Funktionen »gemischt« auf. Jede kann aber die anderen zurückdrängen, bis sie verschwinden. Bei höchster innerer Erregtheit wird Sprache zum Stöhnen oder Schrei aus Lust oder Schmerz: die erste Funktion herrscht allein, die Sprache ist Ton geworden, der nur Inneres ausdrückt. Musik stilisiert diesen äußersten Zustand* und hebt ihn auf ins Gesellschaftlich-Humane; wie zur Korrektur ihres aus Stöhnen und sprachlosem Rufen gewonnenen Materials zwingt sie sich beim Auswählen und Ordnen der Töne zu höchster Strenge. In den Formeln der Mathematik hat die zweite, symbolische Funktion die anderen verdrängt (obwohl den Eingeweihten auch Formeln anregen mögen, nach Brecht ist Erkennen überhaupt ein Vergnügen, hat also noch seine Affektseite). Beispiel für das Vorherrschen der dritten Funktion wäre eine Rede, in der der Redner alle Tatsachen der Außenwelt als zu vernachlässigende Größen behandelt, um seine Zuhörer zu bewegen, in eine Schlacht zu ziehen und freudig zu sterben. (Wie die drei Funktionen in Poesie »gemischt« sind, versuchen wir später zu bestimmen. Vorläufig scheint uns, daß die erste und dritte die symbolische zurückdrängen, doch nicht ausschalten, vielmehr auf ihr aufbauen.)

Sprache ist ein Mittel zur Veränderung der Umwelt. Der Mensch der altsteinzeitlichen Horde erlebte das unmittelbar praktisch. War ein Ding benannt und wurde die Benennung verstanden, stieg die Arbeitsproduktivität: das Benannte konnte gemeinsam bearbeitet werden. Aneignung – Benennung – leichtere Aneignung waren Schritte zur Beherrschung der Welt, d. i. zu größerer Freiheit. Daher später die Vorstellung, der Name – als verfügbarer Teil der Sache – verleihe Macht über das Benannte, die noch heute, nicht nur in der Politik und im Märchen, lebt.

---

* Curt Sachs (deutsch »Die Musik der alten Welt, Berlin 1968) nimmt zwei Quellen der Musik an: die pathogene, aus dem ekstatischen Schrei, und die logogene, aus dem Vorsichhinplappern, »Litaneien«.

Doch ist Sprache auch ein Mittel zur Veränderung des Ich. Dieses ist in der Frühzeit wenig mehr als ein Bündel von Trieben und Affekten*, die den Menschen steuern und zu ihrem Sklaven machen: sie wollen gestillt sein und lassen ihm keine Wahl. Möglichkeit zur Wahl ist aber Voraussetzung für geplantes Handeln, das Arbeit ist. So mußte das Ich den Erfordernissen gemeinsamer Produktion angepaßt, die Triebe mußten zivilisiert werden. Dies ist Vermenschlichung, ein gesellschaftlicher Prozeß. Offenbar genügte gemeinsame Arbeit dafür nicht. So gab es schon in der Steinzeit rituelle Tänze zur psychologischen Arbeitsvorbereitung: waren die Waffen zur Jagd, die Werkzeuge zur Ernte gerichtet, mußte auch das Ich für die lebenswichtige Unternehmung gerüstet, Angst zurückgedrängt, Selbstsicherheit, damit zweckdienliches Zusammenspiel der Körperfunktionen geweckt werden. Als später zum arbeits-

* *Wir folgen hier Caudwells Argumentation, setzen aber für »instinct« Triebe und Affekte. Trotz verwirrender Terminologie scheint sich folgender Sprachgebrauch einzubürgern:* Reflexe *sind stereotype vom Großhirn nicht gesteuerte Teilreaktionen auf einen Reiz (Lidschlußreflex, wenn ein Fremdkörper sich dem Auge nähert);* Instinkte *sind neurophysiologisch vorprogrammierte stereotype Verhaltensabläufe (Balzverhalten bei Tieren, Tötungshemmung bei innerartlichen Kämpfen), zu deren Auslösung es einer inneren Bereitschaft und äußerer Schlüsselreize bedarf;* Triebe *sind innere Dränge, die durch Instinkthandlungen, beim Menschen auch durch bewußtes Verhalten zeitweilig befriedigt werden können (Hunger, Sexualtrieb, Erkundungstrieb, Spieltrieb);* Affekte *sind subjektive Begleitzustände von Verhaltensabläufen oder -bereitschaften (Lust, Unlust, Angst, Freude, Wut, Ekel usw.). Manche Autoren lehnen den Ausdruck »Trieb« ab, weil er nur etwas bezeichne, statt es zu erklären; doch rechnen auch die Physiker mit der Gravitation, ohne sie erklären zu können. – Die Instinktausrüstung ist beim Menschen weitgehend verlorengegangen, d. h. es gibt nur wenige vorprogrammierte Verhaltensabfolgen auf Schlüsselreize. Die inneren Faktoren der einstigen Instinkte wirken jedoch weiter. So muß der Mensch, will er nicht die gesamte Skala möglicher Verhaltensweisen jedesmal durchspielen, vorteilhafte Verhaltensweisen aussondern, intellektuell und affektiv bewerten und weitergeben, d. h. eine Moral (System gesellschaftlich relevanter Verhaltensregeln) entwickeln. Einen arterhaltenden Wert dürfte dabei einmal die Umrichtung von Triebenergien auf ein produktives oder doch nicht schädliches Ziel haben, die sich schon bei Tieren findet, zum anderen die Differenzierung der begleitenden Affekte, d. h. die Herstellung einer verfeinerten inneren Wertskala, die entsprechend abgestuftes Verhalten möglich macht. Eben das nennt man Erziehung der Gefühle.*

vorbereitenden rhythmischen Tanz das Wort kam, war das der Ursprung der Poesie.

»Beeinflussung« des eigenen inneren Zustands finden wir, als Instinkthandlungen ritualisiert, schon bei Tieren. In Horden lebende Affen trommeln vor einem Kampf mit den Fäusten auf ihren Brustkorb und stoßen dazu Schreie aus. Ostinater Rhythmus und Gebrüll schütten ein Gemisch innerer Sekrete, darunter Adrenalin, ins Blut, was bei positiver Ausgangsstimmung Euphorie erzeugt, die Körperkräfte steigert, Kot- und Harnabsonderung stoppt und das Nervensystem gegen ablenkende Reize, wie Wundschmerz oder Nachdenken über den Sinn des Kampfes, abstumpft.* Kampfgebrüll gehört noch heute zur Ausbildung US-amerikanischer Ranger; bis ins 20. Jahrhundert zogen europäische Armeen im Gleichschritt und unter Trommelwirbel in die Schlachten. Die Notwendigkeiten gemeinsamer Produktion zwangen die Steinzeitmenschen, derartige Abläufe für ihren Kampf mit der Natur neu zu ordnen.

Das Erlebnis des Rhythmus im eigenen Körper, in Herzschlag, Atem, sexueller Vereinigung, gehört sicher zu den ersten Erfahrungen des Menschen über sich selbst. Äußerer, durch Schreiten, Stampfen, »Tanz« erzeugter Rhythmus änderte den inneren, trieb das Herz schneller. Er stellte Wohlgefühl her und brachte die tanzenden Individuen der Horde auf eine Frequenz. Indem der Tanz vom Individuellen und Intellektuellen wegkonzentrierte, schuf er eine Art kollektives Ich. Die Entindividualisierung mag ein Rückfall scheinen. Doch fungierte sie als Mittel: das durch

---

* Schreien bei starkem Schmerz zeigt so nicht nur Schmerz an, sondern lindert ihn auch. Daß Leid erträglicher wird, wenn man es anderen mitteilt, ist eine parallele Erscheinung, beruht aber auf anderen Mechanismen: der anteilnehmend Zuhörende wird zu einer Person mit Heimvalenz. Die Verknüpfung dieser (positiven) Valenz mit der negativen des Mitteilungsinhalts kann dann frühere Assoziationen löschen und den endokrinen Spiegel ausgleichen.

den Rhythmus erregte und auf einen kollektiven Grundbestand reduzierte Ich wurde empfänglich für »aufmodulierte« Regulierungen – für die Erziehung (Zivilisierung) der Triebe und Affekte.

Solche Wirkung hat nicht nur der zeitliche Abstand zwischen Ritus und Arbeit, der dem Tanz erste Elemente eines, wenngleich ernsten, Spieles gibt. Wer spielt, hat auch hochbeteiligt eine Spur von Distanz.* Vielmehr hatten die Tanzenden gemalte oder modellierte Abbilder der Jagdtiere vor sich, nach denen, wie Funde zeigen, Waffen geschleudert wurden. Die Bilder und Tätigkeiten wurden so Modulatoren des empfänglich gemachten Ich – sie richteten Triebe und Affekte auf ein produktives Ziel. Malerei, Skulptur, Pantomime nehmen hier ihren Ausgang. Später dürften zum Tanz rhythmisch gerufene Wörter gekommen sein. Wir nehmen an, daß es sich um einfachste Sätze handelte, wie »Hirsch – treffen!«, »Hirsch – töten!«, »Tötet den Hirsch!«. Verglichen mit den Bildern ist das hohe Abstraktion, die Vorstellungskraft verlangt und erzeugt. Ungleich stärker als Bild und Skulptur setzen die Wörter durch ihre Bedeutung gerichtete und in Grenzen gehaltene, doch individuell strahlende Phantasie in Gang, »bauen« also das reduzierte Ich als vergesellschaftetes individuell wieder »auf«.

Wir können nun deutlicher machen, was *Poesie ist aus Wörtern zusammengesetzt* heißt. Eine Horde von Steinzeitmenschen sei in einer Höhle um ein Feuer versammelt. Es sei »draußen« dunkel, Abend. Primitive Instrumente, Rasseln, Klappern, Stampfröhren, oder die Versammelten

---

Das gilt auch, wenn, wie Völkerkundler feststellen, rituelle Handlungen oder Wörter »für die Sache selbst« gehalten werden. Die Formulierung scheint ungenau. Selbst Steinzeitmenschen dürften kaum versucht haben, eine Höhlenmalerei oder ein Wort an Stelle des Jagdtieres zu braten und zu essen. Dies allein aber wäre Identifikation; *alles andere enthält ein »als ob« und etwas Regelhaftes, wie es dem Spiel eigen ist.*

selbst mit Füßen und Händen erzeugen einen ostinaten, langsam sich steigernden Rhythmus. Die Männer umstehen in Waffen das Feuer, umschreiten es dann. Ihre Körper nehmen den Rhythmus auf, die Bewegung wird Tanz. Schreie mögen folgen, darauf, wechselnd zwischen Vorsprecher und Gruppe, der rhythmisierte Ruf *Tötet den Hirsch!*, der, durch Rasseln, Stampfen, Schläge neu vorbereitet, sich steigernd wiederholt wird. Welche Fülle von Assoziationen wird in den erregten, der Trance zutreibenden Jägern geweckt werden! *Tötet!* – das ist der Vorgang des Tötens –; die Kraft, die der geschwungene Arm dem Speer aus dem Körper mitteilt –; die eigene Macht, die todbringend unwiderstehlich in die Ferne wirkt. *Hirsch* – das Tier, mit großem Geweih, dünnen Beinen –; das schnellfüßig flieht –; das getroffen zusammenbricht, aus dem Blut strömt –; Lebenskraft, die in den Jäger übergeht –; Hunger, der gestillt wird. Dazu die Umstände der Jagd, hoher Wald oder Steppe, Nacht oder Morgengrauen, Lauern, Verfolgung, Sieg. Dadurch, daß die rhythmisierten Wörter Bündel von Assoziationen auslösen die ihrerseits mit Affekten besetzt sind, erhält der Satz einen intensiven Gefühlston, den er sonst nicht hat. Der durch die Energiezufuhr des Rhythmus angeregte psychische Strom lädt gleichsam die Wörter auf, bringt sie zum »Strahlen«, so daß diese wiederum das Ich in Schwingungen setzen, Bilder, Vorstellungen, Gefühle und Gestimmtheiten heraufrufen. Ruft dagegen ein Jäger tagsüber die gleichen Worte anderen zu, die einen Hirsch nicht bemerken, heißt der Satz nichts als »Da ist ein Hirsch – schießt ihn!«: er ist rein informativ (symbolisch) und auffordernd; würde er Assoziationen und Gefühle auslösen, wäre das störend – die Lage verlangt kaltblütiges Handeln. Vergleichen wir die beiden gleichlautenden Wortfolgen, haben wir im Prinzip den Unterschied zwischen Poesie und gewöhnlicher Rede.

Natürlich sind rhythmisierte Wörter noch keine Poesie, die Höhlenmalereien von Lascaux strenggenommen vielleicht noch keine Kunst. (Auch das rhythmische, mitunter gereimte Gebrüll bei heutigen Fußballkämpfen, das sicher ausreichend Adrenalin in die Blutbahnen gießt, würden wir nicht Poesie nennen. Ob und wie poetische Wortfolgen heute auch über innersekretorische Mechanismen wirken, müßte die Medizin ergründen, falls dafür Meßmethoden möglich sind. Allerdings scheint über die physiologischen Substrate ewotionaler Vorgänge noch wenig bekannt.) Doch wenn die Wortfolge »Tötet den Hirsch!« *außerhalb* der rituellen Situation – wahrscheinlich verbunden mit anderen Wörtern, etwa

> Tötet den Hirsch! Den Geweihtragenden,
> Schnellfüßigen! Der Fleisch ist!*

re-zitiert, d. h. zitierend rhythmisch vorgetragen wird, wird sie ähnliche Assoziationen henorrufen und einen ähnlichen Gefühlston erhalten wie »einst«**: sie ist Poesie geworden. Die Wirkung wird freilich gemildert und – wir überspringen eine lange historische Periode – je nach dem Entwicklungsstand der Zuhörer kultiviert sein, so daß diese etwa zusätzlich die Kunst des Vortragenden bewundern, zum Ergriffensein also Interesse und Genuß treten.

---

* *Um unser erfundenes Beispiel durch ein echtes zu ergänzen, zitieren wir ein Stück – freilich übersetzter – Weda-Poesie (Curt Sachs, »Die Musik der alten Welt«, S 30):*
> *Wo der Talagoya gebraten und gegessen wurde,*
>   *dort blies ein Wind.*
> *Wo der Meminna gebraten und gegessen wurde,*
>   *dort blies ein Wind.*
> *Wo der Hirsch gebraten und gegessen wurde,*
>   *dort blies ein Wind.*

** *Zusätzlich kann die Wortfolge noch dieses »einst« assoziieren, was mitunter die Richtung des ausgelösten Gefühls bestimmt. Reifere Menschen, die gesellig versammelt heute »Das Wandern ist des Müllers Lust« anstimmen und dabei lärmend sentimental werden, assoziieren weniger das Wandern oder die Lust eines Müllers als die Gelegenheiten, bei denen sie dieses Lied einstmals sangen: bei Unternehmungen ihrer Jugend, die unwiederbringlich schön war.*

Außer der rtythmischen Organisation der Wörter und der gesellschaftlichen Relevanz der erregten Affekte, wie sie Caudwell fordert, gehört zur Poesie also eine Art Spielsituation. Diese ist, wenn wir Gedichte lesen oder hören, stillschweigend gegeben – niemand wird auf den Vers »Durchwat das Weltmeer, Freund, erklimm die Sterne!« zum Waten oder Klimmen sich rüsten. In einer Situation, die reine Information verlangt, bleiben poetische Äußerungen dagegen unverständlich, weil der Empfänger statt auf den poetischen Code auf den gewöhnlicher Rede eingestellt ist.

Ein Spiel aber impliziert Regeln, eine poetische Spielsituation Hör- und Erwartungshaltungen, die auf eine Tradition sich beziehen.* Die Geschichte der Poesie ist so ein dauerndes Aufnehmen von Traditionen und, insofern Poesie ein gesellschaftliches, also geschichtliches Produkt ist, dauerndes teilweises Ausbrechen aus diesen; Juri Tynjanow hat das technisch als Tendenz zur Kanonisierung der Verfahren und Tendenz zum Ausbruch aus dem Kanon formuliert. Darüber wird in Hinblick auf Übersetzung noch zu sprechen sein.

Zuvor wollen wir jedoch Caudwells These nochmals betrachten. Wie wir sahen, bilden die Wörter »Tötet den Hirsch!«, die ein Jäger anderen zuruft, einen Satz; dieser ist symbolisch, auffordernd und eindeutig. Bilden sie aber, beim rituellen Tanz oder später als Poesie rhythmisch gesprochen, keinen Satz? Das heißt: sind sie nicht syntaktisch verbunden, sondern rufen jedes für sich ein Assoziationsfeld henor, das mit den anderen sich überlagert und die »affektive Glut« (Caudwell) der Wortfolge erzeugt? Schon unser Beispiel zeigt, daß das nicht der Fall ist. Der vereinheitlichenden Kraft des Rhythmus würde eine bloße Reihung isolierter Wörter widerstreben – die rhythmische

---

* *Schon die Ablösung der Poesie vom Ritus setzt hundert- oder tausendfache Wiederholung bestimmter Wortfolgen, mithin auch eine Auslese während der rituellen Akte voraus.*

Energie würde sozusagen für die Überwindung der syntaktisch-semantischen Klüfte zwischen den Wörtern aufgebraucht und verschwände in den Löchern. Ohne syntaktischen Bezug aufeinander wären die Wörter »tötet«, »den« und »Hirsch« überhaupt nicht in der Lage, auch nur einen Teil der von uns genannten gerichteten Assoziationen zu erzeugen, mithin Triebe und Affekte zu zivilisieren. Erst indem sie einander bestimmen, d. h. ihren Geltungsbereich einschränkend festlegen, bilden sie eine Sinn-Einheit, aus der heraus sie – rhythmisiert, in einer Spielsituation und auf Traditionen bezogen – den poetischen Effekt zuwege bringen. Wenn gesagt wird, daß Poesie die Syntax der gewöhnlichen Rede, ja einzelne Wörter deformiert, kommt das tatsächlich öfter vor – weil im Vers der Rhythmus vorwaltendes Konstruktionselement ist und Rhythmus gerade durch die Anordnung der Wörter, d. h. vornehmlich durch syntaktische Mittel erzeugt wird. Doch enthält Poesie durchaus Sätze, die in gewöhnlicher Rede nicht anders lauten würden. Die berühmte Schlußwendung »Du mußt dein Leben ändern« aus Rilkes »Archaischer Torso Apollos« ist dafür nur ein Beispiel. Außerdem bleibt auch eine deformierte Syntax innerhalb gewisser Grenzen – außerhalb deren die Kommunikation zerbricht – noch Syntax. Besteht nun aber Poesie aus, wie immer besonderen, Sätzen, ist zumindest eine theoretische Voraussetzung für ihre Übersetzbarkeit gegeben.

Wir müssen so Caudwells Formel *Poesie ist aus Wörtern zusammengesetzt* als zu allgemein verabschieden. Wörter sind im Gedicht weder reiner Klang (sonst wäre, wie Jakobson bemerkt, Poesie eine Art depravierter Musik, natürlich müßte sie dann nicht übersetzt werden) noch ein Lexikon (in dem eine Reihung isolierter Wörter nichts bedeutet als eben diese Reihung), sondern Sprachzeichen, die etwas mitteilen. Die kleinste Einheit sprachlicher Mitteilung ist der Satz, nicht das Wort; sinnvolle Ein-Wort-Äußerungen sind entweder Sätze (»Komm!«) oder werden aus Kontext und Situation zu Sätzen ergänzt (»Heute« zu: »Sie kommt heute.«). Caudwell setzt seine Formel gegen die Auffassung, Poesie bestehe »aus Ideen« – Ideen lassen sich immer so oder so, durch diese oder jene Anordnung der oder jener Wörter adäquat ausdrükken, folglich auch übersetzen. Die Schwierigkeit liegt hier nur im Reifegrad der Sprache, in die übersetzt wird (der letztlich abhängt von der geschichtlichen Entwicklung der Produktivkräfte im betreffenden Sprachraum; so läßt sich Hegel sicher einfacher ins Französische als in einen Eskimodialekt übertragen, weil in letzterem ein riesiger Begriffsapparat neu zu erfinden wäre, was vielleicht unökonomisch, doch grundsätzlich möglich ist,* auch wir behelfen uns ja oft mit Fremdwörtern). Andererseits macht Caudwell gegen Mallarmés Aperçu, ein Gedicht werde »mit Wörtern geschrieben, nicht mit Ideen« geltend, Gedichte enthielten sehr wohl Ideen, seien aber nicht darauf zu reduzieren. Was immer »Idee« hier heißt – sobald wir zugeben, daß die Bedeutung der Wörter, ihre Semantik, im Gedicht eine Rolle spielt, können wir von der Syntax nicht absehen.

Unser Problem ist also nicht, daß Poesie nicht aus Sätzen bestünde, sondern daß die Sätze im Gedicht anders funktionieren als in gewöhnlicher Rede, Kunstprosa oder wissenschaftlichen Abhandlungen.

---

* *Allerdings verwendet Philosophie oft quasi-poetische Methoden: sie führt Metaphern ein, die sie erst im Gang der Darstellung zu Kategorien arbeitet (Hegels »Vermittlung«), oder nutzt die Polysemie (»aufheben« bedeutet bei Hegel gleichzeitig »bewahren«, »emporheben« und »außer Kraft setzen«). Darüber hinaus haben viele philosophische Kategorien – wie* Sein. Wesen, Erscheinung *– insofern etwas Poetisches, als sie Seiten des Weltprozesses, also Unendlichkeiten, die wir auf Grund unserer biologischen Organisation nicht zu überschauen vermögen, in eins raffen und, derart prall gefüllt, bald in diesem, bald in jenem Licht leuchten, heterogene Assoziationen auslösen und etwas Geheimnisvoll-Bedeutendes bekommen können. Doch bietet das weniger Schwierigkeiten für die Übersetzung als für das Verständnis.*

Nun verfügen wir aber über keinerlei Kriterien, die einen isolierten Satz bzw. ein Syntagma als Poesie zu erkennen erlauben. *Kommt ein Vogel geflogen* kann die Äußerung eines Kindes, *Du mußt dein Leben ändern* in einer Parteiversammlung oder einem Ehestreit gesprochen sein, *Wie süß das Mondlicht auf dem Hügel schläft* in einem sentimentalen Roman (etwa mit der Fortsetzung »sagte Melanie und tupfte mit einem Batisttüchlein ihre Nasenflügel«), *Gottes ist der Orient, Gottes ist der Okzident* in einer theologischen Abhandlung stehen. Bei expressiver Sprache, ungewöhnlichen, d.h. nicht erstarrten Metaphern *(Verrücktes Altweib, Sonne, du Glanzkröte)* und bestimmten Inversionen können wir zwar Poesie mutmaßen, doch kann es sich ebensogut um zur Täuschung erfundene Beispiele oder um irres Reden handeln. Expressivität, Gebrauch von Metaphern und Inversionen, selbst regelmäßiger Wechsel von Hebung und Senkung *(Hau ab, du Hund, ich sag dirs nicht noch mal!)* kommen auch in außerpoetischer Rede vor und sind für manche Arten von Poesie, nicht aber für Poesie überhaupt charakteristisch. Über die »Poetizität« eines kürzeren Satzes bzw. Syntagmas läßt sich somit nur im Kontext entscheiden. Das heißt: der Leser oder Hörer braucht ein Signal, das die Wortfolge als poetisch gemeint ankündigt und ihn entsprechend einstellt. Solche Signale können sein: die Aufschrift *Gedichte* auf einem Bucheinband; die Gliederung des Textes in Verszeilen (hier sind zusätzliche Signale notwendig, die ausschließen, daß es sich um dramatische Rede oder ein Versepos handelt), die Ankündigung einer Rezitation o.ä. So roh es klingt – das Signal, das die poetische Spielsituation schafft, liegt zunächst weder in den Wörtern des Gedichts noch in deren besonderer Anordnung, sondern »außerhalb«. Erst das Gedicht als Ganzes oder im genügend großen Ausschnitt liefert, bei korrekter Wiedergabe im Druck, dieses Signal in der Regel automatisch mit. Daß »echte« Poesie, als Prosa gesetzt, noch als Poesie erkennbar bleiben müsse, ist eine falsche Verallgemeinerung: der Effekt tritt nur auf bei Gedichten, die uns so bekannt sind, daß wir sie auch in Prosa versteckt sogleich auffinden und infolgedessen richtig lesen, sowie bei Gedichten, in denen die syntaktischen Einschnitte mit den Versenden zusammenfallen (die sehr stark auf die Versenden hin rhythmisch instrumentiert sind); auch dann lesen wir gewissermaßen von selbst Verse. Umgekehrt zerstören Rezitatoren, die »auf Sinn« vortragen, d. h. über die Versenden weglesen, oft genug ein Gedicht, das dann als unbefriedigende Mischung von Poesie und Prosa erscheint. Mithin: Wortfolgen erweisen sich als poetisch erst in einem Kontext, der sie als poetisch zu lesende annonciert: *es gibt keine besondere Sprache der Poesie, sondern nur poetisch verwendete Sprache.* Da nun alle menschlichen Sprachen einen Grundvorrat struktureller Gemeinsamkeiten haben (sie beruhen auf dem, bei allem Unterschied gesellschaftlicher Ordnung, Gemeinsamen kollektiver Auseinandersetzung mit der Natur und dem gleichen Aufbau der Sinneswerkzeuge und des Gehirns), da es ferner offenbar in allen natürlichen Sprachen Gedichte gibt, können wir die Übersetzung von Poesie zumindest für möglich halten.

Um für unsere Überlegungen praktische Gesichtspunkte zu gewinnen, geben wir im folgenden ein Gedicht in der Originalsprache, einer Interlinearsion und in vier deutschen Übertragungen.

4

François Villon
BALLADE QUE VILLON FEIT A LA REQUESTE DE
SA MERE, POUR PRIER NOSTRE DAME

1   Dame du ciel, regente terrienne,
2   Emperière des infernaulx palux,
3   Recevez-moy, vostre humble chrestienne,
4   Que comprinse soye entre voz esleuz,
5   Ce non obstant qu'oncques rien ne valuz.
6   Les biens de vous, ma dame et ma maistresse,
7   Son trop plus grans que ne suis pecheresse,
8   Sans lesquelz biens ame ne peult merir
9   N'avoir les cieulx, je n'en suis menteresse*.

10 En ceste foy je vueil vivre et mourir.

11 A vostre Fils dictes que je suis sienne;
12 Que de luy soyent mes pechez aboluz:
13 Pardonnés moi comme à l'Egyptienne,
14 Ou comme il feit au clerc Theophilus,
15 Lequel par vous fut quitte et absoluz,
16 Combien qu'il eust au diable faict promesse.

17 Preservez-moy, que point je ne face ce;
18 Vierge portant sans rompure encourir
19 La sacrement qu'on celebre a la messe.
20 En ceste foy je vueil vivre et mourir.

21 Femme je suis povrette et ancienne,
22 Ne riens ne scay; oncques lettre ne leuz,
23 Au monstier voy dont suis parroissienne

---

* *Debussy setzt »menteresse« (Lügnerin) für »jengleresse«, das im heutigen Französisch offenbar unverständlich ist. Molands Ausgabe, nach der wir das Original zitieren, erläutert »je n'en suis jengleresse mit »je ne plaisante pas«, etwa »ich sage das nicht, um (bloß) zu gefallen.«*

François Villon
BALLADE, DIE VILLON MACHTE AUF VERLANGEN
SEINER MUTTER, UM ZU MARIA ZU BETEN

Interlinearversion von G. Pachnicke*

1   Königin des Himmels, Regentin der Erde,
2   Herrscherin der höllischen Sümpfe,
3   empfangt mich, Eure demütige Christin,
4   daß ich von Euren Auserwählten eine sei,
5   obwohl ich niemals etwas wert war.
6   Eure Güte, meine Königin und meine Gebieterin,
7   ist sehr viel größer als meine Sünden,
8   ohne sie verdiente eine gute Seele nicht
9   in den Himmel einzugehen; ich lüge nicht,
       wenn ich das sage.
10 In diesem Glauben möchte ich leben und sterben.

11 Eurem Sohn sagt, daß ich die Seine bin;
12 von ihm sollen mir meine Sünden vergeben werden:
13 verzeiht mir wie der Ägypterin
14 oder wie dem heiligen Theophil,
15 der von Euch freigesprochen wurde,
16 obwohl er dem Teufel Versprechungen gemacht
       hatte.
17 Beschützt mich, auf daß ich solches nie tue;
18 und macht, Mutter Gottes, daß ich immer
19 an der Zelebration der Sakramente teilhaben darf.
20 Mit diesem Glauben will ich leben und sterben.

21 Ich bin eine Frau, ärmlich und alt,
22 die nichts weiß und nie auch nur ein Wort las.
23 In dem Kloster, in dem ich Pfarrkind bin, sehe ich

---

* *Die Interlinearversion und meine Übertragung (S. 39f.) entstanden für eine Debussy-Ausgabe des Deutschen Verlags für Musik; beide sind für die vorliegende Arbeit um das Geleit ergänzt.*

24 Paradis painct, où sont harpes et luz,
25 Et ung enfer où damnez sont boulluz:
26 L'ung me faict paour, l'autre joye et liesse.
27 La joye avoir fais-moy, haulte Deesse,
28 A qui pecheurs doivent tous recourir
29 Comblez de foy, sans faincte ne paresse.
30 En ceste foy je vueil vivre et mourir.

Envoi
31 **V**ous portastes, Vierge, digne princesse,
32 **J**ESUS regnant, qui n'a ne fin ne cesse.
33 **L**e Tout-Puissant, prenant nostre foiblesse,
34 **L**aissa les cieulx et nous vint secourir;
35 **O**ffrist à mort sa très clère jeunesse;
36 **N**ostre Seigneur tel est, tel le confesse.
37 En ceste foy je vueil vivre et mourir.

Wir betrachten zunächst den äußeren Bau (»die Form«) von Villons Gedicht. Mit *Form*, einem reichlich verschwommenen metaphorischen Ausdruck, meint die Ästhetik gewöhnlich das strukturierte Gesamt von Kunstmitteln (Verfahren), die in einem Werk verwendet sind.*
In einem poetischen Werk haben wir es mit sprachlichen Verfahren zu tun, deren strukturiertes – auf bestimmte Weise hierarchisch geordnetes – Ensemble dann die Form des Gedichts wäre. Nun assoziieren wir aber, wenn wir »Form« lesen oder hören, etwas meist Starres und jedenfalls Hohles, in das etwas anderes – der Inhalt – gegossen oder gepreßt wird. Das entspricht jedoch dem Sachverhalt, über den wir hier nachdenken – dem Funktionieren von Sprache im Gedicht –, wenig. Bestimmte Verfahren sind oder werden in vielen Gedichten tatsächlich relativ starr vorgegeben (von der Tradition bzw. vom Dichter, der sich ihrer bedient oder sie weiterführt), lassen sich also in

---

* *Wir wollen damit nicht sagen, diese Auffassung wäre explizit verbreitet. Sicher ließe sich aus Definitionen und Umschreibungen des Begriffs »Form« in ästhetischen Schriften ein seltsames Kompendium herstellen.*

24 gemalt das Paradies, wo Harfen sind und Lauten,
25 und auch die Hölle, wo die Verurteilten schmoren:
26 das eine macht mir Angst, das andere Freude.
27 Macht, daß ich Freude habe, hohe Göttin,
28 zu der alle Sünder glaubensvoll
29 ohne Falsch und Trägheit Zuflucht nehmen müssen.
30 Mit diesem Glauben will ich leben und sterben.

Geleit
31 Ihr trugt, Jungfrau, würdige Prinzessin,
32 JESUS den Herrn, der kein Ende noch Aufhören hat.
33 Der Allmächtige, auf sich nehmend unsere Schwäche,
34 ließ sich von den Himmeln und kam, uns zu retten;
35 er bot dem Tod seine sehr reine Jugend;
36 unser Herr ist der, den ich bekenne.
37 In (mit) diesem Glauben will ich leben und sterben.

Regeln fassen. Andere wechseln, in Abhängigkeit von der Mitteilung und diese gleichzeitig mit hervorbringend, von Gedicht zu Gedicht. Wir wollen hier nur die ersteren, in einen Kanon (Aufzählung verbindlicher Regeln) gebrachten oder zu bringenden Verfahren Formelemente nennen: sie sind genügend starr und genügend leicht auszumachen, um diese Bezeichnung zu rechtfertigen. Kanonisierte Verfahren oder Formen in diesem Sinne sind in Poesie: das *Metrum* (Schema des Wechsels von betonten und unbetonten, in einigen Sprachen von langen und kurzen Silben), der *Reim* (Gleichklang betonter Silben meist am Versende), der *Strophenbau* (schematisierte Abfolge von Metrum und Reim in zu Gruppen geordneten Versen). Oft wurden und werden die kanonisierten, damit auffälligen und leichter erlernbaren Verfahren für die einzigen im Gedicht verwendeten gehalten, woraus der Irrtum folgt, sie allein machten einen Text zu Poesie. Das wieder legt dann nahe, Formen nicht als Verfahren (d.i. in ihrer Funktion, eine besondere Mitteilung zu erzeugen), sondern als von der jeweiligen Sprache unabhängige Wesenheiten anzusehen, was für die Übersetzung in der Regel schlimme Folgen hat.

Das Metrum von Villons Ballade ist der fünffüßige Jambus: jeder Vers besteht aus fünf metrischen Einheiten (Versfüßen), in denen auf eine unbetonte eine betonte Silbe folgt. Nach dem zweiten Versfuß haben wir jeweils einen Einschnitt (Zäsur), d. h. wir machen dort beim Lesen eine kleine Pause. Kennzeichnen wir die unbetonte Silbe mit einem waagerechten, die betonte mit einem senkrechten Strich und die Zäsur mit einem Schrägstrich, läßt sich das metrische Schema so schreiben:
_ | _ | / _ | _ | _ | (_)
Leichte Abweichungen vom Schema finden wir in den Versen 1, 3, 13, 17, 18, 21, 23, 33 und 35.*

Da in französischer Poesie die in der Umgangssprache stummen Endungen klingen, können wir weibliche (auf unbetonter Silbe endende) und männliche (betont endende) Verse unterscheiden. Die Ballade hat drei Strophen zu je zehn Versen, dazu kommt das Geleit mit sieben Versen. Bezeichnen wir männliche Reimklänge mit kleinen, weibliche mit großen Buchstaben, ist das strophische Schema AbAbbCCdCd (CCCdCCd beim Geleit).

Die Ballade verwendet bei 37 Versen nur 4 Reimklänge. Der Schlußvers ist in Strophen und Geleit gleich, wieder-

---

* *Allgemein bedeuten metrische Schemata nicht, daß in einem Vers alle betonten bzw. alle unbetonten Silben gleich intensiv wären.* Betont *und* unbetont *bezeichnet nur das Verhältnis zu den Nachbarsilben. »Unbetont« heißt: weniger betont als die voraufgehende und folgende betonte Silbe. Bei der ersten Silbe fällt einer der Vergleichswerte weg, so daß wir »Verstöße« gegen das Metrum am Versanfang leicht hinnehmen oder nicht bemerken. Wird ein Metrum rein erfüllt, d. h. sind alle betonten Silben einerseits, alle unbetonten andererseits gleich intensiv, »klappert« der Vers; beim Rezitieren wird das gelegentlich zu parodistischen Zwecken genutzt. Von Abweichungen sprechen wir daher nur, wenn die Betonung deutlich gegen das Metrum läuft (»Dame du ciel« in Vers 1: | _ _ | statt regulär _ | _ |; allerdings ließe sich eventuell | _ _ | lesen, was dann keine Abweichung wäre).*

holt sich also viermal. Die Reime sind exakt, verraten indes kaum größere Kunstanstrengung – mehr als 80% werden durch morphologische Endungen gebildet.

Die *Interlinearversion* übersetzt das Gedicht Zeile für Zeile, als ob es sich um gewöhnliche Rede handelte: sie gibt die Prosamitteilung des Texts. Ihr Ziel ist höchste semantische Genauigkeit. Besonderheiten werden gewöhnlich in Anmerkungen erklärt: die stilistische Färbung durch Wortwahl (Lexik) und Wortstellung (Syntax); lexische und syntaktische Mehrdeutigkeiten; Nebenbedeutungen von Wörtern; historische, mythologische, literarische Anspielungen usw.*

Was läßt sich der Prosafassung entnehmen? Die Überschrift sagt, daß Villon die Ballade für seine Mutter angefertigt hat, die zu Maria beten möchte. *Die Ballade ist ein Rollengedicht, Villon läßt die Mutter sprechen.* Dabei charakterisiert er sie: mit dem, was sie von sich sagt – sie ist ärmlich, alt, Analphabetin, regelmäßige Kirchgängerin –, vor allem aber damit, *wie* sie redet. Die Mutter erscheint so naiv wie fromm – sie überträgt irdische Machtverhältnisse ohne weiteres auf himmlische, braucht für Maria den vom Standpunkt christlicher Dogmatik unpassenden Ausdruck »Göttin«, fürchtet sich beim Anblick der gemalten Hölle in der Klosterkirche. Zugleich macht uns der Autor seine Anwesenheit im Gedicht ständig bemerkbar. Das geschieht erstens im Text (den semantischen Gruppen). Villon *zeigt* die Mutter als naiv und fromm, er identifiziert sich nicht mit ihr. Schon die ersten beiden Zeilen setzen dieses Verfahren (das wir heute Verfremdung nennen würden). Maria wird angerufen als Himmelskönigin, Regentin der Erde und Herrscherin der höllischen Sümpfe. Im Gemüt der Mutter mag das zusammengehen, Villon charakterisiert sie

---

* Die hier abgedruckte Version ist insofern unvollkommen, als sie nichts erläutert und auch nicht anmerkt, wo sie im Interesse des Sinns von der grammatischen Konstruktion des Originals abweicht.

damit. Gleichzeitig stößt er den Leser auf eine seltsame Konsequenz der christlichen Lehre: die allgütige Himmelskönigin kommandiert, da sie auch allmächtig sein muß, neben Himmel und Erde noch die Hölle, die nicht nur Sünder foltert und exekutiert, sondern, wie der Fall des Heiligen Theophil zeigt, das Böse will. Der gleiche Text wird so von der Mutter her fromm, vom Autor her respektlos, wo nicht blasphemisch, ohne daß er die Mutter irgendwie preisgibt.

Diese doppelte Lesbarkeit konstituiert die Grundhaltung des Gedichts. Sie wird im weiteren Text befestigt. Die Legenden von St. Theophil und der Ägyptischen Maria würde die analphabetische Mutter, falls sie sie kennt, kaum zum kasuistischen Argumentieren nutzen, Villon bringt hier seine Bildung ein. Außerdem ist die Geschichte der Ägyptischen Maria – die, um zum ihr angetrauten Mann übers Meer zu kommen, sich sieben Männern hingab und bei ihrem Gatten wieder als Jungfrau eintraf – fromm nur der aufgesetzten Ideologie nach, in ihrer novellistischen Substanz dagegen unterhaltend erotisch. In Strophe 3 stellt vor allem der küchentechnische Ausdruck »schmoren« die doppelte Lesbarkeit her. Auf die Anrede »Göttin« für Maria, die die Naivität der Mutter, andererseits die Kontinuität heidnischer und christlicher Religion unterstreicht, ist schon hingewiesen.

Zweitens macht der Autor sich anwesend, indem er das Gedicht in Metrum, Reim und strenges Strophenschema bringt und gelegentlich seine Verfahren als Verfahren sichtbar macht, das heißt sie bloßstellt. Schon der Gebrauch von nur vier Reimklängen bei siebenunddreißig Versen kennzeichnet das Werk als artistische Leistung. Souveränes Umgehen mit dem Schema zeigen die leichten Verstöße gegen das Metrum, die den Vers biegsam halten, vernünftige Ökonomie die gewählten Reimwörter. In Vers 9 sind Metrum und Reim deutlich als Kunstmittel ausgestellt: die Wendung »je n'en suis menteresse« ist im Gang des Gedichts durch nichts gerechtfertigt als durch Metrum und Reimschema, sie ist formal bedingtes Füllsel und wurde als solches stehengelassen.* Der Autor weist so seine Arbeit vor als etwas nach den Regeln der Kunst *Gemachtes*.

Drittens bringt er sich ins Spiel durch den syntaktischen Großbau des Gedichts. Die dreißig Strophenzeilen bestehen aus zehn Sätzen. Der erste, fünfzeilige ist folgendermaßen gebaut: dreifache Anrede (grammatisches Subjekt mit zwei Appositionen); Prädikat; Objekt; Apposition zum Objekt; finaler Nebensatz; einschränkender Nebensatz zum Nebensatz. Die unbelesene Mutter wird derartige Konstruktionen nicht bilden – der Dichter hat sie für sie gefügt, eingängig und überschaubar, doch kunstvoll, auf daß wir die rhetorische Leistung erkennen. Er macht auch hier deutlich, daß *er* die Mutter sprechen läßt.

Als ob das nicht genügte, beschließt ein Über-Kunststück die Ballade. Die Anfangsbuchstaben der ersten sechs Geleit-Verse, denen nur der Refrainvers folgt, bilden Villons Namen. Der Text wird hier Rankenwerk des Signums, passend gemacht zu Thema, Metrum und Reim. Gegenüber den Strophen ist er fast redundant. In Vers 32 steht zur Füllung ein Pleonasmus (»qui n'a ne fin ne cesse«), in Vers 36 fehlt aus metrischen Gründen das Subjekt »je«. Mit Recht hat Debussy in seiner Vertonung der Ballade das Geleit weggelassen – beim Hören können die Anfangsbuchstaben nicht verbunden, der Text kann als Schmuck des Signums nicht wahrgenommen werden.

Wir betrachten jetzt die vier Übertragungen.

---

* *Füllsel können vom Ungeschick eines Autors zeugen. Wir sparen den Nachweis, daß solch ein Fall hier nicht vorliegt.*

DIE MARIEN-BALLADE,
DIE VILLON SEINER MUTTER GEDICHTET HAT

In freier Nachdichtung von Paul Zech (1931)

1 Du Himmelskönigin, im Gold und Blau der Ewigkeit,
2 du Schmerzensweib und Leid von meinem Leid:
3 nimm meine Stimme gnädig auf zu dir!
4 Ich bin ja nur ein armes Waisenweib,
5 ich krümme mich noch tiefer in den Staub als Wurm und Tier,
6 ich habe solche Angst, in dein Gesicht hineinzusehn,
7 und kann doch ohne dich nicht einen Schritt weit gehn.

8 Empfehle mich der Gnade deines Sohnes, tu ihm kund,
9 daß meine Knie vom Beten schon ganz wund
10 geworden sind. Ich will die eingeborne Schuld
11 mit einem letzten Seufzer büßen, wenn er mir vergibt,
12 wie seinen Feinden er verziehn und den Verräter noch geliebt
13 und aufgehoben hat in Mitleid und Geduld.
14 O Mutter unser, laß mich nicht so lang im Dunkel stehn,
15 ich kann ja ohne dich nicht einen Schritt weit gehn.

16 Bin eine alt und grau gewordne Frau
17 und trinke Tag und Nacht den Tränentau
18 der Einsamkeit. Bei keinem mehr was wert
19 und keiner kommt und hebt mich aus dem Elend auf.
20 Du aber stehst so strahlend da im Lauf
21 der ewigen Gestirne ... und das Schmerzensschwert
22 in deiner Brust ist lauter Licht. O falt es in mein Flehn
23 und laß mich nicht noch weiter elend gehn.

24 Oft tönt in meinen Witwenkral
25 Gesang der Nonnen und der Mönche Buß-Choral.
26 Im Kloster, ja, da ist das Paradies so nah
27 und auch der Hölle Feuer angefacht.
28 Das eine macht mich froh in kalter Winternacht,
29 das andere, mit Blitz und Donnerton, geschah
30 schon tausendmal in mir. Ich aber will noch höher wehn
31 und kann doch keinen Schritt weit ohne deinen Segen gehn.

BALLADE, DIE VILLON AUF VERLANGEN SEINER
MUTTER MACHTE, UM ZU MARIA ZU BETEN

Ins Deutsche übertragen von K. L. Ammer (1930)

1 O Himmelskönigin, Beschirmerin der Erde,
2 du Allbeherrscherin der Unterwelten
3 laß meine arme Christendemut gelten,
4 daß ich zu den Erwählten aufgenommen werde.
5 Denn was du mir, der armen Sünderin,
6 o Herrin, gnädiglich gegeben,
7 es ist zu viel, und dankbar sagt mein Sinn
8 ich könnte ohne dich nicht in den Himmel ziehn.
9 Du sollst mein Glaube sein im Tode wie im Leben.

10 Sag deinem Sohn, daß ich die Seine bin
11 und daß ich meine Sünden büßen will,
12 verzeih mir wie der Ehebrecherin,
13 verzeih mir wie dem heiligen Theophil,
14 der heilig ward und selig ward, wieviel
15 er mit dem Teufel Pakte eingegangen.
16 O schütze mich vor jeder Schuld und Not,
17 die du als Jungfrau einen Sohn empfangen,
18 nach dem wir alle Lebensstunden bangen.
19 Du sollst mein Glaube sein im Leben wie im Tod.

20 Ich bin ein Menschenkind, schon arm und alt,
21 ganz ohne Wissen, ohne Können.
22 Im Kloster sehe ich das Paradies gemalt,
23 drin Leierklang und Harfenspiel erschallt,
24 und auch die Hölle, drin die Sünder brennen.
25 Das eine macht mich froh, das andre bange,
26 O hilf, daß ich die Fröhlichkeit erlange.
27 O Königin, du aller Ziel und Streben,
28 die alles liebt in heißem Glaubensdrange,
29 du sollst mein Glaube sein im Tode wie im Leben.

Geleit
30 Du trugst, o Jungfrau rein und benedeit,
31 Herrn Jesum, unsre Lust in Ewigkeit,
32 Gottsohn, der unsre Sünden auf sich nahm,
33 vom Himmel stieg und uns zu helfen kam,
34 dem Martertode seine Jugend bot.
35 Dies ist mein Glaube, hehr und wundersam,
36 dies soll mein Glaube sein im Leben wie im Tod.

BALLADE ZUR ANBETUNG DER GOTTESMUTTER

Übertragen von Martin Remané (1964)

1 Du Königin des Himmels und der Erde,
2 Gebieterin des Reichs der Unterwelt,
3 Gib, daß ich einstens nicht verstoßen werde,
4 Daß zu den Auserwählten man mich zählt,
5 Sosehr es mir auch an Verdiensten fehlt!
6 Doch deine Güte kann von Schuld und Sünden
7 Den, der in Demut zu dir fleht, entbinden.
8 Das Paradies ist sein nach aller Not.
9 Wer ehrlich büßt, der wird auch Gnade finden.
10 Das ist mein Trost im Leben und im Tod.

11 Sag deinem Sohn: So sündhaft einst mein Leben,

12 Ich flehe, daß er seiner Magd verzeih,
13 Wie der Ägypterin er hat vergeben,
14 Theophilus gar von der Ketzerei,
15 Der schlimmsten Sündenschuld, gesprochen frei,
16 Obschon sein Geist dem Teufel war verschrieben.
17 Verhüte, daß ich tu, was er getrieben,
18 O Mutter Gottes, daß der Zweifler Spott
19 Mir je verwehrt, das Sakrament zu lieben.
20 Das ist mein Trost im Leben und im Tod.

21 Ich arme alte Frau kann nichts als beten,
22 Und lesen, schreiben blieb mir unbekannt.
23 Seh ich das schöne Bild mit Harfen, Flöten,
24 Das Paradies, an der Kapellenwand,
25 Wie bin ich froh! Doch das vom Höllenbrand,
26 Wo Sünder braten, macht mir Angst und Grauen.
27 Dir, Mutter Gottes, dir darf ich vertrauen,
28 Führst mich durchs Freudentor nach aller Not!
29 Ja, Himmelsfreude werd ich ewig schauen!
30 Das ist mein Trost im Leben und im Tod.

31 **V**on dir, o Jungfrau, ward uns Heil gespendet.
32 **J**esus, dein Sohn, des Herrschaft nimmer endet,
33 **L**ieß sich zu uns herab, die wir verblendet,
34 **L**ud unsre Schuld auf sich und unsre Not.
35 **O**hn seinen Opfertod wärn wir verloren!
36 **N**ur ihm bleib ich als meinem Herrn verschworen!
37 Das ist mein Trost im Leben und im Tod.

BALLADE, GEMACHT AUF VERLANGEN SEINER
MUTTER, UM ZU MARIA ZU BETEN

Deutsch von Rainer Kirsch (1973)

1 Kön'gin des Himmels, Herrscherin der Erde,
2 Des Höllenlochs und -sumpfs Regiererin,

3   Empfangt hier mich in flehender Gebärde,
4   Daß ich bei Euren Auserwählten bin,
5   Obgleich ich niemals solchen Wert verdien.
6   Du Dame groß, ich hoffe sehr zu finden
7   Dann Eure Huld größer als meine Sünden,
8   Denn ohne sie kehrt nichts von diesem Stern
9   Ins Himmelsreich. Lüg ich, will ich erblinden.
10 In diesem Glauben leb und sterb ich gern.

11 Sagt Eurem Sohn, daß ich bin ganz die Seine,
12 Und daß er mir die Sünden mein verzeiht
13 Wie der Ägypterin vom heißen Steine
14 Oder dem Heiligen Theophil von weit,
15 Welchen Ihr freispracht, weil Ihr huldreich seid,
16 Obwohl er sich dem Teufel gab zur Ehe.
17 Beschützt mich, daß ich solches nie begehe,
18 Und wollt, o Mutter Gottes, nicht verwehrn
19 Das Sakrament, wenn ich zur Messe gehe.
20 In diesem Glauben leb und sterb ich gern.

21 Beseht mich Frau, die ärmlich ist und alt ist
22 Und gar nichts weiß und niemals las ein Wort;
23 Pfarrkind bin ich im Kloster, wo gemalt ist
24 Das Paradies, der goldnen Harfen Ort,
25 Und auch die Hölle, wo man Sünder schmort:
26 Das eine macht mir Glück, das andre Schrecken.
27 Macht Freude mir, o Meisterin und Göttin,
28 Zu der sich alle Sünder zum Bekehrn
29 Ohn Falsch und Trägheit eilig müssen retten.
30 In diesem Glauben leb und sterb ich gern.

    Geleit
31 **V**on deinem Leib kam, Jungfrau und Prinzessin,
32 **J**esus der Herr, ihm ist kein End bemessen.
33 **L**ast trug er schwer; von Schwachheit uns zu lösen
34 **L**ieß er sich nieder aus den Himmeln fern;
35 **O**hn Zögern bot er sich des Todes Pressen;

36 Nie will ihn zu bekennen ich vergessen.
37 In diesem Glauben leb und sterb ich gern.

Den Übertragungen ist zunächst gemeinsam, daß sie in neuhochdeutscher Sprache verfaßt sind. Das scheint selbstverständlich, doch stammt das Original aus der Mitte des 15. Jahrhunderts und wirkt heute auf den französischen Leser auf bestimmte Weise »alt«. Die Übersetzer hätten es in Mittelhochdeutsch wiedergeben können – das sie aktiv nicht beherrschen und das auch der Studierte heute nicht ohne Lexikon liest – oder in einer Art Lutherdeutsch, das um fünfzig Jahre jünger ist, dafür aber verstanden werden kann. Sie wären damit, mehr oder weniger streng, einem Prinzip gefolgt, das man *synchrones* nennen könnte. Beliebige zu einer Zeit gesprochene Sprachen wären danach synchron. Bei sehr verschieden entwickelten Gemeinschaften – etwa dem Frankreich des 19. Jahrhunderts und damals lebenden australischen Stämmen – wäre dieses Verständnis aber äußerlich und sinnlos. Wir müßten den Begriff der *kulturellen Synchronizität* einführen, d. i. Stadien gleicher Kulturentwicklung in verschiedenen Ländern aufsuchen, um dann Isolinguien – Linien gleicher sprachlicher Entwicklungshöhe – zu ziehen. Wahrscheinlich kann es etwas wie kulturelle Synchronizität tatsächlich geben. So wären Shakespeares Stücke zur Zeit ihrer Niederschrift im deutschen Raum kaum rezipierbar gewesen, die verstechnischen Mittel für ihre Übertragung wurden hier erst zweihundert Jahre später geschaffen. Doch sehen wir kein praktikables Verfahren, solche Synchronizität ausreichend sicher festzustellen. Denn einmal entwickeln sich die »Zweige« der Kultur – Wirtschaft, Verkehr, Wissenschaften, Künste – in den Gemeinschaften nicht gleichmäßig. Die Musik kann darniederliegen, während die Dichtkunst Bedeutendes leistet (wie in Rußland zur Zeit Puschkins), die Malerei Großes hervorbringen, während die Inquisition wütet. Das Problem liefe hinaus auf eine Quantifizierung kultureller

Werte, die sich dann gegeneinander aufrechnen ließen. Abgesehen vom kaum vertretbaren Arbeitsaufwand verschwänden, wäre die Quantifizierung möglich, die Unterschiede der »Zweige« in den Summen oder Quotienten, und wir stünden am Anfang.

Es bliebe die Beschränkung auf Literatur oder Poesie, die dann als Anzeiger der Entwicklungshöhe einer Sprache fungieren würden. Doch macht das die Lösung kaum einfacher. Denn es gibt keine unvoreingenommene Bewertung literarischer Leistungen. Jede Epoche kann, ihrer besonderen Interessenkonstellation wegen, bestimmte frühere Kunstwerke besser »brauchen« als andere. In jeder Epoche toben zudem literarische Kämpfe um diese Bewertung. Die Kämpfe können Klasseninteressen ausdrücken oder darum gehen, welche Wertskala dem Interesse einer Klasse besser entspricht, und sind in den seltensten Fällen aktuell zu entscheiden. Werden sie es dennoch, ist die Entscheidung nicht endgültig, und ein einziges Kunstwerk kann alles wieder umwerfen. Außerdem würde, nach einem Hinweis von Mickel, das Prinzip der Synchronizität eigentlich verlangen, das Publikum des Originals, d. h. den Horizont von Erwartungen, Traditionen und Hörgewohnheiten, auf dem das Gedicht damals wirkte, »mitzuübersetzen«. Selbst wenn wir das sicher heterogene Publikum von damals kennten, könnte das keine Übersetzung leisten. Noch heute helfen alle soziologischen Befragungen dem Dichter beim Dichten nichts.

Endlich ließe sich das Prinzip der Synchronizität umdrehen, indem wir sagten, das Gedicht habe ja, als es entstand, auf Leser und Hörer wahrscheinlich *modern* gewirkt, so daß der Nachdichter seine Mittel daran wenden solle, einen ähnlichen Effekt zuwege zu bringen.

Das letzte Argument ist so reizvoll wie unscharf. Ohnehin wird der Nachdichter, arbeitet er nicht nur fürs Honorar, an einem Gedicht das hervorheben, was ihn, der nicht nur Vermittler zum Leser, sondern auch dessen Stellvertreter ist, betrifft oder betroffen macht. Modernität wäre so verstanden nicht modische Redeweise, sondern Ausdruck von etwas, das uns angeht. Ernster ist, daß das Argument nahelegen könnte, die Spannung zwischen heute und einst aus dem Text zu operieren, was einen Verlust an Geschichtlichkeit bedeutete, den wir uns nicht wünschen können. Vor allem aber übersieht es, daß der Nachdichter, ist er Dichter, seine Sprache nur zum geringen Teil wählen kann. Gewiß ist vom Nachdichter Flexibilität zu fordern, d. h. er soll die in der Poesie seines Landes anzutreffenden Verfahren kennen und reproduzieren können, also nicht nur verstechnisch Bescheid wissen, sondern auch über die zur Herstellung eines bestimmten »Tons« notwendigen Verfahrenskombinationen verfügen. Doch handelt es sich hier um »verfügen über«, nicht um »aufgehen in«, das heißt nicht um Imitation in der eigenen Sprache vorhandener Dichtweisen oder Stile: der Grund, aus dem der Nachdichter zum Leser spricht, ist immer der gegenwärtige Stand der Poesie. Von deren »Sprache« geht er aus und wird sie durch ihm geeignet scheinende Verfahren modifizieren, um der poetischen Mitteilung des Originals nahezukommen. Imitieren läßt sich ohnehin nur geringe Poesie; Kästner-Nachahmungen gelingen jedem besseren Feuilletonredakteur, Imitationen von Heines mittlerer Periode jedem ordentlichen Dichter, falls er genug gelesen hat. Was darüber ist, läßt sich nicht nachmachen. Wer reife Gedichte Goethes imitieren wollte, müßte nicht nur über Goethes Verstechnik und Lexik verfügen, die sich lernen lassen, sondern auch über Goethes Ansichten über und Einsichten in die Welt samt deren Gefühlstönungen: er müßte Goethe sein. Wenn Arno Holz im »Dafnis« Verfahren der Barockdichtung aufnimmt, lassen die entstandenen Gedichte sich doch keinesfalls in eine Barock-Anthologie schmuggeln – sie bleiben zeitgenössisch, indem sie signifikante Züge jener Poesie heiter versammeln, bilden also eine Art Über-Barock.* Zu welchen Verlusten die Vorstellung führt, der Nachdichter habe nur eine ihm passend scheinende Periode landeseigener Dichtung zu imitieren, zeigt eine Übertragung des bedeutenden Sinologen Ernst Schwarz aus dem Chinesischen, der wir Schwarz' Interlinearversion voranstellen. In dem um 730 geschriebenen Gedicht »Im Kloster Poschan« von Tschang Dschjän besteht jeder Vers aus 5 Silben = Wörtern, das Reimschema ist abcb.

> Hell Morgen Eintreten Alt Tempel (Kloster)
> Früh Sonne Scheinen Hoch Wald
> Krumm Weg Durch (= gehen) Dunkel Platz
> Meditation Haus Blume Holz (Baum) Tief
>
> Berg Licht Froh Vogel Natur
> Teich Schatten Leere Mensch Herz
> Zehntausend Pfeifen Dies Insgesamt Still
> Nur Hören Glocke Klangstein Laut
>
> Zum Kloster kam ich, als die Morgensonne
> hoch in die Wipfel hing den ersten Strahl.
> In grünem Dämmer wand der Pfad sich aufwärts;
> ein Blütenmeer umwogte das Portal.
>
> Die Vögel schwangen sich ins Licht der Berge.
> Im klaren Spiegelbild des Teiches sank
> der Schein der Welt. Und still war's. Durch die Stille
> drang rein der Glocken ruhevoller Klang.

Offensichtlich ist die Interlineanersion – man muß sie der ungewohnten Reihung nichtflektierter Wörter wegen mehrfach lesen – poetisch stärker als die Übertragung. Nun lassen chinesische Gedichte durch diese Reihung größeren

---

* *Bei Friedrich Dieckmann findet sich der Hinweis auf Lieder von Eisler, die »schumannischer als solche von Schumann sind«.*

Spielraum für Assoziationen als Gedichte europäischer Sprachen, und der Nachdichter ist, da er auf Syntax nicht verzichten kann, also aus Mehrdeutigkeiten Eindeutigkeit machen muß, zur *Interpretation* gezwungen. Was aber die Übertragung hier bietet, ist imitierter Geibel (mit falsch montierten Klischees: ein Blütenmeer kann ein Portal nur umwogen, wenn dieses frei steht, also Ruine wäre; die Sonne – sie hängt in die Wipfel den ersten Strahl – ist ohne inneren Anlaß preziös personifiziert; das schöne fremdartige Wort »Klangstein«, das der Übertragung etwas »Chinesisches« gäbe, ist ausgelassen; poetische Eigenheiten der Originalsprache – »zehntausend« ist im Chinesischen das höchste Zahlwort und bedeutet »alles«, »zehntausend Pfeifen« ist eine traditionelle Metapher für »Natur« – sind nicht genutzt). Das Resultat ist langweilige Glätte, man fragt sich, wozu man Gedichte aus dem Chinesischen lesen soll, wenn das alles bei minderen deutschen Autoren des vorigen Jahrhunderts schon da war. Für die chinesische Poesie dürfte mehr getan sein, wenn eine Auswahl knapp kommentierter Interlinearübersetzungen dem Leser zunächst geboten würde. Möglicherweise finden sich eines Tages Nachdichter, die damit etwas anfangen.

Für die Verwendung des Neuhochdeutschen in der Villon-Übertragung sehen wir also zwei Gründe: Der Nachdichter spricht zum zeitgenössischen Leser und will ihm das Original vermitteln, und er hat als Dichter keine Wahl*, als

---

* *»Keine Wahl« heißt: wir meinen, der Dichter besitzt eine Art inneres Bild, wie Poesie heute auszusehen habe. Dieses Bild ist einerseits diffus, andererseits hinreichend genau. Diffus ist es als latenter Vorrat durch Lektüre und eigene Produktion erworbener Wendungen (Zitate), Verfahren und Behandlungsweisen von Gegenständen, die sämtlich auch emotionell besetzt sind. Relativ genau wird es beim Schreiben, d. i. der Verwandlung eines Vorwurfs in einen poetischen Gegenstand: das innere Bild wird dann zum Maß des Geschriebenen, welches so lange bearbeitet wird, bis es jenem ausreichend entspricht. Der Ausdruck »Sprache der zeitgenössischen Poesie« ist prekär, insofern diese Sprache weder homogen noch statisch ist und darüber, was zur fortgeschrittensten Poesie eines Landes gehört, Einigkeit selten herrscht. Wir benutzen ihn provisorisch analog zu Ausdrücken wie*

von der Sprache zeitgenössischer Poesie auszugehen (die bestimmt ist von den in der fortgeschrittensten Poesie seines Landes verwendeten künstlerischen Verfahren) – es sei denn, er verfaßte Imitationen. Imitationen aber sind, als voll redundante Gebilde, in der Kunst überflüssig.

Um die Spannung zwischen Original und Übertragung in der Übertragung sichtbar zu halten, könnten auf das Alter der Vorlage weisende Verfahren verwendet werden. Solche Verfahren sind bei Ammer: Gebrauch der alten Wortformen »gnädiglich« (Vers 6) und »ward« (14) und die Auslassung des Hilfsverbs im Perfekt (6, 15, 17); bei Remané: »einstens« (3), »ward« (31), »Ohn« (35), ausgelassenes Hilfsverb (11, 17), Inversion (15); in meiner Fassung: nachgestelltes Adjektiv (»Du Dame groß«, 6), verdeckter Imperativ (»Und wollt ... nicht verwehrn«, 18), Aufnahme einer Lutherfloskel (»Ohn Falsch und Trägheit«, 29).* Tatsächlich genügen, um die Information, daß es sich um ein »altes« Gedicht handelt, poetisch zu transportieren, wenige solcher Wendungen – sie werden vom übrigen Text nicht verschluckt, sondern durchdringen ihn gleichsam.

Verallgemeinert hieße die These: Eine Nachdichtung will die poetische Mitteilung des Originals so genau wie möglich neu herstellen. Sie muß also ein gutes neues Gedicht sein. Da sie aber an *Stelle* von etwas steht,** sollte sie nicht

»die Sprache des Barock«, »die Sprache des späten Hölderlin«, die gleichfalls induktiv gewonnen sind und Verfahrensrepertoires bezeichnen.
* *Außer lexischen und syntaktischen Verfahren wären – falls das Original dafür einen Anlaß bietet – auch rhythmische denkbar, etwa die Reihung einsilbiger Substantive im jambischen Vers, wie sie Gryphius benutzt:*
   Die Jungfraun sind geschänd', und wo wir hin nur schaun
   Ist Feur, Pest, Mord und Tod ...
** *In den »Noten und Abhandlungen zu besserem Verständnis des West-östlichen Divans« schreibt Goethe »... so erlebten wir den ... Zeitraum, welcher der höchste und letzte zu nennen ist, derjenige nämlich, wo man die Übersetzung dem Original identisch machen möchte, so daß eins nicht anstatt des andern, sondern an der Stelle des andern gelten solle.« Die subtile Formel läßt freilich verschiedene Deutungen zu.*

vortäuschen, sie wäre ein originales Werk. Züge von *Fremdheit,* die auf das Alter der Vorlage, die Herkunftssprache* oder andere Besonderheiten weisen, schaden ihr nicht, sondern machen sie reicher und genauer. Beweisen läßt sich die These freilich schwer – stringente Beweise sind in Reflexion über Kunst selten möglich, weil die Menge der wieder beweisbedürftigen Vordersätze zu groß würde. Doch scheint die Gegenmeinung, nach der jede Nachdichtung sich wie ein Original lesen lassen soll, einem Grundsatz des Realismus – der künstlerischen Wahrhaftigkeit – zu widersprechen: die Arbeit des Nachdichters, die wie jede Arbeit auch Veränderung ist, würde um einer zweifelhaften Glätte willen versteckt. Weshalb *Glätte* ein allgemeines poetisches Ideal nicht sein kann, wollen wir später begründen.

Alle Übertragungen sind ferner in Jamben und gereimt. Metrum und strophisches Schema entsprechen bei Zech nicht, bei Ammer annähernd, in den beiden anderen Übertragungen fast genau dem Original. Die obligate Zäsur nach dem zweiten Versfuß findet sich nirgends: sie hat im Deutschen, wo der fünfhebige Jambus vor allem vom englischen und italienischen herkommt, keinen poetischen Informationswert;** sie zu übernehmen zwänge zu zusätzlichen Veränderungen in den semantischen Gruppen, denen ein Gewinn nicht entgegenstünde.

* *Auf die Herkunftssprache wiese etwa die Wiedergabe von »to fall in love« mit »in Liebe fallen«, was in Prosa kaum, in Poesie sehr wohl möglich ist. Dagegen scheint der Vorschlag, beim Übertragen griechischer Gedichte für die Namen* Phyllis *und* Lysander Grete *und* Hans *zu setzen, ganz unnütz: man könnte dann auch jedes populäre fremdsprachige Kinderlied mit dem deutschen* Hänschen klein *»übersetzen«.*
** *Daß wir im fünfhebigen Jambus die Zäsur nach dem zweiten Versfuß als poetisches Ereignis gar nicht wahrnehmen, zeigt Brechts Ballade »Erinnerung an die Marie A.« in der Vertonung von Eisler. Eisler komponiert die Zäsur in jeden Vers, gleich ob sie dort metrisch vorhanden ist oder nicht, und wir empfinden das weder als störend noch auffällig:*
   An jenem Tag / im blauen Mond September
   Still unter ei / nem jungen Pflaumenbaum ...

Schließlich führt keine der Übertragungen nur vier Reimklänge durch das ganze Gedicht. Man kann das als Faulheit der Nachdichter ansehen. Der Vorwurf, der kaum von Denkfleiß zeugt, unterstellt, der Reim hätte in Gedichten aller Sprachen den gleichen poetischen Wert, d. i. die zu seiner Erzeugung aufzuwendende Energie wäre überall gleich.

Daß in allen entwickelten Sprachen Reime möglich sind, liegt an der begrenzten Zahl semantisch relevanter Laute (Phoneme),* die unsere Sprechwerkzeuge zu bilden vermögen und von denen jede Sprache nur eine Auswahl braucht. Bei genügend großem Wortschatz ergeben sich mit ausreichender Wahrscheinlichkeit klangähnliche**, also zum Reimen geeignete Phonemkombinationen. Die Anzahl aufeinander reimender Wörter ist nun bei stark flektierenden Sprachen, in denen oft die Flexionsendungen betont werden – etwa im Italienischen, Französischen, Russischen, Georgischen – mehrfach größer als in »abgeschliffenen« Sprachen wie dem Englischen oder dem Deutschen, das die Wortstämme betont. Betonte Flexionsendungen kennt das Deutsche nur bei Fremdwörtern (engagi'eren – havari'eren, Kollisión – Emigratión, Integrál – radikál). Sie sind als Reimpaare poetisch nur geeignet, wenn grobe Wirkung gewollt ist. Eine Vorstellung, welche Reimmengen andere Sprachen bereithalten, läßt sich gewinnen, wenn wir annehmen, das Deutsche betone die

---

* *Theoretisch können wir eine kaum zählbare Menge von Lauten bilden. Damit Laute bedeutungsunterscheidend werden, müssen sie aber so weit voneinander entfernt sein, daß sie im täglichen Gebrauch ohne Anstrengung auseinandergehalten werden können. Das wird am besten garantiert durch stark gegensätzliche Bildung und reduziert die Zahl der Phoneme pro Sprache auf durchschnittlich vierzig.*
** *Was als klangähnlich empfunden wird und welche klangähnlichen Wörter (Silben) zum Reimen geeignet sind, bestimmt dabei weitgehend die Konvention. Im Deutschen gilt heute der Klang von »schön« auf »wenn« als regulärer Reim, während »haben« auf »tragen« nicht reimt, sondern nur als Assonanz zugelassen ist.*

Endsilben: alle Wörter auf -ung, -eit, -er, -aft (Rundúng – Verführúng, Freihéit – Winzigkéit, Lehrér – Radfahrér, Wissenscháft – schemenháft) würden reimen, desgleichen alle mit dem bestimmten Artikel verbundenen Superlative, alle Infinitive der Verben samt der 1. und 3. Person Plural Präsens und Präteritum in Indikativ und Konjunktiv, die Hälfte der Perfektpartizipien und viele Substantivplurale (größtén – laufén – weinén – weintén – sangén – sängén – geworfén – Landschaftén – Menschén).*

Ist nun der Vorrat an Reimwörtern geringer, wird die zum Auffinden eines passenden Reimworts nötige Energie durchschnittlich größer sein, anders gesagt: es wird mehr Anstrengung kosten, den Vers auf das in Aussicht genommene Wort hin poetisch folgerichtig zu bauen. Der Dichter fädelt ja nicht Reimwörter, sondern benutzt den Reim in semantischen und rhythmischen Kontexten: um, gegen die Syntax oder mit ihr, Zäsuren zu setzen, um Zusammengehörigkeiten zu betonen oder Inhomogenitäten zu binden**, um einer Tradition zu genügen, ihr zu huldigen oder sie zitierend aufzurufen, um Wohl- oder Mißklänge zu stiften usf. Außerdem wird der Reim bei Stammbetonung in der Regel mehr rhythmische Energie auf sich ziehen, »schwerer« sein, als wenn Flexionsendungen betont sind.

Somit: das gleiche Formelement muß in Gedichten zweier Sprachen nicht das gleiche sein. Zu fragen ist nicht nur

---

Manche dieser Zusammenstellungen lassen sich im deutschen Knittelvers verwenden, sie sind dann bewußt gesetzte Irregularitäten, die den Reim als Verfahren betonen. Vgl. bei Leising (»Homo sapiens«):
  Der Mensch lebt nicht vom Brot allein
  Er braucht auch sein Rettich und Eisbein.
Die Irregularität bewirkt hier zusätzlich eine rhythmische Bremsung: »Eisbein« ist als zwei betonte Silben (||) zu lesen. Betont man |–, verschwände der Reim, läse man –|, wäre die Wirkung unangemessen parodistisch.
** Nach Mickel bindet der Reim Inhomogenitäten vor allem im deutschen Knittelvers und erzielt dort seine stärkste Wirkung.

nach seinem Vorkommen, sondern nach seiner *Intention.*
Ob es übernommen werden kann, hängt ab erstens von
seiner allgemeinen – statistischen – Valenz in beiden
Poesiesystemen, zweitens von seiner jeweiligen Verwendung im Gedicht. Französische »schwere« Reime sind ja
möglich wie beiläufige deutsche, und durch rhythmisch-syntaktische und semantische Instrumentierung läßt sich
die Energie im Vers »vom Reim weg« oder »zum Reim
hin« umverteilen.*

Nun ist, daß, setzt man einen italienischen Reim für einen
Heller, ein deutscher einem Dukaten entspräche, schon
lange bemerkt worden. Unsere Überlegung ist also nicht so
neu. Gegen sie hören wir aber unter Berufung auf den
Marxismus, »die Form« sei »die Form des Inhalts«, also
unbedingt zu bewahren, sonst gehe der Inhalt flöten.
Wenn der – Hegelsche – Satz für Poesie einen Sinn hat,
dann den, daß »die Form« (das strukturierte Gesamt in
einem Werk verwendeter Verfahren) den Inhalt des Gedichts (die poetische Mitteilung) erst hervorbringt. Anders
wäre »der Inhalt« gleich der Interlinearversion, und niemand brauchte Nachdichtungen. Insgeheim indes ernennt
der mehr gegen als mit Hegel zitierte Satz »die Form« zu
einer über den Sprachen schwebenden supranationalen
Wesenheit, einer Art Zaubermütze, die der Dichter auf die
Interlinearversion stülpt und damit Prosa zu Poesie hext:
die Form muß dann nach ihrer Funktion nicht befragt
werden, da sie überall gleich funktioniert. Dafür, daß
sprachliche Formen von Sprachen und Gedichten unabhängig sind, gibt es aber keinerlei Anhaltspunkte. Gründe
für die Gegenannahme haben wir genannt. Nur ist der
Reim als populärstes poetisches Mittel – reimen kann

---

* *Wir gehen davon aus, daß in einem Gedicht die auf jeden Vers entfallende rhythmische Energie – der physiologisch die beim Vortrag aufzuwendende Atemenergie entspricht – gleich ist. So wäre die rhythmische Energie der Verse* Über allen Gipfeln *und* Ist Ruh *gleich, was den kürzeren Vers hervorhebt und eine längere Pause nach ihm verlangt; diese ist Bestandteil des Verses.*

jeder, vierhebige Trochäen verfassen vielleicht jeder hundertste, Blankverse schreiben in der DDR hochgegriffen jeder zweimillionste – dem Verdacht, etwas der nackten Prosamitteilung nur Hinzugefügtes zu sein, besonders ausgesetzt.

Denn daß der Reim, auch in seiner euphonischen Funktion, das heißt wenn er sanfte, schwebende, rauhe, dumpfe usw. Klänge hervorhebt, primär ein rhythmisches Verfahren ist und sekundär über das Aufrufen von Traditionen wirkt, ist fünfzig Jahre nach den Untersuchungen von Schklowski, Jakobson, Shirmunski und Tynjanow auch von der Wissenschaft kaum zur Kenntnis genommen. Dem Ästhetizismus anhängende russische Dichter des vorigen Jahrhunderts hatten sogar gefordert, die Reime einer Nachdichtung müßten die gleichen Vokale enthalten wie das Original. Die Loslösung eines sprachlichen Verfahrens von der Sprache ist hier fast zur Konsequenz getrieben – diese wäre, ein Gedicht zu »übersetzen«, indem man es abschreibt. Gewiß ist in manchen Gedichten die Lautinstrumentierung ungewöhnlich wichtig. Es kann sich um Lautwiederholungen, die eine gewisse Erregung herstellen, oder um »sinnvertiefenden« Einsatz von Vokalen handeln (in »Wanderers Nachtlied« das hohe *i* in *Gipfeln* und *Wipfeln,* das dunkle *u* in *Ruh*). Diese Mittel wirken aber immer zusätzlich zur Wortbedeutung oder »durch sie hindurch«: sie haben keinen eigenen, von einer Sprache unabhängigen Wert. Wenn uns das *o* in *Tod* dunkel und drohend klingt, tut es das gleiche *o* in *Lob* keinesfalls. Auch passen nicht alle Beispiele so hübsch wie das zitierte. *Hoch* hat im Deutschen einen tiefen, *tief* einen hohen, *lang* einen kurzen Vokal. Die deutschen Doppellaute *au* und *ei* kommen in vielen Sprachen gar nicht vor. Überhaupt sind eine Reihe poetischer Verfahren auf eine oder wenige Sprachen beschränkt und lassen sich in anderen auch bei größter Mühe nicht übernehmen: so die Zuordnung von Silben bestimmter Tonstufe zu festgelegten Versstellen im Chinesischen, oder syllabische Verse.*

In Villons Ballade bringt der Reim, überlegen und kunstfertig gehandhabt, den Autor ins Gedicht und verfremdet die naive Rede der Mutter. Gemeinsam mit anderen Verfahren stellt er die Grundhaltung des Gedichts – dessen doppelte Lesbarkeit – her. Die Ballade etwa im Blankvers zu übertragen, der bei uns ganz anderen Zwecken dient, würde die poetische Mitteilung ernsthaft beschädigen. Um die *Funktion* des Reims zu reproduzieren, genügt es im Deutschen aber, wenn man das relativ komplizierte Strophenschema erhält: der Eindruck von Kunstfertigkeit bleibt, auch wenn in jeder Strophe neue Reimklänge verwendet werden. Genauer: er läßt nur so sich herstellen. Sich auf nur vier Reimklänge versteifen hieße, für den A-Reim sechs, den b-Reim neun, den C-Reim dreizehn aufeinander reimende Wörter zu suchen. Für den d-Reim sind des Refrainverses wegen ohnehin fünf nötig. Da beim Nachdichten die semantisch nächstliegenden Reimwörter in der Regel zuerst »verbraucht« werden, müßten die Verse gegen Schluß auf die übrigbleibenden, kaum oder gar nicht passenden hin gearbeitet werden, was entweder zu syntaktischen Verkrampfungen oder vom Original weit abweichenden Umschreibungen zwänge. Entweder die Leichtigkeit des Verses, oder die Einheit der semantischen Gruppen, in jedem Fall die doppelte Lesbarkeit gingen mit Sicherheit zum Teufel. Was wäre gewonnen? Eine Reproduktion »der Form«, die die Form außer Funktion setzte.

Zech verwendet statt des fünffüßigen Jambus vier- bis achthebige Verse in ungeordneter Folge. Nun empfinden wir es nicht als irregulär, wenn unter fünfhebigen Jamben

---

* *Bei Übertragungen aus dem Georgischen habe ich gelegentlich syllabische Verse durch deutsche Verse gleicher Silbenzahl wiedergegeben. Es entstanden teils odenähnliche, teils andere ungeläufige metrische Schemata.*

gelegentlich ein sechshebiger vorkommt. Shakespeare oder Kleist nehmen sich diese Freiheit, wenn sie eine wichtige semantische Information in fünf Versfüßen nicht unterbringen (wenn die Einheit der semantischen Gruppe für die poetische Mitteilung wichtiger ist als die Einheit des Formelements). Die extremen Längenunterschiede bei Zech zerstören aber den Eindruck von Regularität und beherrschter Verstechnik: sie machen das Gedicht amorph. Da die meisten Verse sich ohne Substanzverlust auf fünf Jamben zusammenstreichen ließen – in 6 »Ich habe solche Angst, in dein Gesicht hinein zu sehn« sind die Wörter »solche« und »hinein« überflüssig, in 8 steht zur Verlängerung sogar ein falscher Imperativ –, müssen wir Absicht annehmen.

Das Geleit bleibt unübersetzt. Aus den drei zehnzeiligen Strophen Villons macht Zech eine sieben- und drei achtzeilige mit dem Reimschema aabccbdd (AbAbbCCdCd bei Villon). Wichtig ist hier weniger, daß Zech das Schema ändert, als daß er ein primitiveres wählt und damit ebenfalls den Eindruck von Kunstfertigkeit abbaut.

Villons Strophen haben insgesamt 340 Silben, Zechs 370. Das Verhältnis wäre bei einer Prosaübersetzung normal (die Interlinearversion enthält 351 Silben), in einem Gedicht deutet es auf Verwässerung.

Dennoch könnten wir vermuten, Zech wirtschafte mit den Formelementen frei, um in den semantischen Gruppen desto genauer zu sein. Großzügig gerechnet entsprechen in der ersten Strophe anderthalb Zeilen der Semantik des Originals: »Du Himmelskönigin« (1) und »nimm meine Stimme gnädig auf zu dir!« (3). Weder von »Gold und Blau der Ewigkeit«, noch von einem »Schmerzensweib«, noch von etwas sonst in den restlichen fünfeinhalb Zeilen ist bei Villon auch nur ungefähr die Rede. Für den Refrain paraphrasiert Zech ohne Anlaß das protestantische (!) Kirchenlied »So nimm denn meine Hände« (»Ich mag allein nicht gehen, / nicht einen Schritt«). In der zweiten Strophe beziehen sich eineinhalb Verse aufs Original: »Empfehle mich der Gnade deines Sohnes, tu ihm kund« (8), »und den Verräter noch geliebt« (12) – der Verräter, nehmen wir an, soll St. Theophil sein; in der dritten ist es ein einziger (»Bin eine alt und grau gewordne Frau«, 16), in der vierten sind es zweieinhalb (»Im Kloster, ja, da ist das Paradies so nah / und auch der Hölle Feuer angefacht. / Das eine macht mich froh ...«, 26–28). Der Rest ist erfunden.

Trotz allem wäre möglich, daß Zech Verfahren und semantische Gruppen ändert, um die poetische Mitteilung des Originals auf seine Weise – eben in »freier Nachdichtung« – dem Leser zu übermitteln. (Einer meiner Lehrer ließ uns gelegentlich Farben und Zeichenblock mitbringen, spielte Beethoven und sagte: malen Sie, was Sie jetzt hören.) Wir wollen Zechs Erfindungen unter zwei Gesichtspunkten untersuchen: dem der sozialen Identifikation, und nach den eingeführten Versgesten.

Wo Villons Anrede – »Königin des Himmels, Regentin der Erde, / Herrscherin der höllischen Sümpfe« – ein für die Mutter reales Machtverhältnis setzt, das irdische Zustände naiv spiegelt, braucht Zech den Ausdruck »Himmelskönigin« metaphorisch und baut ihn zum intellektuell verkitschten Topos eines Heiligenbildchens (»im Gold und Blau der Ewigkeit«). Im nächsten Vers macht er aus Unterordnung Gleichberechtigung (»Du Schmerzensweib und Leid von meinem Leid«). Beide Mittel zerstören die Naivität der Rede der Mutter. Daran ändert nichts, daß drei Verse weiter die Gleichberechtigung in mystische Unterwürfigkeit kippt (»ich krümme mich noch tiefer in den Staub als Wurm und Tier«). Vielmehr wird statt der naiven Konsequenz, mit der Villon die Mutter sprechen läßt, Irrationalität erzeugt.

Im einzigen Vers, der in Strophe 3 dem Original ungefähr entspricht (»Bin eine alt und grau gewordne Frau«, 16), fehlt bezeichnenderweise Villons Epitheton »ärmlich«. Ebenso wird verschwiegen, daß die Mutter nicht lesen kann. Nachdem er aus Naivität pseudointellektuelle Irrationalität gemacht hat, unterdrückt Zech die Mitteilung über den niedrigen sozialen Status der Mutter. Der Verdacht liegt nahe, daß er Identifikation mit der Gestalt der Mutter Lesern möglich machen will, die nicht nur nicht arm sind, sondern denen der Verweis auf Armut und Analphabetismus die Identifikation verbauen würde. Das könnte ungerecht sein, lieferte nicht der Nachdichter zu Anfang seiner vierten Strophe den Beweis in einer Metapher von schauderhafter Häßlichkeit: »Oft tönt«, heißt es da, »in meinen Witwenkral ...« Ein Kral ist nach Duden ein Viehhof oder Dorf der Südostbantuvölker und Hottentotten. Woher kennt ein Deutscher das Wort? Aus der Kolonialzeit bzw. dem Burenkrieg, der bis in die Nazizeit zu chauvinistischer Agitation gegen England benutzt wurde.*
Wir können den Leserkreis, für den Zech frei nachdichtet, uns nun ziemlich gut vorstellen: gutsituierte halbgebildete Damen, die von sozialen Fragen nichts hören wollten, für Ohm Krüger** schwärmten und gern »ergrif-

---

* *Der Burenkrieg begann 1899 mit einem britischen Überfall auf die Republiken Oranjefreistaat und Transvaal.*
** *In einer 1896 an den Präsidenten von Transvaal Paul Krüger gerichteten Depesche hatte Wilhelm II. zum Sieg über die Truppe einer britischen Handelsgesellschaft gratuliert und damit Deutschland an den Rand eines Krieges mit England gebracht. Später wurde »Ohm Krüger« von den Alldeutschen zur legendären Figur stilisiert. Noch in den Nazi-Jugendorganisationen kursierte ein Lied, dessen erste Strophe geht:*
  Ein Kampf ist entbrannt, und es blitzt und es kracht,
  und es tobt eine blutige Schlacht.
  Es kämpfen die Buren Oranjetransvaals
  gegen Engelands große Übermacht.
  Ein alter Bur / mit greisem Haar,
  der zog seinen Söhnen voran.
  Der jüngste war / kaum siebzehn Jahr;
  er scheute nicht den Tod fürs Vaterland.

fen« waren, d. h. eine Schwäche für kunstgewerblich hochgedrehte irrationale Metaphern hatten.

Die Versgesten, die Zech erfindet, bedienen jedenfalls genau dieses Bedürfnis. Schon die ersten Metaphern sind nicht kontrollierbar. Läßt man »Du Schmerzensweib« (2) noch als Übersetzung von mater dolorosa hingehen,* rät man doch kaum, was »Leid von meinem Leid« eigentlich heißen soll. Leidet die Mutter an Maria? Hat sie Mitleid mit Maria, oder Maria mit ihr? Was ist, ferner, ein »Waisenweib« (4)? Ein Stabreim, aber was bedeutet das Wort? Mit einer Waise verheiratet kann die Mutter nicht sein, da sie nach Zech Witwe ist. Hat sie selbst keine Eltern mehr? Das wäre in ihrem Alter normal. Wahrscheinlich meint Zech, daß sie sich verwaist vorkommt (einsam ist), und treibt, um das auszudrücken, ein bißchen Aufwand. Viele verstehen ja unter Poesie, daß man einfache Tatsachen durch vertrackte Metaphern ausdrückt. Eine Zeitlang war das in Frankreichs Oberklasse ein Gesellschaftsspiel, der Stoff ist in Molières Komödie »Die lächerlichen Preziösen« behandelt.

Unangenehmer wird es, wenn die Mutter sich »tiefer in den Staub« krümmt »als Wurm und Tier« (5). Weder Würmer noch Tiere – der Ausdruck ist so logisch wie »Dackel und Hunde« – pflegen sich in den Staub zu krümmen. Würmer krümmen sich vielleicht im Staub, wenn sie in feuchteres Erdreich wollen, andere Tiere, wie Hühner und Elefanten, nehmen Staubbäder, um lästige Insekten loszuwerden. Tatsächlich ist die Zeile einfach eine Kontamination vom Typ »Das schlägt dem Faß die Krone ins Gesicht«: jemand »krümmt sich wie ein Wurm« (bezeugt Servilität), »liegt im Staub« vor jemandem (bittet mit einer Ergebenheitsgeste um Gnade), »duckt sich wie ein Tier«

---

* *Im katholischen Gebetbuch steht, genauer und poetischer, »schmerzensreiche Mutter«. Goethe hat »Du Schmerzenreiche«. Bei Villon ist Maria nicht mater dolorosa, sondern Herrscherin.*

(zeigt einen Angstreflex). Dennoch, wird eingewendet, sei die Metapher wirksam. Wir bestreiten das nicht. Nur lassen sich moralisch und ästhetisch relevante Aussagen über Wirksamkeit erst machen, wenn gefragt ist, was denn bewirkt wird. Jedenfalls sollte sich jemand, dem Wirksamkeit an sich ein positiver Wert ist, auch heute, wo das Wort »Effektivität« aus ökonomischen Gründen einen heiligen Schein hat, nicht Marxist nennen. Der Vers »ich krümme mich noch tiefer in den Staub als Wurm und Tier« ist auf ähnliche Weise wirksam wie ein Weihnachtstext von Hans Baumann,* der anfängt:

Hohe Nacht der klaren Sterne,
die wie weite Brücken stehn
über einer tiefen Ferne,
drüber unsre Herzen gehn.

Wir haben hier eine Versammlung gewöhnlich als positiv empfundener Wörter (hoch, klar, Sterne, weit, Brücken, unsre Herzen), die unlogisch, doch geschickt zu Metaphern verkoppelt sind und insgesamt eine vage positive Erregung (Stimmung) erzeugen. »Hohe Nacht« ist etwas Weihevolles, »klare Sterne« sind etwas Schönes, »Brücken über einer tiefen Ferne« assoziieren Sehnsucht gleichzeitig mit deren Befriedigung (zumal im Krieg: die Soldaten im Feld, die Lieben zu Haus), Herzen wollen zu Herzen kommen. Untersucht man die poetische Folgerichtigkeit, bricht alles zusammen. »Sterne« können »wie weite Brücken« nicht als einzelne Lichtpunkte »stehn«, sondern nur, wenn sie zu diffusem Licht – etwa der Milchstraße – optisch verschmelzen; sie können dann aber nicht »klar« sein. Statt ein Bild so oder so durchzuführen, überschwemmt Baumann den Leser mit positiven Floskeln.

---

* *Unsere Kritik bezieht sich allein auf die Texte. Panl Zech wurde 1933 verhaftet und konnte später emigrieren, die Nazis verbrannten seine Bücher. Hans Baumann hat nach 1945 bedauert, in jugendlicher Unkenntnis Texte geschrieben zu haben, die dem Faschismus dienen konnten.*

Wenn irgend Kunst mit Moral zu tun hat, ist das poetische Unredlichkeit. Das Bild wird grotesk, wenn über die wie weite Brücken stehenden klaren Sterne Herzen »gehn«. Ein Herz kann verschenkt werden, glühen, beben, erstarren und manches mehr – sobald es über Brücken geht, assoziiert man die Beine, die es dazu nötig hat. Eben die Überschwemmung des Lesers mit zu Metaphern verklumpten Reizwörtern verhindert aber, daß dieser den Betrug durchschaut: sie liefert ihn dem Text aus und macht ihn wehrlos gegen alle möglichen Ideologiegehalte, die wenn nicht vom Autor, so von anderen beigebracht werden.

Zechs Metaphernkonglomerate unterscheiden sich von Baumanns – betrachteten wir dessen Lied »Es zittern die morschen Knochen«, kämen wir auf das gleiche – in Struktur und Funktion nicht. Das »Schmerzensschwert« in Marias Brust »ist lauter Licht« (21/22). Was immer ein Schmerzensschwert sein soll – ein Schwert, das schmerzt, oder ein Schwert aus Schmerzen –, es ist also Licht. Weiter heißt es: »O falt es in mein Flehn«. Was soll gefaltet werden? Das Schwert in Marias Brust, obgleich Schwerter sich gewöhnlich schlecht falten lassen. Das Schwert ist also ein Tuch oder Papier, das sich falten läßt, und zwar »in mein Flehn«. Somit wäre »mein Flehn« ein Behältnis, in das das Schwert, das aus Schmerzen ist, andererseits Licht ist, andererseits ein Tuch ist sowie sich schon in etwas, nämlich in Marias Brust, befindet, gefaltet werden soll. Oder sind »mein Flehn« gefaltete Hände, so daß das Schwert, das Licht ist, aus Schmerzen ist und in Marias Brust ist, noch dazu eine Hand wäre, die Maria zu den gefalteten Händen der Mutter hinzufalten soll? Keiner kann hier mehr durchsehen, und genau das soll niemand. Anstatt sich sinnlos abzumühen, wird der Leser sich den Reizwörtern überlassen und »fühlen«. Was? Irgend etwas vag Frommes und Hehres. Für die Mutter, die bei Villon Paradies und Hölle in der Klosterkirche, zu deren Sprengel sie gehört, *gemalt* sieht und dabei naiv Freude und Furcht empfindet, sind bei Zech (26–29) Paradies und Hölle »im Kloster, ja« wirklich vorhanden, wobei das dort angefachte Höllenfeuer mit ihr schon tausendmal »geschah«. Auch wo er semantisch dem Original ausnahmsweise nahe ist, macht Zech aus einem normalen wöchentlichen Kirchenbesuch eine mystische Schau. Das falsch gebrauchte Verb dient der zusätzlichen Irrationalisierung. Was folgt? »Ich aber«, sagt die Mutter (30), »will noch höher wehn...« Damit ist der Gipfel erreicht: die Mutter ist eine Fahne.

Vom Original bleibt bei Zech nichts als ein Sujetrest: eine alte Frau, die zu Maria betet. Wo Villon klar ist – und ohne eine Metapher auskommt –, heizt Zech mit unkontrollierbaren Metaphern hehre Gefühle; wo Villon die Rede der Mutter kunstvoll verfremdet und noch durch das Gebet seine Aufsässigkeit lesen läßt, wirken Zechs Mittel auf Einfühlung und Einverständnis; die Frau, die bei Zech betet, ist weder naiv, noch arm, noch Analphabetin, ja nicht einmal katholisch: sie ist nicht Villons Mutter. Wer sie sein könnte, haben wir angedeutet. Als Nachdichtung in irgendeinem ernsthaften Sinn kann der Text nicht angesehen werden.*

Die drei anderen Übertragungen können wir zusammen betrachten. Ammer hält sich in Metrum und Reimfolge nicht streng ans Original: sechs Verse haben sechs, zwei haben vier Hebungen, die erste Strophe hat nur neun Zeilen, das Reimschema ist AbbAcDccD, efeffGhGGh, iKiiKLLMLM, der Refrainvers ist durch Umstellen zweier

---

* *Der Einwand, es handele sich eben um* freie *Nachdichtung, zielt vorbei, da Zech ja Villons Namen über dem Gedicht stehenläßt. Das eigentliche Problem wäre, ob solche Arbeiten ihrer, wenngleich falschen, Wirksamkeit wegen geeignet sind, das Interesse gewisser Publikumsschichten an einem großen Dichter wachzuhalten, indem sie Villons Namen in Umlauf setzen. Sie wären dann eine Art Brücke, die manche vielleicht eines Tages zu wirklicher Poesie führte. Wir können die Frage – die darauf hinausläuft, ob bestimmte Arten Trivialliteratur auch gesellschaftlich nützlich, ja vielleicht notwendig sind – hier nicht erörtern.*

Wörter variiert. Die Funktion der Formelemente – Verfremdung der Rede der Mutter durch vorgeführte Kunstfertigkeit – wird dadurch aber nicht ernsthaft gestört. Ein Verlust scheint, daß Ammer und Remané nirgends, wie Villon in 9, das verstechnische Verfahren bloßstellen.

Syntaktischer Großbau und semantische Gruppen folgen im wesentlichen Villon. Bestimmte Umstellungen und Substitutionen sind, hat man sich zum Reimen entschlossen, in unserer reimarmen Sprache beim Nachdichten ja nicht zu umgehen – die Frage ist, ob sie die Grundhaltung des Originals bewahren, ihr zumindest nicht zuwiderlaufen.

Wenn Remané den Heiligen Theophil mit Ketzerei in Zusammenhang bringt (Theophil hatte sich mit dem Teufel eingelassen, Ketzerei aber ist ideologische Abweichung, nichtorthodoxes Denken), könnte immerhin die Mutter ein ihr als negativ bekanntes Wort falsch brauchen. 17–19 ist Villons Text »und macht, Mutter Gottes, daß ich immer / an der Zelebration der Sakramente teilhaben darf« übertragen »Verhüte... / O Mutter Gottes, daß der Zweifler Spott / Mir je verwehrt, das Sakrament zu lieben«. Der Wunsch, von Glaubenszweifeln verschont zu bleiben, setzt indes Reflexion voraus und ist vorzüglich einer von Gottesgelehrten, zur naiven Religiosität der Mutter paßt er kaum. „Ja, Himmelsfreude werd ich ewig schauen!« (29) macht aus der Bitte der Mutter, in den Himmel aufgenommen zu werden, übertriebene Heilsgewißheit – bei Villon steht »Macht, daß ich Freude habe, hohe Göttin, / zu der alle Sünder glaubensvoll / ohne Falsch und Trägheit Zuflucht nehmen müssen«.

Auch Ammer verwandelt den Wunsch beschönigend in eine Feststellung (»O Königin, du aller Ziel und Streben, / die alles liebt in heißem Glaubensdrange«). 17/18 steht für die Sorge der Mutter, sie könnte etwas tun, das sie vom

Abendmahl ausschlösse, eine theologische Leerformel (»die du als Jungfrau einen Sohn empfangen, / nach dem wir alle Lebensstunden bangen«), die besser ins Geleit paßte.

Bedauerlicher ist, daß Ammer wie Remané »höllische Sümpfe« (2) mit »Unterwelt« übersetzen. Unterwelt ist ein Ort der griechischen Mythologie, wo die Abgeschiedenen auf einer Wiese wandeln. Ihr stilles Schattenreich ist das des Todes, keins der Marter und schon gar nicht Sitz des Bösen – der ins Kosmische projizierte Dualismus von Gut und Böse ist der griechischen Götterlehre fremd. Villon dagegen – 2, 25/26 – meint die katholische Hölle, wie Dante sie beschreibt: ein unten sumpfiges Loch (Pfuhl), in dem Heulen und Zähneklappern herrschen und der Teufel als Folterspezialist und Widersacher Gottes haust. Zu bedauern ist hier weniger, daß Mythologien vermengt sind, als daß die doppelte Lesbarkeit, die Villon schon mit der ersten, dreifachen Anrede in den semantischen Gruppen setzt, durch Glättung beschädigt wird.* Auch die Anrede »Göttin« (27), die die doppelte Lesbarkeit befestigt, fehlt bei Ammer und Remané. Ferner setzt Ammer für den küchentechnischen Ausdruck »schmoren« (25), der die Vorstellung der Höllenmartern blasphemisch verfremdet. das neutrale »brennen«, während »braten« bei Remané die Intention des Originals genau trifft.

Im Geleit bildet Ammer nicht durch die Versanfänge Villons Namen nach. Da das Geleit so gut wie ausschließlich Schmuck des Signums ist, schiene sinnvoller, es dann wegzulassen.**

---

* *In einem Disput über Nachdichtung (vgl. Weimarer Beiträge, Heft 8/1973) erklärt Remané, »Unterwelt« sei die geeignete Übersetzung, weil die heilige Jungfrau Maria doch nicht über höllische Sümpfe herrschen könne. Schicklichkeit wird so zum Leitwert des Nachdichters, und zum Zensor des Originals.*
** *In Villons »Ballade an die Geliebte« ergeben die Versanfänge in den drei Strophen die Namen FRANÇOIS, MARTHE und VILLON; anders als im vorlie-*

Trotz dieser Verluste scheint uns, daß die poetische Mitteilung des Originals nicht zerstört wird, die drei Übertragungen gegenüber der von Zech also im Grunde gleichberechtigt sind. Wenn wir unsere eigene dabei für die beste halten, kann das Blindheit des Autors gegenüber seinem Produkt sein. Da wir aber mit dem Übersetzen von Poesie nun einmal auch praktisch befaßt sind, schien es ungehörig, einen eigenen Versuch nicht vorzulegen.

Zu meiner Übertragung merke ich an, daß in 17, 19 ein rührender Reim (begehe – gehe), in 26, 27, 29 Assonanzen benutzt sind (Schrecken – Göttin – retten). Welche Klänge als Reim oder als reimähnlich empfunden werden, ist in Grenzen eine Frage der Konvention, also auch der Gewöhnung; im Deutschen kann das Mittel der Assonanz, behutsam eingesetzt, die Möglichkeiten des Nachdichters sehr erweitern, d. h. die Einheit der semantischen Gruppen sichern helfen.* Assonanzen kommen zudem im deutschen Volkslied und in verstechnisch strengen Gedichten des Expressionismus vor, so daß sie wiedereinzuführen nicht gerade eine Revolution ist. Daß Villon nicht »fein« reimt, kann die Wahl beider Mittel zusätzlich rechtfertigen.**

genden Fall sind die Namen dort deutlich Ornament der semantischen Gruppen, könnten also bei der Nachdichtung unberücksichtigt bleiben, wenn die Kunstfertigkeit des Autors durch andere Verfahren demonstriert wird. Remané bildet die Namen in den ersten beiden Strophen nach, in der dritten verzichtet er darauf.

* Meines Wissens haben Hugo Huppert (in Majakowski-Übertragungen) und Paul Celan (bei Jessenin) als erste deutsche Nachdichter in größerem Umfang Assonanzen verwendet. Während aber Huppert Majakowskis oft übergrobe, affrontsetzende Assonanzen im Deutschen nachbildet, braucht Celan Assonanzen auch, wo im Original reine Reime oder fast reimgleiche Assonanzen stehen, setzt also ein Verfahren für ein anderes. Die poetischen Ergebnisse rechtfertigen sein Vorgehen vollkommen. Celans funktionale Assonanzentechnik ist in der jüngeren DDR-Nachdichtung inzwischen weiter entwickelt worden.

** Ob eine Assonanz regulär wirkt (d. h. nicht bemerkt wird), wie ein ungeschickter Reim klingt oder als grobes Mittel den Reim desavouiert, hängt außer von den assonierenden Wörtern von der inneren Folgerichtigkeit der semantischen Gruppen und der rhythmischen Instrumentierung der Verse ab.

Auch das Metrum ist mit einiger Freiheit behandelt, so in 1 (»Kön'gin des Himmels«: | _ _ | _ statt _ | _ | _) und 7 (»Dann Eure Huld größer als meine Sünden«: | _ _ || _ _ | _ | _ statt _ | _ | _ | _ | _ | _). Villon selber läßt, wie wir sahen, den Vers mitunter gegen das Metrum gehen. Neuere deutsche Dichter (Brecht in »Leben Eduards des Zweiten von England«, Heiner Müller, Hartmut Lange, Karl Mickel) haben diese Technik inzwischen in Dramenvers und Gedicht zu äußerster Subtilität, ja zu eigenen Verfahren entwickelt, so daß wir, an Härteres gewöhnt, die leichten metrischen Verstöße der Übertragung kaum wahrnehmen.* Daß metrische Strenge die poetische Mitteilung stören kann, zeigt Remanés Vers 22 (»Und lesen, schreiben blieb mir unbekannt«): die nur durch Komma getrennten Infinitive komplizieren die im syntaktischen Feinbau einfache Rede der Mutter. »Lesen und schreiben blieb mir unbekannt« schiene, obzwar metrisch irregulär, die günstigere Lösung.

Wie in vielen Gedichten gibt es bei Villon »Schlüsselzeilen«, die für die poetische Mitteilung besonders wichtig sind. »Obwohl ich niemals etwas wert war« (5) scheint mir der groben Formulierung wegen eine solche Zeile. In meiner Übertragung – »Obgleich ich niemals solchen Wert verdien« – geht die Grobheit durch das Reimwort leider verloren. Das gleiche gilt für Remané (»Sosehr es mir auch an Verdiensten fehlt!«). Bei Ammer fehlt die Stelle.

---

* *Verstöße gegen das Metrum, die als Verfahren erkannt werden sollen, setzen voraus, daß der Leser bzw. Hörer das reguläre Metrum »im Ohr« hat; nicht zufällig ist diese Technik am geläufigen fünfhebigen Jambus entwickelt worden. Die genannten Autoren bauen in ihre Texte denn auch an genau kalkulierten Stellen metrisch regelmäßige Verse bzw. Versteile, die die Abweichungen deutlich halten. In klassischen Odenmetren, die heute kaum jemand beherrscht, könnten dagegen Verletzungen des Kanons nicht als Verfahren wirken (den Vers nicht spannen bzw. rauh machen): sie blieben unbemerkt oder würden für freie Odenmetren gehalten, da der Kanon als inneres Gegenbild nicht zur Hand ist.*

Villon spielt 13–16 auf zwei christliche Legenden an, die seinem Publikum bekannt waren, heute aber vergessen sind.* Die Übertragung könnte die Anspielungen weglassen. Das hieße, vier Verse frei zu erfinden, der folgende Text (17) würde dann unverständlich. Sie könnte sie ferner durch Verallgemeinerungen ersetzen. Dagegen spricht, daß Geschichten, auf die ja angespielt ist, sich nicht auf Verallgemeinerungen bringen lassen; diese träfen auch nicht die Grundhaltung des Gedichts, zu der das schlau kasuistische wie naive Operieren mit Beispielen gehört. Wollte man die Anspielungen im Gedicht erklären, brauchte man für eine Kurzfassung wenigstens vier zusätzliche Zeilen, für die die strenge Strophenform keinen Platz läßt; tilgte man dafür anderes, wären Folgerichtigkeit und innere Ausgewogenheit der Ballade zerstört. Es bleibt, die Anspielungen unkommentiert zu übernehmen und gegebenenfalls in einer Fußnote zu erläutern. 13 (»verzeiht mir wie der Ägypterin«) habe ich, um den Vers zu füllen, durch eine neutrale Wendung ergänzt (»Wie der Ägypterin vom heißen Steine«), die m. E. keine zusätzliche Unklarheit in den Text bringt. Die von St. Theophil handelnde Stelle ist durch eine leichte stilistische Verschiebung gröber gemacht (dem Teufel Versprechungen machen – sich mit dem Teufel einlassen – sich dem Teufel zur Ehe geben). Wenn man will, kann man diese Grobheit als Ersatz für die in 5 verlorengegangene nehmen. Noch gröber wäre, den Namen »Theophil« mit »Gottlieb« zu übersetzen.

Beim Refrainvers wäre statt »In diesem Glauben leb und sterb ich gern« die konjunktivische Fassung »In diesem

* *Auch Gemälde mit biblischen Sujets bleiben heute vielen Betrachtern zum Teil unverständlich. Nicht nur darum wäre ein Buch, das die Geschichten der Bibel mit knappem Kommentar böte, ebenso wichtig wie die vorhandenen Nacherzählungen griechischer Mythen und Heldenberichte. Gewiß gingen bei der Nacherzählung Werte verloren (wobei andere gewonnen werden könnten), doch wäre die Kenntnis der Geschichten besser als nichts. Zudem könnte das Buch manchen Leser dazu bringen, zur Bibel zu greifen und sie als Kunstwerk und mit kritischem Geschichtsverständnis zu lesen.*

Glauben lebt und stürb ich gern« möglicherweise genauer, ließe sich aber schlechter sprechen und wäre so weniger eingängig.

5

Über das Entstehen quasi-ästhetischer Mechanismen in der tierischen Evolution hat G. Tembrock* zwei einander ergänzende Vermutungen angestellt. 1. Der »Gesang« von Singvögeln dient zuvörderst der Behauptung eines Reviers. Die Tonfolgen sind dabei artspezifisch (in menschliche Sprache übersetzt: »Hier sitzt eine Goldammer«), ferner enthalten sie individuelle Kenn-Merkmale (»Hier sitzt der Goldammerhahn Anton«). Darüber hinaus wird jedoch mehr mitgeteilt: der Vogel singt anders, wenn er aufgewacht ist, hungrig ist, satt ist, sich zum Schlafen rüstet, einen Konkurrenten bemerkt usf. Es ist logisch anzunehmen, daß die Tonfolgen jeweils mit inneren Zuständen (Affekten) verkoppelt sind: mit »Befriedigung«, wenn der Vogel satt ist, mit »Zorn«, wenn ein Konkurrent ins Revier eindringt, mit »Angst«, wenn Gefahr droht. Der quasi-ästhetische Vorgang liegt nun darin, daß die Verkoppelung zwischen affektbesetzter Situation und der Struktur der Lautäußerung nicht völlig frei ist: ruhige, melodische Bögen sind bei hoher Erregung (Angst, Aggression) ebenso ungeeignet wie in rascher Folge ausgestoßene schrille Töne bei geringer (Sattheit, Ruhebedürfnis). Diese, verhältnismäßig groben, Gesetzmäßigkeiten gelten noch heute – am wenigsten verdeckt in Musik und Tanz – für menschliche Kunst: auch der geschickteste Künstler wird Gehetztheit nicht durch langsame, getragene Bewegungen oder Tonfolgen ausdrücken. Wesentlich für unser Thema ist vor allem, daß zur symbolischen Funktion der Mitteilung (jeder Sachverhalt kann prinzipiell durch beliebige und beliebig strukturierte Zeichenfolgen wiedergegeben werden, wenn diese nur verstanden werden) eine gleichsam ikonische, affektive Zustände *darstellende* kommt, die die »freie Wahl« der Zeichenfolgen einschränkt; für

---

* Professor Günter Tembrock leitet den Bereich Verhaltenswissenschaften an der Sektion Biologie der Humboldt-Universität Berlin. Wir referieren die mündlich mitgeteilten Thesen mit seiner freundlichen Genehmigung.

außenstehende, im gleichen Biotop lebende Arten kann die semantische Seite der Lautmuster irrelevant bleiben, während die darstellende »verstanden« wird und später in einem Spielkontext eingesetzt werden kann. 2. Betrachtet man das Verhalten höherer Tiere, läßt sich annehmen, daß einmal ein Hauptreiz wirkt (etwa eine Maus auf die hungrige Katze), zum anderen ein Bündel im »Bewußtsein« zurücktretender Randbedingungen (Bodenbeschaffenheit, Flora, Wetter, Beleuchtung, Lautumwelt). Ändert sich eine Randbedingung abrupt, etwa bei einer Sonnenfinsternis, wird die Wirkung des Hauptreizes ausgeschaltet. Bestimmte Randbedingungen könnten nun – in evolutionären Zeiträumen gerechnet – eine Art Heimvalenz bekommen, d. h. das Verhalten des Tieres läuft in ihnen ungestört ab, was mit einem positiven Affekt bewertet wird. So könnten in der Stammesgeschichte der Primaten (Affen und Menschen) einzelne Randbedingungen Bedürfnis werden – etwa der, schon quasi-ästhetisch strukturierte, Vogelgesang, ferner, da Primaten Tag-Tiere sind, die »unheimlichen«, furchteinflößenden Geräusche der Nacht, soweit sie in relativer Geborgenheit wahrgenommen werden. »Furcht und Schrecken« werden so durchlebt, doch abgemildert (gleichsam in einer realen Spielsituation), nämlich ohne Gefahr für Leib und Leben und zusammen mit ihrer Lösung. In dem Maß, in dem der Mensch aus der Natur tritt und sich künstliche (städtische) Umwelten schafft, könnten diese Bedürfnisse Ersatzbefriedigungen fordern.*
Das Verlangen des Menschen nach Musik, sowie nach Darstellung des Unheimlich-Bedrohlichen, das in Tragödie, Geistergeschichte, Krimi so offensichtlich genußvoll erlebt wird, wäre damit nicht nur kulturell, sondern auch biologisch begründet.

---

* *Manche Forscher sprechen von einem* Reizdefizit, *dem der Mensch mit entwickelter Zivilisation ausgesetzt ist, indem er weit weniger hungert, friert, von Raubtieren bedroht ist als seine Vorfahren noch vor wenigen tausend Jahren. Hierhin gehört, daß Langeweile zu schweren Erkrankungen führen kann, und Langeweile in der Kunst nicht durch Langeweile darzustellen geht.*

Allgemein werden bei solchen Vorgängen nicht nur aufgestaute Triebenergien (Spannungen) gelöst – der Mensch sucht vielmehr Situationen mit starker Spannung, um deren Lösung dann genußvoll zu erleben.* Etwas spekulativ und grob verallgemeinert ließe sich sagen, daß mit dem Aufkommen städtischer Zivilisation die »positiven« Erregungen vorzugsweise in der Wirklichkeit (Wissenschaft, erotischer Sphäre) gesucht werden, wofern diese solche bietet, die »negativen« aus Gründen der Arterhaltung vor allem in der Kunst (die sich darauf freilich nicht reduzieren läßt); einen Mord im Kino sehen wir bekanntlich mit Genuß, während schon ein harmloser Dieb in der Wohnung oder ein Geräusch unbekannter Herkunft uns bloß erschrecken und nicht den geringsten Genuß bieten. Die kathartische Funktion (Läuterung durch Furcht und Schrecken) der griechischen Tragödie könnte in dem von Tembrock vermuteten Zusammenhang ihren biologischen Grund haben (zu dem der »allgemeinmenschliche« der versuchten Welterklärung und der ideologische der Rechtfertigung einer Ordnung treten; beide sind oft schwer voneinander zu trennen). Um der Gefahr vorzubeugen, daß das Spiel zu ernst genommen wird, die erzeugten Affekte – Furcht und Schrecken – also unabgeleitet im Zuschauer verblieben, wurden den Tragödien eine Zeitlang Satyrspiele angehängt, die später als Komödie selbständig wurden; die im Zuschauer möglicherweise verbliebenen »negativen« Energien wurden so in aggressives Gelächter verwandelt, die Lösung sicher gemacht. Niedergang und Pervertierung solcher, schon hochentwickelter Trieb- und Affekterziehung finden wir in den römischen Gladiatorenkämpfen (in denen der Theatermord real geschah, doch mit der Indolenz eines Herrenvolkes als Spiel erlebt

---

* *Daß das Prinzip des einfachen Spannungsausgleichs (Homöostase), nach dem ein triebenergetisch-affektiver Nullzustand (Nirwana-Gefühl) jeweils angestrebt und möglichst lange beibehalten werden soll, zur Erklärung menschlichen Verhaltens nicht ausreicht, ist ein wichtiger Satz der heutigen nicht-behaviouristischen Psychologie. Der Einwand betrifft auch Sigmund Freuds Trieblehre.*

wurde); als abgemilderte Form könnte man den spanischen Stierkampf ansehen, als noch mildere die heutigen Sport-Großkämpfe, die ja, wie auch die Athleten selber sich anstrengen mögen, wesentlich Schauspiel (show) sind.

Wie dem immer sei – konstituiert der Mensch sich als Art, treten zu den biologischen Regelkreisen mit Arbeit und Sprache praktische *Aneignung* (Umbau) der Welt und Welterkenntnis, die, da sie der Erhaltung der Spezies dient, auch lustvoll erlebt wird. Welterkenntnis ist dabei einmal *Chronik* (sprachliche Weitergabe für die Art wichtiger Vorfälle und Erfahrungen), zum anderen *Weltdeutung* (Bestimmung des Platzes des Menschen in einem als »Welt« erlebten Umfeld, das in seinem Gesamtfunktionieren erklärt werden soll). Da die Deutung – sie emanzipiert sich später als Mythos, bis sie schließlich Philosophie wird – vom jeweiligen gesellschaftlichen Entwicklungsstand ausgeht, haftet ihr immer auch ein ideologisches Moment an. Lösen sich nun mit dem Aufkommen städtischer Zivilisation Religion, Künste, Wissenschaft aus der ursprünglichen Einheit des Ritus, werden die einst integrierten Faktoren in den verschiedenen Bereichen verschieden wirksam.

In *Musik* etwa ist das chronistische Element gegen Null geschrumpft. Musik »bildet« abstrahierend Bewegungsmuster, durch diese innere Zustände (Emotionen) »ab«; das wesentliche trieberziehende Moment dürfte in der Differenzierung der hervorgerufenen Affekte liegen, vielleicht noch darin, daß Musik durch ihre strenge innere Konstruktion die Beziehung der Affekte auf Ordnungen erleben läßt. Trifft sie dabei allgemeine gesellschaftliche Zusammenhänge – etwa das »Grundgefühl« sozialer Gruppen in einer Epoche –, kann das bei einiger Schulung noch gehört (hörend erlebt) werden. Entsprechen aber, wie manche meinen, bestimmte musikalische Formen sozialen Strukturen (die Fuge der in sich ruhenden feudal-ständischen Gesellschaft, die Sonate dem bürgerlichen Prinzip freier Konkurrenz), läßt sich das erst durch verbale Interpretation – Philosophie der Musik – erschließen.* Auch solche Interpretation muß freilich über die soziologische »Spiegelung« hinausgehende Gehalte anerkennen – die Wirkung älterer Musik auf heutige Hörer wäre sonst nicht zu erklären.

Das Material der Poesie dagegen ist Sprache, und zwar, wie wir gesehen haben, keine besondere, sondern die, die im praktischen Leben als Mittel der Welterkenntnis dient. Es wäre daher ein Wunder, würden die Momente von Welterkenntnis – Chronik und Weltdeutung – nicht in Poesie eingehen. Das betrifft auch die Funktion des Rhythmus im Gedicht. Rhythmisierung von Wortfolgen bewirkt erstens eine allgemeine Erhöhung der Affektlage (Erregungsbereitschaft);** zweitens lädt sie die semantischen Gruppen über Assoziationen emotional auf, bewirkt also eine *Richtung* der Affekte (eine affektive Bewertung des semantischen Materials).*** Das geht drittens nur, weil die Rhythmisierung – gemeinsam mit anderen Verfahren – eine Konzentration der Aufmerksamkeit auf Sätze, Syntagmen oder einzelne Wörter herstellt, indem sie die Aufnahmegeschwindigkeit *verlangsamt*. Gedichte werden, auch bei stillem Lesen, nicht geredet, sondern gesprochen, wo nicht rezitiert. Die Verlangsamung macht einerseits zeitlich möglich, daß affektbesetzte Assoziationen überhaupt gebildet werden können. Andererseits läßt sie Wortfolgen, die in

---

* *Noch spekulativer könnte man annehmen, Musik spiegele das vielfach vermaschte, hierarchisch geordnete Zusammenspiel von Molekülen, Molekülketten, Zellen, Organen, d. h. Grundstrukturen des Lebensprozesses. Auch das ließe sich nur hören, wenn man es vorher in Worten erklärt hat.*
** *Nach Versuchen von Stebel gibt es bei verschiedenen Tierarten angeborene Korrelationen zwischen rhythmischen Reizen bestimmter Frequenz und optimaler Aufnahmebereitschaft für Informationen.*
*** *Wird der rhythmische Faktor im Gedicht überstark, verlieren die semantischen Gruppen ihre affektrichtende Funktion, und die Wörter werden reines Klangmaterial: die Poesie hört auf, Poesie zu sein.*

gewöhnlicher Rede vielleicht nicht anders lauten würden, in einem anderen Licht sehen, auf einen besonderen, »dahinterliegenden« Sinn untersuchen: die Sätze eines Gedichts bedeuten plötzlich, welch kleiner Erfahrungsausschnitt immer geschildert ist, die *Welt*, wie sie von einem Subjekt erlebt wird. Dieses »so ist die Welt« ist als Hintergrund aller Kunst eigen: jedes Kunstwerk, das den Namen verdient, ist als Ganzes genommen *Metapher*. Was dafür im Roman die Gesamtheit der Fabel, im Drama Zusammenprall, Weg und Schicksal der Figuren leisten, bewirken im Gedicht wenige in Verse* gebrachte Sätze. Die Wortfolge »Es ist kalt« gibt in Roman und Drama gewöhnlich nicht mehr als eine Randbedingung; ihr »Eigenwert« (ästhetischer Informationsgehalt) ist in der großen Menge ähnlicher Sätze nahezu Null. Der gleiche Satz am Schluß eines Gedichts kann dagegen meinen »Die Welt ist so beschaffen, daß einen friert« oder »Wo ich lebe, herrscht unter den Menschen Kälte«**: er bezeichnet einen – affektiv bewerteten – gesellschaftlichen Zusammenhang, d. h. gibt Chronik zusammen mit Weltdeutung.***

Während also in gewöhnlicher Rede benannte Dinge und Sachverhalte normalerweise nur wiedererkannt, das heißt

---

* *Vers ist hier verstanden als kleinste der rhythmischen Einheiten, die ein Gedicht konstituieren. Untereinheiten, etwa Versfüße, konstituieren den Vers, und nur über ihn das Gedicht.*

** *Das heißt nicht, diese Umschreibungen würden den poetischen Informationsgehalt des zitierten Satzes erschöpfen. Abgesehen davon, daß der Zusammenhang im Gedicht andere Bedeutungen nahelegen könnte, ist keinerlei ästhetische Information durch beschreibende Sätze vollständig auszudrücken. Ginge das, brauchten wir keine Kunst. Die Richtung der Bedeutung oder Teilbedeutungen lassen sich aber sehr wohl durch Umschreibungen angeben.*

*** *Dabei kann Chronik auch ohne oder gegen den Willen des Autors realistische Deutung enthalten, während reine Deutung (Philosophieren) leicht den Weltstoff ins Abstrakte verflüchtigt und dann ästhetisch leer bleibt. So lesen wir Dantes Darstellung der Hölle, in der Zeitzustände engagiert beschrieben sind, noch heute mit Interesse und Genuß, während das hauptsächlich theologisch orientierte »Paradies« uns kaltläßt. Dennoch gibt es ganze poetische Richmngen, die mit Vorliebe Theoreme – sei es nackt, als Aperçu oder parabolisch verschlüsselt – in Verse setzen.*

weitgehend automatisch aufgenommen werden, läßt das Gedicht sie – u. a. durch Rhythmisierung in einer Spielsituation – plötzlich *sehen*. Bereits 1916 hat das Viktor Schklowski *Verfremdung* (ostrannenije) genannt; der Ausdruck meint, daß uns Bekanntes plötzlich »fremd« wird, *als sähen wir es zum ersten Mal.** Da es nun naheliegt, rhythmische und andere** sprachliche Verfahren, die sich als poetisch wirksam erweisen, wiederholt zu verwenden, ergibt sich die Tendenz, Verfahrensensembles zu kanonisieren; diese Tendenz gilt in der Regel, bis ein Verfahrensensemble sich beim Publikum eingeschliffen hat, folglich nicht mehr verfremdend wirkt. Ist dieser Punkt erreicht, muß der Dichter, will er Neues so sagen, daß es als Neues wahrgenommen wird, das Verfahrensensemble umorganisieren, also aus dem Kanon ausbrechen. Die so gewonnene neue Verfahrenshierarchie kann danach wieder Kanon werden. Juri Tynjanow hat das gegenläufige Wirken beider Tendenzen 1924 als Gesetz für die Abfolge literarischer Richtungen formuliert.*** Der Einwand, er begründe damit einen geschichtlichen Vorgang allein psychologisch,

---

* *Nach mündlicher Mitteilung der Tochter Sergej Tretjakows hat Tretjakow, der gut deutsch sprach, Brecht Anfang der dreißiger Jahre mit Schklowskis These bekannt gemacht.*

** *Andere sprachliche Verfahren wären Kombination stilistischer Ebenen; Verwendung oder Nichtverwendung von Metaphern; Euphonie (Ausnutzung der Klangseite des Wortmaterials). Doch wirken auch solche Verfahren sekundär auf den Rhythmus: eine Reihung geläufiger Metaphern kann ein Gedicht insgesamt glätten, während der jähe Wechsel hoher und umgangssprachlicher Wendungen oft heftige rhythmische Stauungen verursacht. Das Problem wäre eine gesonderte Untersuchung wert.*

*** *Beide Tendenzen lösen einander gewöhnlich mit einer Phasenverschiebung ab, da die allgemeine Vorstellung des Publikums darüber, wie Kunst auszusehen habe, hinter deren tatsächlicher Entwicklung meist um Jahrzehnte, wenn nicht länger zurückbleibt. Neben psychologischen Gründen – einer gewissen Freude am Wiedererkennen von Bekanntem, das einem vertraut ist, und einer Abwehr gegen die Beunruhigung, die von neuer, »unvertrauter« Kunst ausgeht – spielen dabei gesellschaftliche Mechanismen, etwa der Lehrplan der Schulen und Universitäten, eine wichtige Rolle. Zusätzlich wirkt die ungeheure Subkultur der Trivialkunst, die immer eingeschliffene Verfahrensensembles verwendet und fast immer restaurativen Zwecken dient.*

ohne soziale Ursachen zu berücksichtigen, trifft vorbei: Tynjanow, der historische Bezüge ungewöhnlich scharf reflektierte, ja zu spüren gelernt hatte,* setzt stillschweigend voraus, daß jeweils Autoren da sind, die in einer gewandelten sozialen Umgebung Neues sagen wollen und müssen.

Versteht man schließlich unter Rhythmus nicht nur die Ordnung betonter und unbetonter Silben in Figuren, wie sie aus dem Zusammenspiel von Metrum und semantischem Material sich ergibt, wird Rhythmus im Gedicht viertens hergestellt durch das *Tempo der Abfolge der Gedanken*. Das gilt freilich auch für Prosa: wir sprechen von »gemächlicher«, »atemloser«, »strafferer«, »federnder« Prosa und meinen damit außer dem syntaktischen Feinbau vor allem das Tempo der Entwicklung des Sujets durch die semantischen Gruppen, die ja Gedanken repräsentieren. Doch wirkt so verstandene Rhythmisierung in Poesie – der Kürze der Texte wegen – ungleich stärker; zum anderen können, in Umkehrung des Prinzips, rhythmische Verfahren im Gedicht Gedanken nicht nur affektiv aufladen, sondern neu hervorbringen. Das heißt, ein rhythmisches Verfahren kann semantische Funktion bekommen und so Mittel der Welterkenntnis (Chronik und Weltdeutung) werden. Hierfür ein Beispiel.

Karl Mickel
BIER. FUR LEISING

1 Maulfaul, schreibfaul bist du, Richard, gern
2 Stemm ich aufn Tisch zwei Ellenbogen
3 Und denke, es sind viere. Was steht zwischen
4 Uns? Bier. Helga! noch zwei große

* *In seinem Roman »Der Tod des Wesir Muchtar« schildert Tynjanow die politische Konstellation, die zur Ermordung des russischen Dichters Gribojedow in Persien führte, exakt so, wie spätere Quellenfunde sie ermittelt haben.*

5   Weiße Blumen auf dem gelben Stiel.
6   Was tue ich? sagst du, ich deute
7   An, sag ich. Die Wirklichweisen
8   Wenn die was sagen, sagen die: Naja

9   Ich kenne eine Frau, vom Hörensagen
10 Aber verbürgt, dreißig, neun Jahre am Fließband
11 Der zucken, wo sie geht und liegt, die Arme
12 Die läuft zum Psychiater, denn sie wünscht

13 Zu kündigen. Der Wunsch, klagt sie, sei krankhaft.
14 Wer Ohren hat zu sehen der wird schmecken.

Für unser Problem interessiert vor allem das Enjambement* 6/7:
  Was tue ich? sagst du, ich deute
  An, sag ich ...

Das rhythmische Verfahren setzt hier einen doppelten Schock, und zwar a) technisch, b) semantisch. Schock A kommt zustande, weil wir zunächst gar kein Enjambement argwöhnen: der Text könnte nach »ich deute« weitergehen »Sag ich, die Zeit«. Schwerer ist Schock B: Das scheinbar vollständige Verb »deute« wird durch die Fortsetzung »An« im nächsten Vers als Teil eines zusammengesetzten Verbs demaskiert, dessen Bedeutung der des Stammverbs entgegenläuft. Allein durch das rhythmische Mittel entsteht so ein neuer Sinn (Gedanke): die Prosa-Umschreibung der Stelle hieße nicht »Ich deute an«, sondern »Statt wie erwartet zu deuten, deute ich an«, beziehungsweise, als Metapher begriffen: »Die Welt ist heute derart, daß ich statt zu deuten (nur) andeute.« Der zugehörige Affekt ist der ingrimmigen Konstatierens.* Daß die Interpretation nicht willkürlich ist, zeigt der

---

* Enjambement liegt vor, wenn eine syntaktische Einheit die rhythmische Einheit (den Vers) überlappt, folglich durch das Versende, das eine Pause anzeigt, in zwei Teile zerschnitten wird.

Großbau des Gedichts. Im harmlos beschreibenden Anfang (1–5) ist bereits ein demaskierendes Enjambement verwendet und mit einem Wortwitz verbunden: die bedrohlich klingende erstarrte Metapher »Was steht zwischen/Uns?« wird durch die Antwort »Bier« auf ihre räumliche Bedeutung zurückgeführt, also, in diesem Fall heiter, aufgebrochen. Das Enjambement 6/7 ist der Drehpunkt des Gedichts: der affektive Gestus wird ins Ingrimmige gewendet. 7/8 befestigt die Affektwendung durch eine Art Spruch (»Die Wirklichweisen / Wenn die was sagen, sagen die: Naja«); 9–13 belegt sie durch einen Bericht aus der Welt, der nach nur leicht befremdendem Enjambement (»Denn sie wünscht / Zu kündigen.«) mit einer Schockpointe endet (»Der Wunsch, klagt sie, sei krankhaft.«). 14 schließlich rafft nach dem Muster klassischer Sonette das Gedicht in eine einprägsame Formel: nochmals wird eine erstarrte Redefigur aufgebrochen und gleichsam grimassierend ins Sujet (Biertrinken) gerenkt. Auch der bis da oszillierende Vers kommt zu sich selbst: der fünfhebige Jambus behauptet sich als Grundmetrum des Gedichts, die Trochäen des heiteren Anfangs sind amputierte Jamben.

Für die Übersetzung böte das Verfahren natürlich größere Schwierigkeiten. In Sprachen, die die Vorsilbe vom Stammverb nicht trennen, läßt es sich wahrscheinlich nicht nachahmen. Ist das Gedicht darum unübersetzbar? Wir sehen keinen Grund, der zwänge, das anzunehmen, Einmal könnte das Gedicht im Großbau genügend Material liefern, um die Affektwendung auch ohne einen Drehpunkt herzustellen. Das Enjambement 6/7 wäre dann zusätzlicher Kunstgriff (Schmuck). Positiv formu-

---

* *Es wird hier deutlich, wieso Rezitatoren, die Poesie »auf Sinn«, d. h. statt nach Versen nach syntaktischen Einheiten gegliedert vortragen, ein Gedicht in Grund und Boden reden können – wer die Pause am Versende nicht mitliest, zerstört nicht nur den Rhythmus, sondern gegebenenfalls auch semantische Information.*

liert, hätte der Autor seinen Drehpunkt durch die Großstruktur so »abgesichert«, daß das ihn setzende Verfahren überflüssig – Zeichen des Überflusses* – wird, ähnlich wie ein idealer Direktor seine Mitarbeiter so aussucht und ihre Verantwortungsbereiche so koordiniert, daß er selbst in Dauerurlaub gehen kann. Zum anderen könnte sich in der Übersetzungssprache ein Äquivalent finden, das heiße ein anderes sprachliches Verfahren, das den Affekt ähnlich konzentriert »dreht« wie das Enjambement 6/7 im Original. Dies eben meinte Brecht, wenn er schreibt, beim Übertragen müsse vor allem die *Hal*tung eines Gedichts erfaßt und in der eigenen Sprache neu hergestellt werden, während die dazu verwendeten Mittel in Grenzen beliebig seien.** Freilich muß Brechts Satz, wie allgemeine Fingerzeige stets, technisch spezifiziert werden. Dabei gilt vor allem: während die Haltung eines Gedichts sowohl intuitiv als auch analysierend erfaßt werden kann, ist die Funktion der einzelnen Verfahren, die die Haltung herstellen, d. h. ihr Stellenwert in der Verfahrenshierarchie, meist nur durch Analyse zu finden. Setzte man etwa irgendein Enjambement an den Übergang 6/7, wäre das ganz unnütz, falls das Enjambement den affektiven Gestus nicht wendet. Ebenso verkehrt wäre, den Satz »ich deute

---

* *Auch ein Zeichen des Überflusses enthielte allerdings ästhetische Information: über den Überfluß; über die Wichtigkeit der doppelt gesicherten Wendung; möglicherweise über die Absicht des Dichters, in Zeiten des Verfalls poetischer Technik zu zeigen, was diese leisten kann.*
** *»Gedichte werden bei der Übertragung in eine andere Sprache meist dadurch am stärksten beschädigt, daß man zu viel zu übertragen sucht. Man sollte sich vielleicht mit der Übertragung der Gedanken und der Haltung des Dichters begnügen. Was im Rhythmus des Originals ein Element der Haltung des Schreibenden ist, sollte man zu übertragen suchen, nicht mehr davon. Seine Haltung zur Sprache wird übertragen, auch wenn man – etwa wenn er bestimmte Wörter durch ihre Einreihung in Wortfolgen, wie sie sonst nicht gehört werden, neu faßt – nur eben dieses Tun nachahmt, sich die Gelegenheit dazu aber nicht vom Original vorschreiben läßt.« – »Haltung« ist hier offenbar in zweierlei Bedeutung gebraucht: als* Haltung zur Welt *(affektiv getönte Weltdeutung, sozialer Gestus) und als* Haltung zur Sprache. *Letzteres wäre ein Synonym für das Ensemble der verwendeten Verfahren.*

an« in einen glatten Vers aufzunehmen, d.i. so, daß er nicht als seltsam, ja ungeheuerlich aufstößt (verfremdet wird).

Zusammenfassend können wir sagen: Verfahren stehen im Dienst einer poetischen Mitteilung, die sie hervorbringen. Auswahl und Anordnung des semantischen Materials (Lexik, Syntax) sind dabei selber Verfahren bzw. resultieren aus solchen. Im Gedicht wirken Verfahren nicht für sich, sondern bilden ein hierarchisch geordnetes Ensemble. Der Stellenwert eines Verfahrens in der Hierarchie (sein ästhetischer Informationsgehalt) ist keine konstante, von Sprachen oder Gedichten unabhängige Größe, sondern ergibt sich aus seiner Funktion beim Erzeugen der poetischen Mitteilung.

Poetische Mitteilung wird hergestellt
a) durch Gedanken, ausgedrückt durch Wortmaterial (Sätze);
b) durch Rhythmisierung als vorwaltenden Ordnungsfaktor des Wortmaterials. Rhythmus im Vers – Ordnung betonter und unbetonter Silben zu Figuren – ergibt sich aus dem syntaktischen Feinbau und der Bedeutungsschwere von Wörtern und wird durch weitere sprachliche Verfahren modifiziert. Rhythmus im Gedicht ergibt sich außer über die Verse aus dem, wechselnden oder gleichbleibenden, Tempo der Abfolge der Gedanken. Der Versrhythmus erhöht zunächst die allgemeine affektive Erregbarkeit und richtet die Affekte grob (»ruhiger«, »gehetzter«, »stockender« Rhythmus). Ferner verlangsamt er die Aufnahme und lädt das semantische Material über Assoziationen affektiv auf – richtet die Affekte differenziert –, so daß die benannten Dinge und Sachverhalte verfremdet (neu gesehen) werden. Insofern die Verfremdung Anspruch auf gesellschaftliche Relevanz erhebt (die aufgerufenen Dinge und Sachverhalte werden wichtig für alle), resultiert daraus Weltdeutung: der benannte affektiv bewertete

Weltausschnitt steht als Teil fürs Ganze, das Gediche selbst wird Metapher;

c) durch andere verfremdende sprachliche Verfahren, wie Nutzung des Wortklangs (Euphonie), Verwendung oder Nichtverwendung von Metaphern, Verknüpfung von Lexik und Syntax zu stilistischen Ebenen, Konfrontation stilistischer Ebenen, Nutzung der Mehrdeutigkeit (Polysemie) von Wörtern und Syntagmen, die sämtlich gleichfalls die Aufnahmegeschwindigkeit bremsen und sekundär den Rhythmus beeinflussen können.

d) Da Verfahrenskombinationen zur Kanonisierung neigen und historisch verschleißen* (die Affektwirkung flacht durch Gewöhnung ab), Poesie also eine Folge einander ablösender Schulen ist, wird poetische Mitteilung auch hergestellt durch Bezug auf eine Tradition. Tradition meint im Gedächtnis des Hörers oder Lesers gespeicherte Verfahrensensembles – poetische Redeweisen –, mit denen ein Gedicht verglichen wird.** Hier sind zwei Extreme möglich. 1. Das Verfahrensensemble ist von einem traditionellen nicht mehr unterscheidbar (ist vollredundant), so daß es keine poetische Information mehr transportiert: der Leser nimmt die semantisch möglicherweise vorhandene neue Botschaft nicht auf, da ihm »schon alles bekannt« scheint. 2. Das Verfahrensensemble weicht von jeder Tradition so weit ab (ist nullredundant), daß der Leser, da ihm der Schlüssel zum Code fehlt, die Botschaft nicht entziffern kann. Alle bedeutenden Dichter – seien sie »Traditionalisten« oder »Neuerer« – haben sich zwischen beiden Extremen gehalten.***

e) Schließlich wird die poetische Mitteilung modifiziert

---

* *»Verschleißen« heißt nicht, daß uns alte Gedichte nichts mehr mitteilten, sondern daß neue Gedichte, deren Redeweise der alter ganz und gar gleicht, d.h. Werke von Epigonen, in uns nichts auslösen außer verdrießlicher Langeweile.*

** *Wer zum ersten Mal im Leben Gedichte liest, nimmt die poetische Mitteilung folglich reduziert auf.*

*** *Wie sehr die großen Dichter des Expressionismus (Heym, Trakl, van Hoddis) der Tradition verpflichtet waren, merken wir heute, wenn wir ihre – damals als ungeheuerlich geltenden – Arbeiten lesen. Paul Dessau (»Notizen zu Noten«,* durch sozial wichtige Lebenserfahrungen eines Lesers und deren Ordnung zu einem Weltbild. So kann ein Naturgedicht in »natürlicher« Umwelt ganz andere Assoziationen auslösen – die Affekte anders richten – als heute, da die Erhaltung der Natur zum Existenzproblem der Menschheit geworden ist: was einst an praktische Dinge (Jagd, Ernte) erinnerte, später vielleicht Flucht in einen gesellschaftsfreien Raum meinte, kann nun einen bedrohlichen Gefühlston (»noch gibt es Natur, aber ...«) bekommen. Ob man das zur poetischen Mitteilung oder zu deren Verarbeitung rechnet, ist eine Frage der Übereinkunft. Sicher zählt ein Künstler auf bestimmte Grunderfahrungen seines Publikums, die auszusprechen er sich sparen kann, falls er sie samt der gängigen Bewertung teilt. So könnte jemand, der ein Stück Natur dichtend beschreibt und meint, seine Leser seien religiös wie er, auf die Bemerkung, dies alles verdanke man Gott, eigentlich verzichten. Doch zeigt die poetische Praxis, daß das Vertrauen in die Interpretationskraft des Publikums oft genug gering war.* Wesentlicher ist, daß ein Gedicht zwar Affekte richtet und semantisches Material affektiv bewertet, indes – sonst könnte es nicht funktionieren – jeweils Raum für individuell arbeitende Phantasie läßt. Es enthält so notwendig ein Moment an *Unbestimmtheit.* Man kann dies negativ Vieldeutigkeit nennen oder positiv sagen, daß ein Gedicht in verschiedenen Lebensaltern, bei verschiedenen Lesern und im Lauf der Zeiten immer neue poetische Mitteilung herausgibt.

Generell gilt: Gegenüber dem komplexen Zusammenspiel von Material und Verfahren, das die poetische Mitteilung

---

Reclam 1974) weist darauf hin, daß die einst »revolutionäre« Tristan-Harmonik heute von jedem besseren Jazzmusiker beherrscht wird.

* *Man muß hier freilich den Mechanismus der Zensur – sei diese durch Auftraggeber, öffentliche Meinung, eine Institution oder verinnerlichtes falsches Bewußtsein (Selbstzensur) vertreten – in Rechnung stellen. Dabei können pflichtgemäß angehängte interpretative Sätze gegen sich selbst schlagen, d.h. der Leser erkennt sie als angehängt und wertet sie als Leerfloskel oder Hohn.*

hervorbringt, ist das Dreikörperproblem der Physik vergleichsweise trivial. Material wird im Gedicht Verfahren, Verfahren Material; Syntax erzeugt Rhythmus, Rhythmus modifiziert Syntax und Semantik, die wiederum, indem sie den Ton auf wichtige Wörter zieht, rhythmischer Faktor wird; Euphonie (Reim, Stabreim, Vokalisierung, Verteilung der Konsonanten) wirkt rhythmisch und gegebenenfalls semantisch, semantisches Material euphonisch; Redundanz kann Information vernichten und hervorbringen usf. Allein die Aufzählung solcher Wirkweisen würde Seiten füllen. Es ist dies der Grund, warum Gedichte durch Sätze der gewöhnlichen Rede nicht ohne Informationsverlust umschrieben werden können: gewöhnliche Rede zielt auf Eindeutigkeit,* während das Gedicht 1. wegen der Komplexität der einander beeinflussenden Verfahren, 2. wegen der in ihm notwendig enthaltenen Freiräume für affektiv bewertende Phantasie sich nicht auf eindeutige Sätze bringen läßt. Auch die akribe, von Wort zu Wort und Verfahren zu Verfahren fortschreitende Analyse, wie sie Jakobson für Brechts »Wir und nicht sie«, Jakobson und Levy-Strauss für Baudelaires »Les Chats« vorführen, kann ein Gedicht nicht ersetzen (die Gesamtinformation der analytischen Sätze ist nicht gleich der poetischen Information). Viel weniger kann, obgleich das oft angenommen wird, die poetische Mitteilung mit der *Moral* eines Gedichts – einem ausdrücklich oder versteckt enthaltenen Theorem – gleichgesetzt werden. Die poetische Mitteilung von Rilkes »Archaischer Torso Apollos« ist nicht »Du mußt dein Leben ändern«, die von Brechts »Solidaritätslied« nicht »Sei solidarisch«, die von »Wanderers Nachtlied« nicht »Der Mensch ist Teil der Natur«, die von Schillers »Lied an die Freude« nicht, alle Men-

---

* *Das gilt jedenfalls in der Regel. Daß in verschiedenen Lebenssituationen, etwa beim Erzählen von Witzen oder beim Abfassen diplomatischer Kommuniqués, bewußt mehrdeutig geredet wird, können wir hier außer Betracht lassen. Bei Witzen ist die Mehrdeutigkeit scheinbar, in der Diplomatie bewußter Verzicht auf Klarheit. Poetische Mehrdeutigkeit dagegen ist a) nicht scheinbar, b) klar.*

schen müßten Brüder werden.* Selbst Spruchgedichte enthalten, sind sie Gedichte, mehr als die Semantik ihrer Sätze: Spielsituation, Weltbezug, schlagende Formulierung, Brechung oder Bestätigung des Gesagten durch den Vers bringen zusätzliche Informationen** in den Text. Negativ formuliert: bietet ein Gedicht nicht mehr als das aus ihm zu ziehende Theorem, ist es kein Kunstwerk, sondern im besten Fall gereimte Populärwissenschaft oder Industriewerbung, die man füglich, wie den Zweizeiler »Was du nicht willst, das man dir tu,/Das füg auch keinem andern zu« in Zuckerguß ausführt. Ist nun – wenngleich gerichtete – Mehrdeutigkeit notwendige Eigenschaft eines Gedichts, liegt es nahe, sie auch als sprachliches Verfahren zu verwenden. Vor allem in neuerer Poesie finden wir nicht selten Wörter oder Wortfolgen, die im Zusammenhang so oder so verstanden werden können, d.h. mindestens zwei voneinander abweichende Bedeutungen haben. In seinem Aufsatz »Poetik und Linguistik« verweist Bierwisch auf Brechts Zeilen

    Das Leben ist am größten:
    Es steht nicht mehr bereit.

»Nicht mehr« kann hier als Subjekt (es steht nicht *mehr* bereit als das Leben) oder als Adverbialgruppe (das Leben

---

* *Welches Maß an Information durch den Vers in den Text kommt, zeigt sich in Schillers Zeilen*

    Brüder – überm Sternenzelt
    Muß ein lieber Vater wohnen.

Das »Muß«, auf dem in Vers 2 allein der Ton liegt, drückt verzweifeltes Hoffen (da muß einer sein) ebenso aus wie den heimlichen, durch den Rhythmus laut werdenden Argwohn, der Himmel könnte vielleicht leer sein: dann stünde es aber schlecht. Beethoven legt in seiner Komposition den Akzent auf »lieber Vater«, was den Text verharmlost.

** *Wir betrachten die Affektwirkung, insofern sie semantischen Gruppen eine zusätzliche Dimension gibt, als eine Art von Mitteilung (Information). Das mag definitorisch seltsam klingen. Da aber alle Kunst auf Kommunikation, d. i. Informationserzeugung und -übertragung aus ist, wird man um diese Ausweitung des Informationsbegriffs in der Ästhetik nicht herumkommen.*

steht *nicht* mehr bereit) aufgefaßt werden. Während aber in gewöhnlicher Rede mehrdeutige Ausdrücke durch den Kontext, nötigenfalls durch Rückfragen eindeutig gemacht werden – in wissenschaftlichen Texten ist Eindeutigkeit Arbeitsprinzip, oft wird beträchtlicher Scharfsinn aufgewandt, um versteckte Mehrdeutigkeit aufzufinden und zu beseitigen –, sollen im Gedicht beide oder alle Bedeutungen gleichzeitig gelten.* Da wir indes mehrere Bedeutungen nicht genau gleichzeitig aufnehmen, oszilliert das Verständnis zwischen der einen und anderen, ähnlich wie wir bei bestimmten Vexierbildern eine Figur bald als Gestalt, bald als Hintergrund sehen. Für die Übersetzung wäre, falls die Mehrdeutigkeit sich nicht nachahmen läßt, zu fragen, ob eine der Bedeutungen für die poetische Mitteilung wichtiger ist, d. h. die anderen überlagert, oder ob sich beide Bedeutungen nacheinander ins Gedicht bringen lassen, indem man entweder zwei Wörter wählt oder die zweite Bedeutung im folgenden Text lesbar hält. Das wird um so schwieriger sein, je dichter ein poetischer Text ist (größtmögliche *Dichte* wäre dabei minimale Redundanz in bezug auf die poetische Mitteilung).

Für die Übersetzbarkeit von Gedichten hätten wir so bisher zwei Gründe gefunden. Der erste wäre, daß Poesie nicht »aus Wörtern«, sondern aus Sätzen besteht, und daß sich diese Sätze von solchen der gewöhnlichen Rede nicht prinzipiell unterscheiden. Der zweite ist, daß die besonderen Ordnungsweisen (Verfahren**), die die Poetizität eines Textes herstellen, keine festen Werte sind, sondern daß ihr Beitrag zur poetischen Mitteilung abhängt von der Struktur einer Nationalsprache, der nationalen poetischen Tra-

---

* *Wir sprechen hier von Mehrdeutigkeit (Polysemie) als bewußt eingesetztem sprachlichem Verfahren. Sie ist zu unterscheiden von jener relativen Unbestimmtheit, die durch die aufgerufene affektiv bewertende Phantasie zum Gedicht notwendig gehört, und von den Fällen, in denen ein, meist erotischer oder politischer,* Untertext *mitzulesen ist.*
** Formen *hatten wir als kanonisierte Verfahren bestimmt.*

dition und der Stellung im Verfahrensgefüge: Verfahren werden im Dienst einer poetischen Mitteilung funktional verwendet. Ist das richtig, sind sie aber austauschbar. Ein Verfahren kann das andere ersetzen, wenn es für die poetische Mitteilung annähernd das gleiche leistet wie das originale, die Funktion eines Verfahrens kann in der Übertragung von anderen Bauteilen des Gedichts übernommen werden.

6

Unter Übersetzen verstehen wir grob gesagt die schriftliche Wiedergabe eines aufgeschriebenen Texts in einer anderen Sprache. Wiedergabe heißt hier, daß die gesamte relevante* Information des Texts – einschließlich der syntaktischen Großstruktur, der Stilebene und der erschließbaren affektiven Tönung – übermittelt wird: die Übersetzung soll außer dem semantischen Gehalt berücksichtigen, ob der Originaltext aus kurzen Sätzen oder komplizierten Perioden besteht, ob er eine farbige oder stereotype, umgangssprachliche oder hohe Lexik benutzt, ob er durch bestimmte Wendungen grob wirkt oder ruhig argumentiert usf. Dagegen ist *Dolmetschen* unmittelbare mündliche Wiedergabe eines mündlich gebotenen Texts. Die Unterscheidung ist nicht spitzfindig: beim Sprechen werden durch Intonation, Mimik und Gestik Informationen mitgeliefert, die dem gleichen, etwa mitstenografierten Text fehlen, beim Dolmetschen aber berücksichtigt werden können. Ein korrektes Protokoll müßte so Leseanweisungen enthalten, d. h. Notizen über Intonation, Gestik und Mimik, soweit diese den Text nicht bloß unterstreichen, sondern sei es ironisch, sei es anderswie brechen. Ferner fordert Dolmetschen sofortige Auffassung des Gesagten und ebenso rasche Wiedergabe, während der Übersetzer in Lexika nachschlagen, nachdenken und Fachleute konsultieren kann. Sein Text ist so im nachhinein überprüfbar und korrigierbar, der des Dolmetschers nicht. Da Gedichte mündlich oder schriftlich tradierte *festgelegte* Texte** sind

---

* *Nichtrelevante Information wäre die Schrifttype, in der ein Text gedruckt ist, oder die Zahl der Silben, aus denen Wörter bestehen. Für ein Gedicht können Silbenzahl und Akzentverteilung im Wort dagegen relevant sein; so läßt sich das Wort »Rassendiskriminierung« in einem regulären jambischen Vers nicht unterbringen.*
** *Es ist jedenfalls nicht bekannt, daß jemand Gedichte, die diesen Namen verdienen, zu improvisieren vermöchte – abgesehen vielleicht von Zweizeilern zur Unterhaltung für Kinder, unter denen gelegentlich ein Zufallstreffer sein mag. Dagegen kenne ich drei oder vier Leute, die in dramatischer Versrede improvisierend Beachtliches zustande bringen. Zur Zeit der italienischen Commedia dell'arte gab*

und nach aller bekannten Praxis sich nicht dolmetschen lassen, müssen wir auf die Problematik des Dolmetschens hier nicht eingehen.

Der erste Einwand gegen die Übersetzbarkeit nicht nur von Gedichten, sondern von sprachlichen Äußerungen überhaupt geht davon aus, daß Sachverhalte in verschiedenen Sprachen nicht immer mit Hilfe der gleichen grammatischen Strukturen ausgedrückt werden. So heißt »das bin ich« englisch »it is me« (für den deutschen Nominativ steht ein Akkusativ), russisch »eto ja« (das Hilfsverb fehlt und wird aus dem Zusammenhang ergänzt). Ebenso sagt man für »ich gehe« im Sinne von »ich werde jetzt losgehen« russisch »ja pošël«, setzt also für eine deutsche Präsensform, die Futur bedeutet, ein perfektives Präteritum. Aus diesen Beispielen, die jeder vermehren kann, wird gefolgert, daß beliebige Äußerungen sich in anderen Sprachen jeweils nur umschreiben, nicht aber übersetzen

es auch Schauspieler, die das konnten. Regisseure, die heute die Schauspieler wieder improvisieren lassen möchten, übersehen leicht, daß die Handlungsgerüste der Commedia dell'arte weitgehend standardisiert waren. Standardisierte Handlungsgerüste finden wir jetzt aber nur in gewissen Betriebsstücken, in denen ein Neuankömmling Mängel feststellt und diese unter allerlei Hin und Her beseitigt, wobei stets ein Familienkonflikt mit gelöst wird, und einer Art Kinderliteratur, in der ein Außenseiter nach für ihn bitteren Erfahrungen ins Kollektiv zurückgeholt wird. In beiden Genres ist Bemerkenswertes bisher nicht herausgekommen. – Zum anderen standen die Verse improvisierenden Protagonisten der Commedia dell'arte entweder auf der Höhe der Bildung ihrer Zeit und flochten, wenn ihnen die Erfindung ausging, Zitate aus anderen Stücken, Ariosts »Rasendem Roland« o.ä. in ihre Texte. Die weniger begabten benutzten dagegen eine Art Briefsteller für Schauspieler, sogenannte zibaldoni, die zu jeder möglichen Situation, wie Eifersucht, Verzweiflung, Verführung, Todesgefahr, Versfolgen enthielten. Die Improvisation schrumpfte so zur Auswahl aus einem Klischeekatalog. Endlich ist es die Kalamität aller Improvisation, daß sie sich bei öfterer Wiederholung zu optimalen Varianten verfestigt, was man an den besten Musikern des Jazz studieren kann. In einer Zeit, da in der DDR bestenfalls sieben oder acht, in der BRD ein einziger Autor (Hartmut Lange) Bühnenverse schreiben können und Autoren wie Dürrenmatt, Grass, Hochhuth bei ihren Versuchen ziemlich katastrophal gescheitert sind, scheint es unwahrscheinlich, daß plötzlich Verse improvisierende Schauspieler auftauchen sollten. Die meisten haben nach meiner Beobachtung genug Schwierigkeiten damit, dramatische Verse zu sprechen.

lassen. Es leuchtet ein, daß der Einwand kaum mehr ist als ein definitorischer Trick. Wenn Wortfolgen in zwei Sprachen den gleichen Sachverhalt (die gleiche Klasse von Sachverhalten) meinen, wenn sie ferner in gleicher Situation üblicherweise – mit hoher statistischer Wahrscheinlichkeit – gebraucht werden, also den gleichen stilistischen Wert haben, sind sie äquivalent, und man kann von Übersetzung reden. Sagt man statt dessen Umschreibung, wäre das nicht sinnvoller, als für das Wort »Kosmos« plötzlich das Wort »Kaffeesahne« einzuführen. Allerdings müssen, damit Äquivalenz vorliegt, beide Voraussetzungen – gleicher gemeinter Sachverhalt und gleicher stilistischer Wert der Wortfolge – erfüllt sein. Der Ausdruck »Der nicht du ist und keiner sonst außer uns beiden«, der eine Umschreibung für »ich« ist, müßte englisch bzw. russisch nicht mit »I« oder »ja«, sondern durch eine vergleichbare ausschließende Konstruktion wiedergegeben werden; »I« beziehungsweise »ja« wären adäquate Übersetzungen nur, wenn es das Wort »ich« im Deutschen nicht gäbe und die genannte Konstruktion für das Personalpronomen der ersten Person Singular üblicherweise stünde.

Ähnliches gilt beim Übersetzen von Wortfolgen, in denen ein von der Semantik der Sätze mehr oder weniger abweichender Untertext die eigentliche Mieteilung ist. Jeder von uns hat Situationen erlebt, in denen die Antwort »nein« *ja* bedeutete oder die Auskunft »selbstverständlich, gleich übermorgen« *niemals* hieß. Der Satz »zwei mal zwei ist vier« kann im Zusammenhang, und zwar vollkommen eindeutig, bedeuten *Das ist doch logisch*, *Verkaufen Sie die Aktien* oder *Du wirst morgen erschossen*, das Wort »bedauerlicherweise« großes Vergnügen ausdrücken. Beim ernsthaften Flirt bekommen alle möglichen Sätze, sofern sie irgendwie sinnvoll sind und dem Erwartungsniveau des Partners entsprechen, erotische Valenz: sie sind Werbung und werden als solche verstanden, ihr semantischer Gehalt ist – ohne daß erotische Anspielungen vorkommen müßten – Transportmittel für anderes. In all diesen Fällen hat der Übersetzer nicht den Untertext, sondern die tatsächlichen Äußerungen wiederzugeben und darauf zu achten, daß der Untertext nicht durch stilistische Mißgriffe verdeckt wird. Das heißt: auch wenn ganz klar ist, daß eine Person in einem Drama »Kopf ab« meint, wenn sie »meinen Federhalter bitte« sage, hat der Übersetzer »meinen Federhalter bitte« zu übersetzen – die Information, daß der Betreffende etwas anderes sagt, als er meint (kryptisch redet*), ginge sonst verloren. Kurz: der Übersetzer soll übersetzen, nicht interpretieren. Gilt das schon für gewöhnliche Rede (von der Umgangssprache bis zu wissenschaftlichen und belletristischen Texten), so erst recht für Poesie. Schreibt ein Dichter den Satz »Das Leben ist schön!« ins Gedicht, meint aber, wie aus dem Zusammenhang erhellt, das Gegenteil, hat der Nachdichter den Text unter Berücksichtigung der Funktion der verwendeten Verfahren zu übertragen und so in den Vers zu bringen, daß der Untertext lesbar bleibt – nicht aber den Text durch den Untertext zu ersetzen. Dies auch, wenn einem Autor Untertexte unbewußt unterlaufen, wie Sigmund Freud das für viele nichtkünstlerische Äußerungen einleuchtend erklärt hat.** Selbst wenn der Nachdichter ganz sicher ist daß bestimmte Wendungen Substitutionen für Penis, Vagina,

---

* Kryptisch *meint hier nicht, daß ein Geheimcode benutzt würde. Ein Grenzfall wäre der amtliche Gebrauch von Euphemismen (»befrieden« für gewaltsam unterwerfen, »observieren« für bespitzeln, »ausschalten« für töten).*

** Arno Schmidt verweist auf das seltsame XXIII. aus Rilkes »Sonetten an Orpheus«:

O erst dann, wenn der Flug
nicht mehr um seinetwillen
wird in die Himmelsstillen
steigen, sich selber genug,

um in lichten Profilen,
als das Gerät, das gelang,
Liebling der Winde zu spielen
sicher schwenkend und schlank, –

Coitus etc. sind, hat er nicht das Recht, das Gemeinte an Stelle des Gesagten zu setzen. Abgesehen von der Verschiebung der Stilwerte nähme er dem Gedicht eine Spannung, die für die poetische Mitteilung offenbar wichtig ist – sonst hätte der Dichter ja direkt gesprochen. Außerdem gingen Informationen über die Weltsicht des Autors und über zur Zeit der Niederschrift wirksame Tabus verloren. Vor allem ist immer möglich, daß der Nachdichter in seiner Deutung sich irrt. Ist er von ihr überzeugt, mißtraut aber der Lesekraft seines Publikums, kann er einen Kommentar verfassen, nicht aber diesen ins Gedicht schreiben.

Der zweite Grundeinwand gegen jede Übersetzbarkeit ist ernster. Er stammt von Wilhelm von Humboldt, der selber ein hervorragender Übersetzer war. Humboldt schreibt über die Sprachen: »Ihre Verschiedenheit ist nicht eine von Schällen und Zeichen, sondern eine Verschiedenheit der Weltansichten selbst ... Der Mensch lebt mit den Gegenständen ... ausschließlich so, wie die Sprache sie ihm zuführt ... jede zieht um das Volk, welchem sie angehört, einen Kreis, aus dem es nur insofern hinauszugehen möglich ist, als man zugleich in den Kreis einer andren hinübertritt. Die Erlernung einer fremden Sprache sollte daher die Gewinnung eines neuen Standpunkts in der bisherigen Weltansicht sein ...«

Dagegen ist zunächst zu sagen, daß der Mensch mit den Gegenständen keinesfalls ausschließlich so lebt, wie die

erst wenn ein reines Wohin
wachsender Apparate
Knabenstolz überwiegt,

wird, überstürzt von Gewinn
jener den Fernen Genahte
sein, was er einsam erfliegt.

Es liegt nahe, daß, als Untertext eine Philosophie der Technik, Apparat *hier ein Penissymbol ist und das Gedicht von der Überwindung der Masturbation handelt.*

Sprache sie ihm zuführt, sondern mit sehr vielen, wie die Praxis sie ihm zuführt. Das Kind betastet, sieht, hört zunächst Gegenstände, bevor es deren Namen erfährt. Gewiß ist in der menschlichen Gesellschaft Praxis ohne Sprache nicht möglich; es besteht aber kein Grund anzunehmen, daß das Kennenlernen eines Messers samt dessen Anwendungsmöglichkeiten (d. h. das »Erlebnis« des Messers) wesentlich von der Nationalsprache abhängt, in der jemand aufwächst. Es wird vielmehr abhängen von der Funktion, in der jemandem Messer begegnen: beim gesitteten Essen, als Jagdwaffe oder, wie bei manchen australischen Stämmen, als Sozialprestige schaffendes Instrument zum Abschneiden fremder Köpfe. Kennt einer Messer nur als Obstmesserchen, werden ihm die Schlußverse aus Mickels Gedicht »Demselben«

Normal wie üblich ist mein EKG
Wenn ich ein Messer, scharf und schneidend, seh

schwer verständlich sein, welche Sprache immer er spricht. Das heißt aber: das Verstehen hängt weniger ab von der Sprache als von der kulturellen Umwelt, in der jemand lebt.

Nun ist freilich Sprache sowohl Spiegel als prägender Faktor der Kulturentwicklung. Eine reich entfaltete Sprache wird im Durchschnitt mehr Informationen, größere Bildungswerte, diffizilere Weltansichten vermitteln als eine primitive. Doch liegen für den Einzelnen solche Werte nur potentiell bereit: in allen hochzivilisierten Ländern leben viele Leute, deren Wortschatz gering ist, die einfache logische Operationen nicht ausführen können und die in ihrer Sprache formulierte Weltansichten intellektuell weder aufnehmen können noch dazu Lust haben. Vor allem aber gibt es weder theoretische noch empirische Hinweise darauf, daß Weltansichten an Sprachen gebunden sind. (Wenn, meint Wieland in seinem hervorragenden Roman »Die Abderiten«, zwei Kosmopoliten* einander zum ersten Mal begegnen, erkennen sie einander sofort und beginnen ein Gespräch, als hätten sie sich gestern getrennt.) Ein am Marxismus geschulter Wissenschaftler und ein Anhänger des Mystizismus, die in der gleichen Sprache aufgewachsen sind, werden einander beim Philosophieren ihrer divergenten Weltansichten wegen wahrscheinlich schlechter verstehen als ein deutscher und ein chinesischer Anthroposoph. Bekannt ist, wie in *einer* Sprache schreibende Naturwissenschaftler – nicht zu reden von Theologen – über den Sinn ein und desselben Terminus jahrelang streiten. Eine Beschränkung der möglichen Weltansichten in einem Land könnte es freilich geben, wenn fremdsprachige Autoren nicht übersetzt würden: die Russen wären dann schlecht dran, weil sie keine Renaissance und nur eine magere Klassik** hatten, den Deutschen fehlte Shakespeare und die französische Aufklärung, den Engländern Petrarca, Dante und Boccaccio, und so fort. Auch dann wären die in den isolierten Sprachen produzierten Weltansichten wahrscheinlich weniger abhängig von der Sprache als von Interessen vorhandener Klassen und Kräftegruppen.

Dennoch, wird eingewandt, gäbe es einen *Nationalcharakter*, der unter anderem in der Sprache sich zeige und prägendes Element wenn nicht einer, dann doch einer spezifischen Auswahl von Weltansichten sei. So sei etwa Shakespeare, ins Russische übersetzt, ein russifizierter Shakespeare, dem viele für die Weltsicht des Originals wichtige Eigenschaften mangelten. Tatsächlich mag das vorkommen. Aus der Kenntnis Shakespeares und eines Teils der Arbeiten Boris Pasternaks halte ich es für wahrscheinlich, daß in des letz-

---

* *Im Sinne von »gelehrter Weltbürger ohne Vorurteile«.*
** *Wenn Puschkin, der ein neues Zeitalter in der russischen Literatur eröffnet hat, als Klassiker angesehen wird, so im Sinne einer normsetzenden Sprach- und Versbehandlung, die neue Realitäten literarischer Darstellung zugänglich machte – nicht im Sinne des umfassenden Weltbilds, das wir gemeinhin unter Klassik verstehen.*

teren Shakespeare-Übertragungen zuviel Wert auf schönen Klang gelegt ist, während der erbarmungslose Realismus des Briten zu kurz kommt. Beim Übertragen von Washa Pschawelas 1888 geschriebenem Poem »Aluda Ketalauri« – einem verstechnisch groben, in Stoff und äußerer Darbietung rohen und blutigen, gleichwohl tief humanen Stück – bin ich auf eine um 1960 verfaßte russische Nachdichtung gestoßen, die sich las wie ein Puschkin-Märchen. Gesetzt, mein Eindruck stimmte, beweist das indes nichts für oder gegen die russische Sprache, sondern nur, daß die Übersetzer ihre Weltansichten über die Originale gestülpt hatten; es beweist auch nicht, daß diese Weltansichten spezifisch »russisch« wären. Wie wollte man sonst Tschechows sezierenden Realismus, Tynjanows, Eichenbaums, Jakobsons engagierte Stringenz, Bulgakows materialistische Geschichtsdurchleuchtung, Mandelstams still-böse Luzidität erklären, da all diese Autoren doch in Russisch dachten und schrieben? Anders müßte man auch Zechs Villon-Verfälschung nicht Zech, sondern der deutschen Sprache oder dem deutschen Nationalcharakter anlasten, wofür wir uns bedanken würden.

Trotz allem, können wir annehmen, gibt es so etwas wie einen Nationalcharakter. Der Begriff hat aber nur Sinn, wenn man ihn statistisch faßt. Das heißt: bestimmte Eigenschaften kommen, durch bevorzugte Weitergabe einmal bewährter Wertvorstellungen selektiert, bei Individuen einer Nation mit signifikant höherer Wahrscheinlichkeit vor als in anderen Nationen. Eine Sprache würde dann bestimmte Weltansichten vielleicht nicht notwendig erzeugen, aber doch nahelegen. Das erweise sich, wird gesagt, schon an einzelnen Wörtern. Das französische Wort »pain«, dem deutsch »Brot« (auch im Sinn von »Grundnahrungsmittel«) semantisch entspricht, bedeute dem Franzosen etwas ganz anderes als dem Deutschen, d.h. es habe in beiden Sprachen ein anderes Erlebnisfeld. Dies, weil Brot im Leben beider Nationen eine andere Rolle spiele: die Franzosen essen vor allem Weißbrot, die Deutschen Graubrot, auf das sie außerdem Butter und Wurst bzw. Käse schmieren. Die Franzosen brechen das Brot, die Deutschen schneiden es in Scheiben usf. Zwar ist die sprachliche Determination der Weltsicht hier schon auf eine kulturell-praktische zurückgeführt. Die Sprache würde letztere aber spiegeln, und Wörterbücher, die »Brot« als Äquivalent für »pain« angeben, wären ungenau. Für »pain« müßte etwa »Weißbrot« stehen – was indes wieder nicht genau wäre, insofern Weißbrot für den Franzosen Alltagsnahrung, für den Deutschen mehr ein gehobenes Wochenendgebäck darstellt. So stünde man vor einem Dilemma und käme aus der einen Sprache nicht heraus, in die andere nicht hinein, es sei denn durch einen Sprung.

Das alles hört sich zwingend an und hat die schöne Konsequenz einer wissenschaftlich begründeten Weltuntergangsvoraussage, die man im warmen Zimmer hört. Nur vergessen die Verfechter der These, daß man ihr Argument ebensogut innerhalb einer Nationalsprache verwenden kann. Für den Elsässer, der die Kartoffel zu den Gemüsen rechnet, hat das Wort »Kartoffel« ein anderes Erlebnisfeld als für den Sachsen, bei dem Satz »Es gibt Klöße« stellt der Thüringer sich etwas anderes vor als der Bayer. Und das sind nur die harmlosen Beispiele. Ist nicht dem Reichen der Ausdruck »hundert Mark« eine Lappalie, dem Armen eine beachtliche Summe? Dem Hypochonder das Wort »Bakterie« etwas anderes als dem Genetiker? Dem Alternden ist »ein Jahr« nichts, dem Kind, dem liebend Wartenden eine unendliche Zeit. Verstehen Erwachsene Kinder, Frauen Männer, Unterdrücker Unterdrückte? Die Konsequenz der These wäre, daß überhaupt kein Mensch einen anderen verstehen kann, weil jeder, der Einmaligkeit seiner Existenz und Erfahrung wegen, beliebige gesprochene und geschriebene Sätze immer auf seine Weise begreift. Alle Sprache wäre so intendierte Kommunikation, die notwendig scheitern muß: so viele Menschen, so viele Sprachen, der Planet eine Wohnstatt monologisierender Zweifüßer. Es gibt Theaterstücke, die auf dieser These aufbauen – paradoxerweise: wo keiner etwas verstehen kann, kann auch keiner verstehen, daß er nichts versteht, selbst wenn er es schon wüßte.

Praktisch läßt sich Humboldts, von anderen später verfeinerter Meinung entgegenhalten, daß die Menschheit, die zu ihrem Fortbestehen interindividuelle, interregionale, zwischen Klassen stattfindende und internationale Kommunikation braucht, bisher nicht ausgestorben ist, Sprache also offenbar, wenn auch oft mehr schlecht als recht, als Kommunikationsmittel funktioniert. Man kann auch sagen, daß alles, was zu übersetzen gesellschaftlich notwendig war, in der Geschichte der Menschheit bisher übersetzt wurde. (Die letzte Begründung ist nicht streng, da sie einen logischen Zirkel enthält und nicht falsifizierbar ist.) Theoretisch ist der Grund für die aufgezählten Schwierigkeiten, daß Wörter Namen für Begriffe sind und Begriffe für *Klassen* von Gegenständen, Tätigkeiten, Beziehungen stehen. Das heißt aber, daß Begriffe Abstraktionen sind: beim Klassifizieren von Gegenständen werden aus der unendlichen Menge deren Eigenschaften wenige hervorgehoben, die eben der Begriff meint, von den übrigen wird abgesehen. Da zu einer Klasse zusammengefaßte (unter einen Begriff subsumierte und mit einem Wort oder einer Wortfolge bezeichnete) Gegenstände untereinander nicht identisch, sondern nur mehr oder weniger (oft weniger) ähnlich sind, resultiert daraus notwendig eine Streubreite des Verständnisses. »Messer«, »Kartoffel« ist für den einen dies, den anderen das, je nachdem, welchen Teilklassen der so bezeichneten Dinge er wie begegnet ist und welche Erfahrungen und Gefühle* er damit ver-

---

* *In seriöser linguistischer Literatur findet sich häufig die Formulierung, Gedichte hätten den Zweck, Gefühle hervorzurufen. Auch als bei Abschweifungen übliche Verkürzung scheint der Satz nicht haltbar. Einmal sind so gut wie alle sprachlichen Äußerungen affektiv besetzt bzw. werden vom Adressaten affektiv bewertet;*

knüpft. Gäbe es diese Streubreite nicht (d. h. wären Wörter nicht Namen für Begriffe), müßten wir jeden einzelnen Gegenstand, jede einzelne Beziehung, Tätigkeit, Eigenschaft mit einem besonderen Ausdruck bezeichnen; eine Ordnung der Erscheinungen wäre nicht möglich, die Welt spiegelte sich als Chaos, und die Kommunikation bräche wegen Überlastung des Gedächtnisses zusammen. Schon heute beträgt der durchschnittliche aktive Wortschatz eines Bewohners entwickelter Länder höchstens zwei Prozent des Wortvorrats seiner Sprache.*

Wird die Streubreite zu groß, so daß häufig Mißverständnisse vorkommen, muß der Geltungsbereich eines Begriffs präzisiert werden – etwa durch einschränkende Zusätze (»Obstmesser« statt »Messer«) oder durch Einengen auf eine Teilklasse des einst Gemeinten. Der Mechanismus von

---

auch Interesse oder Langeweile, mit denen wir »leidenschaftslose« wissenschaftliche Texte aufnehmen, sind ja Affekte. Zum anderen gibt es, worauf Jakobson lange hingewiesen hat, bequemere Mittel als gerade Gedichte, um Emotionen zu erzeugen – zum Beispiel Ohrfeigen, Schimpfwörter oder allerlei Arten körperlicher Liebkosung. Ohne die Kategorien Weltbeschreibung, Spielsituation, gesellschaftliche Relevanz der hervorgerufenen bewertenden Affekte, Differenzierung und Erziehung der Gefühle in Hinblick aufs utopisch Humane wird man auch bei Kurzdefinitionen des Zwecks von Gedichten nicht auskommen. Anders wären alle Texte, die irgendwie Gefühle erzeugen, prinzipiell gleichwertig, und Kunst von ihren ja emotionell oft hochwirksamen Surrogaten nicht zu unterscheiden.

* *Potentiell ist der Wortvorrat jeder entwickelten Sprache unendlich – schon weil es unendlich viele natürliche Zahlen gibt, deren jede von einem Wort bezeichnet würde. Allerdings kann niemand unendlich weit zählen.* Wortvorrat *meint so nur die Menge in Gebrauch befindlicher Wörter – wobei die Frage ist, bis zu welcher Stufe man Zusammensetzungen mitrechnet. Über den durchschnittlichen aktiven Wortschatz gibt es kaum Untersuchungen. Das sogenannte basic English enthält 300 Wörter. Mit 2000 Wörtern dürfte man sich in der Umgangssprache recht gut verständigen können. Dolmetscherschulen fordern die aktive Beherrschung von 10000 Wörtern. Das Oxford Dictionary enthält etwa 240000 Wörter (inklusive Kombinationen 415000), für den heutigen deutschen Wortschatz nimmt die Enzyklopädie Deutsche Sprache 500000 an. Homers Wortschatz wird auf 9000, Shakespeares auf 23000, Goethes auf 100000 geschätzt; doch mag der Gesamtvorrat zur jeweiligen Zeit viel kleiner gewesen sein als heute. Interessant wäre, ob die Differenz zwischen durchschnittlichem aktiven Wortschatz und dem aktiven Wortschatz Hochgebildeter größer oder kleiner ist als beim passiven Wortschatz.*

Wortverwendung und Verständnis funktioniert dabei ähnlich wie das Herstellen einer Welle und deren Einbau ins Getriebe: innerhalb einer bestimmten Toleranz läuft der Motor, wird die Toleranz überschritten, muß nachgeschliffen werden, oder die Welle wird als unbrauchbar weggeworfen. Das heißt: Keine Sprache garantiert Verständigung in jedem Fall, jede aber im großen und ganzen – dies, weil Sprachen historisch entstandene Gebilde sind und mit ihren Strukturen und Wörtern dem evolutionären Gesetz der *Tauglichkeit* unterliegen.

Beim Übersetzen entsteht zusätzlich zur überall vorhandenen Streubreite die Schwierigkeit, daß zwar die gesamte zu einer Zeit bekannte Realität von den Wörtern der einen wie der anderen Sprache »abgedeckt wird, der Geltungsbereich der einzelnen Wörter (die bezeichnete Klasse von Gegenständen, Tätigkeiten usw.) aber in verschiedenen Sprachen nicht gleich sein muß. Sprachen als Ganzes sind also – bei annähernd gleicher Entwicklung der Produktivkräfte – kongruent, die einzelnen Wörter müssen es nicht sein. Darum geben Wörterbücher auch da, wo keine Polysemie vorliegt, mehrere Übersetzungsmöglichkeiten und zitieren das Stichwort in festen Wendungen. Der Übersetzer hat dann aus dem Zusammenhang zu entscheiden, welcher Ausdruck dem Original äquivalent* ist, ob er also für »pain« »Weißbrot«, »Brot« oder etwas anderes schreibt. So könnte ein chinesischer Übersetzer des *Vaterunser* »Brot« – das in Luthers Version pars pro toto für »Nahrung« mit Betonung der Komponente »Grundnahrungsmittel« steht – mit dem chinesischen Wort für »Reis« wiedergeben, falls der Text zum Beten und nicht für kulturhistorische oder philologische Zwecke bestimmt ist. Übersetzt ein Russe die Losung »Proletarier aller Länder, vereinigt euch!«, muß er zwischen der perfektiven

---

* *Auch bei einer Definition von* Äquivalenz *müßte die normale Streubreite des Verständnisses berücksichtigt bleiben.*

Verbform »soedinitesj!« und der imperfektiven »soedinjajtesj!« wählen. Perfektive Verben bezeichnen einmalige Handlungen, imperfektive Wiederholung oder Dauer. Lenin hat eine ihm vorgelegte Übersetzung korrigiert und die imperfektive Form genommen. Der Zusammenhang wäre hier der Gesamttext des »Kommunistischen Manifests«, aus dem hervorgeht, daß die Vereinigung der Arbeiter aller Länder länger dauern wird. Allerdings ließe sich einwenden, daß, um dies zu wissen, gar kein Zusammenhang nötig sei, sondern einfach politischer Verstand. Der Zusammenhang wäre dann die *Logik der Sache*, die indes, nicht nur in der Politik, oft dunkel bleibt, so daß die Übersetzung leicht zur Interpretation geraten kann. (Nach Wilhelm Girnus ist Aristoteles' Begriff »Mimesis« zweitausend Jahre lang falsch, nämlich mit *Nachahmung*, übertragen worden, während es richtig *Darstellung* heißen müsse.) Unseren etwas groben Satz, der Übersetzer habe nicht zu interpretieren, sondern zu übersetzen, müssen wir so milder fassen: mitunter macht der besondere grammatische Bau einer Sprache Interpretation unumgänglich.

Dies alles sind Schwierigkeiten, die der Praktiker zur Genüge kennt; gemeinsam ist ihnen, daß sie immer hinlänglich lösbar sind. (Ideale Lösungen sind beim Übersetzen vielleicht so selten, wie es ideale wissenschaftliche, journalistische und belletristische Arbeiten gibt.) Der eigentliche Grund für die prinzipielle Übersetzbarkeit von Prosa ist aber nicht diese oder jene Erfahrung, sondern die Tatsache, daß nach den Erkenntnissen der heutigen Linguistik alle Sprachen gemeinsame Strukturbildungsverfahren besitzen, die den verschiedenen Grammatiken* zugrundeliegen und die neurophysiologisch vorprogrammiere (genetisch festgelegt) sind. Das heißt sie sind, mit der Fähigkeit zum Erlernen *irgendeiner* Sprache, dem Men-

---

* Grammatik *ist die vollständige Menge der Regeln, die zur Erzeugung wohlgeformter Sätze in einer Sprache befähigt. Die Regeln müssen dem Sprechenden nicht bewußt sein, auch der Wissenschaftler hat oft Mühe, sie zu formulieren.*

schen angeboren.* Kants Kategorienlehre (nach der dem Menschen bestimmte Anschauungsweisen wie Raum, Zeit, Kausalität usw. a priori gegeben sind) erscheint so in einem neuen Licht; während aber Kant sein a priori noch transzendental begründen mußte – wenn der Mensch ohne die Anschauungsweisen Raum, Zeit usw. nichts erfahren kann, läßt sich über deren Objektivität nichts sagen –, kann die Evolutionstheorie heute diese Kategorien und die ähnliche Tiefenstruktur der Sprachen aus einem Prozeß von Mutation und Selektion erklären, in dem der Realität besser angepaßte (und deren Bewältigung besser ermöglichende) Stukturen einen höheren Überlebenswert hatten. Solange triftige Gründe gegen diese Ansicht nicht vorgebracht werden, muß die Übersetzbarkeit beliebiger Prosatexte aus jeder in jede Sprache als erwiesen gelten.

Nach Tembrock sind Sprachen im biologischen Sinne »Dialekte«, d. h. durch lokale Tradition zustande gekommene Abwandlungen eines Kommunikationssystems.

7

Die eigentliche crux aller Nachdichtung, für deren Möglichkeit wir bisher Gründe gesammelt haben, ist nun aber: Wenn es etwas gibt wie »poetische Mitteilung« – womit das Gesamt an komplexer Information gemeint ist, die ein Gedicht bereithält –, wenn ferner diese Mitteilung durch gewöhnliche Sätze nicht umschrieben werden kann (ginge das, brauchte niemand Gedichte), wird fraglich, wie denn ein Adressat, in unserem Fall der Nachdichter, die poetische Mitteilung hinreichend genau entschlüsseln kann. Offenbar müssen wir dafür ein Moment von *Intuition* annehmen, das heißt eine »poetische Kompetenz« (Bierwisch) die erlaubt, Informationsbündel, die zu komplex sind, als daß sie durch eindeutige Sätze auszudrücken wären, dennoch »richtig« (im Sinne der Intention des Gedichts) zu lesen. Das klingt nun ziemlich entsetzlich, und unser Gerüst von Argumenten könnte hier zusammenbrechen: jemand brauchte nur zu behaupten, seine Intuition verrate ihm, ein Gedicht ziele in diese oder jene Richtung, und könnte durch Hinweis auf die Intuition eines anderen nicht widerlegt werden. Das heißt es gäbe keine Instanz, die zwischen angemaßter und echter poetischer Kompetenz entscheiden könnte, und der Willkür wären Tür und Tor geöffnet. Tröstlicherweise läßt sich dagegen mehreres vorbringen.

Erstens gibt es erwiesenermaßen außersprachliches Denken: wir alle kennen Situationen, in denen wir wissen, was wir mitteilen möchten, dies jedoch nicht können, weil uns das rechte Wort fehlt. Allerdings wird das Wort in der Regel dann gefunden oder erfunden.

Zweitens ist Intuition (Zusammenschau verschiedener Informationen zu einer Information neuer Qualität) zwar »nicht rational«, aber nichts Mystisches: sie ist vielmehr ein Element aller Erkenntnis. Sie kann sogar trainiert (durch Übung wahrscheinlicher gemacht) werden. Exakte Wissenschaften kommen ohne intuitiv gewonnene Grundbegriffe auch heute nicht aus: Cantor hat, als er die Mengenlehre begründete, »Menge« als »etwas wie ein Haufen« gekennzeichnet, in der Linguistik sind alle Versuche, »Bedeutung« zu definieren, bisher gescheitert, und beim Überprüfen von Axiomensystemen der formalisierten Logik bedient man sich nicht selten des Kriteriums der Offensichtlichkeit, d.h. auf Erfahrung beruhender intuitiver Urteile. Allerdings läßt sich deren Wahrheit (oder die Brauchbarkeit von Begriffen) in der Wissenschaft meist direkt oder indirekt praktisch nachprüfen, in der Poesie dagegen nicht.

Drittens erwerben wir im täglichen Umgang wie in der Wissenschaft viele Begriffe nicht durch Anhören von Definitionen, sondern intuitiv aus Zusammenhängen; anders würde kein Kind sprechen lernen. So nimmt jemand, der Hegels »Logik« zum ersten Mal liest, zunächst wenig mehr auf als eine Folge befremdlicher Sätze; hat er dagegen den ersten Band bewältigt, weiß er ungefähr, was »Vermittlung«, »An-und-Für-Sich-Sein« usf. heißen soll, und begreift beim zweiten Lesen besser. Der Sinologe Ernst Schwarz schreibt, bei der Beschäftigung mit chinesischer Poesie müsse man zunächst fünfhundert Gedichte stur hintereinander lesen, bis man die ersten zu verstehen anfängt. Das mag im Deutschen leichter gehen, gilt aber im Prinzip ähnlich: das Verständnis füt die besondere Mitteilung von Gedichten, für Verfahrensensembles (poetische Redeweisen) und die Funktion einzelner Verfahren wird – Interesse und sensible Intelligenz vorausgesetzt – durch Übung erworben und geschärft, bis sich so viele Assoziationskreise geschlossen haben, daß einer ein unbekanntes Gedicht schon beim ersten Lesen aufnehmen oder gar beurteilen kann. Allerdings bleibt das so gewonnene Urteil unbeweisbar im Sinne der Wissenschaft. Doch machen Dichter einander mitunter Verbesserungsvorschläge, die angenommen werden; dies deutet darauf, daß der Vorschlagende die poetische Mitteilung als Einheit* erfaßt und einen Störteil erkannt hat, der sich ins Ganze nicht fügt; es spricht auch dafür, daß poetische »Systeme«, von denen ja jeder Dichter seins hat, untereinander kommunizieren können.

Viertens schließlich kann man sich Gedichten wie jeder hierarchisch strukturierten Ganzheit (jedem Holon) nicht nur durch intuitives Erfassen des Ganzen nähern, sondern auch durch Analyse der Bauteile, ihrer Funktion und ihres Zusammenspiels. Auch der Erkenntnis des Menschen – des interessantesten Holon, das wir kennen – nähert sich Wissenschaft, seit sie besteht, ja unter anderem auf diese Weise. Vorausgesetzt, wir könnten Vorurteile (sachlich unbegründete Meinungen und Weltansichten) weitgehend ausschließen, wird die Näherung leichter dadurch, daß es verschiedene Typen von Gedichten gibt. Typen wären dabei charakterisiert durch die Dominanz eines oder weniger Verfahren. Wir wählen, um das zu zeigen, ein relativ einfaches Beispiel; Oskar Törnes akribe Interlinearübersetzung könnte – obwohl sie leider nicht aus dem Original kommt – künftig Rohübersetzern als Muster** dienen.

---

* *»Als Einheit« meint hier komplex und simultan. Da bei poetischen Texten der gesamte Verlauf am Schluß noch erinnert werden muß, dürfte das Kurzzeitgedächtnis beim Aufnehmen eine besondere Rolle spielen. Der Energieaufwand für das Verständnis dürfte mit der Dichte (Anzahl und Vermaschtheit) der verwendeten Verfahren exponentiell steigen, so daß optimale Gedichtlängen eine Funktion dieser Dichte wären. Bei kurzen Gedichten steht dann eine größere Energie für die assoziative Aura »zur Verfügung«, während auch einfacher gebaute Gedichte, sobald sie eine gewisse Länge überschreiten, zusätzliche Energieauslöser – nach Tynjanow eine epische Fabel – brauchen.*
** *Nach meiner Erfahrung gibt es zwei Arten unhandlicher Interlinearübersetzungen: geschlampte, die auf Varianten und Anmerkungen verzichten, und ehrgeizige, bei denen schon der Übersetzer zu dichten anfängt. Die letzte Art ist die schlimmere. Für gute Interlinearübersetzungen könnte man die Faustregel aufstellen: »So exakt wie nötig und so roh wie möglich.«*

Arutin Sajat-Nova
V ŽIZNI JA NE IZDAM VZDOCHS
Übersetzung des russischen Interlineartextes und Anmerkungen:
O. Törne

Im Leben[1] werde ich keinen Seufzer ausstoßen, solange
   die Seele[2] du bist für mich,
ein Gefäß, voll von unsterblichem Wasser[3], bist du für
   mich.
Setze ich mich, so wirfst du einen Schatten, in der Wüste
   bist du Zuflucht[4] für mich,
hast du von meiner Sünde erfahren[5], (so) töte mich:
   Sultan und Khan bist du für mich.

Deine Gestalt ist wie eine Platane, wie eine Zypresse, die
   Farbe (deines) Gesichts – wie Atlas aus Übersee[6],
deine Zunge ist Zucker, deine Lippen sind Honig, deine
   Zähne wie Perlen von Diamanten[7].
Deine Augen sind (von innen) ausgelegt mit Gold und
   Diamanten, Perlen,

1 *In der russischen Übersetzung in Klammern die Erläuterung: »in der Welt«. Heißt dies, daß im Armenischen »Leben« und »Welt« Homonyme sind? Die Frage ist von Bedeutung, weil weiter unten das Stichwort »Welt« noch einmal vorkommt. Siehe Anm. 12.*
2 *In der russischen Übersetzung wird darauf hingewiesen, daß das armenische Wort für »Seele« hier sprachlich mit dem »Gefäß« in der folgenden Zeile korrespondiert »džan« – »pindžan«.*
3 *Die Fügung erinnert an živaja voda – »lebendiges Wasser« (siehe Johannes IV, 10). Denkbar wäre, daß der russische Übersetzer hier ein falsches Äquivalent eingesetzt hat: das »lebendige Wasser« der Bibel symbolisiert die »unsterblich« machende Lehre und könnte im armenischen Bibeltext durchaus »unsterbliche Wasser« heißen.*
4 *ukrytie – »Versteck«, »Zuflucht«, »schutzgewährendes Obdach«. Vielleicht sollte besser stehen »Schutz«.*
5 *Wir lesen »solltest du je erfahren, daß ich mich in irgendeiner Weise vergangen habe.«*
6 *Der russische Ausdruck klingt hier nicht so modern, eher märchenhaft »morgenländisch«, »aus fernen Landen«.*
7 *Der Ausdruck ist im Russischen eigentlich unverständlich. Näherliegend wäre ein Vergleich nur mit »Perlen«.*

du bist der von allen geschätzte Brillant, ein Stein aus
Indien von unschätzbarem Wert bist du für mich.

Wie soll ich diesen Schmerz ertragen? – Mein Herz ist ja
nicht von Stein[8].
Meine Tränen sind deinetwegen zu Blut geworden, du
hast mich um meinen Verstand gebracht[9].
Du bist der neue[10] Garten, und in diesem Garten sind
rund um dich herum Rosen.
Ich möchte über dir fliegen wie eine Nachtigall, eine
Augenweide bist du für mich.

Deine Liebe hat mich trunken gemacht, doch ich halte
mich wach, (nur)[11] mein Herz ist betrunken.
Die Welt ist von Frieden[12] erfüllt, mein Herz aber lechzt[13]
nach dir.
Geliebte, wie soll ich dich erhöhen[14]? Alle Vergleiche der
Welt sind erschöpft,
du bist das Märchenpferd, das aus dem Feuer kommt[15],
aus dem Meer, eine[16] Hirschkuh[17] bist du für mich.

Sprich mit mir, wenn du Sajat-Novas Liebste bist,
das Licht, das von dir ausgeht, hat die ganze Welt über-
flutet und die Sonne verblassen lassen[18].
Du duftest wie[19] die Lilie, die Nelke, das Veilchen, die
Rose,
du bist die roten Blumen der Felder, das duftende Gras
Susambar[20] bist du für mich.

---

8 *Genauer »nicht versteinert«.*
9 *Genauer: »hast meinen Verstand fortgetragen«.*
10 *»ein neuer«?*
11 *Diese Ergänzung scheint sich uns hier anzubieten.*
12 *mir – a) »Welt«; b)«Frieden«. Die Wortwahl bleibt eine Frage der Interpretation, doch schiene uns eine Übersetzung wie »die Welt ist von Welt gesättigt/er-
füllt« in diesem orientalisch-blumenreichen Text zu abstrakt. Zu fragen bleibt
jedoch, ob an dieser Stelle im armenischen Text dasselbe Wort steht, das der russische Interlinearübersetzer weiter oben mit »Welt« übersetzt hat und zu dem
er die Variante »Leben« angibt. Wenn ja, ergäbe sich theoretisch die Überset-*

Arutin Sajat-Nova
NICHT EINEN EINZIGEN FLUCH

Nachdichtung von Adolf Endler

Nicht einen einzgen Fluch der Welt, so lang die Seele Du für mich bist,
Wie ein Gefäß voll ewgen Wassers ohne Fehle Du für mich bist,
Und in der Sonnenglut der Schattenfall der Stele Du für mich bist!
O wisse, daß mein Khan und Sultan – hier die Kehle! – Du für mich bist.

Platanengleich Dein Wuchs, dein Antlitz Atlasfarbe aus Übersee,

> zungsvariante: »die Welt ist von Leben gesättigt/erfüllt«. Ohne Kenntnis des Armenischen ist diese Frage jedoch bei der Dürftigkeit der Annotationen zur russischen Übersetzung nicht zu beantworten.
> 13 »dürstet«.
> 14 »preisen«.
> 15 Genauer: »hervorgegangen ist«.
> 16 »die«?
> 17 lan' – »Hirschkuh« hat im Russischen betont poetischen Klang. Vgl. etwa im Deutschen »Reh«.
> 18 Wörtlich: »verstellt«, d. h. »verdunkelt«.
> 19 Genauer: »Nach den Gerüchen (zu urteilen) bist du ...«
> 20 Susambar – »Susambar« (im Russischen sind beide S-Laute stimmlos). Die Bezeichnung kommt im Russischen nicht vor. Vielleicht ein Begriff aus der armenischen (orientalischen?) Folklore? Oder eine botanische Bezeichnung? Die Betonung liegt im Armenischen in der Regel auf der Endsilbe: Susambár.
> Metrum: *Ohne Kenntnis des Armenischen nicht zu ersehen. In der armenischen Textprobe sind Akzente (natürliche Betonungen?) angegeben.*
> Reimschema: *(nach den Angaben der Interlinearübersetzung). In der ersten Strophe liegt der Reim (aaaa) vor der »Redife«, der sich in allen Zeilen wiederholenden refrainartigen Wortgruppe am Zeilenende »du bist für mich« bzw. »bist du für mich«. In den weiteren Strophen wird diese Redife nur in der jeweils vierten Zeile wiederholt. Ebenfalls wiederholt wird in diesen Zeilen der Reim aus der ersten Strophe, so daß insgesamt folgendes Reimschema entsteht: aaaa bbba ccca ddda eeea, wobei in den a-Zeilen auf den Reim noch die Redife (indz ama = bist du für mich) folgt.*

Die Lippen Honig und die Zunge, wie ich darbe!, die
   Zähne Schnee,
Wie Perlmutt glänzt Dein Aug und wie das Gold der
   Garbe, wie feiner Tee,
O die ein teurer Edelstein aus Indiens Höhle Du für mich
   bist!

Und wie dies Weh ertragen? Ist mein Herz, das wunde,
   aus Stein gemacht?
Blut meine Tränen! Mein Verstand ist Stund um Stunde
   zum Wahn entfacht!
Du bist der neue Garten und in seiner Runde die Rosen-
   pracht!
Wär ich Dein Nachtigallensang, die meine Seele Du für
   mich bist!

Ich taumle, trunken von der Lieb, doch bleib gelassen –
   mein Herz nur tobt!
Die Welt voll Frieden! Nur mein Herz kann sich nicht
   fassen, wie nie erprobt,
Und türmt Vergleiche auf Vergleiche zu Terrassen, da es
   Dich lobt.
Du bist das Traumpferd aus dem Feuer, die die Seele Du
   für mich bist.

Geliebte Sajat-Novas, sieh ihn niederstürzen! Schenk ihm
   ein Wort!
Dein Licht, oh, das Du strahlst, der Sonne Ruhm zu
   kürzen, des Mondes dort!
Dein Blumenduft, die ganze Welt, oh, will er würzen von
   Ort zu Ort!
Die Du das Gras Susambar, duftend, meine Seele Du für
   mich bist!

Sajat-Novas Text besteht aus gereihten Floskeln und Meta-
phernklischees, die seit Jahrtausenden durch die internationale Liebesdichtung geschleppt werden und, vergleicht

man das »Hohelied Salomonis«, dabei notwendig heruntergekommen sind: ihm fehlt jede Originalität. Weder führt er unbekannte Weltausschnitte vor (weckt Interesse durch Chronik), noch läßt er Bekanntes durch überraschende Verfahren neu sehen. Ob er armenisch besonders schön klingt, können wir nicht beurteilen – Euphonie im Gedicht stellt sich nur her zusammen mit Bedeutung. (Hacks hat, für alle, die Poesie für eine Sorte Musik halten, das vernichtende Beispiel erfunden

> Mit gelben Hirnen hänget
> Und toll mit wilden Hosen
> Der Brand in den Schnee,

das die gleichen Klänge hat wie Hölderlins

> Mit gelben Birnen hänget
> Und voll mit wilden Rosen
> Das Land in den See

und das doch niemand wohlklingend nennen wird.) Intensität oder Distanz, wie sie mit leicht abgewandelten Klischees dennoch sich erreichen lassen, werden vom wilden Sammelsurium der Floskeln verhindert. Auch ein sozialer Impetus – Hafis hatte, daß er gern liebte und trank, noch gegen einen orthodoxen Asketismus in Poesie gebracht – findet sich nicht. Wenn man trotzdem auf Kunst schließen kann, so aus dem rücksichtslosen Hintereinanderschichten der Klischees in Langzeilen, das einen gewissen drive ergibt, und aus der Anstrengung der Form, d. i. hier: des Reimschemas. Der Dichter, somit, beweist seine Liebe nicht mit originellen Gedanken oder Redeweisen, sondern durch die Übermenge der Leerfloskeln und durch technische Mühewaltung: er ordnet die Klischees – umsichtigerweise in Langzeilen* – zu Versgruppen mit vier gleichen Reimen,

---

* *Daß sich, sofern irgend Zusammenhänge mitgeteilt werden sollen, Langzeilen leichter reimen lassen als kurze, dürfte für alle Sprachen gelten.*

was ein Ostinato erzeugt, und hängt an die a-Reime mit der Redife ein zusätzliches Ostinato. Er beweist so Erregung. Wem, im Zustand der Erregung, fällt schon Neues ein, und welche verständige Angebetete würde das verlangen? Müßte sie aus Originalität nicht vielmehr Abstand und Kühle argwöhnen? Gesehen vom Zweck möchte man die Vorlage realistisch nennen.

Sind nun die dominanten Verfahren zu Langversen gereihte Klischees und das Ostinato von Reim und Redife, heißt das: die semantischen Gruppen sind, da beliebig, austauschbar (gefordert bleiben muß nur, daß von Liebe die Rede ist und Originelles nicht unterläuft), das Reimschema ist es nicht. Es zu ändern wäre erlaubt, wenn das Ostinato damit verstärkt wird. Tatsächlich hat Endler das getan: er arbeitet auch die b-, c- und d-Verse mit Binnenreim. Das wieder geht nur durch die Austauschbarkeit der Klischees. »Schattenfall der Stele«, »ohne Fehle«, »aus Indiens Höhle« (zu »Seele«), »die Zähne Schnee«, »wie feiner Tee« (zu »Übersee«), »wie ich darbe«, »Gold der Garbe« (zu »Atlasfarbe«) sind nicht aus Not erfunden, sondern weil, nach genauer Analyse, die poetische Mitteilung des Originals beliebige Floskeln erlaubt und reimende verlangt. *Funktionale Nachdichtung,* für die Endlers glänzend gelungener Text ein Beispiel ist, heißt so nicht, daß sich ein Katalog von Regeln aufstellen ließe (etwa: daß die semantischen Gruppen auf Kosten der Formelemente erhalten werden müßten oder umgekehrt, oder gar, wie manche mißverstehen, daß einem tschechischen Trochäus ein deutscher Jambus »entspräche«). Sondern: ob das eine oder andere oder etwas drittes richtig ist, folgt allein aus der Funktion der Verfahren und semantischen Gruppen im Original. Daß diese Funktion – jedenfalls in den meisten Fällen – zu erkennen ist, wird durch die Praxis nahegelegt. Unser Satz, jede Umschreibung zerstöre ein Gedicht, gilt damit zwar weiter. Offenbar läßt aber die Interlinearversion* so viele Bauteile und Hinweise auf deren Wirken

»übrig«, daß ein Nachdichter die Intention des Originals erschließen und dann die poetische Mitteilung neu aufbauen kann.

Freilich entsteht bei Vorlagen wie unserer, der man dünnes Denken und Mangel an Welt trotz allem anmerkt, ein anderes Problem. Denn wem würde eine schwache Übertragung angelastet? dem Nachdichter, wer für eine gelungene gerühmt? der Autor. Der Nachdichter muß sich so fragen, wie weit er das Original verbessern darf. Bei einem mäßigen Werk eines kaum bekannten Verfassers ist die Lösung einfach. Der Nachdichter kann es bloßstellen (wobei er leicht in Parodie fällt) oder sich loyal zeigen, indem er poetisch wirklich macht, was das Original bloß intendiert. (Gleichgültigkeit, der denkbare mittlere Weg, schlägt immer gegen Original und Nachdichter.) Wenn Parteilichkeit als ästhetische Kategorie für Nachdichtung einen Sinn hat, bedeutet sie u. E. Loyalität gegenüber dem Original. Loyalität kann heißen, die Vorlage im Sinn ihrer Intention »zu Ende« zu dichten. Das tut Endler, wenn er zusätzliche Binnenreime einführt und naive Floskeln (»wie feiner Tee«, »teurer Edelstein aus Indiens Höhle«) substituiert. Daß Loyalität nicht distanzlos sein muß, beweist außerdem ein enormer metrisch-rhythmischer Trick. Endlers Vers besteht metrisch aus fünf Jamben und der Figur | – – | – |. Da die Langzeilen aber auf die schweren, doppelt reimenden Ostinati der Enden hin instrumentiert sind, liest man die Jamben als deformierte Dreiertakte, was die Versanfänge bis zum Reim prosaisch holpern läßt: der Nachdichter erzielt distanzierende Grobheit durch metrische Regelmäßigkeit! Der mögliche Verdacht, Verbesserung müßte Geringes zu Großem fälschen, wird so hinfällig. Trotz allen Aufwands ist Endlers Text ja kein großes, sondern nur ein äußerst kunstfertiges deutsches Gedicht

---

* *Unter Interlinearversion verstehen wir die Rohübersetzung mit allen Anmerkungen.*

geworden. Subtilität kann Substanz nicht aus Nichts zaubern, Treue auf Mangel weisen, gerade die Vervollkommnung des Originals zeigt dessen Grenzen. – Loyalität würde aber auch verlangen, daß jemand, der aus irgendwelchen Gründen ein faschistoides Gedicht überträgt, die faschistoide Komponente nicht wegretuschiert, sondern hervorhebt. Dies und nichts anderes ist Dienst am Realismus, dem der Nachdichter wie jeder Poet zuoberst verpflichtet bleibt. Viel schwieriger wird die Entscheidung, wenn ein großes Gedicht eines wichtigen Autors schwache Stellen enthält. Abgesehen von der ohnehin begrenzten Möglichkeit der »Verbesserung« scheint uns, daß bei Strophen oder Zeilen, die Brüche markieren, diese Brüche vom Nachdichter deutlich gehalten werden sollten – ist doch Mißlingen im großen Kontext Hinweis auf mehr als auf das Mißlingen selbst, und auch die Irrtümer und Schlampereien der Großen sind lehrreich.

8

Wir glauben gezeigt zu haben, daß, warum und wie von Fall zu Fall Übersetzung von Poesie möglich ist. Daß sie nicht immer möglich sein muß, bleibt unbestritten. Dialektdichtung und Parodie fallen aus dem Bereich des Übertragbaren,* da zu ihrem Verständnis ein zusätzlicher Code nötig ist, den der Nachdichter nicht mitliefern kann. Gedichte, die die Kenntnis bestimmter anderer Gedichte voraussetzen (mit Zitaten spielen), werden bei der Übertragung sehr verlieren, falls das Spiel mit Zitaten dominantes Verfahren ist und nicht bloß poetische Redeweisen, sondern im Sprachraum des Originals geläufige Wendungen aufruft. Glücklicherweise sind Dialektdichtung und Parodie nicht gerade das, was Weltpoesie ausmacht. Dialektdichtung ist immer provinziell, Parodie löst sich, wenn sie große Parodie ist, vom Parodierten und wird eigenständige Literatur; so merkt man Brechts Balladen aus der »Hauspostille« die Absicht, den Expressionismus zu parodieren, kaum noch an. Und Poesie, die rein aus dem literarischen Bezug lebt und dennoch groß ist, ist selten – wahrscheinlich, weil Dichter zu sehr damit beschäftigt sind, die jeweils andere Realität, die sie bedrängt, ins Gedicht zu bringen. Dies, unter anderem, ist ja ihr Beruf. Wie dem immer sei – es bleibt für Nachdichter, die ihr Handwerk und die Welt verstehen, noch genug zu tun. Dabei stellen wir in Rechnung, daß viele große Gedichte auf ihren Nachdichter vielleicht Jahrhunderte warten müssen und in diesen Jahrhunderten viele Anläufe nötig sein können, bis eine kongeniale Fassung gelingt. (Der Meinung, wegen der schnellen Änderung von Sprach- und Rezeptionsgewohnheiten müsse ein Gedicht ohnehin alle fünfzig Jahre neu übertragen werden, stehen wir skeptisch gegenüber. Wenigstens würden wir den Zeitraum länger ansetzen. Solange in der eigenen Spra-

---

* *Das gilt, wenn einzelne Gedichte parodiert werden. Parodie von Verfahrensensembles läßt sich dagegen gut übertragen, wenn gleiche oder ähnliche Ensembles in der Poesie der Zielsprache üblich und parodiewürdig sind.*

che geschriebene Gedichte nicht übersetzt werden müssen, müßten auch bedeutende Nachdichtungen sich »halten«.) Dazu bedarf es freilich, daß der Nachdichter – der außer den unabdingbaren Eigenschaften jeden Dichters, wie handwerkliche Versiertheit, Weltkenntnis, Geschichtsbewußtsein, Mut zur Wahrhaftigkeit, noch technische Flexibilität braucht, d. h. nicht auf ein Verfahrensensemble festgelegt sein darf – die *Vieldeutigkeit** möglichst erhält, die wir als jedem Gedicht innewohnend bestimmt hatten. Eben diese – gerichtete – Vieldeutigkeit läßt ja Poesie über die Zeiten das leisten, was Aufgabe aller Kunst ist: leben zu helfen. Sie zu bewahren wird schwer dadurch, daß zum Reproduzieren der poetischen Mitteilung Analyse unumgänglich ist und alle Analyse Deutung enthält, also immer vom Weltbild des Nachdichters beeinflußt wird. Dem Realismus abholde Autoren – deren es große freilich wenig gibt – werden so kaum gut nachdichten, es sei denn, sie vergäßen dabei ihre Weltsicht. Wie seltsam gültig aus verschiedenen Zeiten kommende Übertragungen eines Gedichts bleiben können, zeigen vier deutsche Versionen des berühmten 66. Sonetts von Shakespeare, die wir unkommentiert an den Schluß unseres Versuches stellen. Wenn wir Hermlins Fassung den anderen vorziehen, so hoffentlich nicht, weil sie am spätesten entstanden und uns darum am nächsten ist, auch nicht nur, weil sie an Intensität und Prägnanz** alle übrigen übertrifft, sondern vor allem, weil sie neben dem Überdruß angesichts desolater Weltzustände auch die soziale Komponente des Originals deutlich hält. Shakespeares bestürzende Botschaft trifft uns so, als wäre

---

* *Poetische Vieldeutigkeit ließe sich informationstheoretisch beschreiben als Bandbreite der assoziativen Aura, linguistisch als Menge der objektiv (d.h. nicht vom Autor, sondern vom Text) intendierten Konnotationen, die allerdings nur im Idealfall sämtlich realisiert werden.*
** *Wir verweisen neben den Anfangs- und Schlußversen vor allem auf 10 (wo auch die Prosamitteilung des Originals gegenüber Regis, George und Kraus am kühnsten und genauesten gefaßt ist): in »Narren gesetzt über die Wissenschaft« läuft »Narren« gegen das Metrum und ist deshalb als zwei gleich starke Silben zu lesen: Nárrén, eine Betonung, die im Deutschen äußerste Verachtung ausdrückt.*

sie vor 470 Jahren für uns geschrieben; eben das wollen wir kongeniale Nachdichtung nennen.

William Shakespeare
SONNET 66

Tir'd with all these, for restful death I cry, –
As, to behold desert a beggar born,
And needy nothing trimm'd in jollity,
And purest faith unhappily forsworn,
And gilded honour shamefully misplaced,
And maiden virtue rudely strumpeted,
And right perfection wrongfully disgraced,
And strength by limping sway disabled,
And art made tongue-tied by authority,
And folly (doctor-like) controlling skill,
And simple truth miscall'd simplicity,
And captive Good attending Captain Ill:

Tir'd with all these, from these would I be gone,
Save that, to die, I leave my love alone.

SONETT 66
Interlinearversion von Manfred Wojcik

Angeekelt (müde) von alledem, rufe (schreie) ich nach ruhevollem Tod:[1]
Verdienst als Bettler geboren zu sehen,
und armes (dürftiges) Nichts in Herrlichkeit (Prunk) herausstaffiert,
und reinsten Glauben (Vertrauen, Treue) boshaft[2] verschworen (verleugnet, verraten),

---

1 *Die folgende Aufzählung wird am Anfang des zweiten Verses durch »als« (als da ist, wie zum Beispiel) eingeleitet.*
2 *Veraltete Bedeutung von »unhappily«, im Oxford English Dictionary mit »maliciously, mischieviously« umschrieben.*

und vergoldete Ehre (Rang, Würde) schändlich falsch
  plaziert (dem Falschen gegeben),
und Mädchentugend roh prostituiert (geschändet,
  entehrt),
und echte Vortrefflichkeit ungerecht in Ungnade gebracht,
und Macht (Stärke, Kraft) durch schlappes Schwanken
  gelähmt,
und der Kunst die Zunge gebunden durch Amtsgewalt,
und Dummheit, dem Arzte gleich, das Können (Ge-
  schicklichkeit, Sachkenntnis) beherrschend,
und einfache Wahrheit fälschlich Einfältigkeit genannt,
und das gefangene (versklavte) Gute dem Hauptmann
  Böse[3] folgend (dienend):
Angeekelt (müde) von alledem, wünschte ich, davon
  (weg)gegangen zu sein,
wäre es nicht, daß, wenn ich sterbe, ich meine Liebe[4]
  allein lasse.

SONETT 66
Übertragen von Gottlieb Regis (1836)

Müde von alle *diesem* wünsch' ich Tod:
Verdienst zum Bettler sehn geboren werden,
Und hohle Dürftigkeit in Grün und Rot,
Und wie sich reinste Treu entfärbt auf Erden,
Und goldnen Ehrenschmuck auf Knechteshaupt,
Und jungfräuliche Tugend frech geschändet,
Und Hoheit ihres Herrschertums beraubt,
Und Kraft an lahmes Regiment verschwendet,
Und Kunst im Zungenbande der Gewalt,
Und Schulenunsinn, der Vernunft entgeistert,

---

3 *»Captain Ill« – allegorische Personifikation, antithetisch verbunden mit dem gleich anlautenden »captive Good«.*
4 *Bei Shakespeare steht das Abstraktum. Ob es »meine Liebste« oder »meinen Liebsten« bedeutet, ist eine weit ins Biographische und Kulturhistorische reichende, in der Forschung heftig umstrittene Frage.*

Und schlichte Wahrheit, die man Einfalt schalt,
Und wie vom Bösen Gutes wird gemeistert:

Müde von alle dem, wär' Tod mir süß;
Nur, daß ich sterbend den Geliebten ließ!

LXVI
Umdichtung von Stefan George (1909)

Dies alles müd ruf ich nach todes rast:
Seh ich Verdienst als bettelmann geborn
Und dürftiges Nichts in herrlichkeit gefasst
Und reinsten Glauben unheilvoll verschworn

Und goldne Ehre schändlich missverwandt
Und jungfräuliche Tugend roh geschwächt
Und das Vollkommne ungerecht verbannt
Und Kraft durch lahme lenkung abgeflächt

Und Kunst schwer-zungig vor der obrigkeit
Und Geist vorm doktor Narrheit ohne recht
Und Einfachheit missnannt Einfältigkeit
Und sklave Gut in dienst beim herren Schlecht.

Dies alles müd möcht ich gegangen sein,
Liess ich nicht, sterbend, meine lieb allein.

LXVI
Nachdichtung von Karl Kraus (1932)

Den Tod ersehn' ich, müd, es anzusehn:
wie sich Verdienst verhüllt im Bettlerkleide
und hohles Nichts sich darf im Prunke blähn
und Treue wird verkauft durch falsche Eide,

wie Würde trägt der ausgepichte Wicht
und keusche Sittlichkeit verfällt in Schande
und echte Ehre lebt im Gunstverzicht
und Majestät im schlotternden Gewande,

wie Kunst verstummen muß vor Büttels Macht
und Geist entsagt für die gelehrten Narren
und Wahrheit wird als Torheit ausgelacht
und Güte muß des Winks der Bosheit harren.

All dessen müd, hielt' ich den Tod für Glück,
blieb' meine Liebe einsam nicht zurück.

66. SONETT
Übertragen von Stephan Hermlin (1945)

All dieses müde, schrei ich auf zum Tod:
Seh ich Verdienst am Bettelstab verdorrn,
Ein dürres Nichts wird Regel und Gebot,
Und reinster Glaube feige abgeschworn,
Und hohe Ehre übel abgetan,
Und Mädchentugend fürchterlich geschändet,
Vollendung in des Fehlers niederm Bann
Und Kraft in hohle Ohnmacht hingewendet,
Das Wort von Macht gebunden welkt dahin,
Narren gesetzt über die Wissenschaft,
Und Einfach-Wahres als Sturheit verschrien,
Und Sklavin Güte in Verruchter Haft:
    All dieses müd, möcht ich von hinnen sein,
    Nur ließ ich dann im Sterben dich allein.

1974/75

Amt des Dichters
Aufsätze · Notizen · Gespräche

1.

Gedichte in der dritten Klasse

Liebe Frau Haft,
wie Gedichte in der dritten Klasse behandelt werden sollten, kann ich genau nicht sagen – ich habe zuwenig Erfahrungen mit Kindern dieses Alters. Ich möchte wünschen: so, daß das Gedicht für die Kinder ein erfreulicher Gegenstand wird und bleibt. Außer, daß das Gedicht seiner Eigenart entsprechend vorgelesen (oder von einer Schallplatte abgespielt) wird, gehört dazu wohl, daß man vorsichtig erfragt, *was* das Gedicht mitteilt, und begonnen wird zu erklären, was daran *schön* ist. Bertolt Brechts behutsame Erläuterung zu Bechers *»Heimat, meine Trauer«** könnte Lehrern als Beispiel dienen. Brecht schreibt da:
»Es ist nämlich mit Gedichten nicht immer so wie mit dem Gezwitscher eines Kanarienvogels, das hübsch klingt, und damit fertig. Mit Gedichten muß man sich ein bißchen aufhalten und manchmal erst herausfinden, was schön daran ist.«

Daß es Spaß machen kann, »sich ein bißchen aufzuhalten« und »herauszufinden«, müßte der Lehrer lehren. Auch, daß *schön* ist, was der Dichter sagt und *wie* er es sagt. Und daß Dichten Arbeit ist: daß der Dichter viel über die Welt und die Menschen wissen muß, und daß er sein Handwerkszeug, die Sprache, gut kennen und beherrschen muß wie ein guter Schlosser oder ein Erfinder. Daß ein Wort, ins Gedicht gestellt, uns ein großes Stück Welt sehen läßt – viel mehr, als es »eigentlich« sagt. Das jedenfalls könnte *gesagt* und an Beispielen versichert werden – auch wenn es die Schüler in seiner ganzen Ver-

---

* *Der Titel lautet* »Deutschland«

wickeltheit (Dialektik von Sprache und Gedanken) noch nicht fassen.

Daß sie es aber später begreifen, können die Lehrer schon in der dritten Klasse vorbereiten. »Ich glaube nicht«, schließt Brecht seinen Kommentar, »daß es dem Gedicht schadet, wenn ich es ein wenig auseinandergeklaubt habe. Eine Rose ist schön im Ganzen, aber auch jedes ihrer Blätter ist schön. Und glaubt mir, ein Gedicht macht nur wirklich Freude, wenn man es genau liest. (Allerdings muß es auch so geschrieben sein, daß man das tun kann.)«

Voraussetzung ist also, das Gedicht taugt etwas. Ich habe mir Lehrpläne und Lesebücher der dritten und vierten Klasse angesehen. Die Besichtigung stimmt teils froh, teils traurig; was das thematisch-politische Gedicht angeht, ist sie niederschmetternd.

Außer der Nationalhymne und Brechts »*Mailied*« ist, was im Lesebuch dritter Klasse auf diesem Gebiet sich findet, miserabel oder dilettantisch, also unnütz und für die Kinder schädlich. Ich gebe zwei Beispiele. In Max Zimmerings *Taubenlied* wird fortwährend das Bildmaterial mit seiner allegorischen Bedeutung auf alogische Weise vermischt. In der ersten Strophe wird behauptet, man könne die Taube, von der die Rede ist, nicht töten. Nun weiß zwar jedes Kind, daß man Tauben töten und aus ihnen Suppe kochen kann, doch könnte man sagen, der Verfasser habe die Allegorie im Auge, meine also die Friedenstaube an sich (die man freilich nicht fliegen sieht). Die zweite Strophe verstärkt die Ungereimtheit der ersten, indem sie in der Beschreibung auf eine reale Taube zielt, diese aber unzutreffend attributiert; Tauben haben nicht gerade ein »weites Flügelmaß«, und daß »kein Sturm sie bezwingen« und »kein Blitz ihr weißes Federkleid durchdringen« kann, stimmt gar nicht. In Strophe drei wird die Taube zu Millionen Tauben vervielfältigt, die Allegorie also verlassen, aber gedanklich beibehalten. Moral wie Sprache des Gedichts werden so absurd; »kühn, mit gesträubten Hauben« sollen die Tauben »in Schwärmen, dicht wie Trauben« »ziehn«; der Verfasser hätte sich bei Ornithologen erkundigen sollen. Um die These »Der Friede ist unbesiegbar« zu illustrieren, baut der Verfasser eine pseudopoetische Scheinwelt, die mit der Realität keinen Bezug mehr hat; das zeigt sich, wenn wir die Allegorie ernst nehmen: täglich sterben viele Freiheitskämpfer allein in Vietnam, und das Gedicht will die Kinder lehren, die »Tauben« seien unverwundbar, d. h. ihr Kampf risikolos! Das *Taubenlied* versucht, reale und schlimme Widersprüche aus der Welt zu reden, und muß daran scheitern; sein Effekt ist das Gegenteil seiner Absicht.

Anders als bei Zimmering ist bei Walter Krumbach *(Pioniermarsch)* eine »poetische« Durchführung gar nicht erst versucht. Auf ungeschickteste Weise werden stereotype, zum Teil bedenkliche Formeln aneinandergereiht, die heute nicht einmal Leitartikler sich leisten – »Laßt die jungen Herzen glühn« (mit Reim auf »treu und kühn«), »Es ruft uns der Trommel Klang« –; bei »nach Thälmanns Sinn und Art« mag der Verfasser an »Es ist ein Ros entsprungen« gedacht haben, aber was soll das Kindern! Diese wie andere Arbeiten (Krumbach: *Freundschaftslied*, Schmalfuß: *Das geht uns alle an* u. m.) sind durchweg abstrakt, handwerklich »geschustert«, ohne poetischen Einfall. Indem sie phantasielos sind, töten sie Phantasie. Sie sind abzulehnen.

Zu folgern wäre:
1. Es sollten von Dichtern geschriebene Gedichte gelernt und besprochen werden. Dagegen wird argumentiert: die Dichter schreiben nichts zum Tag der Volksarmee, zum Pioniergeburtstag usw. – also müssen wir uns an die Gedenktagsversemacher halten. Das Argument ist falsch. Zunächst kann man, wenn gute Gedichte »zum Thema« nicht vorliegen, dieses anders behandeln. Die Botschaft des

Gedichts aber ist erst realisiert, wenn sie den Adressaten erreicht; Gedichte sollen Kindern *Spaß* machen, die Erkenntnis, die sie auch vermitteln, muß über ein Bild transportiert werden, und das Bild muß stimmen. Ein Gedicht soll Welt eröffnen – das tut es nicht, wenn es nur die Vokabeln einer Festrede versifiziert. Gedichte sollen faßlich sein. Das heißt auch, daß sie, der Altersstufe gemäß, Problembewußtsein wecken (und es nicht verschütten).

Welche Gedichte also?
Im Lesebuch sind schöne Texte von Hoffmann von Fallersleben, Claudius, Morgenstern, auch das Volkslied *Frühjahrs Anfang* (gerade solche von der Romantik noch nicht glattgemachten Texte sind wichtig). Rar sind gute Gegenwartsdichter (außer Brecht und Becher Kahlau und Sarah Kirsch). Von Brecht, unserem Klassiker, ist nur das *Mailied* enthalten. Recht wirksam wird das *Mailied* aber erst im Kontext mit anderen Brecht-Gedichten; Stücke aus dem *Alfabet* wären sicher für die dritte Klasse geeignet, und die *Pappel am Karlsplatz* hat, wie ich von einem Lehrer weiß, bei Neunjährigen Begeisterung ausgelöst. Oder nehmen Sie *Über die Berge*! Da ist die Welt in ein paar Zeilen, da ist Realismus; wie ärmlich wirken dagegen all die »Zu den Sternen laßt uns fliegen«-Gedichte, die tun, als löste die Weltraumfahrt irgendwelche Menschheitsprobleme!

2. Das *spielerische Moment,* das alle Kunst hat, sollte gerade für Kinder genutzt und hervorgehoben werden; es entspricht einer – manche Wissenschaftler formulieren: biologischen – Lebensnotwendigkeit des Menschen. Heute wird Kunst oft nur als Transportmittel für Erkenntnisse oder einfaches Wissen betrachtet. Dieser Irrtum, der zur Irrlehre zu werden droht, ist gesellschaftsgefährdend.

Ich glaube, man sollte viele lustige, kleine Gedichte behandeln. Viele davon – etwa Brechts *Alfabet*-Verse, auch Sarah

Kirschs »Tierverse« (*Das Windrad*, Kinderbuchverlag) – sind ein bißchen philosophisch, wofür Kinder oft ein Gefühl haben. Zumindest kann man es bei vielen wecken. *Neugieriges Lieschen* etwa zeigt, daß Neugier (das Suchen an Orten, wo niemand etwas erwartet) belohnt wird; aus den *Quallen im Sund* kann man eine kleine, lustige Philosophie für Kinder entwickeln, und dabei ist das gar nicht didaktisch.

3. Das Ministerium für Volksbildung sollte unsere besten Dichter besuftragen, in Zusammenarbeit mit Psychologen und Pädagogen die Gedichte für die Lesebücher auszuwählen. Zusammenarbeit heißt, daß Psychologen und Pädagogen die Dichter beraten und Experimente dafür durchführen sollten, die Dichter aber das letzte Wort haben müßten. Ich denke dabei an bedeutende Dichter wie Franz Fühmann, Stephan Hermlin, Peter Hacks (der selber schöne Kindergedichte geschrieben hat), Volker Braun und andere. Denn die Dichter sind Fachleute in dieser Frage, und sie sind Sprecher der Gesellschaft.

4. In Zusammenhang damit sollten Dichter gewonnen werden, zu einzelnen Gedichten Kommentare für Kinder zu schreiben, wie das Brecht getan hat.

5. Die besten Gedichte, von den besten Schauspielern gesprochen, sollten auf billigem Material (Folie) vervielfältigt und als Lehrmaterial verbreitet werden.

6. Bei schlechten Gedichten, von denen ich anfangs sprach, sollten Lehrer den Mut finden, sie wegzulassen oder den Kindern zu erklären, weshalb die Gedichte nicht gut sind. Lehrer sagten mir, die Forderung sei utopisch – verstießen sie dann doch gegen ein Gesetz, den Lehrplan. Eine solche Auffassung von Staatsraison schiene mir preußisch und nicht sozialistisch.

Dies alles können Sie im Zusammenhang mit der Aussprache über die »kulturellen Lebensregeln der Arbeiterklasse« betrachten, die Arbeiter der Kirow-Werke neulich angeregt haben. Denn bei den Kindern ist da anzufangen, und für sie ist nur das Beste gut. Dieser Grundsatz muß beharrlich verteidigt und durchgesetzt werden.

Februar 1971

Max Zimmering

TAUBENLIED

Seht ihr die Taube fliegen?
Sie fliegt den Himmel an.
Hoch ist sie aufgestiegen.
Wer wollte sie besiegen,
die man nicht töten kann!

Wie stark sind ihre Schwingen,
ihr Flügelmaß wie weit!
Kein Sturm kann sie bezwingen,
kein Blitz kann es durchdringen,
ihr weißes Federkleid.

Millionen weißer Tauben,
in ungezählten Reihn,
kühn, mit gesträubten Hauben,
in Schwärmen, dicht wie Trauben,
ziehn hin im Sonnenschein.

Bertolt Brecht

ÜBER DIE BERGE

Über die Berge
Fliegt der Mensch wie nichts
Groß sind seine Werke
Doch am Brot für alle, da gebricht's.
Menschenskind!
Daß nicht alle satt sind!

Über Kontinente
Spricht der Mensch von Haus zu Haus
Hunderttausend Hände
Strecken sich zueinander aus.
Menschenskind!
Wenn sie erst beisammen sind!

Weshalb schreiben Sie für Kinder und was haben Sie davon?

1

Fast alle Dichter sind Menschen mit kindlichem Gemüt: sie sind extrem verletzlich, sie sind mitteilsam, sie sind neugierig und spiellustig, sie werden gern gelobt, sie sind unfähig zu lügen. (Ich spreche vom Ausüben des Berufs. Selbstverständlich sind Dichter im persönlichen Leben normale Erwachsene. Es ist aber so, daß, wo Lüge in den Vers kommt, dieser verdirbt, und schlechte Kunst ist keine.) Leider behindern die Zeitläufte das Praktizieren der genannten Eigenschaften meist erheblich; soweit ich Geschichte überblicke, setzen Gesellschaften Erfolgsprämien teils auf Robustheit, teils auf Schweigsamkeit, teils auf Religiosität (d. i. den trägen Glauben, alles sei erklärt), teils auf Selbstüberzeugtheit, teils auf Eines Fähigkeit, mit Hilfe der Sprache seine Gedanken zu verbergen. Da die Dichter – sofern sie sich nicht erschießen – nun aber dichtend leben wollen, sind sie gezwungen, eben diejenigen Perzeptionseigenheiten und Energien, die unter anderem sie aufs Dichten brachten, teilweise umzukanalisieren. Der eine wird, da er spielen will und muß, bis zur Dunkelheit vertrackt; der andere sagt Unerhörtes so, als sage er längst Bekanntes; der dritte wehrt sich gegen umlaufende mittlere Schwindelei, indem er derart brüllend lügt, daß daraus schon wieder Wahrheit wird, und so fort. Manche kriegen die Umlenkverfahren – die in allen Epochen zu Bedeutendem geführt haben – von Zeit zu Zeit satt und schreiben für Kinder. (Die größere Freiheit, die dabei gewonnen wird, ist eine geraden Redens unter verwandten Seelen: Kinder sind Unordnungsfaktoren in der Welt, Dichter auch. Die Freiheit besteht nicht technisch: Texte für Kinder haben ebenso präzis zu sein wie solche für Erwachsene. So kann oder könnte alle Kinderliteratur, die den Namen verdient, von Erwachsenen mit Genuß gelesen werden.) Pädagogisch geredet: In einer Umgebung, die mit verbissener Geduld dabei ist, Kinder spätestens ab acht erwachsen zu machen, versuchen Dichter, die für Kinder schreiben, diesen ihre Kindlichkeit möglichst lange zu bewahren. Wie lange? Ideal wäre: bis zum siebzigsten Jahr. Einstein hat in diesem Alter dem Universum die Zunge herausgestreckt.

2

Ich gebe zu, daß ich einen Hang zu staatsbürgerlichem Denken habe; man sieht ja viel, wenn man hinsieht. Wieso hängt denn das erwähnte Einstein-Foto in keiner Schule? Zum Kastaniensammeln setzen Schulen Prämien aus, für die drei Besten der Unterstufe. Eltern kommen mit Rollfixen voll Zentnersäcken Kastanien und liefern die ab – man muß sich zeitig um einen Platz in der Erweiterten Oberschule kümmern, der Mensch sei dem Menschen ein mehr Kastanien spendendes Vorbild; nicht Spaß wird geübt, sondern Investitionsdenken. Oder Lesebücher (ich habe gerade die Gegenwartsgedichte im Lesebuch 3. Klasse hinter mir, man müßte da ja den Reißwolf erfinden und das zuständige Gremium mit rostigen Kartoffelschälern anfallen). Tue ich das oder schreibe Beschwerden? Schlage ich dem Ministerium vor, Stephan Hermlin und Franz Fühmann mindestens versuchsweise um die Revision je eines Lesebuches zu bitten, wenigstens der Gedichte darin? Ich tue es nicht, denn ab Vierzig vergeudet man nicht mehr gern Zeit. Lieber denke ich mir was für Kinder aus (da gefragt ist, was ich davon habe: im Unterschied zu etlichem anderen wird das adäquat bezahlt), d. h. ich setze auf Langzeiteffekte. Jeder, rät Goethe, wirke im ihm zugänglichen Kreis. Manchem mag das zu still vorkommen, ich war schon als Kind still.

3

Ich entschuldige mich für meinen Ton: er kommt aus der Frage. Zeitungen, die närrische Fragen stellen und sogar die Antworten darauf drucken, berechtigen zu den schönsten Hoffnungen.

Oktober 1976

Brief an Zentralrat der FDJ

Lieber Fritz Kirchhoff,
         Du fragst nach Vorschlägen für die kultur-politische Arbeit an den Oberschulen. Brecht und Friedrich Wolf verfaßten Anfang der 50er Jahre nach gründlichen Studien eine Adresse über den Literaturunterricht an Schulen. Sie ist – ohne nennenswerte Wirkung – damals dem Volksbildungsministerium zugeleitet worden. Wir schlagen vor, diese Ausarbeitung unter ausdrücklicher Erwähnung des Entstehungsjahrs auf der Tagung vorzutragen.

2. Noch immer werden bei der Behandlung von Kunstwerken im Schulunterricht oft nur äußerer Hergang und dessen »Bedeutung« vermittelt. Vergessen wird, daß ästhetische Erziehung auch und vor allem heißt: die Erzogenen Spaß an der Sache (dem Kunstwerk) finden zu lassen. Das Übel beginnt an den Universitäten. Die dort gelehrte Ästhetik beschränkt sich fast ausschließlich auf Fabelanalyse und den Vergleich mit dem, was man für soziologische Tatbestände hält; letztere sind meist aus Lehrbüchern gezogen. Kategorien wie »Das Typische« werden noch immer als Vorschlaghämmer gegen die Literatur gekehrt.

3. Kein Klassenfeind kann jungen Leuten perfekter die Freude an Literatur vergällen als schematischer Literaturunterricht. Im Jahr 1965 untersuchen Studenten einer Hochschule der Deutschen Demokratischen Republik Gegenwartsliteratur, indem sie versuchen, dem jeweiligen Helden die ihnen diktierten *sieben Merkmale des positiven* Helden nachzuweisen. Wir schlagen vor, den betreffenden Hochschullehrern zum leichteren Ausbau ihrer literaturwissenschaftlichen Methode Tafeln mit dem großen Einmaleins kostenfrei zuzuschicken.

4. Der äußerliche Zustand vieler Klassenzimmer ist miserabel. Wir schlagen vor zu erwägen, eine Bewegung zum Selbststreichen der Klassenräume ins Leben zu rufen. Es schiene uns dies nützlicher als Altpapiersammeln. Falls dieser Gedanke Anklang findet, wäre zu berücksichtigen, daß zahlreiche Malergenossenschaften selbst in Großstädten den Hang haben, sogenannte Picasso-Decken herzurichten. Es handelt sich um vier- bis sechsfarbige Ornamente wie Dreiecke und Kegel, mit denen die Grundfarbe unkenntlich gemacht wird. In geeigneter publizistischer Form wäre Schuldirektoren und Schülern ohne Nötigung plausibel zu machen, daß Picassos Name für die erwähnten Decken mißbräuchlich benutzt wird und diese häßlich sind.

5. Vor allem jungen Lehrern (da die Lehrer in ihrer Gesamtheit ja Sache des Volksbildungsministeriums sind) wäre ein Gefühl der Scham anzuempfehlen für den Fall, daß in ihrer Klasse *kein* Werk der Bildenden Kunst (Kunstdruck) hängt. Es handelt sich nicht darum, daß die betreffenden Kunstwerke von den Schülern sogleich als schön erkannt werden, sondern daß diese mit ihnen aufwachsen.

Die nicht hohen, aber doch erforderlichen Mittel könnten durch eine Vereinbarung mit dem FDGB aus den Kulturfonds der Schul-Patenbetriebe aufgebracht werden. An den Reproduktionen müßte sichtbar stehen, von wem das Bild wann gemalt wurde. Eine Beratung durch bildende Künstler beim Einkauf könnte sich als nützlich erweisen. Gegen den zu erwartenden Masseneinkauf von Bildern wie *Glückliches Leben* von Michaelis oder *Paar am Strand* von Womacka durch Übereifrige müßten Vorkehrungen getroffen werden.

6. Eine uns bekannte Abiturientin wirbt unter ihren Klassenkameraden für Strittmatters *Ole Bienkopp*, indem sie einen auf der Buchmesse erstandenen Prospekt eines westdeutschen Verlages vorweist, in dem dieses Buch

angezeigt ist. In dem Prospekt steht, das Buch sei sehr kritisch. Nach der Lektüre des Prospektes lasen mehrere Mitschüler, die das Buch zu lesen vorher abgelehnt hatten, *Ole Bienkopp* und waren davon begeistert. Da die Fama und die demokratische Presse Jewtuschenko als leicht suspekt und oppositionell hinzustellen erreicht haben, findet auch er erheblichen Anklang.

Wir schlagen also vor, die Werbemethoden für gute Bücher neu zu durchdenken.

7. Die FDJ sollte ein wohlfeiles und stabiles, gut aufgemachtes, nicht zu dickes Standardwerk in Auftrag geben, in dem die Regeln modernen »guten« (also normalen) Benehmens nicht zu breit dargestellt sind. Zur Vorbereitung dieses Buches könnten soziologische Studien nützlich sein.

8. Die Freie Deutsche Jugend sollte öffentlich Stellung nehmen gegen die leichtfertige Behandlung des Begriffs »Vorbild« im Schulunterricht. Lehrer geben sich zufrieden, wenn auf die Frage nach dem Vorbild »Thälmann« oder »Gagarin« geantwortet wird. Die Schüler wissen, welche Namen gern gehört werden. Wahrscheinlich oder sicher ist, daß die Schüler für die Genannten Achtung empfinden. Die wirklichen Leitbilder sind möglicherweise anderswo zu suchen. Auch hier wären wissenschaftliche Befragungen am Platz.

In einer Lyrik-Veranstaltung in Frankfurt/Oder kritisierte ein Oberschüler ein Gedicht von Preißler, in dem jemand seinen Aufnahmeantrag in die Partei damit begründet, er habe immer das Beispiel Lilo Herrmanns vor Augen. Sinngemäß sagte der Schüler, er achte Lilo Herrmann, sein Vorbild aber könne sie nicht sein, da sie unter Umständen gelebt habe, die er schon nicht mehr kenne. Außerdem sei wohl kein Mensch ein hundertprozentiges Vorbild, jedermann habe auch weniger gute Seiten. Von der Versammlungsleiterin (Leiter des Büros für Schulen im Bezirk) wurde der Schüler sogleich ermahnt, doch noch einmal über seine Äußerung nachzudenken. Als ich ihn unterstützte und sagte, in meiner Schulzeit hätte ich in einem Fragebogen hinter »Vorbild?« einen Strich eingetragen, wurde mir nicht ohne Erregung bedeutet, so könne ich als Lyriker nicht auftreten. Vielleicht sollte einfach die Erkenntnis verbreitet werden, daß man keinem ein Vorbild einreden kann.

9. Da eine allgemeine Verbesserung des Sprechstils die Kraft der Organisation übersteigen würde, schlagen wir als Mindestmaßnahme vor, den Gebrauch der Wendung »Gibt es dazu Meinungen?« für »Ist hier jemand anderer Meinung?« allen Mitgliedern und Funktionären der Freien Deutschen Jugend zu untersagen.

Mai 1965 *Sarah Kirsch*
Rainer Kirsch

2.

Kunst und Verantwortung
Probleme des Schriftstellers in der DDR

(Theoretische Abschlußarbeit am Literaturinstitut
»Johannes R. Becher«)

Statt des Vorworts

Eine »poetische Konfession« verfassen zu sollen stimmt mich unbehaglich. Praktischen Gemüts, schreibe ich nicht gern für mich selbst; auch ein Aufsatz möchte seinen Adressaten. Zudem halte ich wenig von programmatischen Ankündigungen, und für wertende Rückschau fehlt mir, einunddreißigjährig, die Weisheit. Daß mich mitunter Mißtrauen gegenüber der eigenen Arbeit befällt, scheint mir genug: Ich könnte nicht mehr ankünden als das Bemühen, es produktiv zu halten. (Hegel nennt die Negation den *großen Weltmaulwurf;* das Bild ist nicht nur große Philosophie.)

Nachfolgende Überlegungen sind für die »neutralität, kritische schweizer zeitschrift für politik und kultur« niedergeschrieben. »neutralität« ist nonkonformistisch, was in der Schweiz viel heißt, sie interviewt den Schweizer Kommunisten Konrad Farner und ist gegen Antikommunismus (wiewohl mitunter von antikommunistischer Position aus). Sie druckt Aufsätze von Bertrand Russell und Christian Geißler, die ich mir in unseren Zeitungen wünsche. Sie ist für allgemeine Abrüstung und bringt Briefe in der Schweiz lebender Fremdarbeiter an ihre Angehörigen. Sie enthält Aufsätze von Max Frisch, Heinrich Böll, Hans Erich Nossack, von amerikanischen Semantikern und tschechoslowakischen Geistlichen. Ihre Haltung scheint mir in vieler Hinsicht illusionär, in beinahe jeder Hinsicht sympathisch. Ich schreibe dies nicht, um eine Zeitschrift »einzuschätzen«, sondern um deutlich zu machen, an wen etwa sich der folgende Aufsatz richtet.

1 Vorbemerkung

Alle Kunst ist Mitteilung an andere. Kunst ist ein gesellschaftliches Verhältnis: das Kunstwerk bedarf zu seiner Verwirklichung der Rezeption. Ein in einer Höhle verstecktes Gemälde ist Kunst nur der Möglichkeit nach, im übrigen ein mit trockener Ölfarbe behaftetes Stück Leinwand.

Mitteilungen werden nicht um ihrer selbst willen gemacht. Niemand spricht, um zu sprechen. Selbst wenn man das von jemand behauptet, spricht er, um etwas vorzutäuschen oder zu verbergen. Der pragmatische Aspekt ist der Sprache wesentlich, ein Satz geht an einen Empfänger und will diesen veranlassen: zu einer Handlung, zu einem Denkvorgang, zu einer Unterlassung. (Diese kann hier als Grenzfall von Handlung verstanden werden, auch als Schaffen von Freiheit für die Handlung anderer.)

Auch Kunst will veranlassen. (Selbst l'art pour l'art hatte, als Protest gegen die Verwurstung der Kunst zum Marktartikel, ihre pragmatische Seite.) Selten freilich will Kunst direkt Aktion; sie vermittelt Erkenntnisse (vielleicht besser: Erfahrungen) als Voraussetzung für Handlungen. Allgemein ließe sich, glaube ich, sagen: Kunst (als eine Weise der Aneignung, Bewältigung der Welt) will und soll helfen, die Welt zu bewältigen. (Unter Bewältigung fiele hier auch: die Auflehnung gegen die Vergeblichkeit, etwa bei Kafka. Resignation freilich, Selbstaufgabe und zynischer Konformismus dürften kaum Kunst entstehen lassen, höchstens Kunstähnliches.)

2 Kunst und Verantwortung

Wer Kunst macht, insonderheit wer Literatur macht, bildet Meinung und Haltung zur Welt, und zwar, mag er sich so kühl geben wie er will, unter anderem mit suggestiven Mitteln. In der »neutralität« 3 findet sich eine redaktionelle Polemik gegen Meinungslenkung. Wahrscheinlich wird darunter verstanden die massenhafte Verbreitung der Realität nicht gerecht werdender Ansichten. Man müßte eine semantische Analyse machen und könnte sich dann einigen. Ohne aktiven Einfluß auf die öffentliche Meinung aber wird bei dem Ausmaß der Verbreitung von Unwissenheit und Denkfaulheit in der heutigen Welt nichts zu erreichen sein. Die massenhafte Verbreitung von Wahrheit ist nicht nur wünschenswert, sondern unumgänglich. Erst so können aus Meinungen Einsichten werden.

Auf die »Kraft der Wahrheit« zu vertrauen ist illusionär; es besteht nicht selten ein allgemeiner Widerwille gegen Wahrheiten. Brecht formulierte: es setzt sich nur soviel Vernunft durch, wie wir durchsetzen. Dazu ist unter anderem Autorität nötig. Gegen diesen Begriff, oder gegen das Wort, besteht verbreitet Abneigung. Der Vorgang der Mystifizierung ist einfach: Furcht vor autoritären Regimes überträgt sich auf Autorität überhaupt. Hier liegen zwei Fehler. Beispielsweise wird in der nach westlichen Vorstellungen autoritär regierten Sowjetunion, ja selbst im »autoritär« regierten Frankreich eine der Existenz der vietnamesischen Bevölkerung wie dem Fortexistieren der Menschheit bei weitem dienlichere Politik gemacht als in der »demokratisch« regierten Bundesrepublik: Es ist wohl zunächst zu fragen, für wen in wessen Interesse regiert wird. Und: Autorität muß überprüfbar und kritisierbar sein, aber es läßt sich vorläufig nicht ohne sie auskommen. Dem Kind muß gesagt werden, daß »man« keine Tiere quält, dem beinahe Verhungerten gilt es, ißt er zu hastig, die Speise zu entziehen, die Erdbevölkerung muß (oder müßte) öfter erinnert werden, daß die auf dem Planeten gelagerten Wasserstoffbomben durchaus für alle reichen – wir vergessen das zu gern.

Ich bin Kommunist, bin mit 17 Jahren in die Partei eingetreten, war 8 Jahre lang wegen ideologischer Differenzen ausgeschlossen und gehöre ihr jetzt wieder an. Wir, die wir uns dem Kommunismus verpflichtet fühlen, weil wir uns der Kunst verpflichtet fühlen, haben auch die Pflicht, uns Autorität zu erwerben. (Das setzt voraus, daß wir gute Kunst machen.) Kunst ist auch Selbstzweck: Gegenstand des Vergnügens, Vehikel der Selbstverwirklichung. Auch wirkt das gelungene Werk durch sich selbst: Es verweist Schlechtes, Mittelmäßiges, bemühte Vorstufen wie opportunistische Scharlatanerie in die Papiermühlen und macht es – auf die Dauer – gesellschaftlich unschädlich. Doch neben der Mühe um Kunst braucht es die Mühe um bessere Voraussetzungen für Kunst. Das heißt: Einsatz von Autorität, um die kulturpolitische Entwicklung zu beschleunigen.

3 Zur Situation in der DDR

Westliche Gesprächspartner pflegen oft seltsame Vorstellungen über unser Land. Wenige noch sehen die DDR als finstere Unterdrückungsmaschinerie. Journalisten kultivieren nicht selten ein Schubladendenken: Sie teilen die hiesigen Künstler in Parteibarden (die Unkunst produzieren) und Oppositionelle (die Kunst machen, und zwar »gesamtdeutsche«, das heißt für die Bundesrepublik zu reklamierende. Wird zufällig ein Künstler der ersten Gruppe »von oben« kritisiert, wandert er flugs ins zweite Fach, und aus seiner Unkunst wird über Nacht Kunst).

Es gibt andere Varianten; fast immer begegne ich einer erstaunlichen Unkenntnis der tatsächlichen Verhältnisse.

Gewiß: wir stecken mit einem Bein noch tief im Dogmatismus. Noch erscheinen die gesammelten. Gedichte von Paul Wiens nicht, weil der Autor sich mit Recht weigert, ein aus undurchsichtigen Gründen abgelehntes Gedicht herauszunehmen. Noch wird die Aufführung eines dokumentarischen Films über junge Erdölarbeiter verhindert, weil er »grau in grau« male, während im Vorjahr Kurt Barthels schwaches Erdölstück *Terra Incognita* den Nationalpreis erhielt. Noch werden kunstpolitische Entscheidungen am grünen Tisch getroffen oder lediglich mit Künstlern beraten, deren schöpferische Kraft nachgelassen hat und die daher an der Beibehaltung des status quo interessiert sind, und nicht selten trifft man bei mittleren und unteren Funktionären auf eine erschreckende Ignoranz.

Aber: Seit der Errichtung der Mauer ist Entscheidendes in Bewegung geraten. In Christa Wolfs *Der geteilte Himmel,* Erwin Strittmatters *Ole Bienkopp,* Hermann Kants *Die Aula,* Erik Neutschs *Die Spur der Steine* gingen Schriftsteller dem Leben hier wirklich auf den Grund, zeigen die Schwierigkeiten, die bis zum Absurden reichen, scheuen sich nicht darzustellen, wie Menschen an diesen Schwierigkeiten zugrundegehen. Dabei bleibt nichts resignativ; die Verfasser sind, als Marxisten, überzeugt von der Veränderbarkeit der Welt; die Praxis der DDR scheint zu beweisen, daß sie darin recht haben. Jedes dieser Bücher enthält ein gut Teil schärfster aktueller antidogmatischer Polemik (wenngleich man sie nicht darauf reduzieren kann); auch darauf beruhte ihr Erfolg. Über die Bücher Wolfs und Strittmatters gab es erbitterte Auseinandersetzungen, die bis in die Parteispitze reichten; verschiedene Zeitungen des Zentralkomitees der SED (d. h. die Zeitungen verschiedener Abteilungen) bezogen extrem gegensätzliche Standpunkte. Inzwischen sind diese Bücher fester Bestandteil unserer Literatur; Neutsch, Wolf und Strittmatter wurden in Auflagen um 200000 verkauft, Kant erscheint soeben, war aber in der Studentenzeitschrift FORUM bereits abgedruckt.

Auch in der Lyrik ist viel geschehen, Panegyrik und gereimte Leitartikel führen ein Schattendasein, selbst die Presse, die immer bemerkenswert schlechten Geschmack hatte, druckt derartiges kaum noch, hat sich dafür freilich der Idylle zugewandt. Die Dichter haben zum Gegenstand zurückgefunden und zur wirklichen Welt, es entstanden engagierte politische, Liebes- und Naturgedichte (soweit man das trennen kann) von beachtlicher Kraft. Die Namen von Georg Maurer (geb. 1907), Günter Kunert (1929), Karl Mickel (1935) und Volker Braun (1939) seien stellvertretend genannt. Es ist an Dichte gewonnen worden und an Ernst, die Zeit der oberflächlichen, der Scheinlösungen ist vorbei. Auch hier gehören Arbeiten zum sicheren Bestand unserer Literatur, die noch vor zwei Jahren heftigen Presseattacken ausgesetzt waren, weil sie angeblich die Wirklichkeit verzerrt widerspiegelten, düster und unverständlich seien u. a. m. Obwohl es nicht recht hierher passen will, muß erinnert werden, daß zum großen Unglück für unsere Literatur Johannes Bobrowski in diesem Sommer starb; seine Gedichte, vor allem seine Prosa gehören zum Besten, was in den letzten Jahren in deutscher Sprache geschrieben wurde.

Daß im deutschsprachigen Theater die Hauptstadt der DDR Berlin führend ist, dürfte bekannt sein; in den letzten Jahren hat sich zu Helene Weigels Berliner Ensemble, zu Felsensteins Komischer Oper das Deutsche Theater mit Benno Bessons Inszenierungen gesellt *(Der Frieden* nach Aristophanes von Hacks, Molières *Tartuffe,* Jewgeni Schwarz' *Der Drache).* In der Dramatik stehen höchst beachtliche Stücke vor der Aufführung: Peter Hacks' *Moritz Tassow* und Heiner Müllers *Der Bau,* beides in der Gegenwart spielende sozialistische Stücke, die den vor ein paar Jahren aus Ungarn und der ČSSR zu uns gekommenen kritisch-moralistischen Stücken (auch die waren damals ein Fortschritt) bei weitem überlegen sind. Müller wie Hacks waren vor Jahren wegen ihrer Stücke *Die Umsiedlerin* und *Die Sorgen und die Macht* heftigst kritisiert worden, dann war es längere Zeit still um sie – jetzt bestimmen sie das Gesicht unserer Dramatik.

Ich könnte die Aufzählung fortsetzen, über den Umbruch in der Bildenden Kunst sprechen oder über personelle Veränderungen in der Akademie der Künste – überall ist Bewegung, werden klischierte dogmatische Vorstellungen vom sozialistischen Realismus zerstört, ist Tiefe der Weltsicht und ästhetische Qualität im Vormarsch. In dieser, oft zähen, Auseinandersetzung stehen wir jeden Tag – mit dem, was wir an Kunst machen, aber auch mit unserer Stimme.

Dabei muß gesagt werden: Alles was noch zu tun ist (Entbürokratisierung der Kunstpolitik, Durchsetzung künstlerischer Kriterien, Abbau von Tabus etc.), richtet sich nicht gegen die Partei und kann ohne sie nicht durchgesetzt werden. Das ist für mich und meine Freunde keine Frage der Taktik. Überwunden werden muß freilich die schädliche Identifikation von Partei und Parteiapparat, die auf eine Verselbständigung des Apparats hinausläuft. Es ist ja eine Mystifikation anzunehmen, irgend jemand werde durch seine Anstellung beim Zentralkomitee so etwas wie die Stimme der Partei. Der kommunistische Künstler ist nicht weniger Teil der Partei als der Berufsfunktionär; unterscheiden können sie sich nur nach dem Grad ihrer Fähigkeiten, ihres Könnens, ihrer Einsicht. Wirklich marxistische Kulturpolitik muß kollektiv erarbeitet werden, das heißt: unter maßgeblicher Hinzuziehung der Künstler. (Dabei gibt es prozentual sicher ebensoviele Künstler, die nichts von Politik wissen, wie Funktionäre, die nichts von Kunst verstehen; es erschreckt einen doch immer wieder, wenn man außer Bauchmalern auch Leute trifft, die aus dem Bauch dichten.) Dann wird auch die seltsame Formulierung sinnleer, »die Partei« habe »den Künstlern« geholfen; wenn man schon bei diesen Abstrakta bleiben will, ist der Satz auch umgekehrt richtig. Es geht auch nicht um die Forderung nach Anarchie, Entscheidungen müssen immer getroffen werden: was publiziert wird, oder welche Gedichte in die Schulbücher aufgenommen werden. Auch wird es immer und überall schlechte und mittelmäßige Kunst geben; in der Bundesrepublik sind mindestens ebensoviele abstrakte Schinken gemalt und preisgekrönt worden wie bei uns Schinken des »sozialistischen Realismus«. Es geht darum, das Gute oder wenigstens Bessere dem Schlechten als Beispiel wirksam entgegenzusetzen. Wirksam heißt: mit kräftiger Unterstützung der Kommunikationsmittel, die ja von Mitgliedern der Partei geleitet werden. Es geht nicht um die Unterwanderung des Marxismus mit Hilfe von List oder Taktik, sondern um seine Durchsetzung.

Ich sagte, die erwähnten Veränderungen seien nach dem Bau der Mauer vor sich gegangen. Auf die Gefahr, westliche Leser tief zu erschrecken, muß ich aussprechen, daß meine Freunde und ich für die Mauer sind. Nicht, daß wir sie angenehm finden; wer reiste nicht gern zum Bodensee oder nach Italien. Aber in der Politik geht es nicht um Wunschträume, sondern um Realitäten. Die Spaltung Deutschlands ist eine höchst widerliche Realität; die Spaltung Berlins war Realität seit der Währungsreform. Die Mauer hat diese Spaltung nicht geschaffen, sondern deutlich gemacht. Uns mißgesonnene Zeitungen haben mit der Mauer ein wirksames Mittel für Scharfmacherei und Tränendrüsenpropaganda; wir haben Ruhe im Land und die Möglichkeit, unsere Wirtschaft kontinuierlich zu sanieren und aufzubauen. (Eine instabile DDR wäre zudem eine latente Kriegsgefahr in Europa; sie würde die westdeutsche Regierung geradezu einladen, ihre Konzeption der »Wiedervereinigung in Freiheit«, das heißt die Einverleibung der DDR, mit gefährlichen Mitteln durchzusetzen.) Je fester aber unsere Wirtschaft, desto »großzügiger«, will sagen sachlicher, unsere Kunstpolitik. Der Pflicht, bei dieser Versachlichung nach Kräften mitzuwirken, dürfen und wollen wir uns nicht entziehen.

4 Kunst und Wirklichkeit

Natürlich besteht unsere eigentliche Arbeit darin, Kunst zu machen. Es ging hier nur um den Raum, in dem Kunst entsteht und wirksam wird, von dem man nicht abstrahieren kann. Das bedeutet nicht, sich den umrissenen Komplex kunstpolitischer und politischer Überlegungen etwa bei der Arbeit stets gegenwärtig zu halten oder gar das Kunstwerk danach zu trimmen. Am Kunstprodukt zeigt sich vielmehr, was an Welt, an An- und Einsichten über die Welt wirklich angeeignet und nicht nur äußerlich bewußt gehalten wird. Und hier fangen ganz andere Probleme an.

Wer Kunst macht, setzt Welt aus sich heraus. Er schafft damit eine neue Realität, die mit der realen Welt in gewissen (wesentlichen) Punkten korrespondiert, sie bedeutet und deutet, indem sie sie, nach einer Formulierung Ernst Blochs, bis zur Kenntlichkeit verändert*.

Ich teile nicht die verbreitete Befürchtung, es würde eines Tages Kunst produzierende Maschinen geben. Zweifellos vermögen diese »Scheibenlyrik«, »grafische Lyrik« und ähnliche vom unbeschwerten Spieltrieb ihrer Verfasser zeugende Gebilde hervorzubringen. Kunst hat einen technischen Aspekt, von dem her manches nachbildbar ist. Vor allem aber gibt oder intendiert Kunst die Totalität des Menschen in seinem Bezug zur Welt. Um Kunst zu machen, müßte eine Maschine sehen, riechen, schmecken können – wobei »schmecken« eine Menge mehr beinhaltet als »Geschmackstoffe analysieren« – sie müßte lieben und sich vorm Tod ängstigen können, also ein – wenn auch künstlicher – Mensch sein, ein gesellschaftliches Wesen, das sich in ständiger Auseinandersetzung mit seiner Umwelt befindet, Hoffnungen und Träume hat usf.

Dazu bedarf es ästhetisch-philosophischer Ordnungsprinzipien, die freilich – bei wirklicher Kunst – im Prozeß der Schöpfung ständig modifiziert werden. Dazu bedarf es zweitens, trivial zu sagen, des Materials: der Welt. Sie kommt zu uns auch durch andere; nicht nur aus ästhetischen Gründen tut es not, die Kunst aller Nationen und Richtungen einschließlich ihrer neuesten Entwicklung zu verfolgen.

Der Kern des Kunstwerks aber resultiert aus Erleben und Erfahrung. Kunst will intensive Totalität, sie interpretiert – als sozialistische Kunst – Welt mit der Intention auf Weltveränderung. Dazu reichen weder guter Wille noch Talent. Wir brauchen Kenntnisse, die immer wieder neu an der Realität zu prüfen sind. In der DDR gehen große Veränderungen vor; gleichzeitig entwickelt die Gesellschaft ein oft bestürzendes Beharrungsvermögen. Hier haben wir zu fragen und zu erfahren; wir haben die Pflicht zur unbequemen Neugier. Wir müssen wissen, wie es in den Betrieben, in den Landwirtschaftlichen Produktionsgenossenschaften, in den Schulen, in den Parteibüros zugeht. Wir haben kein Recht, uns snobistisch gleichgültig zu verhalten zu den Prozessen der technischen Revolution, und es wäre gut, etwas von politischer Ökonomie zu wissen. Der Kerngedanke der Bitterfelder Konferenz, die die DDR-Künstler aufforderte, sich »enger mit dem Leben zu verbinden« (und die teilweise groteske Folgen hatte; so stellten Industriebetriebe Schriftsteller als Kulturfunktionäre ein, verlangten die Schaffung von Romanen über die Post oder die Miederwarenindustrie und bewahrten unproduktiv gewordene Schriftsteller jahrelang davor, ihren künstlerischen Ruin zu bemerken) war, auf in der Kunst meist ausgesparte, in der Gesellschaft jedoch höchst wichtige Bereiche hinzuweisen, nicht, damit diese unbedingt abgeschildert würden, sondern damit sie zunächst das Erfahrungsreservoir des Künstlers substantiell anreichern.

Denn wir dürfen und wollen nicht aussparen – nicht die Welt der Arbeit, zu der wir als Intellektuelle oft schwer Zugang haben, noch die »existenziellen« Belange des Einzelnen. Gewiß, mit Liebe, Krankheit, Tod, mit den Einschlägen des Absurden muß jeder allein fertig werden; doch kann ihm die Gesellschaft, auch die Kunst, beistehen. Das setzt voraus, daß sie diese Fragen nicht zudeckt, sondern sich ihnen in engagierter Weise stellt.

Wir nennen unser Engagement: Parteilichkeit. In dümmlicher Rhetorik wird diese oft der Wahrheit entgegengestellt. Parteilichkeit ohne Wahrheit ist sinnlos, da niemand in Unkenntnis des wirklichen Sachverhalts zweckmäßig handeln kann. Wer aus »Parteilichkeit« lügt, desorientiert die Gesellschaft; er verdient nicht, Kommunist genannt zu werden. Parteilichkeit heißt nicht Apologie (wird freilich auch hierzulande nicht selten damit verwechselt), sondern wertet im Hinblick auf Veränderung. Man nennt uns Konformisten. Wir sind es, indem wir für die Erhaltung und Festigung des sozialistischen Staats, für die Leitung durch die Partei eintreten. Im übrigen sind wir engagiert für die ständige Aufhebung der noch reichlich unwirtlichen gegenwärtigen Zustände.

Der Sozialismus ist eine Möglichkeit. Als einzige Gesellschaftsordnung ist er offen für die Entwicklung auf eine dem Menschen erstmals erträgliche Welt. Wie überall, geht auch bei uns der Fortschritt langsam. Die Möglichkeiten müssen mühsam und schrittweise verwirklicht werden. Dabei sind Rückschläge zu erwarten: durch bürokratische Dogmatiker, die ihre Hände noch überall haben, durch andere, die sich aus Zorn über die Bürokratie in die Idylle verkrochen und dort Blümchen, problemlose Landschaften und Modemädchen malen. Die Richtung des Aufbruchs aber wird beibehalten werden.

1965

***

Rezension*

neutralität. kritische schweizer zeitschrift für politik and kultur. Redaktion und Expedition: Paul Ignaz Vogel, Basel, Steinbühlallee 189. Jahresabonnement (6 Hefte) Fr. 8.–. Einzelheft Fr. 2.50.
Es ist schon wahr: in gewisser Hinsicht kann man die Zeitschrift neutral nennen. Da schreibt zum Beispiel der Schweizer Walter Matthias Diggelmann *gegen* die Autorität der Parteien und Behörden. Und Rainer Kirsch aus Halle tut genau das Gegenteil – so scheint es. Denn er *befürwortet* ja die Autorität der Partei und der Staatsleitung. Freilich, wenn man etwas sorgfältiger zusieht, so merkt man: Diggelmann wendet sich gegen *demokratische* Einrichtungen, und Kirsch verteidigt *kommunistische* Einrichtungen. Im Grunde aber läuft beides ja auf dasselbe hinaus. Und mit der Neutralität des Blättchens steht es also übel.
Der Schreibende weigert sich, eine Zeitschrift, die bewußt und dauernd unter falscher Flagge segelt, weiterhin anzuzeigen. *Dr. phil. P. Kauz*

* *Aus: Volksstimme, St. Gallen, 19/1/66*

Brief an Arbeitsgemeinschaft Literatur des Gymnasiums Butzbach

Lieber Walter Engel, lieber Herr Müller,
                                          ich bedanke mich
für Ihre Briefe vom September, die liegengeblieben sind,
weil mir die Arbeit keine Zeit läßt; da aber dieser Zustand
mindestens bis Sommer nächsten Jahres dauern wird, will
ich Ihnen doch schreiben, wenn auch nicht antworten.
Denn für Ihre kleinen schlauen Fragen brauchte ich wenigstens eine Woche, die ich nicht habe. Hätte ich sie,
bliebe sicher – weil zu viel an realem Kontext fehlt – mehr
als wünschenswert offen. Nehmen Sie also mit folgendem
vorlieb.

Da ich aus philosophischer und politischer Überzeugung
Kommunist bin, meine ich, der Schriftsteller sollte sich in
der Gesellschaft, in der er lebt, engagieren – für die Befreiung des Menschen zu einem ihm gemäßen Zustand, d. h.
dafür, den wissenschaftlichen Kommunismus schrittweise
in Praxis zu setzen. Das geht freilich langsamer, als wir
früher hofften und heute wünschen.

Engagieren, scheint mir, sollte sich der Schriftsteller vor
allem in und mit seiner Kunst.

Die Wahl anderer – etwa publizistischer – Möglichkeiten
scheint mir davon abzuhängen, welch unmittelbarer Effekt
erreichbar ist, d. i. auch davon, welche Publikationsmittel
dem Schriftsteller jeweils offen stehen, welches Forum
ihm zuhört usf.

Prinzipiell halte ich es für gut, wenn der Schriftsteller
gelegentlich publizistisch auftritt, und würde das selbst
gern öfter tun, als ich kann.

Für ganz falsch halte ich indes die Meinung, der Schriftsteller, als auf der Höhe gesellschaftlichen Bewußtseins stehender Mensch, solle die Kunst lassen und Politiker werden. Kunst hat nicht nur pädagogische, sondern auch chronistische Funktion, jedenfalls realisiert sich die eine zu großen Teilen durch die andere; das Pädagogische ist zudem nicht auf aktuell-politisches »Eingreifen« zu reduzieren – Kunst geht auf Dauer, auch ihre aufklärerische Intention, zu der ich mich durchaus bekenne, zielt auf Tiefe, und die Veränderungen, die sie bewirken kann, sind unmerklich und keine Saulus-Paulus-Effekte. (Überhaupt ist mir Paulus, als politische Figur und Modell, tief verdächtig, ja widerlich.) Die wenigen wirklichen Schriftsteller, die es in einem Land gibt, haben, glaube ich, nicht das Recht, sich in aktuelle Politik zu flüchten – es ist niemand sonst da, der ihre für die Gesellschaft lebensnotwendige Arbeit machen kann, und wenn sie sich, unter welch gutgemeinten Vorspiegelungen immer, dieser Arbeit entziehen, füllen Mittelmäßige, also Unkunst, also Halb- und Unvernunft, die Lücke aus.

Wie frei ich mich fühle? Wer ist schon frei. Man trifft eine Wahl und geht – ist die Wahl nicht von Zufall oder äußerem Zwang bestimmt – damit eine Bindung ein. Ich habe die Möglichkeit, gesellschaftlich sinnvolle und in mir wünschenswert scheinendem Sinn benutzbare Arbeit zu machen, die mir dauernd Äußerstes abverlangt (ich lerne, bis jetzt wenigstens, dazu) – wie viele haben schon dieses bißchen Freiheit! (Die Erträgnisse meiner Arbeit ernähren mich ausreichend, wenngleich ich, wären sie größer, mehr Freiheit hätte. Beispielsweise könnte ich dann öfter Gedichte schreiben.) Manches von dem, was ich schreibe, wird erst nach längerer Zeit gedruckt, manches erregt, ist es gedruckt, Widerspruch und Ärger. Das alles ist, betrachtet man es historisch, mehr oder weniger normal. Der Schriftsteller hat, glaube ich, unerbittlich realistisch in seinen Zeitläuften zu leben und sie zu beschreiben; das heißt nicht, irgendwelche Ideale aufzugeben oder sie niedriger zu hängen; doch sollte er, findet er diese Ideale in der Wirklichkeit noch nicht oder kaum vor, nicht in Weinen oder Verzweiflung ausbrechen – er hat, meine ich, relativ unbeirrt und dickköpfig an der Verbreitung, möglicherweise Einführung dieser Ideale zu arbeiten.

Von mir ist in der Bundesrepublik fast nichts gedruckt; in der DDR-Anthologie *Nachrichten aus Deutschland* (Rowohlt 1967) finden Sie mein Gedicht *Auszog das Fürchten zu lernen,* das ich Ihnen also empfehle. Etwas »aus meiner Feder« schicke ich demnächst an Sie.

Dieser Brief ist für Ihre Arbeitsgemeinschaft bestimmt, nicht zur Veröffentlichung.

Mit herzlichen Grüßen an Sie und Ihren Zirkel, Ihr
　　　　　　　　　　　　　　　　　　　Rainer Kirsch

November 1971

Wertschätzung der Umfelder

Zum Begriff des Nationalen

Die Frage, ob und wie Einer in dem Land, in dem er lebt, sich wohlbefinde, läßt sich entweder bündig mit Ja oder Nein beantworten und ist dann so wichtig wie die, ob ich meinen Morgentee gern mit Zucker trinke; als Problem verstanden verlangt sie zu bestimmen, auf welche Weise staatsbürgerliches, nationales und weltbürgerliches Denken/Empfinden verknüpft sind. Geeignet dafür scheint der verhaltenstheoretische Begriff der Heimvalenz. *Heimvalenz* bedeutet, daß höhere Tiere das von ihnen eingenommene und verteidigte Revier mit positiven Emotionen besetzen, weil im beherrschten = vertrauten Bereich alles Verhalten ungestörter abläuft, d. h. der Energieaufwand minimiert ist; die freigesetzten Kräfte erlauben dann Annäherung an eine Zielgröße, die *artgemäßes Leben,* für den Menschen Selbstverwirklichung des Individuums in der Gesellschaft hieße. Doch ist »Gesellschaft« ein Großraum, innerhalb dessen ein und derselbe Mensch verschiedenste Bereiche als Revier ansieht; aufzufinden wäre so eine Ordnung der Heimvalenzen, d. h. deren Verflochtenheit und Hierarchie. Historisch lassen sich aus der ererbten Gefühlsbesetzung des Reviers für den Menschen zwei Grundwerte ableiten, deren Nicht-Einlösung als Not erlebt wird: *Heimat* und *Liebe;* der Liebespartner wäre dabei das artgleiche Wesen mit der größten Heimvalenz. *Heimat* kann zunächst bestimmt werden als besiedeltes geographisches Gebiet, in dessen Mitte ich mich sehe; die Schwierigkeiten fangen an, wenn wir festlegen wollen, wie weit das Gebiet reicht. Das nämlich hängt ab vom Erfahren einer, wie immer nahen, Fremde; jemand, der nie aus seinem Dorf herausgekommen ist, würde höchstens einen Teil davon Heimat nennen. Heimat wird so gleichsam erlebt in konzentrischen Kreisen, die wachsen, in je tieferer Fremde ich bin; Dorf/Stadt, Landstrich, Provinz, Nation, Sprachgebiet, Kulturkreis, Erdteil sind denkbare Ausdehnungsklassen. (Ich habe, aus Mittelasien kommend, einmal einen Gang durch Moskau in eigenartiger Euphorie als *Rückkehr nach Europa* empfunden, obwohl ich des Russischen nicht mächtig war.) Auch die gesamte bewohnte Erdoberfläche könnte, etwa für Teilnehmer einer interplanetaren Expedition, Heimat bedeuten. Doch dürfte *Nation* für unsere Überlegungen die wichtige Größenklasse sein, weil sie eine mittlere Mobilität voraussetzt (nur wenige bleiben heute zeitlebens an ihrem Geburtsort, niemand ist bisher zu anderen Planeten geflogen) und damit die meisten Menschen betrifft. Unter *Nation* verstehen wir eine im Verhältnis zur Erdbevölkerung große Menschengruppe gleicher Sprache, die ein zusammenhängendes Territorium bewohnt, untereinander relativ frei verkehrt und austauscht und über einen Fundus gemeinsamer Traditionen (Kultur) verfügt, aus denen signifikante Verhaltensbesonderheiten folgen; letztere nennt man gewöhnlich Nationalcharakter. (Aussagen über Gruppeneigenschaften wie den Nationalcharakter betreffen die Streudichte, d. h. meinen Wahrscheinlichkeiten des Auftretens. Wen der Ansatz stört, möge bedenken, daß Wahrscheinlichkeitslehre Lösungen anbietet für Aufgaben der Art, wie viele von zehntausend Menschen, die im Regen von A nach B laufen müssen, noch trockener Haut ankommen, wenn man die Stärke des Regens, die Beschaffenheit der Wege und Gruppenparameter wie Hierarchie, Altersschichtung, Ernährungszustand und Verbreitung von Regenschirmen kennt. Falls etwa *Fleiß, technisches Genie, Sentiment, Humorlosigkeit, Hang zu Subalternität* und *Mißachtung des Kulinarischen* zum deutschen Nationalcharakter gehören, hieße das nicht, daß es keine faulen, ungeschickten, sachlichen, souveränen oder genußkundigen Deutschen gäbe, sondern daß die erstgenannten Eigenschaften unter Deutschen ausmachbar häufiger gekoppelt vorkommen als bei Russen oder Engländern.) Die crux bei der Wirkung von Heimvalenzen ist nun, daß der positiven Gefühlsbesetzung des Reviers eine gleichstarke Abweisung des Fremden entspricht. Das ist unproblematisch, solange das Lebewesen nur ein Revier hat und die Welt sozusagen in Revier und Nicht-Revier zerfällt. Auch mehrere Klein-Reviere, die einander nicht berühren, sind denkbar. Bestehen aber verschachtelte Reviere verschiedener Wertigkeit, muß bei Übergang zum nächstäußeren, das die niedrigere Heimvalenz hätte, jeweils eine Repulsionskraft überwunden werden; die notwendige Energie liefern Triebe wie Hunger, Sexualität oder Neugier, die als angeborener Drang zur Revierausweitung aufgefaßt werden kann. Beim Menschen kommt hinzu, daß ein Teil der Instinkte, die das Überleben tierischer Arten sichern – etwa die Tötungshemmung bei Statuskämpfen – fortgefallen oder durch Moralnormen ersetzt ist, die im Namen höherer Werte (die meist Klasseninteressen ausdrücken) bis ins Artfeindliche »gedreht« werden können; da es den Begriff *Menschheit* erst wenige Generationen gibt, konnte etwas wie Artbewußtsein kaum verbreitet, geschweige genetisch fixiert werden. Zwischen den Heimvalenzen von Gruppe und Art besteht so ein extremes Ungleichgewicht: während für das Leben in der Kleingruppe (Horde) Regulierungsmechanismen über Jahrhunderttausende ausgelesen und als Reaktionsbereitschaften vererbt wurden, kann Artbewußtsein nur aus Reflexion und Erziehung erworben werden, ohne daß Unterbewußtes zu Hilfe käme. Daß beim gegenwärtigen Weltzustand menschheitsbezogenes Denken/Empfinden dringend wünschbar wäre, ist offensichtlich; ebenso offensichtlich reicht Aufklärung allein nicht, es zu befördern. Möglich scheint der Weg über die Heimvalenz des Nationalen. Wie angedeutet setzt Heimvalenz zunächst voraus geringeren Energieaufwand für tägliche Lebensäußerungen; dies ist, im Raum der Nation, grob gewährleistet durch gemeinsame Sprache (nuancierte Mitteilbarkeit von Absichten), ferner durch Traditionsfundus und Verhaltenseigenarten, die des Anderen Reaktion in Grenzen vorauszuberechnen erlauben. (Daß auch Menschen einer Sprache gelegentlich miteinander nicht kommunizieren können, ist insofern kein Einwand, als wir hier nach statistischen Mittelwerten fragen. Es mag vorkommen, daß ein Deutscher in Italien, obwohl er nur radebrecht, plötzlich Geborgenheit und »Heimat« findet, weil in der Gruppe, an die er gerät, sich alles von selbst versteht; der gleiche Paradies-Effekt ist schon für tausend, geschweige für Millionen Fremdgäste nicht denkbar.) Zugleich ist die Nation genügend groß, um, über Austausch und Verkehr, die Notwendigkeit eines wie immer mühsamen Interessenausgleichs zwischen wirtschaftlichen, regionalen, weltanschaulichen, beruflichen Gruppen praktisch einsehbar zu machen; die Zentralmacht, die diesen Ausgleich bewerkstelligen soll, heißt Staat; zwecks Konfliktminimierung sind ihre Grenzen oft die des nationalen Siedlungsgebiets. Der Staat ist so – auch wo er regionalen Gruppen erst hilft, zur Nation zusammenzuwachsen – seiner Bestimmung nach ein Dienstleistungsbetrieb, der unumgängliche Interessenkämpfe in Regeln und Grenzen halten soll; das gilt auch, wenn wir *Staat* als Machtapparat herrschender Klassen definieren. (Herrschende brauchen einen modus vivendi mit den Beherrschten, denen sie ja das Mehrprodukt wegnehmen wollen, Ausgebeutete brauchen ihre Ausbeuter, solange die über die Produktionsmittel verfügen.) Einem Staat kann demnach Heimvalenz so wenig zukommen, wie es sinnvoll ist, eine Schuhfabrik zu lieben; allerdings neigen Staaten dazu, sich zu verselbständigen und durch allerlei magisches Zeremoniell – Spruchzauber, Fahnen, Ikonen, Marschmusik – Heimvalenz gleichsam heranzubeschwören; die Versuche scheitern, überblicken wir Geschichte, regelmäßig. Nationen überleben Staaten unterschiedlichster Art, die zwar Spuren hinterlassen, die nationalen Gruppenmerkmale aber kaum ändern, viel weniger zerstören. Ist nun die Nation derart dauerhaft, macht Kompromisse des Zusammenlebens für Individuen verschiedenster Gruppen praktisch einsehbar und – über eine wenigstens mittlere Heimvalenz – leichter, kann sie ein Menschheitsmodell im Kleinen sein: aus der

Großgemeinschaft Nation kann aufs Weltbürgerliche zwingender geschlossen werden als aus Kleingruppe und Region, und daß eine Nation auf Dauer nur gedeihen kann bei Wohlfahrt aller anderen, läßt sich einfacher begreifen, wenn das friedliche Austragen von Gruppenkonflikten im Raum der Nation schon geübt ist. Nun wird man einwenden, die Grundprobleme menschlichen Fortexistierens heute seien sozialer Natur und keines sei dadurch, daß es Nationen gibt, bisher gelöst worden; das ist schwer zu bestreiten. (Auch was wir als *Heimat* erleben, ist ja im besten Fall Vorschein eines Erfüllungsideals, auf das der Begriff zielt.) Nur wird Artbewußtsein, das jene Probleme so dringend fordern, anders als über die Heimvalenz des Nationalen nicht zu erreichen sein; der sogenannte Nationalismus, den die wieder marschierende Rechte als Schlagwort benutzt und der auf unreflektiertes Revierempfinden baut, ist gewiß antinational; einleuchtend machen läßt sich das nur, wenn auch wir die Nation als Rahmen-Raum für Versuche artgemäßen Lebens annehmen. Die Weltgemeinschaft freier Individuen, die wir erträumen, wäre dann vorzustellen als assoziiertes Nationen-Ensemble, innerhalb dessen auf die eigentlich artrelevante Frage: was, angesichts des Todes, die beste Art zu leben sei? Antworten gesucht und ausgetauscht werden könnten, solange der Planet hält. Kurz, die Nation löst nichts, aber ohne sie geht nichts zu lösen; was bedeutet das für Deutsche heute? An der staatlichen Überdachung der deutschen Nation besteht bei der gegenwärtigen Welt-Machtverteilung kein Interesse, so daß auch wir sie nicht wollen können. Doch heißt das nicht, wir sollten oder dürften nationales Denken/Empfinden wegwerfen; als Staatsbürger bleiben wir der Nation verpflichtet, um sie, schreibend oder sonstwie handelnd, für mögliche bessere Zeiten mit allem auszurüsten, was sie als Teil einer künftigen Weltgemeinschaft braucht.

November 1978

Dank für den Weiskopf-Preis

Liebe Damen, meine Herren,
    Dichter, wie auskömmlich oder nicht sie gerade leben mögen, sind bekanntlich Individuen, die der Gesellschaft einen Vorschuß geben, den einzuklagen sie keine Mittel besitzen; Mit- und Nachwelt finden sich so in der Lage von Kreditnehmern, die aller und vornehmlich neuerer Erfahrung nach selten bequem ist. Ich weiß nicht, inwieweit die hier Anwesenden mit mir übereingehen, daß auch in der Gesellschaft Evolutionsmechanismen am Wirken sind; das meint, daß im Lauf der Geschichte unter allen möglichen Gewohnheiten des Miteinander-Umgehens zunächst weniger schädliche, dann wertneutrale, dann gruppennützliche, dann regional und global mehr-nützlich-als schädliche und endlich artgemäße, d. h. der Menschheit als Ganzem förderliche ausgelesen werden, letzterwähnte Gewohnheiten nennen wir edle. Daß die Gesellschaft nicht, wie unter Hochverschuldeten üblich, kurzerhand sich zahlungsunfähig erklärt, sondern in einer so andeutungsweisen wie symbolischen Handlung Dichtern gelegentlich Preise verleiht, rechnet zweifellos zu den edlen Gewohnheiten, und ist ein Akt ausgleichender Gerechtigkeit. Akte, die Akte genannt zu werden verdienen, sind, man weiß es, selten; Ausgleiche sind hochzuschätzende Vorgänge und noch viel seltener; Gerechtigkeit ist dermaßen vieldimensional selten, daß wir sie, recht betrachtet, nur als Ideal uns vorzustellen vermögen. Ein Akt ausgleichender Gerechtigkeit, mithin, ist ein Ereignis so hoher Ordnung, d. h. statistisch derart unwahrscheinlich, daß wir ihn als schlechthin existenzunfähig anzusehen geneigt sind. In der Tat: hätte ich den Preis nicht eben bekommen, ich würde nicht glauben können, daß ich ihn habe. Ich danke den Kollegen der Sektion Sprache und Dichtkunst, die den Preis mir zuzusprechen den Gedanken hatten; ich danke allen, die den Gedanken nicht wegver-

ordnet, sondern in Kraft haben bleiben lassen; ich danke meinen Verlegern und Lektoren, ohne deren geneigten Spürsinn ich nicht hier stünde; ich danke Hubert Witt, dem so Freundliches über mich eingefallen ist.

Juni 1983

Fünf Notizen

Daß sie sich Dichter hält, hat die Gesellschaft unter anderem damit zu bezahlen, daß jene in ihren besten Produktionen der Gesellschaft Unbehagliches äußern, was meist als mangelnde Dankbarkeit angesehen wird – zu Unrecht, bedenkt man, daß ja sie in den Stand gesetzt sind, über die Welt nachzudenken, wozu den meisten anderen Zeit und Bildung fehlen; die Dichter erfüllen also nur ihr Amt. Wirken sie damit zersetzend, so im Interesse der Menschheit, das mit dem der Gesellschaft nicht zusammenfallen muß. Die verbreitete Ansicht, Dichter würden aus Gnade miternährt, ist nicht allgemein eine von Ausbeutern (die Kunst verdankt der Ausbeutung viel, und menschliche Verwirklichung ist lange nur ausbeutend möglich, Brechts Kritik gegen Don Juan hier zurückzuweisen), sondern die Ansicht dummer Ausbeuter, die freilich häufig sind.

In eigenartigem Repräsentationsbedürfnis – sie wollen Macht ausüben und gleichzeitig durch die Dichtung in die Ewigkeit transportiert werden – verlangen herrschende Gruppen immer wieder, der Dichter solle dichten und gleichzeitig sein Amt – unerbittliche Abschilderung der Welt und ihres Zustands, bezogen auf die Möglichkeiten des Menschen – vergessen, d. i. Apologie liefern; doch ist seine Alternative nur: Aufgabe der Dichtung, oder Erfüllung ihrer Aufgabe. Das scheint für Mächtige schwer einzusehen. Wenige nur fühlen sich ihrer Macht sicher oder beginnen, da diese verfällt, anderes wichtiger zu nehmen. Gestürzte Könige werden bei Shakespeare oft weise, sie können es sich dann leisten.

*

Bei einer Anzahl neuerer Romane wird die Realität gleichsam durch ein Sieb gegossen, das sie zur Fabel ordnet (Konstruktion im schlechten Sinn). Statt daß die Gesamtheit des mitgeteilten Materials außer dem Selbstwert Gestimmtheit hervorbringt, produziert bei diesen Romanen gewissermaßen die Gestimmtheit Fakten, die sich aufs schlauste zu einer erbaulichen Fabel ordnen; dies bei eigenartig perfekter Schreibweise. Das eigentlich Perfekte daran ist die Selbstzensur, die fehlerfrei arbeitet und einen Stil herstellt, der beim Hinsehn als ein Ensemble von Tricks sich erweist, das auch bei halber Bewußtseinstrübung Produktion gestattet.

Januar 1973

*

Kriterium der Schnulze – sie erfüllt die Gesamtmenge der Hörerwartungen in Mikro-, Grob- und Makrostruktur: das reine verarmte Klischee. Kitsch und Kunstgewerbe bleiben im Erwartungsraum, arbeiten aber im Grobbau gelegentlich gegen das Klischee, nicht indem sie auf Realität zurückkommen oder Weltentwürfe skizzieren, sondern indem das Klischee gewendet wird wie ein Handschuh.

*

Nach Racine ist der Großherrscher vom Standpunkt des Wahrheitskalküls dadurch definiert, daß er, sobald man ihn anlügt, alles glaubt, während er nichts glaubt, wenn ihm jemand die Wahrheit sagt.

1977

*

Goethes anscheinende Billigung der Welt »wie sie nun einmal ist«, die ihm vorzuwerfen als linker Gesinnungsfortschritt gilt, kommt, liest man genauer, aus einer inneren Reserve, gepanzerten Verletzlichkeit und eigentlichen

Mißbilligung, der die Maßgabe innewohnt, der Welt schöne Augenblicke zu entreißen oder doch, wenigstens, die Möglichkeit solchen Entreißens kunstmachend lebendig vorzuführen. Das Entreißen selber, meint Goethe, mißtrauisch gegen allen demokratischen Kollektivismus, sei Sache des Einzelnen: dieser nehme damit den Nachbarn nichts weg, sondern mache sie, indem er zeigt, daß es überhaupt geht, reicher. Unaufgeregt radikal, findet der Klassiker den Grund der Mißbilligung nicht allein in den krankmachenden und/oder blutigen Üblichkeiten unseres Zusammenlebens, die ja vielleicht abzuschaffen gingen, sondern in der Natur des Menschen, über der das Humane nur als dünne Kruste liegt; Dialektik, vielenorts zu einer Fertigkeit verkommen, Widersprüche aus der Welt zu reden, war bei Goethe noch ernst und tat weh. Erst wenn einer Widersprüche als die Mahlsteine anzusehen sich traut, die sie sind, kann er sie auszuhalten anfangen, erst aus solchem Aushalten wäre, schrittweise, Bewegung möglich, Wünschen mehr als Spazieren in Luftgeisterreichen. Caliban an die Weltregierung ist eine Idee von Leuten, die, aus einfacher Trägheit, plötzlich aufhören zu denken, daß Pol Pot Saint Justs später Erbe war, und nicht der letzte sein muß.

Februar 1983

Laudatio auf Werner Creutziger

Meine Damen, meine Herren,

ich habe Lobendes über Creutziger zu sagen, ich sage, Creutziger ist ein rechthaberischer Mensch. Auf einem Symposium etwa, das heute trotz des in den Pausen verabreichten Essens so heißt, weil es dem mündlichen Ausrausch von Kurzreferaten dient, hebt er, tritt nur eine Sekunde Schweigen ein, den Finger, geht zum Pult, gibt, besorgter Miene und heftig die Arme schwenkend, zu bedenken, setzt sich; und kaum hat der nächste Beiträger zu Ende gelesen, schnellt sein, Creutzigers, Finger wieder nach oben, stakt Creutziger nach vorn, malt Möbiussche Schleifen in die Luft und fragt: »Ist es nicht aber so« oder »Wenn wir entgegen neuerem verkommenen Sprachgebrauch als wahr setzen« oder »Mein Herr Vorredner hat merkwürdigerweise«; all das mehrfach am Tag und ohne den Anflug eines Lächelns. So jedenfalls bin ich von einem Gewährsmann berichtet, dem ich unbesehen glaube, warum? Weil Creutziger innerhalb hiesiger literarischer Zeitschriften-Debatten ähnlich verfährt; wenn diese Debatten, wie gewöhnlich, gerade nicht stattfinden, bestreitet er sie kurzerhand selber. Das Armefuchteln entfällt dann, und er nutzt die gesparte Energie zum allumfassenden, gemächlichen und lustvollen Hinmetzeln einer These oder Verhaltensunart; kaum scheint die nämlich erledigt, läßt er sie, wie in der Oper, wieder aufleben, um sie aus allen denkbaren Himmelsrichtungen einschließlich der vierten Dimension abermals anzuschlitzen, bis der Balg endlich, aufs Wesen gebracht, in voller Häßlichkeit entseelt vorm Leser liegt. Wer je den ehrenvollen F.-C.-Weiskopf-Preis der Akademie hatte, lernt ja bald, daß dieser nicht nur entgangene Honorare symbolisch abgilt, sondern auch, zu einem Drittel oder Viertel, eine alsbald zu verfassende Lobrede; der freundliche Herr Hähnel von der Literaturabteilung erscheint dann mit zwei flexiblen Aktentaschen und einem stahlbandverstärkten Rucksack und packt einem das bisherige Lebenswerk des nächsten Lorbeerträgers auf den Teppich. Hähnel war auch bei mir; ich weiß daher, daß Creutziger in den letzten sieben Jahren nicht weniger als einundzwanzigmal im Blattwerk der unseren literarischen Zeitschriftenwald bildenden zwei Büsche sich zu Wort gemeldet hat, selbstverständlich zu Themen, über die zu handeln als weltfremd gilt. Davon dann; ich versuche zunächst, der Würde des Ortes mich beugend, eine Philosophie meiner Lobfloskel.

Denn es meint ja, ist jemand rechthaberisch, nicht, er könne nicht recht haben; zu fragen wäre vielmehr nach dem für einen so beschaffenen Charakter geeigneten Platz im Gemeinwesen. Dieser Platz ist, behaupte ich, die Enklave. Ich soll mich erklären? Gesetzt, ein Rechthaber sei Marschall; wenn Marschälle hiesiger Breiten inzwischen nicht einmal ein Flugzeug abschießen lassen dürfen, ohne das Ableben der Menschheit zu riskieren, war ein tüchtiger Marschall früher der, der mehr Schlachten gewann als verlor und am Ende noch den Troß übrig hatte. Konnte das ein Rechthaber? Unter günstigsten Umständen, die indes, wissen wir historisch Gebeutelten, so gut wie nie vorkommen; und wie viele scheinbar tüchtige Marschälle haben, was sie im Felde gewannen, auf dem mörderischeren Feld der Ökonomie später mit Zins und Zinseszins verloren! Rücken wir den Rechthaber höher, er sei Staatschef. Einen Staatschef macht, heute wie früher, daß er für Entscheidungen, die er nicht selten linker Hand, abgemüdet und verhangenen Blicks zu treffen hat, gewiefte Berater sich hält und zur rechten Sekunde auf deren Gewisper hört; wie das bei rechthaberischem Gemüt? Noch höher also, zu Gott; der alte Jahwe, von Beruf Wüstendämon, war rechthaberisch, wir knabbern, seit ihn die Christen samt seiner Welterlösungssucht adoptiert haben, an den betrüblichen Folgen.

Der gemäße Platz, mithin, bleibt die Enklave; Creutziger, lobe ich, ist ein Enklavist. Was macht er da so? Er besorgt, seit dreißig Jahren, eine Arbeit, die von den Verwaltern des Gemeinwesens, speziell von deren geldhütender Fraktion, zwar nicht verachtet, indes wenig be- und geachtet wird: er bringt Werke der schönen Literatur ins Deutsche. Aus »wenig be- und geachtet« folgt: Es fuchtelt ihm kaum jemand politisch ins Handwerk, er kann sich, bei äußerstem Fleiß und trotz wachsenden Feinsinns, ernähren, nicht eben glänzend (man muß sich einmal vor Augen halten, daß der Übersetzer vom dreißigtausendersten Exemplar eines Buchs an keinen Pfennig mehr abbekommt, das schlucken alles Verlags- und Staatssäckel; derzeit kursieren Pläne, auch Originalverfasser so zu schröpfen, via Bogenhonorar: ein Gespenst geht um in Europa, das Gespenst des Thatcherismus, Höpcke, Höpcke, stell dich endlich vor deine Autoren) – nicht eben glänzend, sage ich, aber doch so, daß ihm, Creutziger, Zeit bleibt, seiner Liebe zu frönen. Denn wenn je Rechthaberei aus geheimer, womöglich inniger Liebe rührt, so bei Creutziger. Liebe wozu? Zur Sprache, zur vertrackten Klarheit von Gedankenmustern, zum abenteuerlichen Kosmos grammatisch-semantischer Mittel und Sprachebenen, die eine Redeweise konstituieren, ohne die das gemeinte Stück Leben vorm Leser nicht aufscheint. So daß Creutziger, mutmaße ich, seinem Namen nur unwillig gerecht wird und viel lieber *O brave new world* riefe, woran ihn nichts hindert als die realexistierenden Weltläufte. Woraus übersetzt er, übrigens? Aus slawischen Sprachen, die dem deutschen Professionellen besondere Tücken bereithalten, weil, denke ich mir, Hochliteratur dort erst im Zeitalter der Romantik erfunden wurde, während das Deutsche das Glück hatte, schon von den Klassikern geschmeidigt worden zu sein; und dürfen wir das beim Übersetzen vergessen? Creutziger, jedenfalls, weigert sich inständig es zu vergessen; wie wählt er, woran er sich erprobt? Mit Chuzpe, denke ich, in der Jugend, mit störrischer Umsicht, meine ich zu merken, nun. Von mir zu reden, hatte ich lange Jahre ein Lieblingsbuch, das, von einem weithin unbekannten Polen namens Potocki verfaßt, »Abenteuer in der Sierra Morena oder Die Handschrift von Saragossa« heißt und dem ich in einem Märchen Reverenz erwiesen habe; Scheidungen halber kam es mir abhanden. Wer, lese ich jetzt im Klappentext zu Creutzigers Essaysammlung, hatte es übersetzt? Creutziger. Was, ferner, liegt, von Herrn Hähnel aus dem Rucksack geschüttet, schwer auf meinem Teppich? Zwei dicke Bände, schön aufgemacht, »Die Brüder Karamasow« von Dostojewski. Dostojewski! Ist das nicht jener Spielwütige, der, dauernd blank, seinen Verlegern immer neue Verträge abluchste und, die Vorschüsse abzuarbeiten, zu ewiger Schnellschreiberei gezwungen war? Man weiß doch, daß er nur einen einzigen ordentlichen Roman, nämlich »Die Dämonen«, verfaßt hat und die Schludrigkeit seiner sonstigen Prosa allenfalls von der Tiefe seiner Seelenlotungen ausgeglichen wird. Aber nun lesen Sie das, in Creutzigers Übertragung! Man meint ja Oliver Goldsmith reden zu hören oder den seligen Lawrence Sterne! Welcher Witz des Einstiegs, welche Kultur der Erzählhaltung; welch mürrisch-heitere Eleganz der Perioden! Ich befürchte, Creutziger wird uns demnächst vorführen, selbst Leo Tolstois Großpanorama »Krieg und Frieden« sei in anständiger Prosa verfaßt.

Soviel zur Enklave, aus der Creutziger, einundzwanzigmal in sieben Jahren, das Mündliche ungerechnet, wohleingerichtet seinen Kopf steckt und »Ceterum censeo« ruft, wovon handelt er da? Vom Übersetzen zuvörderst, vom Übersetzen, das zur Kenntnis zu nehmen sei, vom Übersetzen, wie es vor sich zu gehen habe, nämlich von erahnter Großgestalt zu neu zu schaffender Großgestalt, und den Mühen des Details unterwegs; aber er läßt es dabei nicht bewenden. Denn wenn, fragt Creutziger, über Übersetzen nicht öffentlich nachgedacht, ja nicht mal geurteilt wird, was ist das denn für eine Öffentlichkeit? Was sind das für

Sprachexperten, oder praktische Linguisten, die jede halbwegs häufige Verletzung der grammatischen Norm (und die grammatische Norm dient ja der genaueren Verständigung), statt sie *abusus* zu nennen und lauthals »faul, faul« zu rufen, feige als »Entwicklungstendenz« hinnehmen und in die Wörterbücher schreiben? Und läßt es noch immer nicht bewenden; was ist das für eine Gesellschaft, in der ein Bäcker, im Fernsehen, und freiwillig, und für Kinder, »Ich beschäftige mich mit der Brotherstellung« sagt, statt »Ich backe das Brot«, ohne daß jemand aufstöhnt – hatte er noch eben gefragt, und trifft plötzlich, beim Nachdenken in Thüringen und über seine Eltern, uns mit der Feststellung, der Mensch von heute finde merkwürdigerweise seine Darmwinde degoutant, die Auspuffwinde seiner Motorvehikel aber hoffähig. Und wendet sich, nun schon bei der zweitheiligsten Kuh der Neuzeit, tatsächlich gegen die heiligste, die Unterhaltungsindustrie und die Popmusik. Im Ernst, Creutziger ist kein Demokrat, und hat die Stirn das zu sagen; ich bin damit beim sechsten oder siebenten Lob, es ist eins der höchsten, das ich zu vergeben habe. Denn wenn Einer etwas besser weiß, wird er das, im allgemeinen Terror von Auspuff, Halbzuständigkeit und Unmusik, wohl wenigstens der Nation, der seine Liebe gilt, und die so sehr dazu neigt, sich mit Überzeugung und Unbedacht zu ruinieren, flüstern dürfen? »Die Menschen brauchen bessere Kunst, als sie verlangen«, sagt Creutziger; ja.

Ich freue mich, daß Sie den Preis haben; nutzen Sie ihn zum Kauf trockenen durchgegorenen Weins, den aufzutreiben neuerdings freilich auch eine Kunst ist – er hilft bei der Durchheiterung des Lebens, und womöglich der nächsten Texte.

April/Mai 1987

Über den Satz: Jeder verantwortungsbewußt
Denkende heute weiß, daß die Weltzivilisation
bedroht ist. Prolegomena zur Strategie
schriftstellerischen Arbeitens. Mit einer Nutzanwendung für die Medienpolitik

0 *Prolegomena* ist ein griechischer Plural und meint: das zuvor zu Sagende. Die in einem Gegenstand steckenden – meist verknäulten und daher wenig bedachten – Voraussetzungen desselben sollen ausgewickelt werden, auf daß der Gegenstand sachgemäß und ohne kindische Kurzschlüsse zu behandeln gehe.

1 Unter *Weltzivilisation* wollen wir verstehen ein Ensemble von a) *Lebensverhältnissen und Einrichtungen* (die als vorgefunden bis aufgezwungen erlebt werden) und b) *Verhaltensweisen* (vom Einzelnen vorwiegend als »freiwillig«, als Teil seiner selbst erlebt), deren Zusammenspiel halbwegs menschgemäßes Leben für Mehrheiten der Erdbevölkerung eben noch gewährleistet. Ein Beispiel für a) (zivilisierte Verhältnisse): man kann, wenn ein Zahn weh tut, zum Zahnarzt gehen, der in der Regel Abhilfe schafft; ein Beispiel für b) (zivilisiertes Verhalten): man greift, trägt jemand ortsunübliche Keidung oder gibt ortsunübliche Ansichten kund, nicht zum Knüppel, sondern hält das fremde Bild aus. Es ist dies, wie Sie sehen, im Ganzen ein sehr reduzierter Begriff; die Utopie – der als wünschenswert gedachte Idealzustand der Menschheit – hat an ihm nur prozentweise teil: beschrieben wird, mit viel Freundlichkeit, der status quo. Man mag einwenden, dieser – der gegenwärtige Weltzustand – sei schon so unerträglich, daß er als zivilisiert nicht mehr gelten könne, sondern barbarisch genannt werden müsse; mir scheint das eine unpraktische Redeweise. Denn solange schlimmere Varianten zur Gegenwart gedacht oder gar als ins Haus stehend befürchtet werden können, ist der heutige Zustand, wie immer

unangenehm und bisweilen ekelhaft, vorzuziehen; ihn als barbarisch zu denunzieren lähmt das Denken über seine mögliche Verbesserung

2 Der Satz *Jeder verantwortungsbewußt Denkende heute weiß ...* impliziert nun, die Menschheit lasse sich in drei Großgruppen einteilen: A) *Nicht- bzw. kaum Denkende;* B) *Denkende mit mangelndem Verantwortungsbewußtsein;* C) *verantwortungsbewußt Denkende.* Wir wollen die Einteilung, wie grob sie ist, für methodisch sinnvoll nehmen. Das hieße:

a) Es gibt eine enorme Mehrheit von Menschen, die genetisch-biologisch zum Denken ausgerüstet sind, aber der Umstände wegen, unter denen zu leben sie gezwungen sind und/oder sich gewöhnt haben, »nicht dazu kommen«; die Anstrengung ihrer Gehirnkräfte beschränkt sich darauf, die Existenz für die nächsten Tage und Monate zu sichern. Bildungseinrichtungen, die zu weitersehendem Denken befähigten, nutzen sie nicht, weil keine da sind, oder weil sie nicht gelernt haben, sie nutzen zu wollen; zudem ist ein Teil dieser Bildungseinrichtungen selber in betrüblichstem Zustand und weder fähig noch willens, denken zu lehren. Niedrig geschätzt, dürften zu Gruppe A achtzig Prozent der Weltbevölkerung gehören, vier Milliarden von fünf.

b) Eine beträchtliche Minderheit, vor allem in den Industrieländern zu Hause, hat nicht nur Lesen, Schreiben und einfaches Rechnen gelernt, sondern ist durchaus imstande, logisch zu folgern, sinnvoll zu abstrahieren, fremde, selbst eigene Urteile in Zweifel zu ziehen usf., d. i. ansatzweise bis ernsthaft wissenschaftlich zu denken; der Gebrauch dieser, nicht zu unterschätzenden, Fähigkeit bleibt indes auf wenige »Anwendungsfelder« – meist auf Beruf, Hobby und den engeren Privatraum – beschränkt. *Denkende mit mangelndem Verantwortungsbewußtsein* meint daher nicht, den Betreffenden sei Verantwortung überhaupt fremd, sondern: Sobald es um – dem Wesen nach wenig augenfällige – Menschheitsangelegenheiten, oder um übergreifende soziale Mechanismen wie das Profitprinzip oder die Gefolgschaftstreue geht, wird das wissenschaftliche Denken »ausgeschaltet«; an seine Stelle treten Vorurteile und Gefühlskonglomerate, die ein bequemes seelisches Grundbefinden sichern.

c) *Verantwortungsbewußtes Denken* hieße mithin im Kontext: überlebenswichtige Menschheitsfragen nicht aussparendes Denken. Wir wollen die Gruppe, die solches Denken pflegt oder zu pflegen sich bemüht, auf zehn Prozent von Gruppe B schätzen, das wären einhundert Millionen, ein Fünfzigstel der Weltbevölkerung.

Anmerkung 1 Rein quantitative Betrachtung wird bei Gruppe C zu stärkeren Verzerrungen führen als bei den Gruppen A und B; in Rechnung zu stellen wäre zusätzlich die Ranghöhe (Einflußsphäre) Gruppenzugehöriger im Gemeinwesen. Zwanzig verantwortungsbewußt Denkende in der Zentrale eines halbwegs hierarchisch verwalteten Großstaats sind vermutlich »wirkmächtiger« als zehntausend in untergeordneten Positionen befindliche (derer die Zwanzig gleichwohl bedürfen). Das klingt hübsch, nur gilt leider umgekehrt: Drei bis fünf Hochweisungsberechtigte mit mangelndem Verantwortungsbewußtsein können eine erdweite Katastrophe auslösen, die nicht einmal ein Atomkrieg sein müßte. Es genügte ja, wenn die brasilianische Regierung beschlösse, die tropischen Regenwälder vollends abholzen zu lassen.

Anmerkung 2 In Gruppe A *(nicht* bzw. *kaum Denkende)* fallen naturgemäß alle Kinder und Halbwüchsigen, von denen ein Teil die Chance hat, in die Gruppen B oder C »hineinzureifen«. Doch stehen diesem auf den ersten Blick tröstlichen Vorgang so gut wie überall verquickte Geld- und Machtinteressen entgegen, insbesondere die Unterhaltungs- und Freizeitindustrie, die wesentlich auf Verdumpfung ihrer Kunden-Konsumenten, d.h. auf deren Verbleiben in Gruppe A hinarbeitet.

Anmerkung 3 Unsere Einteilung spiegelt *nicht* die Zugehörigkeit von Ländern zur Ersten, Zweiten, Dritten Welt; die Risse gehen quer durch die Gesellschaften. Doch dürfte sich das Verhältnis A : B : C in den drei »Welten« unterscheiden. Not lehrt beten, nicht denken; befriedigte Notdurft gewährleistet nicht menschheitsbezogenes Denken, bietet ihm indes Nischen und macht es wahrscheinlicher.

3   Bedroht, erinnern wir, ist die Weltzivilisation nicht von außen (wo immer dieses »Außen« zu suchen wäre), sondern von einem Teil ihrer Grundwirkweisen selber, sowie von Verhaltensmustern und Urteilsgewohnheiten, die bislang für zivilisiert galten/gelten, weil sich mit ihnen leben ließ. Sie, die Bedrohung, repräsentiert gleichsam die angehäufte Schuld oder den entropischen Müll jener Ordnungen, die wir mit Recht als erhaltenswert und verbesserungsbedürftig ansehen; je enger die Menschheitsangelegenheiten sich vernetzen, desto näher rücken die Abraumhalden, und der Dreck fliegt uns bei jedem natürlichen oder politischen Wind in die Augen. Manche haben dagegen noch immer die Formel »Fenster zu! Schutzbrille auf! Feuchtes Tuch vor Nase und Mund!« Das ist ein Gebet, nicht wahr?; über den Nutzen von Gebeten läßt sich vorbringen, sie hülfen Zeit zu gewinnen, und beförderten jene Seelenruhe, derer abgewogenes Handeln bedarf. Leider fangen die, die die Gebete verbreiten, allzu oft an, sie für physikalisch wirksam zu halten, während die, die sie beständig hören müssen, bald an gar nichts mehr glauben, nicht einmal an die Physik; das Ergebnis sind allgemeine Untätigkeit und eben jene balkanesische Halb-Anarchie, die man so schlau abzuwehren hoffte.

Zum andern muß, was da droht, sich ja keineswegs als Katastrophe vollziehen. Katastrophen, nämlich, haben immer auch etwas Tröstliches: sie geschehen, und man ist weg, zusammen mit allen anderen. Gleich wahrscheinlich kann die Vernichtung sich als Abbröckeln, als allmähliches Versanden, »einschleichen« – ein ermüdender, langsam krankmachender Prozeß, in dem, um Reste der Zivilisation zu retten, Position um Position derselben aufgegeben wird. Heiner Müller, ein hochprofessioneller Kollege, dessen Theoriegebäude ich sonst eher weniger schätze (und der auf diesem Kongreß leider nicht vertreten ist, weil er vor Jahren aus dem Schriftstellerverband ausgestoßen wurde: man muß sich einmal vorstellen, wer da über wen urteilte), hat diese Verlaufsvariante kürzlich auf den Satz gebracht, womöglich werde die Menschheit bald nicht mehr zwischen Krieg und Frieden, sondern nur noch zwischen Krieg und Barbarei zu wählen haben.

4   Schriftsteller, wollen wir uns einigen, sind berufsmäßig mit Kunstanspruch Schreibende, denen das Schicksal der Menschheit nicht gleich ist, sei es auch nur, weil sie eine Nachwelt brauchen. Was wäre, das bisher Dargelegte als ungefähr zutreffend gesetzt, eine für in der DDR wirkende deutsche Schriftsteller einzuschlagende Strategie?

Es scheint mir zunächst unabweisbar, daß wir Gruppe A verloren geben müssen. An- und Dreiviertelalphabeten können wir nicht erreichen. Eine Ausnahme in Gruppe A sind Kinder und Halbwüchsige vornehmlich des eigenen Sprachraums; ihnen – vor allem Kindern, denn an den Halbwüchsigen verdient schon die Pop-Industrie – können wir helfen. Gern wüßten wir uns dabei einig mit volksbildenden Einrichtungen; wie die Dinge liegen, sind wir allenfalls geduldet.

Generelles Ziel von Schriftstellerei bliebe indes, möglichst viele Einzelne von Gruppe B nach C zu locken, ohne den

Kunstanspruch aufzugeben, sowie möglichst viele in Gruppe C zu bestärken, nicht nach B oder A »zurückzuwandern« – auf das Zurückwandern stehen bekanntlich mancherlei Prämien. Welche Mittel, fragt sich, wären für dieses Ziel gut?

Alle, die heute noch lesen, Hörspiele hören, ins Theater gehen usw. seien, wird vorgebracht, wie jedermann einer Überflut von Reizen ausgesetzt: Berufsstreß, Versorgungsärger, Ablärm, Pseudokunst, Nachrichten aus zwei Weltlagern verstopften ihnen die Aufnahmekandle und machten teils müde, teils oberflächlich und/oder dickfellig. Wir, mithin, müßten auf grobe Klötze harte Keile setzen, ebenfalls Reizüberflutung üben und vermittels Schock wenigstens einen Teil unserer Botschaften unters Publikum bringen. Mir scheint der Schluß falsch aus folgenden Gründen.

Wo Kunst wirkt, wirkt sie durchaus nicht zuvörderst über ihre ausdrücklichen Botschaften (die darum oft in die Programmhefte und Klappentexte geschrieben werden, wo sie prompt verpuffen), sondern eher über die insgeheimen – vor allem über erlebbare, als ernstes Spiel gebotene Strukturen, die zu sorgsamerem Bewerten reizen und zum Weiterdenken ermuntern, indem sie staunen machen. Wenn wir nun gegen ein unter der Decke der Zivilisation drohendes Chaos anschreiben und Verantwortung wecken wollen – dürfen wir das mit chaotischen Mitteln, die, welche Wahrheiten sie mitschwemmen mögen, immer auch chaotisierend wirken? Gitarrespieler heute haben – da jede gängige Rock-Nummer mit zwei Harmonien auskommt und ihre Breiigkeit allein durch Dröhnen verdeckt – die Wahl, noch lauter zu werden und damit die letzten Trommelfelle zu ruinieren, oder aber auf den alten, hölzernen, des Elektrokabels ermangelnden Instrumenten so kunstreich wie möglich aufzuspielen, auf daß das Publikum wieder hören lerne. Sind wir nicht in ähnlicher Lage? (Der Regisseur Peter Zadek hat kürzlich in Hamburg die

Gruppe »Einstürzende Neubauten« ein Stück mit Musik versehen lassen, um neue Zuschauer zu gewinnen; meldenswert an dem Ereignis war, daß das Theater für Gehörschäden zu haften ablehnte und kostenlos Ohrenschützer auslieh.) Es gibt, kurz, Mittel, die zu elend sind, als daß sie zu höheren Zwecken taugten, und sei es zur Darstellung von Elend; es gibt weder produktiven Lärm noch produktive Reizüberflutung.

Denn auch die Darstellung von Elend bedarf doch, wie alle Darstellung, der Schönheit? Verrat! höre ich, die Welt stinke von Häßlichem, und wir seien Realisten. Angenommen, die Welt enthielte nur Häßliches – was zu behaupten mir übertrieben scheint, um ihrer raren Glücksmomente willen möchten wir die Welt ja bewahrt wissen – hätten wir ihr nicht gleichwohl das Schöne entgegenzuhalten als einen Entwurf oder eine Ahnung des möglich Besseren? Und ist nicht das der Beruf der Kunst?

Indes, wir sind auf einem Kongreß, ein Kongreß geht, wie es sich gehört, über Politik. Seien wir politisch. Es wird hier, ausdrücklich und in Zwischentönen, viel von *Glasnost* und *Neuem Denken* gehandelt; offenbar findet sich nicht einmal jemand, der dagegen wäre. Wenn wir das nun ernst meinen, und Leute, die dazu zu faul oder zu bedrückt oder zu geschunden waren, tatsächlich anfangen sollen *neu zu denken* – wie denn sollen die sich artikulieren? Ich rede noch nicht von Öffentlichkeit, sondern vom Schritt vorher, von Sprache. Die ist *die Wirklichkeit des Gedankens,* meint Marx; wer neu denken will, braucht sie in ihrer Schärfe, ihrer Logik, ihrem Reichtum. Woher das nehmen? Die Sprache der Medien trifft Wirklichkeiten kaum am Rande; Schulen und Pädagogische Hochschulen verkümmern das Deutsche zu einem fremdländisch klingenden Pidgin; die Sprache der Beamten, die bis in die Familien dringt, wetteifert mit der sogenannten Jugendsprache, Sachverhalte durch wolkige Gemeinplätze aus der

Welt zu quasseln. Wer, wenn nicht Schriftsteller, könnte vermittels Sprache den Leuten Lust machen, mit dem Vorhandenen sich anzulegen und das Ihre zu denken ohne Faseln und Stammeln? Und wem hülfe eine faselnde und stammelnde Glasnost?

So daß, ob Kunst, ob Politik, uns gemäße Mittel wären: Klarheit der Darlegung; Durchsichtigkeit der Struktur, auch wo es um Hochverwickeltes geht; Knappheit, die stutzen läßt und lesbar hält; Genauigkeit, aus der Reichtum kommt. (Nebenbei bin ich dafür, deutsche Ausdrücke zu brauchen, wann immer die gebotene Strenge das erlaubt; sie erlaubt es oft.) Habe ich die Schönheit vergessen? Die, denke ich, stellt bei Genauigkeit, Knappheit, Durchsichtigkeit sich von selber ein, den fehlenden Rest werden wir dazuzutun wissen.

5   Nun ist, glücklicherweise, die Gemeinde des Lesenden nicht auf uns allein angewiesen. (Gleichwohl wäre in der Ordnung, daß, was wir erdichten, ohne kraftfressende Scherereien in die Buchläden kommt: *auch die Zensur muß weiser werden.*) Hinter bzw. neben uns stehen Kollegen aus früheren Zeitaltern und anderssprachigen Ländern mit ihrer Denk- und Schreibkultur; wenn wir ihre Weltsicht nicht immer teilen, sind sie uns in den Menschheitsfragen doch allemal Verbündete. Neben uns stehen aber auch Kollegen, die im kapitalistischen Staat deutscher Nation arbeiten – sei es von jeher, sei es, daß sie in den letzten Jahren dorthin wegzusiedeln für angebracht hielten oder es mußten. Sind die nun keine Verbündeten? (Bei »Erbe« und Übersetztem haben wir ja wenig Grund zur Klage und können die Verlage *Reclam, Volk und Welt, Aufbau, Insel* ihrer Auswahl und der Sorgfalt wegen loben, die sie Büchern trotz ökonomischer Bedrängnis noch widmen; Papier- und Druckgüte sind freilich oft am Rand des Zumutbaren. Auch gelten wichtige westdeutsche Autoren, wie Arno Schmidt, Günter Grass, Walter Jens nicht länger

als verdächtig und erscheinen bei uns.) Aber die Weggesiedelten? Politiker, die einander jahrelang als Teufel an die Wände gemalt haben, suchen heute im Namen der Vernunft Übereinstimmung, wo immer die sich finden läßt, und haben dafür ihre Klartext flüsternden Beauftragten. Ist es da nicht albern, Uwe Johnson, Günter Kunert, Sarah Kirsch aus staatspolitischer Gekränktheit mit Nichtveröffentlichung zu strafen – zumal man nicht einmal weiß, ob sie, ärgerlich wie sie waren, hier überhaupt hätten weiterschreiben können? (In hundert Jahren, sofern die Zivilisation hält, wird eh niemanden mehr interessieren, wo was verfaßt wurde, wenn es nur Bestand hat.) Eben die Gefährdung der Zivilisation fordert, daß wir keine Verbündeten auslassen; auch hier bedarf die Zensur außer taktischer Witterung des strategischen Gewissens. Manch späte und teure Einsicht – es gibt davon eine Menge – wäre so zum Nutzen des Gemeinwesens billiger zu haben gewesen.

Anmerkung 4   Wer ein Fettnäpfchen zweimal anstößt, soll auch hinein; zur Zensur also, die bei uns Hauptverwaltung Verlage und Buchhandel heißt. Erstens scheint es mir kindlich anzunehmen, eine Zensur könne der geschichtlichen Durchschnittseinsicht der Partei, die sie eingesetzt hat, um mehr als sieben Augenaufschläge voraus sein; wenn wir da maulen, sollten wir in aller Höflichkeit wissen, wen wir eigentlich meinen. Zweitens halte ich die Zensur, die gewiß viel Schaden gestiftet hat, nicht für ernsthaft literaturverhindernd; blicken wir in die Geschichte, sähen wir, daß große Literatur unter weit rigideren zensorischen Praktiken als den hiesigen entstanden ist. Gleichwohl möchten Kollegen aus ehrenhaften Gründen die Einrichtung weghaben; ich erlaube mir, die Weiterungen mitzudenken. Sieht man denn nicht, wer da alles wartet, in das entstehende Vakuum sich zu stürzen? Weiß man nicht, wie anfällig schlecht möblierte und mit uralten Telefonen ausgestattete Verlagshäuser sind gegenüber Lokalbehörden, die notfalls einfach keinen Klempner schicken? Reicht es nicht, wenn schon jetzt über sogenannte Fachgutachten das Außenministerium in Reiseberichte und Romane hineinzuredigieren versucht, die irgendein sensibles Ausland schildern, und Justizzuständige über die »richtige« oder »falsche« Darstellung hiesiger Kriminalkommissare mitzubefinden den Wunsch haben? Man wird einen Übervater los und gedenkt aufzuatmen; was man bekommt, sind siebzig neue, die noch dazu im Halbdunkel sitzen. (Wer mir nicht glaubt, betrachte die Theater, die kein zentrales Genehmigungsverfahren kennen und inzwischen so gut wie keine Stücke von DDR-Autoren mehr spielen.) *So daß es Glasnost und Neuem Denken dienlicher wäre, die Mitarbeiter der Hauptverwaltung müßten ihre Bescheide künftig mit Namen zeichnen und übten sich derart in Weitblick und gutem Humor.* Drittens fürchte ich, ein neuer Glaube an den Rohprofit (der in Raten eingeführte Thatcherismus oder die Diktatur des Finanzplans) möchte der Literatur auf Dauer mehr Schaden tun als alle Zensurirrtümer; »die Menschen brauchen bessere Kunst als sie verlangen« – der Satz stammt von meinem Kollegen Werner Creutziger – ist eine weithin unanerkannte Maxime, und wer ihr folgt, könnte bald als weltfremd gelten. Mir sind schon Vorabdrucke untersagt worden, weil der devisenbringende Kooperationspartner sie nicht wünsche, und Streichungen angetragen worden mit Hinweis auf absatzverheißende Zielgruppen im Westen; müssen wir, daß der Markt ein sehr dummer Zensor sein kann, erst durch Schaden wieder lernen?

6 Ich habe nicht von Gegenständen geredet; Gegenstände sind immer so gut wie der Autor, der sie wählt, und Karl Mickel hat gerade – an Peter Gosses Fußballgedicht und an Friedrich Dieckmanns Mozart-Novelette – gezeigt, daß noch die scheinbar provinziellsten taugen, den Weltgeist darin wohnen zu lassen. Auch weiß ich keine Mittel als die klassischen – frisch gebraucht, müssen sie ja durchaus nicht alt aussehen. Was ich zu skizzieren versucht

habe, ist ein Denk-Rahmen, aus dem jeder das Seine sich holen mag, und bestünde es in Gegenentwürfen. Ich will indes eine eigene Nutzanwendung anhängen. Sie betrifft die Medien, genauer den Hörfunk.

Vor drei Jahren ist ein Herr Schiwy Intendant des Westberliner RIAS geworden und hat ohne Not – denn dessen Geldgeber fragen nicht nach Einschaltquoten – beschlossen, neue Hörer zu gewinnen. RIAS II, nunmehr, sendet Tag und Nacht Pop-Musik niedersten Anspruchs, Nachrichten haben so kurz und unanstrengend zu sein, daß niemand auf eine andere Welle wechselt, die Pflicht der Moderatoren zu grammatisch und phonetisch ordentlichem Deutsch ist aufgehoben. (Den Rest üblicher Rundfunkarbeit versieht RIAS I, Kultur darf dort noch stattfinden, aber verkürzt.) Wie hat die DDR sich eingestellt? Eben so, wie zu erwarten stand: man hat mit viel Eile und Aufwand ein Programm zusammengebracht, das RIAS II überriassen soll. So weit so unänderbar, nur sollte man sich im klaren sein, daß, ob wer jenen oder den Gegen-Sender andreht, egal ist, Dreck bleibt Dreck. Herr Schiwy haust derzeit im Norddeutschen Rundfunk und wird wohl dann nach dem größeren WDR greifen. Wollen wir ihm weiter hinterherlaufen? Oder uns besinnen, daß der Spruch *Hörer um jeden* Preis die Krisen, denen er steuern will, allenfalls vertagt, im übrigen aber miterzeugt?

Ich rede also für ein Programm, das von früh bis spät gute Musik bringt, und womöglich Nachrichten in zivilem Ton böte. Fehlen dafür Frequenzen, könnte Radio DDR II seinen vorhandenen respektablen Kulturteil ausbauen dürfen und müßte von »flächendeckenden« Aufgaben befreit werden. Das Ganze könnte europäischen Ruhm eintragen, und der ehrenwerte SFB III, der, ohne daß das hier wer zugibt, die Hauptstadt samt Umland bisher mit Kultur versorgt, bekäme einen kräftigen Konkurrenten – vom Nutzen für die Provinz zu schweigen. Irgendwann sähe sich vielleicht sogar der Deutschlandfunk zu besserer Musik genötigt. Nur fünf Prozent der Bevölkerung, sagt man und beruft sich auf Umfragen, würden solch ein Programm einschalten. So viele? Aus eben diesen fünf Prozent wächst die kreative Elite des Landes, derer es – in der Kunst, im Erfindungs- und Erziehungswesen und, ich bitte um Nachsicht, in der Verwaltung – so dringend bedarf. Irre ich mich, wenn ich meine, die DDR brauche zum Wirtschafts- und Sozialkonzept demnächst etwas wie Innenpolitik? Und was wäre die ohne kulturgegründete Werte, die in Köpfen zu Hause sind, so daß der Einzelne auf den nächsten Wink von oben nicht warten muß? Ich sehe wohl, wer alles, derlei anzuerkennen, über Schatten springen müßte; nur werden die Schatten länger, je länger man zögert zu springen, und die Sonne, auf die Überschrift zurückzukommen, ist kein beliebig vermehrbares Gut.

November 1987/Februar 1988

(Überarbeitete Fassung des auf dem Schriftstellerkongreß in der Arbeitsgruppe »Literatur und Welt« am 25. November 1987 gehaltenen Diskussionsbeitrags)

3.

Probleme des Epischen

Jahresarbeit am Literaturinstitut »Johannes R. Becher«

1

Reflektieren wir über das Wesen des Epischen, so scheint zumindest eins gesichert: daß da, wie auch immer, eine Geschichte erzählt wird. Oder sollen wir vorsichtiger formulieren und statt »Geschichte« Vorgang sagen? Bald scheint uns das zu vage: Vorgänge gibe es viele, »ein interessanter Vorgang« ließe sich präzisieren, aber was heißt hier interessant? für wen interessant? in welcher Beziehung? Natürlich für den Leser, werden wir antworten; welche Vorgänge aber interessieren den Leser? So müßten wir schließlich dem aus Vorsicht eingesetzten Begriff allerlei Epitheta zufügen, die, gemeinsam mit ihm, letzten Endes dem ursprünglich verwendeten »eine Geschichte« in ihrer Bedeutung sowieso nah kämen. Also lassen wirs, ehe wir uns auf Umwegen ermüden, lieber beim alten; und in der Tat – in welchem Roman, welcher Erzählung der Weltliteratur, von der Novelle zu schweigen, würde nicht eine Geschichte erzählt? Nicht immer ist es eine, sicherlich; viele kleine werden im Don Quichote vorgeführt, und doch gehen sie da – soll man sagen eigenartigerweise? – am Ende zu einer großen zusammen; selbst wenn sie es nicht täten, spräche das übrigens noch nicht gegen unsere Bestimmung.

Wir sagten »Weltliteratur« und sind damit fein raus – ganz gewiß gibt es ja Prosa, in der keine Geschichte erzählt wird, eine solche hörte ich erst kürzlich von einem jungen Westberliner Schriftsteller, Christoph Meckel; aber selbst er kam interessanterweise nicht umhin, inmitten fast einstündiger Reflexionen über Reflexionen über Reflexionen eine Art Geschichte zu geben, nicht eben eine starke, wie mir schien, aber immerhin etwas, das das Zuhören über weite Strecken überhaupt möglich machte. Für unseren Eingangssatz scheint auch zu sprechen, daß der Begriff »Geschichte« so eng wiederum nicht ist, es geht entschieden mehr hinein als in »Fabel«, von der ohnehin meist niemand zu sagen weiß, was er darunter versteht, oder die doch von zehn Leuten mindestens acht ganz verschieden definieren. Und selbst diejenigen, die in letzter Zeie die Verwendung einer Fabel für ihre Romane und Erzählungen so finster-emphatisch, für mein Gefühl ein wenig zu emphatisch und nicht ohne Koketterie, ablehnen, würden, möglicherweise, mit der oben versuchten Bestimmung einverstanden oder doch um einiges einverstandener sein.

Zu befragen wäre sicher auch eine Prosa, wie sie Bobrowski in der Erzählung *Der Mahner* gegeben hat; nur soviel sei hier gesagt, daß gerade dieser Text wesentlich vom Episodischen lebt; jener Schlußsatz (»Aber das tun die nicht«), der dem Text Dimension und nachwirkende Gerichtetheit gibt, geht eben aus einer – freilich listig als Fragment gegebenen – Geschichte hervor. Im übrigen beabsichtigen wir nicht, hier über Prosa im allgemeinen nachzudenken; zu der gehören neben anderem Reportage und Essay, die aufs Geschichtenerzählen festzulegen uns nicht einfallen wird.

Wir sprachen von einer Geschichte – wobei wir der Einfachheit halber voraussetzten, jeder wisse, was das ist – und davon, daß sie erzählt würde. Den Begriff des Erzählens nun können wir bei aller scheinbaren Evidenz doch nicht unbesehen hinnehmen; in ihm nämlich ist eine zweite fürs Epische wesentliche Kategorie enthalten: der Begriff der Distanz, die wir, nicht um eine Zirkeldefinition vorzuführen, vielmehr aus Gründen der Eindeutigkeit, epische Distanz nennen wollen. Wird nämlich eine Geschichte erzählt, so leuchtet ein, daß die ihr zugrunde liegenden Geschehnisse – seien diese nun imaginiert oder wirklich vorgefallen – nicht lückenlos aufgezählt werden können; selbst der nouveau roman vermag das nicht, was allein daraus hervorgeht, daß seine Autoren keineswegs Werke von unendlicher Länge verfassen. Vielmehr muß aus der unendlichen Fülle und Verzahnung möglicher oder wirklicher Geschehnisse das die Geschichte Konstituierende herausgehoben werden; dies nur macht, technisch gesehen, Darstellung überhaupt möglich und läßt einen Stoff als überschaubares Objekt verwirklichen, das von Lesern oder Hörern angeeignet werden kann, indem diese sich ihm hingeben. Per definitionem also ist eine Geschichte auch Herausgehobenes, und es bedarf keines Beweises, daß zum Herausheben Distanz nötig ist, ein Standpunkt über den Geschehnissen, der erst dem Erzähler Hervorhebenswertes als hervorhebenswert beziehungsweise hervorhebensnotwendig zu beurteilen gestattet.

Hier nun wäre einzuwenden, daß Distanz des Künstlers zur Wirklichkeit, die er mit seinen Mitteln auf irgendeine Weise immer darstellt, durchaus verwandelnd freilich und eine neue, andere Wirklichkeit schaffend (und vielleicht sollte man nur sagen, der Künstler ziele mit seinem Werk auf die Welt, sollte zudem ergänzen, daß auch das »Innere« des Künstlers Wirklichkeit, und zwar hochgradig gesellschaftlich bestimmte, ist) – einzuwenden wäre also, daß Distanz des Künstlers zur Welt wie zu den Mitteln, mit denen er darstellt, conditio sine qua non *jeder* Kunst ist: herausgehoben wird immer, und wenn Hegel die Kunst als Wesentliches in der Erscheinung bestimmt, so schließt schon die Kategorie Wesentliches Wissen, Urteil, Distanz im Sinne vermittelter Souveränität ein.

Präzis wäre also zu trennen zwischen Distanz als Voraussetzung des schöpferischen Akts und dem, was wir epische Distanz genannt haben (deren Herkunft und Notwendigkeit noch genauer zu begründen sein wird). Zwiefache Distanz hat im Epischen statt: die Distanz des Schöpferischen, die wir dem Kunstwerk nach seiner Herstellung nicht mehr anmerken, und die genrespezifische, die sich möglicherweise als die in epischer Prosa selbst zum Objekt künstlerischer Darstellung gewordene Distanz des schöpferischen Akts begreifen ließe, die aber doch damit allein nicht erklärt ist.

Wir wiederholen: Gemälde, Gedicht, Drama (wir berücksichtigen die besondere Problematik epischen Theaters hier nicht) stehen als Objekte *unmittelbar* vor uns, sie sprechen zu uns als sie selbst. Die Figuren des Dramas agieren, lieben, ermorden sich allen sichtbar, und keine Frage kommt auf, woher sie denn wissen, was sie sagen und tun sollen. Sie sind sie selbst. (Ob sich der Schauspieler dabei mit seiner Rolle identifiziert oder nicht, ist in diesem Zusammenhang nicht relevant; die Nichtidentifizierung episch zu nennen kann nur als metaphorische Redeweise sinnvoll sein.) Anders bei epischer Prosa: hier sind die Figuren nicht selbst da, sondern eine Vermittlung hat statt, es wird erzählt, *daß* sie sich so und so verhalten oder verhalten haben. Genauer gesagt: dieses So und So, oder das Wie und Was, wird von *jemandem* berichtet, vom Erzähler nämlich, mag dieser nun persönlich im Buch auftreten oder, zur Substanzlosigkeit verflüchtigt, als Geist über den Wassern schweben. Er, der Erzähler, fungiert als vermittelndes Daß-Vehikel der Vorgänge. Die zwiefache Distanz besteht darin, daß der Erzähler vom Autor *geschaffen* wird (Distanz des schöpferischen Akts) und dann, souverän-distanziert und distanzierend, seine Geschichte erzählt. Nur diese letztere, spezifische Distanz geht objektiviert und so erkennbar ins Kunstwerk ein. Wie betont, gilt das unabhängig davon, ob ein Erzähler im Buch ausdrücklich auftritt. Mag ein Autor mit seinem Erzähler sich noch so sehr eins fühlen – er kommt, bei Strafe schlechter Literatur, nicht umhin, sich als Erzähler zu stilisieren und damit aus sich herauszusetzen. Technisch gesehen heißt das eine Erzählhaltung finden. (Die so geschaffene, konstitutiv ins Kunstwerk eingehende Distanziertheit, die manche Darstellungsstil nennen, ist das übergreifende Moment zu Stil im landläufigen Sinn; an der Unkenntnis dieser elementaren Voraussetzung scheinen viele Anfänger in epischer Prosa zu scheitern.)

Dies alles liegt im Wesen des Epischen und ist logisch mit ihm gesetzt. Eben daß hier nicht vorgestellt, sondern *erzählt* wird, setzt Einen voraus, der dabei gewesen ist (oder imaginiert, dabeigewesen zu sein, was auf das gleiche hinausläuft) – einen, der bescheid weiß und dieses sein Wissen an die Gemeinde der Leser oder Zuhörer weitergibt. Kaum erwähnt werden muß, daß es sich beim Wiedergegebenen um Vergangenes, Abgeschlossenes, also Überblickbares handelt; Thomas Manns Bestimmung des Erzählers als Beschwörer des Imperfekts – mag das Beschwören nun mehr oder weniger raunend vor sich gehen, es ist diese Umstandsbestimmung ja bei Mann ironisch gefärbt – ist sicher nichts hinzuzufügen. Historisch freilich gehört Aufgeschriebensein lange Zeit gar nicht zum Epischen. Erzählen im Sinne von »Vorgefallenes berichten« bleibt ja als aus gesellschaftlicher Arbeit resultierende, dem täglichen Leben zugehörige Quelle künstlerischen Erzählens immer wirksam. In später Vorgeschichte, als sich Mythen zu bilden begannen, mag bereits mehr oder weniger stilisiertes Erzählen zu den Aufgaben und Vorrechten des Schamanen gehört haben, der damit sein Wissen um verborgene Zusammenhänge auszuspielen Gelegenheit hatte. Mit fortschreitender Differenzierung der Gesellschaft gingen, wie bekannt, einzelne schamanische Funktionen auf eigenständige Berufsgruppen über. Vor dem Dichter noch kennen wir den Sänger, den Geschichtenerzähler. Daß Mythen aufgezeichnet wurden, dürfte – nachdem es durch praktikable Schrift und billiges Material technisch und ökonomisch möglich war – zunächst reiner

Behelf gewesen sein: es erleichterte die Weitergabe des Texts, sicherte gegen Hörfehler und machte den Adepten unabhängig von Anwesenheit und Stimmung des Meisters. (Freilich kam damit auch das Moment der nicht mehr nur individuell, sondern potentiell gesellschaftlich kontrollierbaren *Authentizität* eines Textes in die Welt; dies kann hier jedoch vernachlässigt werden.)

Immer aber – mochte ein Text nun aufgeschrieben sein oder mündlich überliefert – war, zumal nur ein verschwindend kleiner Teil des Publikums die Manuskripte, wären sie ausreichend vorhanden gewesen, hätte lesen können, der Sänger (oder Erzähler) als Vermittler des Geschehens *leibhaftig* vorhanden, ein tatsächlicher Jemand, der gesehen und gehört hatte und selbstredend mit Gesehenem und Gehörtem souverän umsprang, seine Betrachtungen anstellte, weitschweifig (so weitschweifig, wie ihm dies Gedächtnis und Phantasie auf der einen, Spannung und Respekt des Publikums auf der anderen Seite gestatteten) Sonnenaufgänge beschrieb und mit gleicher Selbstverständlichkeit, schien es ihm Zeit für eine Stärkung, seine Helden die Handlung unterbrechen und sich zur Tafel begeben ließ, was durch die Floskel »*Und sie hoben die Hände zum lecker bereiteten Mahle*« wirkungsvoll eingeleitet werden konnte.

Dies nun ist zweifellos epische Distanz, die ja, könnten wir sagen, immer oder zumeist etwas von verstehend-verständigem Augenzwinkern an sich hat. Wie aber kommt es dann, daß wir jene Stelle bei Homer durchaus nicht als besonders oder auch nur irgendwie distanzierend empfinden? Daß die Wissenschaft jenen Zusammenhang zwischen Text und Appetitspegel des Sängers erst vor nicht sehr langer Zeit mutmaßend festgestellt hat? Es kommt, antworten wir, daher, daß epische Distanz keineswegs in den Text hineinobjektiviert werden mußte, weil sie durch das Vorhandensein eines leibhaftigen Sängers von selbst und ohne alle Konstruktion gegeben war. Nicht als Lektüre für alle war ja der Text aufgezeichnet, sondern als Gedächtnisstütze für den Sänger, dem es gar nicht in den Sinn kam, sich von seiner Geschichte wegzudenken.

Wir stocken – denn Homer ist im öffentlichen Bewußtsein weniger Sänger denn Dichter. (Es liegt uns nicht daran, hier zu diskutieren, ob man den Autor von *Ilias* und *Odyssee* als historische oder als mythische Gestalt anzusehen habe. Einleuchtend scheint freilich, die geniale Organisation des Stoffes in der *Odyssee* gehe nicht auf ein Kollektiv von Sänger-Generationen, sondern auf einen großen Kopf zurück; ebenso wahrscheinlich ist wohl, daß dieser viel vorgeformt Tradiertes verwenden konnte.) Wie dem immer sei – wir könnten uns aus der Affäre ziehen, indem wir die Gültigkeit unserer Betrachtung (für den griechischen Raum) auf die Zeit vor Homer beschränken; sinnvoller scheint, darauf zu verweisen, daß Homer seine Gesänge ja nicht für einen Verlag, sondern für sich selber aufschrieb, und nur in dieser Hinsicht für ein Publikum, dem er zudem Auge in Auge rezitierend gegenüberstand, so daß er, wir wiederholen es, über epische Distanzierung nicht nachzudenken hatte, da er diese, eine Geschichte vortragend, fortwährend selbst vollzog.

Wir lesen: »*Sage mir, Muse, die Taten des vielgewanderten Mannes ...*« – den Anfang der *Odyssee,* und stocken wiederum. Denn zweifelsohne ist dies ein Distanz schaffender Satz; rhetorisch ruft der Erzähler die Muse an und hat sich damit als außerhalb und über der Sache stehend *im Text* konstituiert. Aber lassen wir uns nicht täuschen: Wenn wir sagten, der Sänger habe über epische Distanzierung nicht nachzudenken gehabt, da er sie jeweils selbst vollzog, haben wir nicht behauptet, allein seine Anwesenheit genüge, den Text episch zu machen. Bekanntlich kann man auch Lyrik oder Dramen vorlesen. Auf die leibhaftige Anwesenheit als *Erzähler* kommt es vielmehr an, welche beiden Komponenten damals freilich auch reflektorisch nicht getrennt werden mußten: die epische Distanzierung war gleichsam natürliche Haltung. Daß sie auf den Text formend und verformend übergreift, kann keineswegs verwundern. Im Gegenteil: Wäre solches Übergreifen nicht möglich, könnte nicht allein durch den Stil der Darstellung, durch sprachliche Mittel also, ein Erzähler samt seiner Haltung imaginiert werden, wäre moderne epische Prosa, die im Buch oder als Buch zum Leser kommt, nicht vorstellbar. Logisch stellt sich das Problem epischer Distanz (das wir jetzt auch den Zwang zur ersetzenden Imagination des Sänger-Erzählers nennen können) dem Schriftsteller von dem Augenblick, da er beginnt, für ein (anonymes) Leserpublikum Bücher zu schreiben.

Historisch ist ein allmählicher, vielfach unterbrochener Prozeß anzunehmen. Begüterte dürften sich die Gesänge haben abschreiben lassen; nicht mehr an die zufällige Anwesenheit eines Sängers gebunden, konnten sie sich nun bei Bedürfnis und Laune von Sklaven vortragen lassen oder, sofern sie es gelernt hatten, selbst darin lesen. Obgleich die Versstilisierung die Gesänge ins Lyrische treibt, findet sich in diesen nicht zum Lesen bestimmten Texten bereits epische Distanz; die Gründe dafür wurden erwähnt. Aus der Zeit des Hellenismus kennen wir ein paar Romane – es bleiben wenige; im germanisch-fränkischen Raum wie bei den Slawen finden wir noch zum Ausgang des Mittelalters Versepen. Als Quelle späterer Prosa muß zudem die Geschichtsschreibung genannt werden, die sich ja keineswegs auf trockene Fakten beschränkte, sondern zum Lob oder zum Schaden genehmer beziehungsweise suspekter Personen allerlei Legenden, Histörchen und Anekdoten einzuflechten wußte, und zwar mit solchem Fleiß, daß sie bisweilen zu einem Kompendium wundersamer Geschichten entartete. Erst der Frühkapitalismus machte – mit Gutenbergs Erfindung – Alphabetisation möglich; erst damit waren die technischen wie gesellschaftlichen Voraussetzungen für Kunstprosa gegeben. Naiv und mehr oder weniger kunstlos dürften zunächst Geschichten aufgeschrieben worden sein, einige Volksbücher sind uns überliefert. Auf diese, wie auf Geschichtsschreibung und Versepos, konnten die Prosaschriftsteller der Neuzeit aufbauen. Indem sie zum Lesen bestimmte Geschichten aufzeichnen, haben sie das Kunststück der ersetzenden Imagination des Sänger-Erzählers immer wieder neu zu lösen.

2

Nehmen wir die These an, daß ein Autor sich als Erzähler zu stilisieren hat, akzeptieren wir, daß dies allein durch Mittel der Sprache erreicht werden kann, so erhellt daraus die enorme Bedeutung, die dem Anfang eines Romans (einer Kurzgeschichte, Erzählung usw.) zukommt. Eben mit den ersten Sätzen wird die Art und Weise der Distanzierung gesetzt, durch sie muß der Erzähler manifest werden, wird er konstituiert, sie allein öffnen die epische Dimension. Wie das geschieht, soll im folgenden an einigen Beispielen belegt werden.

Robert Cohn war in Princeton Mittelgewichtsmeister im Boxen gewesen. Glauben Sie nicht etwa, daß mir so ein Boxtitel imponiert, aber für Cohn bedeutete er viel. Er machte sich aus Boxen an und für sich gar nichts; tatsächlich fand er es gräßlich, aber er hatte es mit viel Ausdauer und Mühe erlernt, um ein Gegengewicht für sein Inferioritätsgefühl und seine Schüchternheit zu besitzen. Diese waren entstanden, weil man ihn in Princeton als Juden behandelt hatte. Die Überzeugung, daß er jeden, der frech gegen ihn war, niederschlagen konnte, gab ihm eine gewisse innere Beruhigung. Aber aus Schüchternheit und weil er wirklich ein riesig netter Kerl war, boxte er nur im Ring. Er war der Renommierschüler von

Spider Kelley. Spider Kelley lehrte alle seine jungen Leute als Federgewichtler boxon, ganz gleich, ob sie einhundertfünf oder zweihundertfünf Pfund wogen. Aber für Cohn schien dies das Richtige zu sein. Er war wirklich furchtbar fix. Er machte seine Sache auch so gut, daß Spider ihn unverzüglich überschätzte und sein Gegner ihm die Nase für alle Zeit plattschlug.
Ernest Hemingway, *Fiesta*, Erstes Buch, (I)

Der erste Satz ist – unter dem Gesichtspunkt unseres Themas betrachtet – noch relativ neutral, und man könnte ohne weiteres den für Liebhaber von Literatur einigermaßen traumatischen Romananfang Dieter Nolls anhängen: »*Robert Cohn* war *in Princeton Mittelgewichtsmeister im Boxen gewesen. Der Wecker rasselte. Cohn (Holt) sprang aus dem Bett.*« Wir lesen unsere seltsame Montage – und müssen erkennen, daß unser »ohne weiteres« voreilig war. Fragt man sich nämlich bei Nolls – offenbar um eines pseudodramatischen Effekes willen hingestellten – Romananfang mit vollem Recht, wo hier der Erzähler stehe, woher also jemand das Wissen um diese Vorgänge haben will, so ist diese Frage nach Voranstellung von Hemingways scheinbar neutralem Eingangssatz schon nicht mehr berechtigt. Soll nämlich jener Eingangssatz sinnvoll sein, so müßte unverzüglich erklärt werden, was denn der einstige Boxmeistertitel mit dem Klingeln des Weckers, mit der augenblicklichen Situation des Helden zu tun hat. Und da Hemingways Satz Vorvergangenheit gibt, imaginiert er sogleich einen Erzähler, der über den Dingen steht: er weiß sowohl um die augenblickliche Situation des Helden wie um sein Vorleben. Dieses Vorleben hat er offenbar im Gedächtnis parat und kann nach Belieben darauf zurückgreifen. Damit ist bereits eine enorme Distanz gewonnen, die sich hier gleichzeitig als *Freiheit* des Erzählers kundtut, die ihm bekannten Details seiner Geschichte da einzusetzen – oder zu verschweigen –, wo es ihm angebracht scheint. Zum anderen ist durch das Vorvergangenheit schaffende *war gewesen* (eine Fügung, die in der Stilistik als suspekt gilt und die in jedem Schulaufsatz gewiß als Fehler im Ausdruck angekreidet würde) bereits eine Lässigkeit markiert, die jenen Satz als im – freilich stilisierten – Ton mündlichen Erzählens vorgetragen ausweist und ihn so zur Imagination eines Erzählers geeignet macht.

Mit dem zweiten Satz dann ist alles getan. Der Erzähler tritt »leibhaftig« auf, indem er – wenn ich recht gelesen habe, das einzige Mal in diesem Roman – den Leser anredet: »*Glauben Sie nicht etwa* ...« beginnt er, und bis hierher könnte das noch der »unpersönliche« Erzähler des 19. Jahrhunderts sein, der in der Geschichte nicht mitspielt, sondern, scheint es ihm angebracht, dann und wann mit anonymer Stimme aus seinem Buch heraustritt und dem Leser etwas erklärt, was seine Figuren oder der Gang der Handlung nicht deutlich zu machen wissen. Das *etwa* freilich läßt uns schon stutzen – es markiert ebenfalls Lässigkeit (übrigens auch eine distanzierende und Souveränität im Umgang mit der Geschichte schaffende Haltung). Der Nebensatz »*daß mir so ein Boxtitel imponiert*« aber wäre zweifellos zu läppisch, um für den Kommentar eines als Geist über den Wassern schwebenden Autors, der ja nur Gewichtiges äußern wird, zu gelten – wir dürfen also annehmen, daß der Erzähler selbst in der Geschichte eine Rolle spielt. Er entschuldigt sich für seinen Eingangssatz: was ist schon ein Boxmeistertitel, könnte der Leser denken – der Erzähler denkt ebenso, sagt das und beweist damit wiederum seine Position über den Dingen; zudem wird durch »*imponiert*« – hier schnoddriger Jargonausdruck – der Gestus mündlichen Erzählens verfestigt. Gleichzeitig aber wird aus dem Nebensatz und dem folgenden »*aber für Cohn bedeutete er viel*« die Stellung des Erzählers als mitspielender Figur zu eben diesem Cohn deutlich: eine freundschaftlich-milde, nicht unironische Distanziertheit, in der Nachsicht schwingt und unsentimentaler, trockener Humor. Wir reden nicht davon, wie sehr viel damit auch schon für die Charakterisierung Cohns erreicht ist.

Dies also gelingt mit den ersten beiden Sätzen: Der Erzähler ist imaginiert durch den Ton mündlichen Erzählens (Lässigkeit) wie dadurch, daß er sich selber zu Wort meldet. Durch die Verwendung der Vorvergangenheit, durch seine urteilende Haltung gegenüber Cohn, die mit der entschuldigenden Erklärung des Eingangssatzes gegeben wird, hat sich der Erzähler gleichzeitig und in zweifacher Hinsicht zu seiner Geschichte in Distanz gesetzt: er steht sowohl *über* der Geschichte und kann sich *innerhalb* ihrer souverän bewegen. Begeht der Autor keinen Kunstfehler, kann der Roman jetzt ablaufen: die Erzählhaltung ist gewonnen, der epische Raum markiert.

Nun könnte man sagen, und es wird gesagt, die Verwendung eines – noch dazu persönlich mithandelnden – Ich-Erzählers erleichtere, ja setze geradezu Distanzierung, zumal diesem Ich-Erzähler ja jederzeit die erläuternde Kommentierung des Geschehens möglich sei. Anders verhalte es sich, wenn – im Interesse einer abzuschildernden Totalität beispielsweise, die ein mit dem Makel subjektiver Sicht behafteter Ich-Erzähler nicht zu geben vermöge – »objektiv« erzählt werden müsse und also alles, was der Autor sagen will, durch die Handlung und die Äußerungen der Figuren dem Leser vermittelt werden muß. Dies ist jedoch ein Trugschluß. Zwei Ebenen werden vermischt: Die Gewinnung einer epischen Haltung ist etwas anderes als das Anliegen des Autors, eine bestimmte Totalität zu geben und damit dem Leser diese oder jene Lebenshaltung nahezulegen. Art und Weise der epischen Haltung wird sicher vom Anliegen bestimmt; das kann nichts daran ändern, daß diese Haltung, schreibt man einen Roman, eben episch sein muß. Zum anderen ließe sich eine Menge mehr oder weniger dilettantischer Ich-Geschichten beibringen, die jede epische Distanz vermissen lassen; die *mit-*

gehende Interpretation genannte Schreibhaltung findet sich nicht nur bei »objektiv« erzählten Geschichten und ist hier ebenso unfruchtbar wie dort. Zudem ist leicht zu zeigen, wie auch in »objektiv« erzählter Literatur ein Erzähler imaginiert wird; wir wiesen darauf hin, daß diese Formulierung keineswegs heißt, ein Erzähler müsse innerhalb einer Geschichte selbst als Figur auftreten.

> Jemand mußte Josef K. verleumdet haben, denn ohne daß er etwas Böses getan hätte, wurde er eines Morgens verhaftet. Die Köchin der Frau Grubach, seiner Zimmervermieterin, die ihm jeden Tag gegen acht Uhr früh das Frühstück brachte, kam diesmal nicht. Das war noch niemals geschehen. K. wartete noch ein Weilchen, sah von seinem Kopfkissen aus die alte Frau, die ihm gegenüber wohnte und die ihn mit einer an ihr ganz ungewöhnlichen Neugierde beobachtete, dann aber, gleichzeitig befremdet und hungrig, läutete er.
> Franz Kafka, *Der Prozeß*, 1. Kapitel

Nicht Josef K. beschreibt hier sein Schicksal, noch ein als Figur der Geschichte oder auch außerhalb ihrer bleibender, aber doch als lebendige Person vorgestellter Biograf. Dennoch wird ein Erzähler imaginiert. Der erste Satz tut das: Jemand weiß da mehr als K., der ja zunächst nur befremdet und hungrig ist, dieser Jemand weiß über (und wie sich zeigen wird, auch in K.) genau Bescheid (*»denn ohne daß er etwas Böses getan hätte«*). Dieser Jemand, der durch den ersten Satz gesetzt ist, der Erzähler also, ist gleichsam ein aus K. herausgesetzter Meta-K., der, dem ihm ehemals Identischen durchaus noch freundlich gesonnen, mit protokollarischer Gewissenhaftigkeit dessen Geschichte aufzeichnet. Wir wollen nicht die Wendung *»eines Morgens«* vergessen, die dem Erzähler – ähnlich dem *Es war einmal* des Märchens – souveräne Gelassenheit verleiht; das mutmaßende *mußte* des ersten Satzdrittels bestimmt sogar recht genau den Standort des Erzählers: er ist durchaus nicht allwissend, sondern eben nur um soviel wissender als K., um uns dessen Geschichte mit ausreichender Distanz mitzuteilen, um zu verallgemeinern, bevor K. das kann, dem ja jetzt wahrscheinlich ganze Assoziationsketten durch den Kopf schießen; gleichzeitig ist er K. so nahe, um dessen Gedanken und Gefühle – filtriert freilich durch seinen protokollarischen Stil – zu kennen und aufzuzeichnen. (Ein allwissender Erzähler wäre für den *Prozeß* auch kaum brauchbar gewesen – er hätte die Gerichtsmaschinerie durchschauen müssen, während gerade deren Undurchschaubarkeit zu zeigen Kafkas Anliegen war.) Wiederum wird hier – ohne daß ein »leibhaftiger« Erzähler auftritt – epische Distanz gewonnen durch zeitlichen Vor- und Rückgriff (Vorgriff: K. wurde verhaftet, was dieser noch gar nicht weiß; Rückgriff: K. hatte nichts Böses getan) und durch urteilendes Erzählen über den Helden; eben mit diesen Mitteln ist gleichzeitig ein Erzähler imaginiert.

Es wären noch andere Prosawerke unter unseren Gesichtspunkten zu untersuchen; auch müßte um der Korrektheit willen nach Gegenbeispielen gefragt werden. Es ließen sich daraus, scheint mir, für die Literaturpraxis interessante Aufschlüsse gewinnen.

April 1964

Antwort auf eine Umfrage zur Literaturkritik

1

Ein Großteil der bei uns erscheinenden Literaturkritik erinnert mich an ungesalzenen Grießbrei. Grießbrei ist eine Nahrung für Kinder und Magenverstimmte. Ersteren mischt man in den drübergestreuten Zucker wenigstens noch Zimt.

2

Tatsächlich sind wir so weit, daß in der »Neuen Deutschen Literatur« (Organ des Deutschen Schriftstellerverbands) einer Kritik *Lieblosigkeit* vorgeworfen wird. Somit hätten wir endlich den neuen kritischen Imperativ: Sag's mit Herz. Und Sigrid Töpelmann (deren Kritiken ich zu den wenigen zähle, die nicht nur kritisch, sondern auch lesbar sind) entfährt in der gleichen Zeitschrift die rührende Frage: »Warum sollte hier nicht auch die wissenschaftlich fundierte sachliche Kritik zu Wort kommen dürfen?« (NDL 10/65, S. 109). Als eine Richtung unter vielen, wie sie erläutert. – Wegen einer Kritik im SONNTAG an Steinigers *Schöpfungstagen* soll, wie man munkelt, beinahe die für den Autor zuständige SED-Bezirksleitung zusammengetreten sein.

3

Drei Kritiker, zwei davon Schriftsteller, die mich in sonst wohlmeinenden Rezensionen auch mit kritischen Bemerkungen bedacht hatten, fragten hinterher an, ob ich ihnen böse sei. Dies kennzeichnet den allgemeinen Zustand. Mir sind selbst Verrisse lieber als das vermanschte Blabla, mit dem die rneisten Kritiker ihre Zeilen füllen. Alle Welt ist sich einig, daß bei uns weit mehr schlechte Bücher erscheinen als gute. Sogar Kritiker werden dem zustimmen. Befragt man jedoch ihre Äußerungen, kommt raus: angesichts des konkreten Werks scheint sich ihr Bewußtsein zu spalten. Also erzählen sie den Inhalt, loben die Absicht und bemerken am Schluß, einige Charaktere seien dem Autor freilich etwas blaß geraten; im übrigen ... Das läßt sich monatlich in der NDL nachlesen.

4
Es gibt Buchhändler, die alljährlich vertrauensseligen Gewerkschafts-Obleuten ihre Ladenhüter als Buchprämien aufschwatzen. Die ausgezeichneten Opfer werden damit präzis von Literatur fortgegrault. Nicht weniger widerwärtig handeln Kritiker, die Schlechtes nicht schlecht nennen und Mittelmäßiges nicht als mittelmäßig entlarven. Dies setzt freilich Maßstäbe voraus und einen eigenen Standpunkt. Dieser könnte sogar volkswirtschaftlich wirksam werden. Hätten wenigstens ein paar Kritiker Kubas *Terra Incognita* öffentlich als das bezeichnet, was es ist: ein mißlungenes Werk, hätten sich möglicherweise die für den gleichnamigen Film verschleuderten Hunderttausende Mark einsparen lassen. Maßstablosigkeit scheint mir eine verbreitete Eigenschaft unserer Kritik. Vergleicht man die Rezensionen zu *Katzengold* mit denen zu Hacks' *Moritz Tassow,* so ist das Ergebnis beschämend: man könnte tatsächlich annehmen, nicht Hacks, Heiner Müller und Baierl bestimmten das Gesicht unserer Dramatik, sondern Kuba und Sakowski ...

Freilich ist es möglich und wahrscheinlich, daß anderslautende Kritiken geschrieben, jedoch nicht gedruckt wurden. Nicht nur, wenn ein hochgestellter Staatsmann ein Werk lobend hervorhob, befleißigen sich unsere Publikationsorgane dezenter Einstimmigkeit – mitunter scheinen sie Rezensionen danach auszuwählen, was eventuell gelobt werden könnte. Eine solche Haltung nennt man Byzantinismus; sie ist einer sozialistischen Gesellschaft wesensfremd.

5
Kritik ist kein Zaubermittel. Ob ein Schriftsteller mit ihr etwas anfangen kann, ist nicht sicher. Jedes Talent hat Grenzen; nicht alles, was einer möglicherweise einsieht, vermag er schon besser zu machen. Wenn aber Kritik einem Autor helfen kann, dann nur sachliche, offenherzige und schonungslose. Und nicht anders als der Autor kann und muß das Publikum an Maßstäbe gewöhnt werden. Wobei zu fordern ist: daß sich Kritik bei aller Schärfe freihält von politischer Diffamierung.

6
Ich wünsche mir von Kritik: Sachlichkeit (die Sachkenntnis voraussetzt), Präzision, Schärfe. Sollte das zuviel verlangt sein, wenigstens etwas mehr von jedem. Und gelegentlich: zwei Kritiker, die über das gleiche Werk aus prinzipiellen Gründen ganz verschiedener Meinung sind (dies kommt in der Wirklichkeit vor) und diese ihre Meinungsverschiedenheiten öffentlich und mit Argumenten austragen (das kommt in der Wirklichkeit kaum vor).

Ich wünschte, daß die Rezensenten mehr über die Sprache der Autoren nachdächten und schrieben. Weniger darüber, ob immer die richtigen Epitheta verwandt sind. Vielmehr über die Mittel, mit denen ein Gestus, eine Erzählhaltung konstituiert wird und inwieweit die so gewonnene Haltung dem Gegenstand und dem Anliegen des Autors gerecht wird. Die Haltung des Autors zur Welt manifestiert sich in der Sprache; allzuoft begegnen wir einer Unhaltung, so daß wir im Buch oder im Gedicht nur Ansichten des Autors zu möglicherweise wichtigen Problemen finden, jedoch keine Literatur. Dies müßte jeweils ausgesprochen und bewiesen werden; andernfalls degeneriert die Kritik: wenn nicht zur Inhaltsangabe, dann zur pseudosoziologischen Mutmaßung.

7
Auf genaues Befragen würden mir mindestens sieben bis acht in der DDR lebende Leute einfallen, von denen ich schon gute Rezensionen gelesen habe. So wenig ist das nun auch wieder nicht. Über die Hälfte davon sind allerdings Schriftsteller.

21. November 1965

4.

Antwort auf eine Umfrage zur Traditionsaufnahme

Lieber Herr Professor Richter,
erstaunt sehe ich Sie sich erkundigen, ob ich dem Gedanken Anna Seghers', der Schriftsteller heute bedürfe der großen Kunstleistungen aus Vergangenheit und Gegenwart ebenso wie der Erfahrung der Wirklichkeit, zustimme – entspricht das doch ungefähr der Frage, ob ich regelmäßiges Essen meinen Lebensfunktionen für dienlich halte oder nicht. Gleichwohl muß ich, angesichts der Schreibpraxis und gewisser Äußerungen eiliger Kollegen, Ihre Frage berechtigt nennen. Jene nämlich glauben, gegen alle Erfahrung und marxistische Theorie, aus vergangener Kunst nichts lernen zu müssen, weil heutiges gesellschaftliches Zusammenleben *in all und jedem* von früherem sich unterscheide. Aus solcher Hybris, die kurzerhand die Menschheitsgeschichte zum Müll der Archive kehren will, folgt dann nicht nur, daß künstlerische Verfahren anderer Zeiten und Länder nicht zur Kenntnis genommen werden – geleugnet werden auch die großen utopischen, auf menschliche Verwirklichung zielenden Gehalte früherer Kunst, die von jenen Verfahren immerhin bis zu uns transportiert werden. Philosophisch liegt diesem Quasi-Denken, das immer wieder auf allerlei *Instinkte* sich beruft, die Verabsolutierung der Diskontinuität der Geschichte zugrunde* – als sei Diskontinuität ohne Kontinuität überhaupt möglich. Literarisch entspricht der intendierten Traditionslosigkeit allerdings nicht die Benutzung keiner Tradition, sondern die meist eklektische Verwendung leicht aufzunehmender

---

* *»Jede Epoche ist unmittelbar zu Gott«, hatte schon Ranke gesagt, der freilich nicht behauptete, Marxist zu sein.*

Schreibweisen (etwa so verquollener Stilisten wie Gerhart Hauptmann oder Peter Rosegger), die insgesamt *Unkontrolliertheit* kennzeichnet.

Ich halte einen möglichen Verlust an Geschichtsbewußtsein für eine der großen Gefahren unserer Zeit, das Bestehen auf historischer Betrachtungsweise für einen der wesentlichen Vorzüge des Marxismus. Wenn ich selbstverständlich auf Seiten Anna Seghers' stehe, so nicht nur, weil der Schriftsteller künstlerische Verfahren der Vergangenheit in ihrem Funktionieren und im Wandel ihrer Funktion kennen muß, um wählen, verwerfen, neue Verfahren oder Kombinationen von Verfahren für seine Gehalte finden zu können. Kunst ist auch Chronik, der Kosmos, den der in Kunstabsicht Schreibende sich anzueignen hat, nicht nur Gegenwart; und teils roh, teils in großen Metaphern liefert die große Kunst der Vergangenheit und anderer Länder uns Informationen aus einer Welt, zu der wir, wie vermittelt auch immer, gehören und aus der, bei Strafe die Kommunikation abschneidender Isolierung oder eines Pseudo-Kommunikation herstellenden Provinzialismus, keiner sich entlassen kann.

Theoretisch ist übrigens das Problem denkbar einfach. Wie jede Information eine Tradition (System von Codierung und Entschlüsselung) voraussetzt, muß auch Kunst, um verstanden werden zu können, auf Traditionen bauen, d. i. redundante Elemente enthalten (Epigonik ist voll-redundante Schein-Information); die Frage ist also nicht, ob Traditionen, sondern welche, und, zweitens, ob *kontrolliertes* oder unbewußtes* Umgehen mit Traditionen. Dabei scheint mir der einzige Maßstab für die Fruchtbarkeit eines

---

* *Natürlich werden beim Verfertigen von Kunstwerken immer auch unbewußte Faktoren wirken – sowohl als automatisierte Erfahrungen (Fertigkeiten) wie unterbewußte im Sinne der Psychoanalyse. Doch kann der kontrollierende Autor im nachhinein diese Faktoren sich bewußt machen und dann seine Maßnahmen treffen, d.i. den Text ändern oder belassen.*

Traditionsbezugs das Maß an Realismus, das er jeweils ermöglicht.

Freilich muß Bezug auf Traditionen keinesfalls Übernahme des strukturierten Ensembles von Verfahren bedeuten, das eine Tradition ausmacht. Oft ist der Bezug polemisch, und selbst da, wo Ehrfurcht rein waltet, wird die Hierarchie der Verfahren umgeordnet, werden einzelne Verfahren, als »Repräsentanten« der Tradition, bevorzugt, andere fallengelassen. Bewahren vollzieht sich auch hier durch Aufheben (was den Konservativen nicht eingeht), Neuerertum schließt Bewahren ein (was die »absoluten Neuerer« nicht wissen wollen); beides fordert und rechtfertigt der Dienst am Realismus. Im übrigen wird leicht vergessen, daß wir, da wir nicht überall sein können, Wirklichkeit heute ebensosehr mittelbar wie unmittelbar erfahren.

Sicher kann für mich vorgefundene Literatur Bestätigung, Herausforderung oder Anlaß zu kritischer Reflexion sein. Ich lese in den Arbeitspausen, meist abwechselnd in zwei oder drei Büchern, zur Erholung; meiner Erfahrung nach befördern bedeutende Werke die Arbeit, während mittelmäßige niederdrücken, ganz schlechte dagegen gelegentlich amüsieren. Obwohl ich diese Lektüre – oft Reisebeschreibung, Geschichte, Biografie, zuletzt allerdings Arno Schmidts Riesenwerk *Zettels Traum* – ohne Rücksicht auf meine augenblickliche Arbeit wähle, kann ich nicht selten etwas daraus für die Arbeit brauchen. Ferner lese ich manchmal, zur Einstimmung oder um Unsicherheit zu überwinden, Stellen aus Werken, die ich hochschätze: *Altes Testament;* Shakespeare in Englisch; Prosa von Robert Walser, Ernst Bloch, Walter Benjamin; Brecht *(Leben Eduards des Zweiten);* Rilke *(Requiem für Kalckreuth);* Heiner Müller *(Philoktet, Macbeth);* Mickel *(»Dresdner Häuser«).* Andere Bücher können, in Augenblicken der Niedergeschlagenheit, Lebenshilfe sein: Shakespeare (in der Schlegel-Tieckschen Übertragung); Ilja Ehrenburgs Memoiren;

Goethes *Wahlverwandtschaften*. Hohen Unterhaltungswert haben für mich Bücher über Wissenschaft, wie Konrad Lorenz' *Das sogenannte Böse*, Thomsons *Aischylos und Athen*. Wie all das meine Arbeit beeinflußt, kann ich nicht messen. Natürlich sind auch Gedichtübertragungen, mit denen ich oft befaßt bin, Begegnungen mit fremder Kunst; da hier die »Stimme« des Nachdichters nicht dominant werden darf, weil sonst Dichter verschiedener Zeiten und Länder wie ein und derselbe klingen, zwingen sie zu dauernder Erweiterung der Sprachmittel, was dann der eigenen Produktion zugute kommen mag.

Von Autoren, die mir viel bedeuten, möchte ich noch nennen Ossip Mandelstam, Joseph Roth, Keats, Shelley, Villon, Kleist, Büchner, Hölderlin, Georg Heym, Georg Trakl. In der Musik nenne ich Bach, Mozart, den späten Beethoven, weiß aber insgesamt zuwenig. In der Malerei würde die Liste zu lang.

Ich führe, wahrscheinlich weil mir das Schreiben zu schwer fällt, kein Tagebuch, notiere aber mir wichtige Stellen des Gelesenen mit oder ohne Kommentar und schreibe sie später mit Maschine auf DIN-A-4-Blätter, die ich von Zeit zu Zeit durchsehe. Darunter sind gelegentlich Gedicht-Themen: »*Jeremia*«, nach Lektüre der Großen Propheten; »*Kardinal Albrecht*«, nach einer hallischen Stadtgeschichte; »*Die großen Bauten*«, nach *Parkinsons Gesetz;* »*Tod Ewald Kleists*« nach Archenholz' *Geschichte des Siebenjährigen Krieges*. Durch Bilder bzw. Literatur veranlaßt sind ein paar Gedichte: »*Picasso: Sylvette im Sessel*« (1962); »*Auszog das Fürchten zu lernen*« (1965); »*Zeichnung« (1966)* und *»Sich Reckende« (1969)* zu Bildern von W. Sitte. In *»Lenin 1918« (1970)* sind Lenin-Zitate mit Stellen aus Vera Inbers *Ein Platz an der Sonne* montiert. Aufsätze sind selten, zumal sie, vermutlich weil ihre Verfasser in der Regel noch ein Gehalt beziehen, schlecht bezahlt werden: »*Realismus in der Poesie Washa Pschawelas*« (Sinn und Form 6/1970) und »*Das Kli-*

schee als Kunstleistung und die Automatisierung des schöpferischen Prozesses« (Weimarer Beiträge 11/1973). Zur Zeit arbeite ich an einem längeren Essay über Nachdichtung; gern schriebe ich einen Aufsatz »*Arno Schmidt. Realist, Aufklärer, Troglodyt*«.

Was läßt sich von anderen Autoren lernen? So viel, daß es sich nicht aufzählen läßt. (Leider lernt man auch Unarten leichter als Brauchbares, das herauszufinden ja Übung verlangt.) Ich würde zwei Arten von Lernen unterscheiden. Die erste ist ein Nebeneffekt des Lesens. Sehen wir von der unteren Schicht der Aufmerksamkeit ab, die nur auf den Fortgang einer Handlung sich richtet (welche folglich ein wichtiges Transportmittel für Literatur bleibt), werden zunächst Komplexe von Sprachverfahren, Weltbeschreibung und -interpretation aufgenommen, nämlich Gestalten oder poetische Redeweisen. Wer Ohren hat zu hören, lernt bald unterscheiden: zwischen verschiedenen Epochen, Autoren einer Epoche, Genres und ihren Eigenheiten, usf. Das geschieht allein auf der Ebene unanalysierten Erkennens von Gestalten, ungefähr so, wie man nach den ersten Takten einer unbekannten Musik zweifeln kann, ob sie von Haydn oder Mozart sei, nicht aber, ob von Haydn oder Wagner. Diese erste Art wird immer wichtig bleiben und ist insofern keine »niedere Stufe«, als man es in ihr zu großer Sicherheit des Urteilens bringen kann; freilich werden, so schlagend richtig sie sein mögen, die Urteile von dort aus selten *begründet* werden können.

Der Lernende verfügt so mit der Zeit über einen Vorrat strukturierter Ensembles von Verfahren, die er zum Wiedererkennen abrufen, zur Imitation nutzen, in Vergleich setzen und schließlich *in ihrer Funktion* betrachten kann. Hier beginnt die zweite Art des Lernens. Faßt schon die erste keinesfalls nur Technisches, insofern der Unterschied zwischen großem und banalem Gegenstand, etwa einem Shakespeare-Sonett und einer Hochzeitszeitung, durchaus intuitiv bemerkt werden kann, können nun a) die Verfahren analytisch, b) in ihren Zwecken (interpretierendes Hervorrufen von Welt) und c) auf ihre Leistungsfähigkeit untersucht werden. Lernen läßt sich jetzt: die Etablierung eines Metrums und dessen gezielte Verletzung durch Verschleppen, Beschleunigen, Gegenläufigkeit, d. h. das Verhältnis von Metrum und Rhythmus im Vers; die immense Rolle der Zäsuren im Vers und aufeinander folgenden Verszeilen, d. h. die gegenseitige Bedingtheit von Rhythmus, Syntax und Mitteilung; die Wirkung rhythmisch-syntaktischer Mittel, wie Inversionen, auf die Semantik der gewöhnlichen Rede, usf. Freilich wird beim Produzierenden die zweite Art des Lernens auf der ersten bauen, weil die Analyse jeden Partikels in seiner Funktion, wie sie Jakobson und Levy-Strauss in ihren akriben Untersuchungen von Gedichten Brechts und Baudelaires* vorführen, meist zu aufwendig sein dürfte; alles, was gelernt wird, »sinkt« ja in den Vorrat der beherrschten Verfahren und muß bei Anwendung nicht notwendig neu bedacht werden. Lernen läßt sich, daß Informationsdichte kein Wert an sich ist, vielmehr »Wortstaub« nötig sein kann, um ein wichtiges Wort hervorzuheben; lernen, oder wenigstens als Leitbilder aufnehmen, lassen sich Haltungen: die Verpflichtung des Schriftstellers zu Wahrheit und Wahrhaftigkeit, die die Pflicht sich zu informieren einschließt; Fleiß; Achtung vor der Arbeit anderer, die auch in Kritik sich ausdrückt (das, samt einer Betrachtung im historischen Kontext, lehrte uns Georg Maurer); Mut, aus beherrschten Darstellungsweisen auszubrechen, wenn der Gegenstand es verlangt; die Pflicht, weder in der Ver-

---

* *Jakobson/Levy-Strauss:* »Les Chats« von Charles Baudelaire, *in:* »alternative«, *Heft 62/63; Roman Jakobson:* Der grammatische Bau des Gedichts »Wir und nicht sie« von B. Brecht, *ebd. Heft 65. – Aus prinzipiellen Gründen vermute ich, daß auch genaueste Analyse nie alle Funktionen wird erfassen können – einfach, weil das Kunstwerk auf einen von Natur nicht-endlichen Kosmos von Erfahrungen, Strebungen usw. sich bezieht und bezogen wird; so scheint mir fraglich, ob rein immanente Analyse überhaupt möglich ist.*

zweiflung noch im Glück zu schreien, sondern zu artikulieren.

Lernen kann man bei Robert Walser, wie stille Freundlichkeit in einer durchsichtigen Prosa vernichtend böse werden kann; bei Ivo Andrić *(Die Brücke über die Drina),* wie entfernte Geschichtsperioden in ein Kunstwerk sich raffen lassen; bei Shakespeare, Washa Pschawela und anderen, wie aus der Schilderung einer barbarischen und aus den Fugen geratenen Welt Hoffnung hervorgeht. Ob Naivität, die ein Autor m. E. ebenso nötig hat wie Verstand, sich lernen läßt, weiß ich nicht.

Die Tradition, der ich mich am meisten verpflichtet fühle, ist, überlege ich recht, die Aufklärung. Allerdings würde ich den Begriff mehr als Haltung fassen denn als Periode, und ein zu Unrecht wenig gelesenes Werk wie Goethes *Westöstlichen Divan,* mit der bedeutenden Prosa der Noten und Abhandlungen, dazu rechnen. Ich verehre Diderot. Tief unangenehm ist mir alle Art von Mystizismus; so kann ich Leuten wie George und Benn, obwohl sie sicher auch Ordentliches gemacht haben, nichts abgewinnen. Auch wird mir ein Dichter, der auf dem Sterbebett katholisch wird, immer verdächtig bleiben. Natürlich soll, wer Dinge, die geschehen sind oder geschehen, nicht wissen will, weil sie ihm nicht ins Weltbild passen oder zuwenig Trost liefern, ruhig beten dürfen: Er bleibt dann für alle Berufe geeignet, außer für den des Schriftstellers.

Einzelfragen, die ich untersuchenswert finde, sind: die Wirkung von Brechts *Leben Eduards des Zweiten von England,* von dessen Sprache das neuere deutsche Versdrama wesentlich herkommt; interessant wäre in diesem Zusammenhang, warum heute nur DDR-Autoren Verse für die Bühne schreiben können, während der deutschsprachige Rest scheitert. (Eine Ausnahme sind die sehr guten Knittelverse in Weissens *Marat,* die eine andere Tradition aufnehmen.) Zweitens: Rilkes intonatorischer Einfluß auf Brecht, der sich m. E. in manchen Sonettschlüssen zeigt. Drittens schiene mir, daß Anna Seghers' hervorragende science-fiction-Erzählung *Sagen von Unirdischen* ausgiebiges Nachdenken lohnte.

Mit freundlichen Grüßen

Juni 1973

Nach Rilke gefragt

Ich rechne Rilke zu den großen deutschen Dichtern, d. i. zur »ersten Reihe«, in die Gryphius, Günther, Goethe, Hölderlin, Trakl, Heym, Brecht gehören. Letzten Monat erläuterte die »Literaturnaja Gazeta« eine soziologische Studie über die Gleichgültigkeit britischen wissenschaftlichen Personals gegenüber schöner Literatur mit dem Satz, die Leseunlust der Doktoren betreffe nicht allein nur wenigen Eingeweihten zugängliche Autoren wie Rilke, sondern auch leichte wie Dickens. Das Urteil, Rilke sei hermetisch, ist wahrscheinlich von dummen Verehrern aufgebracht und wird nun nachgeredet, weil keiner mehr die Texte liest. Sieht man vom Training ab, das alle Dichtung braucht, wüßte ich keines von Rilkes wichtigen Gedichten, das schwer verständlich wäre. Wenig zugängliche Stücke – so die ersten beiden *Duineser Elegien*, in denen die Engel-Metapher erst entschlüsselt werden muß und der dreitaktige Vers noch unsicher gehandhabt ist – gehören nicht zum Besten, das Dunkle ist vage statt wie bei Hölderlin präzis.

Eine andere gegen Rilke verbreitete Meinung sagt, er dichte süßlich und sei ein manieristischer Kunstgewerbler. Tatsächlich trifft das zu auf die Jugendgedichte, vieles im *Stundenbuch* und weniges in den *Neuen Gedichten* und den *Sonetten an Orpheus*. Indes ist, daß er auch Minderes gemacht hat, kein Einwand gegen einen Dichter, sofern von ihm Bedeutendes vorliegt; anders müßte man auch Goethe, der öfter, nicht nur in Geburtstagsgedichten, stehen ließ, was ihm eben einkam, oberflächlich nennen. Wem schon gelingen mehr als dreißig wirklich große Gedichte? Schon zehn sind viel.

Vielmehr läßt sich an Rilke exemplarisch studieren, wie einer eine Technik der Versbehandlung vor- und ausbildet, bevor er den dafür würdigen Gegenstand gefunden hat. Merkmale dieser Technik sind die als Verfahren genutzte Musikalität natürlicher, manchmal nur durch Reim und Alliteration verfremdeter Rede (der Vers als gleichmäßig fließende rhythmische Reihe, kaum rhythmische Arbeit im Vers) und die Verwendung umgangssprachlicher Wörter in verschütteten, aus der Sprache geholten Nebenbedeutungen. Auch in schwächeren Gedichten ergibt das immer wieder Verse höchster Einprägsamkeit; wenn sich bei Rilke sonst nichts lernen ließe, so zumindest, Zeilen zu schreiben, die sich merken lassen. Brechts Sonettschlüsse zeigen das Studium Rilkes. Wenngleich so der Gegenstand der Gedichte im *Stundenbuch* – Gott – durchaus unbedeutend ist, finden sich schon dort erstaunliche Stellen; im Nachhinein möchte man annehmen, daß für Rilke Gott Ersatz war für noch nicht erfahrene Welt. Immerhin stellt der Dichter, um seinen Gegenstand handhabbar zu machen, allerhand an: er läßt Gott heulen, fluchen, Lepra haben, auf russischen Öfen schlafen, sich fürchten und derart gleichsam Welt ins Gedicht schaufeln, das Surrogat wird Hilfskonstruktion. Verse wie »Denn auch die Engel fliegen nicht mehr. / Schweren Vögeln gleichen die Seraphim, / welche um ihn sitzen und sinnen; / Trümmern von Vögeln, Pinguinen / gleichen sie, wenn sie verkümmern« erweisen den Lernprozeß.

Drittens beschuldigt man Rilke sozialer und ethischer Rückschrittlichkeit. Er habe die Armut glorifiziert (»Denn Armut ist ein großer Glanz aus Innen«, was meistens außerhalb des Kontexts zitiert wird) und, indem er den Tod pries, Ergebung gepredigt. Beide Argumente sind unernst. Natürlich kann man, wenn man Lust hat, Rilke vorwerfen, daß er kein Marxist war; das ist nicht sinnvoller, als Goethe anzulasten, daß er nicht das Dichten aufgab und Jakobiner wurde. (Was Marx und Engels von den Jakobinern hielten, steht in jeder Werkausgabe.) Grundsätzlich gilt hier, daß, wie Mandelstam bemerkt, eine Nation mit ihren Dichtern geschlagen ist und mit ihnen gefälligst auszukommen hat: Dichter formulieren auf andere nicht sagbare Weise gesellschaftlich wichtige Erfahrung, den Schaden hat, wer sie wegwirft. Übrigens kam Brecht zum Marxismus Ende der zwanziger Jahre, Rilke starb 1926. Ferner vergessen die Vorwürfe den sukzessiven Weltgewinn beim Übergang zu den *Neuen Gedichten* und in deren Folge, speziell Rilkes Gedichte über die Schwerkraft, das Geld- und Bankwesen und die kapitalistischen Städte (»Und ihre Menschen dienen in Kulturen/ und fallen tief aus Gleichgewicht und Maß, / und nennen Fortschritt ihre Schneckenspuren / und fahren rascher, wo sie langsam fuhren, / und fühlen sich und funkeln wie die Huren / und lärmen lauter mit Metall und Glas«): 1903!, man lese das darauf folgende Gedicht über die Armen. Was den Tod betrifft: gegen den Text »Der Tod ist groß. Wir sind die Seinen / lachenden Munds. / Wenn wir uns mitten im Leben meinen, / wagt er zu weinen / mitten in uns« wüßte ich poetisch und philosophisch nichts vorzubringen. Den Tod nicht zu reflektieren ist jedenfalls kein Zeichen von Realismus. »Ein Tod von guter Arbeit« *(Kalckreuth-Requiem)* steht für erfülltes tätiges Leben. Und sich über die Schlußzeile aus dem Requiem für Kalckreuth lustig zu machen ist faul. »Wer spricht von Siegen. Überstehn ist alles« meint im Kontext nicht »irgendwie überleben«, sondern standhaft das Seine tun auch angesichts möglicher oder sicherer Vergeblichkeit. Rilkes Deutung, die den Tod als Teil des Lebens annimmt, scheint hier tiefer und genauer als Camus' Sisyphos-Lesart, der sie im übrigen so fern nicht steht.

Daß Rilke mit seinen schwächeren Werken in der Nostalgie-Welle vermarktet wird, ist zu befürchten. Nötig wäre eine knapp kommentierte Auswahl der bedeutenden realistischen Gedichte, die den Reifeprozeß sichtbar hielte und Ritke aus den Insel-Ausgaben wieder unter die Jugend brächte. Zu dieser Auswahl würde, bin ich sicher, das XXIV. aus dem Ersten Teil der *Sonette an Orpheus* gehören:

> Sollen wir unsere uralte Freundschaft, die großen
> niemals werbenden Götter, weil sie der harte
> Stahl, den wir streng erzogen, nicht kennt, verstoßen
> oder sie plötzlich suchen auf einer Karte?
>
> Diese gewaltigen Freunde, die uns die Toten
> nehmen, rühren nirgends an unsere Räder.
> Unsere Gastmähler haben wir weit, unsere Bäder
> fortgerückt, und ihre uns lang schon zu langsamen
>   Boten
>
> überholen wir immer. Einsamer nun aufeinander
> ganz angewiesen, ohne einander zu kennen,
> führen wir nicht mehr die Pfade als schöne Mäander,
>
> sondern als Grade. Nur noch in Dampfkesseln brennen
> die einstigen Feuer und heben die Hämmer, die immer
> größern. Wir aber nehmen an Kraft ab, wie Schwimmer.

August 1975

Antwort auf eine Umfrage zu Thomas Mann

Unumstrittene Klassiker stehen meist ungelesen in Bücherschränken. Klopstock ging das schon zu Lessings Zeit so, und wer liest heute Rilke? Von beiden sollte eine Auswahl ihrer bedeutenden realistischen Gedichte kurz kommentiert herausgebracht werden, der geeignete Kommentator für Klopstock wäre Karl Mickel. Die heutige Mode, Goethe als Großbürger zu beschimpfen, bringt vielleicht junge Leute dazu, Goethe wirklich zu lesen und zu merken, was für Texte da vorliegen. – Thomas Mann steht, soviel ich weiß, nicht ungelesen in Bücherschränken. Jedenfalls werden in der DDR Nachauflagen gleich unter dem Ladentisch verkauft. Für »den großen repräsentativen Schriftsteller seiner Epoche« im deutschen Sprachraum halte ich Mann allerdings nicht. Wenn da ein Name stehen soll, würde ich Brecht nennen. Es gibt Autoren, die bessere Prosa schrieben als Thomas Mann, so Robert Walser, Franz Kafka, Joseph Roth, es gibt welche, die präziser und tiefer reflektierten – Walter Benjamin und Ernst Bloch –, und ich bin sicher, daß Brecht mehr von seiner Epoche wußte und sie gültiger faßte als Mann.

Dennoch, gebe ich zu, lese ich den *Doktor Faustus* noch heute nicht nur mit Interesse und Genuß, sondern mit Aufregung. Ähnliches gilt, wenngleich die Aufregung dort stiller ist, für die Joseph-Tetralogie. Das dritte Werk, das ich hoch schätze, ist *Der Erwählte*. Übrigens glaube ich, daß Thomas Mann in der Joseph-Tetralogie mit der Rachel eine der wenigen Frauengestalten der Weltliteratur gelungen ist, die sich einem für immer ins Gedächtnis prägen. Brecht gelang eine solche Figur nicht, bei Goethe ist es Gretchen und, vielleicht, Philine, bei Puschkin die Tatjana aus dem *Onegin*. Bei Dante Beatrice, wenn man weiß, daß sie acht war, als er seiner Liebe zu ihr gewahr wurde, und das *Paradies* vergißt, in dem sie ziemlich unerträglich wird. Aus der Antike schließlich Medea. Ob auch Arno Schmidts Franziska aus *Zettels Traum* hierhin gehört, weiß ich nicht, jedenfalls wäre die Liste damit zu Ende.

Technisch, also für die Struktur der Prosa, habe ich bei Thomas Mann meines Wissens kaum gelernt – es sei denn, daß man aus der Lektüre ein Gefühl für das Maß langer, doch übersichtlicher Perioden mehr unbewußt als bewußt erwirbt. Auch wo ich lange Sätze verwende, verdanke ich Diderot, Benjamin oder Robert Walser mehr als Thomas Mann. Die Ursache liegt freilich in einer Affinität der Denkweisen, nicht in der Vorliebe für den oder jenen Stil. Stil ist ja ein Ensemble von Verfahren, das man sich nicht aussucht, sondern im Dienst einer Mitteilung finden muß. Beeinflußt hat mich dagegen wahrscheinlich eine Rationalität, wie sie sich im *Joseph,* im *Erwählten,* aber auch in einem relativ nachlässig gearbeiteten Nebenwerk wie *Das Gesetz* findet: eine Haltung teils sanfter, teils böserer, auf Vernunft insistierender Auflklärung, die verdunkelte Geschichtsprozesse auflichten will und die, freilich härter und gröber, in Goethes *Noten und Abhandlungen zu besserem Verständnis des West-östlichen Divans* vorgebildet ist.

Februar 1975

Implikationen aus Prinz von Homburg

Ist es des Staatsbürgers höchster Zweck, dem Staat zu dienen, und das dazu höchstgeeignete Mittel Gehorsam, so ist aller denkbaren Staaten ideale Seinsform der Soldatenstaat, der ideale Staatsbürger Soldat in Zivil. Dieser, und wenn er Holz hackt, kämpft, wo andere arbeiten; er ruht nicht aus, sondern sammelt Reserven; er nimmt nichts zurück, sondern begradigt unter Hurra Frontlinien. Widerfährt nun jemand zu bevorzugtem Funktionieren Bestimmten wie Homburg ein aus Verträumtheit oder hormonaler Gärung rührender Ungehorsam, der Vorteile für den Staat bringt, kann der Staat auf zweierlei Weise reagieren: pragmatisch oder prinzipiell. 1) hieße Umwertung von Werten, also Selbstaufgabe – wo Effekt vor Disziplin treten kann, kann alles an Stelle von allem treten, an der Wand droht das Chaos. Es bleibt 2), das auf zwei Arten zu exekutieren geht. Der noch rohe Staat wird nicht zögern, den unbefohlen Erfolgreichen zu erschießen. Die Lösung ist so üblich wie bequem, allerdings unwirtschaftlich: man muß sie sich leisten können, entweder als Großreich oder weil man, wie bestimmte Generalsjuntas, an morgen nicht denkt. Wir aber sind in Preußen, Kleist zeigt die perfekte Variante. Der Kurfürst läßt Homburg in effigie füsilieren, er handelt so a) radikal, b) sparsam. Von Homburgs Individualität bleibt nach der Prozedur nichts, sie (er) ist tot. Um so verwendbarer wird er später sein als Regierer. Soweit Brechts Lesart im bekannten Sonett, sie gibt den Gang des Stücks ohne dessen Implikationen.

Diese sind: der perfekte Staat – technisch nur möglich als Kleinstaat, wir kennen außer Preußen Sparta – gründet auf der Voraussetzung, an der Spitze stehe ein strategisch-taktisches Genie, dessen Weisungen und Fingerzeige genügen, das Gemeinwesen zu sichern und blühen zu lassen, wenn sie nur strikt befolgt werden. Ist das so, wird Gemeinwohl zur technischen Frage eines Apparats, der die Befehle weitergibt und ihre Ausführung rückmeldet, und zur juristisch-moralischen ausfluchtlosen Gehorsams. Die crux liegt nicht darin, daß Staaten so nicht funktionieren könnten, sondern darin, wie sie fortbestehen sollen. Sind nämlich Apparat und Gehorsam – bei Vorhandensein des lenkenden Genies – unerläßlich, ist das Genie leichten oder schweren Herzens gezwungen, ungenormtes Verhalten äußerst zu ahnden, d. h. vornehmlich seine Thronfolger, die ihm ja am ehesten in den Plan pfuschen, als Persönlichkeiten zu brechen. Da nun Genie, selbst besseres Talent ohne Persönlichkeit aus irgendwelchen Gründen nicht vorkommen, beraubt der lebend Lenkende den Staat für die Zeit nach seinem Tode einer unabdingbaren Kondition: des nächsten Genies. Der perfekte Staat enthält so einen unverbesserlichen Konstruktionsfehler. Apparat und Gehorsam werden, des weitsichtigen Strategen verlustig, sich verselbständigen, wie Krebszellen sinnlos wuchern und das Land im günstigen Fall äußerer Okkupation, im schlimmen innerem Terror ausliefern. Daß wir hier nichts dazudeuten, zeigt des Stücks Schlußruf *In Staub mit allen Feinden Brandenburgs,* in dem der bestimmte Artikel nicht des Metrums wegen weggelassen ist. Kleist braucht nötigenfalls durchaus sechshebige Verse, »Und in den Staub mit allen Feinden Brandenburgs« wäre leicht hingegangen. Vielmehr sagt die Formel: mit nun gebrochenem Rückgrat will Homburg alles, was künftig gegen Brandenburg steht, pulverisieren; in einem ähnlichen Fall wird er, spätestens sein Nachfolger, das Peloton scharf schießen lassen. Stein hat in Westberlin *Prinz von Homburg* inszeniert als Traum des Dichters, seinem König zu gefallen. Tatsächlich wollte Kleist das, er hat die Handschrift Friedrich Wilhelms III. Schwägerin, einer geborenen von Hessen-Homburg, mit devoter Widmung zuspielen lassen, die Antwort war Schweigen. Die Literaturgeschichtler Mehring und Lukács haben sich darüber später lustig gemacht und gefragt, wie Kleist mit einem schlafwandelnden Helden bei

Hofe Sympathie zu gewinnen hoffen konnte. Das Argument unterschätzt entweder die Kraft des Stückes oder die zensorische Intelligenz des Hofs.

Denn Herrschende in sich perfekt gebenden Staaten reagieren nicht nur höchst empfindlich auf unerbetene Vorschläge zur Lösung ihrer Probleme, sondern schon auf deren bloße, auf Öffentlichkeit zielende Formulierung. Diese nämlich kann die Lösung enthalten wie ein Kreis die Unmöglichkeit seiner Quadratur. Was Kleists Schauspiel insgeheim ins Bild bringt, ist die innere Aporie der preußisch-spartanischen Staatsform; es weckt so, ohne daß der Dichter das gewollt haben mag, als Gegen-Bild die Utopie eines Gemeinwesens, das Ungehorsam nicht nur duldet, sondern aus sich fördert: eines Staats, der sich statt als Zweck als Mittel zur Bildung von Persönlichkeiten begreift und damit auf seine eigene Aufhebung hinarbeitet.

Mai 1975

Kleists Selbstmord

Für Kleists Selbstmord kursieren zwei Erklärungen. Die eine sagt, daß der Mann übertrieben sensibel war; was andere leicht oder zähneknirschend aushielten: eine heruntergekommene, aggressive, duckmäuserische und von Dummköpfen verwaltete Gesellschaft – war ihm zuviel; Kurzurteil: Wer da gleich zur Pistole greift, muß krank sein. Die andere ist, daß die heillosen preußischen und Weltzustände Kleist das bißchen Platz, das ein Dichter zum Leben und Publizieren braucht, nicht ließen; Kleist wäre demnach von den Verhältnissen ermordet worden. Beide Erklärungen sind einzeln falsch, stimmen aber zusammen. Denn wenn auch extreme Verletzlichkeit, Mitteilungszwang und radikale Bilder schöneren gesellschaftlichen Zusammenlebens notwendig zum Dichter gehören, haben sich doch nicht alle Dichter, die in miserablen Zeiten lebten, darum umgebracht. Vielmehr entwickelten viele Schutzmechanismen; der Preis, den sie dafür zahlten, war freilich oft schauerlich. Hölderlin wurde wahnsinnig, und selbst dem finanziell gutgestellten Goethe schlug das Hofkorsett, mit dem er sich gegen die aus den Fugen geratene Welt abschirmte, oft genug nicht nur in den Text, sondern auch ins Leben; Goethes Nacht-und-Nebel-Aufbruch nach Italien ist anders nicht erklärbar. Nur sind Dichter untereinander so verschieden wie Menschen überhaupt; manche, wie Kleist, würden den erwähnten Preis vielleicht gern zahlen, können es aber nicht: sie müßten dann aufhören zu schreiben. Auch wer den Selbstmord als Lösung von Lebensproblemen ablehnt, kann so Kleists Entscheidung nur mit schauderndem Respekt betrachten; das Hohngelächter, das vorgeblich Gefestigte dabei anschlagen, kommt nicht aus Überlegenheit, sondern aus Angst. Fast jeder Erwachsene, wissen die Ärzte, hat einmal im Leben jenen letzten Ausweg erwogen.

Wozu sage ich das. Wir leben heute in einer Gesellschaft, die mit dem Konzept aufgebrochen ist, erstmals in der Geschichte menschenwürdige Formen des Zusammenlebens einzurichten; der Weg dahin ist freilich lang. Wollen wir ihn gehen, kommen wir aber ohne die Botschaften, die die Kunst aller Epochen für uns bereithält, nicht aus. Denn diese Botschaften sind durch nichts – nicht durch Philosophie, nicht durch Naturwissenschaften, nicht durch gutgeführte Haushalte – zu ersetzen; ein Volk, das nur einen seiner großen Dichter wegwirft, macht sich arm. Zu einer neuen Gesellschaft gehört so, daß wir auch die extremen, widersprüchlichen und bestürzenden Dichter, zu denen Kleist zählt, hören lernen müssen; der Lohn sind nicht nur ästhetische Genüsse, sondern letztlich feinere Stufen des Urteilens, Liebens und Miteinander-Umgehens, die uns ein reicheres Leben erst ermöglichen.

November 1976

Das Klischee als Kunstleistung und die Automatisierung des schöpferischen Prozesses

Eine Bemerkung zu Georg Maurers spätem Werk

1

Keine Kunst fängt von Null an. Die sogenannten absoluten Neuerer in der Kunst sind Wirrköpfe, im sympathischen Fall Clowns; alle wirklichen Neuerer sind in hohem Maße der Tradition verpflichtet. Allerdings werten sie einzelne Kunstmittel und Strukturen um, indem sie sie in neue Funktion setzen, etwa bislang beiläufige Mittel zu bestimmenden machen. Dies genügt meist, die jeweils zeitgenössische Gesellschaft in Wut oder Kopfschütteln zu setzen – wie wir vermuten, weniger der neuen Gedanken oder eines anderen Weltgefühls wegen, zu deren Ausdruck der Dichter sein Material organisiert, als aus einer als unzumutbar empfundenen Störung mühsam erworbener Apperzeptionsgewohnheiten: Man will hören, was man schon weiß, und das auf bekannte Weise – Gift muß sein, was nicht wie Bier eingeht. Der Mechanismus solcher Wirkung ist der Werbepsychologie bekannt. In der Dichtung ermöglicht er denen, die ihre Neuerungen gleichsam versteckt anbringen, größeren aktuellen Erfolg als denen, die sie ausstellen. Zwar scheint es außerhalb der Wahl eines Dichters, in Kenntnis oder Ahnung dieses Zusammenhangs die neuartige Verwendung von Kunstmitteln zu »dosieren«; man erinnert sich der Invektiven, die seinerzeit Rezensenten gegen den heute als klassisch geltenden Puschkin schleuderten, und Hölderlins rührend-grimmiger Vorbemerkung zur *Friedensfeier*: »Ich bitte, dieses Blatt nur gutmütig zu lesen. So wird es sicher nicht unfaßlich, noch weniger anstößig sein. Sollten aber dennoch einige eine solche Sprache zu wenig konventionell finden, so muß ich ihnen gestehen: ich kann nicht anders. An einem schönen Tage läßt sich ja fast jede Sangart hören, und die Natur, wovon es her ist, nimmt's auch wieder.« Doch scheint das Problem, ausdrücklich oder nicht, viele zu beschäftigen. Dichter, die Kunstmittel ziemlich radikal und offen umfunktioniert haben, gewinnen in späten Perioden oft eine neue Klassizität. Klassizität aber ist auch ein Verhältnis zum Klischee.

2

Als in Deutschland um 1800 die Mode aufkam, Sonette zu schreiben, beschloß auch Goethe, darin sich zu beweisen; das zweite so entstandene Sonett lautet:

Freundliches Begegnen

Im weiten Mantel bis ans Kinn verhüllet
Ging ich den Felsenweg, den schroffen, grauen,
Hernieder dann zu winterhaften Auen,
Unruh'gen Sinns, zur nahen Flucht gewillet.

Auf einmal schien der neue Tag enthüllet:
Ein Mädchen kam, ein Himmel anzuschauen,
So musterhaft wie jene lieben Frauen
Der Dichterwelt. Mein Sehnen war gestillet.

Doch wandt ich mich hinweg und ließ sie gehen
Und wickelte mich enger in die Falten,
Als wollt ich trutzend in mir selbst erwarmen;

Und folgt ihr doch. Sie stand. Da war's geschehen!
In meiner Hülle konnt' ich mich nicht halten,
Die warf ich weg, sie lag in meinen Armen.

In schöner Kahlheit, ja Trockenheit ist hier ein Klischee auf sich selbst gebracht. Das Sujet ist das Reduziertest-

Gängigste, das sich denken läßt: Einer, einsam, sieht ein schönes Mädchen, wendet sich ab, bereut das und nimmt sie. (Den vier Stufen entsprechen exakt die vier Sonetteile.) Das Sujet ist reines Transportmittel. Wofür? Für die Bewegung des Gedichts. Als ob das nicht genügte, wird die Situation zusätzlich literarisiert: Das Mädchen im Gedicht ist »musterhaft wie jene lieben Frauen der Dichterwelt«: eine Figur aus dem Kunstreich, ein Muster. – Gleich unverhüllt kunsthaft verhält sich die Sprache. Die Reime erscheinen gerade noch nicht gezwungen, doch gemacht; man beachte die Gelegenheitsbildung »erwarmen« und die e-Einfügung in den umarmenden Reimpaaren verhüllet – gewillet, enthüllet – gestillet, die offen stilisiert, so daß nun alle Reime weiblich sind, und probiere, das Gediche ohne diese »e« zu lesen: es wird fad. »Natürlichkeit« steht dem meisterlich verfertigten Werkchen nicht an, es lebt von der freundlichen Ausstellung des Klischees, sein Kunstcharakter macht seinen Kunstwert und läßt es sich uns »trotzdem« angenehm lesen. »Liebe will ich liebend loben; / jede Form, sie kommt von oben«, überschreibt Goethe seine Sonette.

Das Verhältnis des Künstlers zu Konvention und Klischee bestimmt in anderem, gleichsam Gegen-Zusammenhang Thomas Mann im *Faustus* als Gradmesser der Vermittlung mit dem Objektiven (worauf Klassik ja zielt). Es handelt sich um die Wendell-Kretzschmar-Vorträge über Musik; Beethoven, referiert Wendell Kretzschmar, sei in seiner mittleren Periode »bedacht gewesen, alles ... Formel- und Floskelhafte, wovon die Musik ja voll sei, vom persönlichen Ausdruck verzehren zu lassen ... Das Verhältnis des späten Beethoven ... zum Konventionellen sei bei aller Einmaligkeit und selbst Ungeheuerlichkeit der Formensprache ein ganz anderes, viel läßlicheres und geneigteres. Unberührt, unverwandelt vom Subjektiven trete die Konvention im Spätwerk öfters hervor, in einer Kahlheit oder, man möge sagen, Ausgeblasenheit, Ich-Verlassenheit, welche nun wieder schaurig-majestätischer wirke als jedes persönliche Wagnis. Wo Größe und Tod zusammenträten, da entstehe eine der Konvention geneigte Sachlichkeit, die an Souveränität den herrischsten Subjektivismus hinter sich lasse, weil darin das Nur-Persönliche, das doch schon die Überhöhung einer zum Gipfel geführten Tradition gewesen sei, sich noch einmal selbst überwachse, indem es ins Mythische, Kollektive groß und geisterhaft eintrete«.

Das Mythische würden wir hier, soweit es Dichtkunst betrifft, gern eingeschränkt wissen. Für den beschriebenen Vorgang liefert sie durchaus Beispiele. Hölderlins spätes Gedicht *Der Winter* lautet:

Wenn bleicher Schnee verschönert die Gefilde,
Und hoher Glanz auf weiter Ebne blinkt,
So reist der Sommer fern, und milde
Naht sich der Frühling oft, indes die Stunde sinkt.

Die prächtige Erscheinung ist, die Luft ist feiner,
Der Wald ist hell, es geht der Menschen keiner
Auf Straßen, die zu sehr entlegen sind, die Stille machet
Erhabenheit, wie dennoch alles lachet.

Der Frühling scheint nicht mit der Blüten Schimmer
Den Menschen so gefallend, aber Sterne
Sind an dem Himmel hell, man siehet gerne
Den Himmel fern, der ändert sich fast nimmer.

Die Ströme sind wie Ebnen, die Gebilde
Sind, auch zerstreut, erscheinender, die Milde
Des Lebens dauert fort, der Städte Breite
Erscheint besonders gut auf ungemeßner Weite.

Hervorgerufen durch leichte Verschiebungen beim Aneinandersetzen der Klischees, das fast grelle Klingen der reinen Reime und, allerdings brutale, rhythmische Stauungen und Dehnungen, wie sie Interpunktion und wechselnde Zahl der Versfüße anzeigen, bricht hier aus den Fugen des Gedichts letzte Verlassenheit. Gewiß, hier redet Genie, während in Goethes Sonett Meisterschaft souverän sich vorführt; wenn Hegel von der Ironie der Weisheit spricht, gleichsam als dem Schlendern der zu sich gekommenen Idee, die schon alles einmal gesehen hat, so ist in diesem Hölderlin-Gedicht nicht Weisheit, sondern anschauendes Wissen, dem Spiel mit den verwendeten Klischees nicht mehr gelingen will, weil es zuviel sieht. Indes, auch Meisterschaft ist selten genug; traurig, wie heute der Begriff zum Synonym für »Beherrschung der Stilmittel« herabgezogen wird, also einer Art Imitationskunst, die aus den Klischees denkt, statt mit ihnen zu wirtschaften – als wäre Stil nicht Ausdruck einer Haltung zur Welt.

3

Für Georg Maurer war, wie ich aus Gesprächen mit ihm, zuletzt am Schwielowsee kurz vor seinem Tode, weiß, ein Klischee eine individuelle, höchst schöpferische Kunstleistung, die dann normsetzend fortwirkt. Er nannte als Beispiel die Einführung der Zentralperspektive in der Malerei und bestimmter Figurenkonstellationen und -haltungen, wie die des gekreuzigten Christus (die möglich wurde, als geschichtlich vergessen war, daß der Tod am Kreuz zur Römerzeit für mindestens so schimpflich galt wie später das Gehängtwerden). Auch als zunächst einmalige Kunstleistung ist das Klischee, da ja der Künstler Kollektives bündelt und ausdrückt, zum Anschaulichen geronnene gesellschaftliche Erfahrung, die dann der Menschheit zur Verfügung steht: dem Handwerker als Muster (dabei ist, betrachten wir nur die Ikonenmalerei, nicht Übles herausgekommen); dem Epigonen als von der einst enthaltenen gesellschaftlichen Erfahrung entleerte Schablone; dem bedeutenden Künstler als Kunstmittel, über das er verfügt, um seine Inhalte hervorzubringen, und das ihm ein der Kommunikation förderliches Maß an Kontinuität – Vermittlung zum historisch-gesellschahlichen Wesen des Menschen – sichert.*

4

Den Zustand schöpferischer Reife, in dem dem Dichter alles, was ihm begegnet oder was er irgendwie aufnimmt, zum Gegenstand oder Anlaß bedeutender Dichtung werden kann, nennen wir Meisterschaft. Er stellt sich bei manchen früh, bei anderen später ein; immer bedarf er der Vorbereitung. Deren Dauer hängt ab von der Konstitution des Dichters wie von den Zeitumständen, in denen er lebt. (Jedenfalls scheint uns, daß es Epochen gibt, in denen die frühe Reife eines Rimbaud nicht möglich ist, d.i. nicht kunstwirksam würde.) Meisterschaft hat zwei Voraussetzungen: Der Dichter muß »auf der Höhe seiner Zeit« sein, also diese entweder kritisch reflektieren oder in kritischem Verstehen nahekommender Intuition durchschauen können; zweitens muß er über die ihm für große Produktion objektiv nötigen Kunstmittel frei, das heißt ohne energiefressenden Lernaufwand verfügen. Sind diese Bedingungen erfüllt, ist es durchaus nicht so, daß nur die Gehalte, die ein Dichter vor oder während der Produktion mehr oder weniger scharf ahnt, die verfügbaren Kunstmittel herbeirufen – diese als geronnene menschliche Erfahrung vermögen vielmehr, einmal in bestimmter Ordnung »in Gang

---

* *J. Tynjanow sieht in der Abfolge von Kunst (die für ihn wesentlich Ablösung, nicht Entwicklung des Späteren aus dem Früheren ist – auch Maurer lehnte den Gedanken einer, wie immer diskontinuierlichen, »Höherentwicklung« der Kunst ab) zwei gegenläufige Tendenzen wirksam: die Tendenz zur Kanonisierung und die Tendenz zum Ausbruch aus dem Kanon. Der Ausbruch geschieht in der Regel nicht so, daß die kanonisch geordneten Kunstmittel über Bord geworfen würden; vielmehr wird ihre Hierarchie umgeordnet, also die Funktion einzelner Kunstmittel geändert.*

gesetzt«, Gehalte gleichsam anzusaugen und zum Vorschein zu bringen. Ein einfaches Beispiel sind rhythmische Strukturen (worüber sich bei Majakowski nachlesen läßt) oder auch Versmaße, die, immer die Stufe der Meisterschaft vorausgesetzt, sozusagen von selbst weiterdichten. Diese Automatisierung des schöpferischen Prozesses (die mit der Theorie der Surrealisten, die ja den Verstand überhaupt aus der Produktion ausschalten wollten, nichts zu tun hat) macht, daß der Autor öfter findet als sucht, ja mitunter findet, was er wissentlich gar nicht gesucht hat. Seltsam disparat stehen dann auf einmal Zeilen im Gedicht, die nicht am Platz scheinen, es aber in Wirklichkeit aufreißen und gleich Blitzen der Erkenntnis aus dem fahren, was wir zu kennen meinen. So der vorletzte Vers in einem 1970 veröffentlichten Gedicht Maurers, *Urwald*:

Heute muß der Urwaldriese fallen.
Und zuerst zerreißt er die Lianen,
kappt die Wipfel, die ihm nahe standen,
und zerquetscht den Tiger und die Schlange.
Und dann liegt er. In der Krone
wimmeln Ameisen ihm schon.

Wären die Lianen nun Mätressen,
schrieen sie gemein. Oder sie hätten
ihren weichen Arm vom Hals des Herren,
der so nah war seinem Sturz und Ende,
leicht gelöst. – Und hätten Launen,
Unwohlsein ihm vorgetäuscht.

Und um ihn rings alle die Nepoten
wän in eine Lichtung schnell geflohen,
schon aus Furcht vor all den andern Großen,
die unmißverständlich mit den Kronen
rauschten. Papageien schrieen
schon den neuen Herrn voraus.

Wär die Schlange nicht nur immer Würger,
gierig nur der Tiger, auch vernünftig,
schlau wie wir, sie hätten's merken müssen ...
Ameisen, und kracht's auch, sind nie müßig,
bauen – und voran die Frauen.
Unschuldig ist die Natur.

Offenbar ist der seltsame vorletzte Vers – will man ihn nicht für Raffinement halten, das Maurers Sache nicht war – Ergebnis eines Automatismus. Das Wort »bauen« rief nach einem Reim, dieser kam.* Naturwissenschaftlich ist der Satz nun falsch: die Arbeitstiere bei den Ameisen sind Neutren, nur formell weiblich, jedenfalls keine »Frauen«. *Poetisch* faßt der Vers die listig schwebende Haltung zum Gegenstand – die erste beschreibende Strophe erscheint allegorisch, die folgenden bis Mitte der letzten geben Bedeutetes als Beschreibung** – unaufgelöst in eine Formel, die zum Schlüssel des Gedichts wird.

Dies unter anderem, weil der Vers auf seine Umgebung ausstrahlt, das heißt, sie mit zusätzlichen Bedeutungen lädt. So wird das »und kracht's auch« der vorangehenden Zeile neben der semantischen und metaphorischen Funktion zum Kunstmittel, das krachend Entscheidendes ankündet, der Schluß »unschuldig ist die Natur« aber zum das Wesen des Menschen erhellenden Gegen-Satz: Wir, lesen wir, sind nicht unschuldig und haben das, unter welchen Weiterungen immer, auszuhalten. – Wie aber erklärt sich der Automatismus? Etwas in den Kunstmitteln des ja

---

* *Und wurde stehengelassen. – Natürlich »taucht« das Reimwort nicht nur aus technischen Gründen auf; sonst wären Formulierungen wie »bauen – und voran die Schlauen« o. ä. denkbar. Ebenso wichtig dürfte sein, welche Rolle Mädchen und Frauen in Maurers Philosophieren hatten: vielleicht die eines gegen das Zerstörende gerichteten Prinzips oder der Hoffnung der Welt. Doch läßt sich das Zusammenspiel von technischen und »philosophischen« Faktoren, die den Automatismus auslösen, nur methodisch und vermutend trennen.*
** *Sicher spielt Maurer hier auch mit seinen früheren Personifizierungen der Natur, die er nun »aufhebt«.*

reimlosen Gedichts muß den plötzlichen Reim vorbereitet haben. Tatsächlich entdecken wir beim zweiten Lesen Assonanzen, die mit der »schwebenden« Haltung des Gedichts eigenartig korrespondieren: In jeder Strophe enden die ersten vier Verse auf den gleichen betonten Vokal, hinzu kommt der Zusammenklang *Krone – schon* in der ersten Strophe. Auch euphonisch markiert so der vorletzte Vers einen Qualitätsumschlag, bricht aber, da der Reim Binnenreim bleibt, nicht aus dem Gedicht. – Den falschen Satz hat Maurer, wie ich von ihm weiß, bewußt in Kauf genommen. Das zeigt, daß ihm die Logik der metaphorischen Ebene wichtiger war als die der semantischen (»Real«-)Ebene; jene hat diese deformiert. Es zeigt vor allem, daß zwischen Grund-(Natur-)bild und Projektion aufs Menschenreich nicht alles so problemlos abläuft – beide Ebenen gehen nicht ohne Rest ineinander auf, sondern bilden ein widersprüchlich-stachliges Geflecht, das harte Realität herstellt und abbildet. »Ameisen, und kracht's auch, sind nie müßig, / bauen – und voran die Frauen« – welcher Blick auf den Menschen! Wer eigentlich will uns, oder manchen, immer glauben machen, daß Klassik glatt sein müsse? Die Klassizisten; es nützt ihnen doch nichts.

5

Das Abgeschnittene, das viele sogenannte Dichtung heute hat, so, als hätte vor uns niemand gelebt, war Maurer fremd. Für ihn gehörte zu Dichtung die Produktion von Geschichtsbewußtsein. Sein Problem war lange, die Epoche zu fassen. Nach Rilke, hatte ihm geschienen, sei nichts mehr zu schreiben. Es folgten die lösende Lektüre von Majakowski, das Studium des Marxismus. Doch der Aufklärer Maurer brauchte, worauf Czechowski in seinem Aufsatz *Mikrokosmos Rosental* hinweist, Gefühl, Geruch, Geschmack der Wirklichkeit, die sich ihm zunächst sperrte, als sinnliche Erfahrung. Kahle Theoreme, wie sie sich in *Das Unsere* noch finden (»Arbeit ist die große Selbstbegegnung des Menschen«), und die unbeschwerten Verse des *Dreistrophenkalenders* sind die Pole, von denen aus der Dichter sich an die Welt macht. Synthese und Meisterschaft beginnen für mich im *Gespräch mit meinem Leib* (1965). Ein Spiel und Automatisierung möglich machender Vers, der sich in Stücken wie *Zauberspruch* ankündet. (»Im Konkaven die konvexen/jungen Brüste alter Hexen!«), gewinnt hier erstmals in einem extensiven Werk intensive Funktion. Gleichzeitig finden wir einen Gewinn an Realismus. Hatte Maurer, seinem Naturell folgend, die brutalen Seiten der Wirklichkeit bisher weitgehend ausgespart, kommen jetzt auch sie in Vers und Gedicht – im *Gespräch mit meinem Leib* bezeichnenderweise als Aufstand der Organe, die sich vom Bewußtsein nicht länger abspeisen lassen. Zwischen Extensität, die bis zur Prosa geht, und Intensität, die die Aura der Wörter zum Strahlen bringt, spannt sich jetzt das Werk. Dies aber sind schon Kunstmittel: Die gewonnene Welt wird ausgeschritten.

Oktober/Dezember 1971

Gespräch mit Bernd Kolf

»Wo Hoffnung ist, braucht man Verbündete.«
Heinrich Schlaghands Höllenfahrt

Bernd Kolf: Sie schreiben Gedichte, Prosa, Theaterstücke, Kinderliteratur und sind auch als Übersetzer bekannt. Gibt es für Sie ein Gattungsproblem in dem Sinn, daß die Wahl der Gattung determiniert wird von einem bestimmten Verhältnis zur Problematik, von einer Haltung zur Umwelt, die auch das Publikum einschließt, also der Wirkungsfrage?

Rainer Kirsch: Das kann ich schwer sagen. Ich habe mich für meinen Beruf entschieden und kann ihn nur freischaffend ausüben: Schreiben lerne man nur durch Schreiben. Und ein Schriftsteller sollte sich in vielen Gattungen umtun, das haben auch die Klassiker gemacht. In manche Gattungen »schlittert« man hinein: Als ich zum erstenmal im Schriftstellerverband Gedichte vorlas, wurde ich vom Rundfunk eingeladen, Kinderhörspiele zu schreiben. Um 1960 hatten wir in der DDR eine »Lyrikwelle« (das Wort meint die Publizität, nicht die Produktion); Dichter meiner Generation – Mickel, Endler, Jentzsch, Sarah Kirsch, Braun, Czechowski – wurden damals, vor allem auf Lesungen, einem etwas größeren Publikum bekannt. Danach schlug Fritz Mierau mir und anderen vor, Nachdichtungen zu versuchen. Das halte ich für sehr wichtig, es sind Begegnungen mit fremder Kunst, mit anderen Welthaltungen und poetischen Techniken. Da die Stimme des Nachdichters nicht dominant werden darf – sonst klingen Dichter verschiedener Zeiten und Länder wie ein und derselbe –, zwingt das Übertragen zur Erweiterung der beherrschten poetischen Mittel, was dann der eigenen Produktion zugute kommen kann.

An Publikum oder gar ein bestimmtes Publikum denke ich beim Schreiben höchstens in dem Sinne, daß ich mich um Klarheit der Gedanken und Logik der Struktur bemühe. Ansonsten habe ich genug damit zu tun, die Gesetze des jeweiligen Genres (die man zum Teil selbst baut) zu begreifen, beim Beschreiben möglichst genau zu sein und den Mechanismus der inneren Zensur, der dabei als Störfaktor wirkt, jedesmal zu überwinden. Man enwirbt beim Schreiben einen Katalog von Erfahrungen, die zu Fertigkeiten werden, das heißt sich automatisieren. Die Kontrolle erfolgt danach, am einzelnen Wort, Satz, Vers, die man stehen läßt oder ändert.

B. K.: In Ihrem Stück *Heinrich Schlaghands Höllenfahrt* – das ich als Verbesserungsvorschlag einer Lebensform für eines der besten DDR-Stücke halte, auf der Traditionslinie des *Faust,* aber auch von Brechts *Baal* und Volker Brauns *Kippern* – steht der trotz ironischen Untertons programmatisch klingende Satz: »Den Menschen größer machen durch die Kunst.«

R. K.: Kunst kann Menschen ihre Möglichkeiten vorführen, sie kann ihnen helfen, zu sich selber zu kommen. Die meisten Menschen bleiben unter ihren Möglichkeiten. In *Schlaghand* ist u. a. dargestellt, wie das Bestehen auf absoluter Selbstvenwirklichung in Barbarei umschlagen kann – dann, wenn man andere mit Gewalt glücklich machen will. Schlaghand, der seine schöne Utopie von Architektur in der Hölle realisieren kann, ist erst zufrieden, wenn er seine Stadt auch mit Menschen bevölkern kann, die er nun – mit Gewalt – in die Hölle holen will. Damit hat er seine Wette verloren. Das Zu-sich-selbst-Kommen des Menschen ist ja ein historischer Prozeß, der unter Rückschlägen und Opfern verläuft. Dennoch wendet sich Kunst jeweils an Individuen, von denen jedes seinen Anspruch auf Selbstverwirklichung hat. Dieser Anspruch ist oft verschüttet. Kunst kann ihn wecken helfen. In diesem Sinn enthält alle wichtige Kunst, auch wo sie kein Gesellschaftsmodell anbietet, ein Moment sozialer Utopie.

B. K.: Enzensberger spricht in ähnlichem Kontext von einem Verlust. Wenn sich nämlich nicht mehr ausmachen läßt, ob in der Literatur »ein Moment Zukunft« steckt, so verfällt, sagt er, die schriftstellerische Arbeit zu sozialer Harmlosigkeit.

R. K.: Literatur, insofern sie keine Populänwissenschaft ist, muß aber dieses Zukunftsmoment nicht verbal enthalten. Wenn Shakespeare finstere gesellschaftliche Zustände schildert, gibt er doch zugleich, als *hervorgerufenes* Gegenbild, eine Ahnung oder Vorstellung, wie diese Zustände eigentlich zu sein hätten. Fällt ein Dichter dagegen in theoretisierende Erklärung, wird er leicht langweilig und bewirkt dann nichts. So Dante im *Paradies,* wo er, abgesehen von der großen Metapher der Himmelsrose, eigentlich nur knifflige theologische Probleme löst. Dantes *Hölle* dagegen, in der Zeitzustände höchst genau beschreibend abgebildet sind, ruft in uns »von selbst« das Gegenbild einer besseren Welt hervor und unterhält uns dazu durch aufregende Chronik. Der Dichter ist hier Chronist, freilich ohne die Devotion eines Reporters gegenüber seinem Gegenstand und ohne in den Fehler zu verfallen, gleichzeitig Kritiker sein zu wollen, d. h. den Leuten zu sagen, wie sie nunmehr genau zu leben hätten. Jeder – ich komme auf *Schlaghand* zurück – müßte sich ja immer wieder fragen, wie weit er das Recht hat, andere Menschen zu erziehen oder gar zum Glück zu zwingen.

Was die Wirkung angeht, trifft Literatur, glaube ich, auf zwei Grundfaktoren: einmal auf ein Trägheitsmoment, das Bedürfnis des Menschen, alles erklärt zu sehen, also ein rundes, geschlossenes Weltbild zu haben. Dieses beruht notwendig auf unvollständiger Information. Vervollständigung der Information kann Unlust und Abwehr hervorrufen. Literatur kann den Menschen nur verändern durch die »sanfte Gewalt der Vernunft« und durch Differenzierung und Richtung der bewertenden Affekte, also durch Genauigkeit. Jeder Zwang, sei es durch Überreden oder durch Drohformeln, verletzt und kann gegen das Ziel schlagen. Das andere Moment, auf dem Literatur bauen kann, ist das Reizbedürfnis und die Neugier des Menschen, eine der wesentlichen Triebkräfte der Menschwerdung.

B. K.: Das beschreibende Prinzip, von dem Sie sprechen, finde ich vor allem in Ihrem Band *Kopien nach Originalen*.

R. K.: Es ist auch in vielen meiner Gedichte verwendet. Aber das ist nichts Neues. Hölderlins *Hälfte des Lebens*, Goethes *Wanderers Nachtlied* bedienen sich der Technik der Beschreibung.

B. K.: Man könnte in diesem Kontext auch Kafka nennen als einen, der das Leben aufzeichnete, wie er es sah.

R. K.: Schön, aber Kafka gibt vor allem Parabeln, also Funktionsmodelle. Sicher kann das stille Entsetzen, das von seinen großen Werken ausgeht, der Gesellschaft nützen, indem es Leute aus der Ruhe bringt. Doch – abgesehen vom helleren *Amerika* und der *Strafkolonie*, wo die Hilflosigkeit wenigstens voller Hohn ist – meinte Kafka wohl kaum, daß das Leben besser sein *könnte*. Ich würde glauben, daß der Schriftsteller eine Pflicht zur Hoffnung hat. Das Mindeste wäre, daß er sich verhält, als ob es Grund zur Hoffnung gäbe, das heißt, für den Fall, daß die Menschheit überlebt, die Gesellschaft mit dem ausrüstet, was er ihr geben kann.

B. K.: Realitätsbeschreibung ist nicht immer genehm, schon die leidenschaftslose Beschreibung gewisser Fakten kann ein Politikum sein und auf Abwehr bei veränderungsängstlichen Leuten stoßen. Ebenso das Vorführen problematischer Situationen.

R. K.: Die Gesellschaft braucht Leute, die Fragen stellen. Literatur kann Fragen hervorrufen, ohne sie auszusprechen. Wir brauchen nicht Bekenntnisse zum Bestehenden sondern Erkenntnis der Gegenwart, damit Zukunft möglich wird. Insofern muß der Dichter möglichst viel sehen und, bei steter Lernbereitschaft, relativ dickköpfig auf seiner poetischen Wahrheit bestehen. Den Satz vom Schriftsteller als »Arzt der Gesellschaft« halte ich nur insofern für richtig, als Literatur viele Menschen befähigen kann, »Arzt der Gesellschaft« zu werden. Denn eigentlich müßte das jeder sein, im ihm jeweils zugänglichen Kreis. Lenins Satz, jede Köchin müsse den Staat regieren können, zielt in diese Richtung; er meint zwar einen idealen Zustand, aber die Entwicklung der Gesellschaft muß dorthin gehen.

B. K.: Eine reportierende Dichtung, wie Sie sie vorschlagen und praktizieren, verzichtet weitgehend auf Metaphern und wird manchem gefühlsarm dünken.

R. K.: Auch wenn sie auf Metaphern im engeren – technischen – Sinn verzichtet, bleibt das Gedicht als Ganzes Metapher. Goethe spricht von Gedichten ohne Tropen, die selbst ein einziger Tropus sind. Heute ist die Sprache der Massenmedien voll von zum Teil höchst bizarrer und irrationaler Metaphorik, die erst aufgebrochen werden müßte, um zu einer neuen poetischen Metapherntechnik zu kommen. Metaphern können ja als Zitat benutzt und durch die Bloßstellung umfunktioniert werden. Daß meine Gedichte gefühlsarm sind, würde ich nicht glauben. Was Gefühle anlangt: Es ist nicht Endzweck von Gedichten, »irgendwie« Gefühle zu erzeugen. Schon Roman Jakobson schreibt, daß es dafür einfachere Mittel gibt, wie Ohrfeigen oder allerlei Arten körperlicher Liebkosung.

Gedichte rufen durch zu Versen geordnete Sprache Welt auf, die wir mit Affekten besetzen: sie richten, differenzieren, »erziehen« Gefühle. Gefühle sind ja unter anderem innere Wertfilter und haben insofern mit Moral und praktischem Verhalten zu tun.

B. K.: In Ihrem *Schlaghand* steht der Satz »Natur ist selten, doch es gibt sie«. Was muß man Ihrer Meinung nach heute vom Bewußtsein eines Naturgedichts fordern?

R. K.: Da die Erhaltung der Natur zu einem Existenzproblem der Menschheit geworden ist, wird diese Bedrohung – vom Dichter und vom Leser – jeweils mitreflektiert, auch wenn sie nicht ausgesprochen ist. Naturgedichte können so heute eine ganz andere Dimension bekommen als vor 20 oder 50 Jahren: Natur ist kein Reservat mehr, Idylle mehr Schein als je, die Existenzprobleme der Menschheit »schlagen« ins Material.

B. K.: In den Fachorganen der DDR – vor allem in »Sinn und Form« – lief eine Diskussion um Fragen der Tradition, in der unterschiedliche Standpunkte vertreten wurden. Glauben Sie, daß ein Dichter heute frei von Traditionen arbeiten kann?

R. K.: Das hat nie jemand gekonnt. Freilich höre ich einige prosaschreibende Kollegen, die – gegen alle Erfahrung und marxistische Theorie – meinen, aus vergangener Kunst nichts lernen zu müssen, weil heutiges gesellschaftliches Zusammenleben in all und jedem von früherem sich unterscheide. Aus solcher Hybris folgt nicht nur, daß künstlerische Verfahren anderer Länder und Zeiten nicht zur Kenntnis genommen werden – geleugnet werden auch die großen utopischen Gehalte früherer Kunst, die von diesen Verfahren immerhin bis zu uns transportiert werden. Philosophisch wird hier die Diskontinuität der Geschichte verabsolutiert – als sei Diskontinuität ohne Kontinuität je möglich. Ich halte einen Verlust an Geschichtsbewußtsein für eine große Gefahr unserer Zeit, das Bestehen auf historischer Betrachtung und Analyse für einen wesentlichen Vorzug des Marxismus. Kunst muß, um überhaupt verstanden zu werden, auf Traditionen bauen, also auch Redundanzen enthalten (Epigonik ist vollredundante Schein-Information). Also – der Dichter muß die künstlerischen Verfahren der Vergangenheit in ihrem Funktionieren und im Wandel ihrer Funktion kennen, um wählen, verwerfen, neue Verfahren oder Kombinationen von Verfahren für seine Gehalte finden zu können. Die Frage ist nicht, ob Traditionen, sondern welche, und ob einer unkontrolliert oder bewußt damit umgeht. Welche Traditionen benutzt oder wie sie »aufgehoben« werden, hängt ab von ihrer Verwendbarkeit, das heißt von dem Maß an Realismus, das sie jeweils ermöglichen.

B. K.: Eine benachbarte Frage: Was bedeutet Lesen für Sie?

R. K.: Befriedigung von Neugier, Bestätigung, Herausforderung, Anstoß zu kritischer Reflexion. Bedeutende Werke befördern die Produktion, mittelmäßige drücken nieder, ganz schlechte können gelegentlich amüsieren. Lesen kann auch, in Augenblicken der Niedergeschlagenheit, Lebenshilfe sein.

B. K.: Was läßt sich von anderen Autoren lernen?

R. K.: Ziemlich viel, man kann es nicht aufzählen. Leider lernen sich auch Unarten leichter als Brauchbares, das herauszufinden ja Übung verlangt. Lernen läßt sich – außer vielerlei Verstechniken – etwa, daß Informationsdichte im Gedicht kein Wert an sich ist, sondern daß, etwa um ein wichtiges Wort oder ein Verfahren hervorzuheben, »Wortstaub« nötig sein kann. Lernen lassen sich auch Haltungen: die Verpflichtung des Schriftstellers zu Wahrheit und Wahrhaftigkeit, die die Pflicht sich zu informieren einschließt, Fleiß, Achtung vor der Arbeit anderer, die sich auch in Kritik ausdrückt, Mut, aus beherrschten Darstellungsweisen auszubrechen, wenn der Gegenstand es fordert. Kurz, eine Menge Handwerk, eine Menge.Moralisches. Freilich gibt es verschiedene Stufen des Lernens; die erste ist zur Kenntnis nehmen, die zweite verstehen, die dritte »Vereinnahme« des Gelernten, das nun zum Eigenen geworden ist. Was dabei jemand von wem gelernt hat, wird sich nur selten sicher feststellen lassen.

B. K.: Welches sind Ihres Erachtens die ästhetischen und moralischen Qualitäten, die ein Schriftsteller haben sollte?

R. K.: Erstens ein waches Bewußtsein, das die Zeit genau registriert, und zu dem Sensibilität gehört. Zweitens Beherrschung des Handwerks. Drittens Bildung, oder das Bemühen darum; das betrifft nicht nur Kunst, sondern auch Gesellschafts- und Naturwissenschaften, in denen man sich umsehen muß. Viertens, trotz eins, zwei und drei, Naivität. Fünftens Geschichtsbewußtsein, oder, noch günstiger, eine Art historischen Spürsinn. Schließlich, das habe ich schon erwähnt, bei aller Lernbereitschaft eine gewisse Halsstarrigkeit, die auf gewonnenen Einsichten beharrt, bis diese widerlegt sind, auch wenn es leichter wäre, die Einsichten aufzugeben. Über Literatur läßt sich nicht durch Abstimmung entscheiden (über wissenschaftliche Theorien übrigens auch nicht). Ohne Wahrhaftigkeit, d.i. Einstehen für Wahrheit, kann Literatur nicht produziert werden; sie hört dann, seltsam zu sehen, auf, Literatur zu sein. Lüge, und sei es die versteckteste, ist für die Herstellung von Literatur genauso Gift wie Dummheit und Faulheit; hier trifft sich die Literatur mit dem, was ich normales Leben nennen würde.

Januar 1975

Selbstporträt für Fernsehen

3 Sekunden eine Landkarte kleinen Maßstabs mit Halle und Umgebung. Schnitt.
Ca. 10 Sekunden, mit Originalton: Schnelle Anfahrt im Auto auf die Doppelkapelle in Landsberg bei Halle. Anhalten. Schnitt. Kamerateam und Autor aus einiger Entfernung beim Aussteigen und Ausladen, gehen in die Doppelkapelle. Schnitt, gleiche Einstellung. Erscheinen auf dem Söller. Kamera wird gerichtet. Schnitt. Originalton aus.

Vom Söller der Landsberger Doppelkapelle aus Totale: Halle, wie es in der Landschaft liegt. Sehr langsamer Schwenk im kleinen Winkel. Zufahrt (Gummilinse?) auf Industriedunst. Schnitt. Langsame Fahrt im Auto von Süden (Merseburg-Schkopau) auf Halle zu, immer Totale, großräumige Landschaft mit Bunawerk, Bunawerk näher. Schnitt. Stadtrand von Halle mit Halden, die Stadtringbahn fährt vorbei. Langsam vom kahlen Vorstadtgebiet aus auf die Satellitenstadt Halle-Neustadt mit ihrer öden Architektur, Schwenk auf Halle, das nun näher ist, aber noch immer »von außen« gesehen wird. Schnitt.

3 Sekunden eine Landkarte mittleren Maßstabs, die den Mitteldeutschen Raum mit Halle und Döbeln zeigt. Schnitt.
In langsamer Fahrt sanfte sächsische Landschaft mit Fluß und bewaldeten Hügeln muldeaufwärts aus Richtung Leisnig-Klosterbuch auf Westewitz zu. Wenn es geht ohne Schnitt ins Dorf, sehr kurzes »Verweilen in der Bewegung« auf unserem früheren Häuschen, dann weiter aus dem Dorf, zum Schluß Rundblick von einer Hügelkuppe, unten Dorf und Fluß. Alles möglichst in einer Fahrt. Schnitt.

Das ist Halle, wo ich wohne, es liegt in der Leipziger Tieflandbucht, rings herum sind Bauerndörfer, Kalischächte, Braunkohlentagebaue und Chemiewerke. Bei Südwind riecht die ganze Stadt, 200000 Einwohner, nach Leuna oder dem näheren Bunawerk; ich habe dort, nachdem ich von der Jenaer Universität geworfen wurde, ein Jahr gearbeitet. Im nächsten Jahr, 1959, war ich Mitglied einer Landwirtschaftlichen Produktionsgenossenschaft im Vorort Reideburg, danach konnte ich mich vom Schreiben ernähren. Seit einiger Zeit bemerke ich bei mir und bei Freunden die Neigung, die Wohnung zur Burg auszubauen; ich lebe gern hier, seit ich in ein ruhiges, um 1910 erbautes Viertel gezogen bin.

Von Geburt bin ich Sachse, und halte Sachsen für ein Zentrum der deutschen Nation. Halle gehört zu Preußen, aber auch davon läßt sich viel lernen. Ich nehme an, daß sich ein Grundwohlbefinden herstellt, wenn man körperlich gesund ist und noch lernen kann. Selbstverständlich lernt man in Preußen Disziplin, aber auch, was man vom Staat wissen muß und zu halten hat. Bis zu meinem Heimatdorf, Westewitz bei Döbeln, das an der Mulde liegt, sind es mit der Bahn hundert Kilometer; mein Vater war hier Volksschullehrer, und wir hatten ein Einfamilienhaus. Sachsen gelten als

3 Sekunden Feiningers Gemälde vom halleschen Dom oder von der halleschen Marktkirche. (Beide Bilder sind in der Moritzburg-Galerie Halle.)
»Ansichten und Durchblicke« innerhalb von Halle, von vier oder fünf Punkten (dazwischen jeweils Schnitt) mit jeweils ganz langsam bewegter Kamera, aus sozusagen mittlerer Entfernung, dabei auch Stadtleben, keine »reine Architektur«. Schnitt.

arbeitsam und hellköpfig. Als Kind hatte ich das Glück, daß mich niemand zwang, vorschnell erwachsen zu werden. Das Feld hinterm Haus, von dem wir nach dem Krieg Rübenblätter stahlen, um sie als Spinat zu kochen, ist heute mit vierstöckigen Großblockhäusern vollgestellt; mein schönstes Geschenk als Kind war ein Vierpfundbrot, das ich zur Konfirmation bekam.

Halle ist alt und hat schöne Durchblicke, wenn man die Stellen weiß; ich kam hierhin 1948, also mit vierzehn, in ein ehemals pietistisches Internat, die Franckeschen Stiftungen, und lernte Marxismus bei einem russischen Major namens Patent, der Vorträge zu Stalins Schrift »Über dialektischen und historischen Materialismus« hielt, bei denen jeder öffentlich widersprechen durfte. Angefangen zu schreiben habe ich nach dem sowjetischen XX. Parteitag, der unser Leitbild Stalin zerschlug und uns auf eigenes Denken, die marxistischen Quellen und schließlich auf die Wirklichkeit zurückwarf. Ich bin froh, damals Ernst Bloch gelesen zu haben. Beim Schreibenlernen halfen mir, nehme ich an, außer schneller Auffassungsgabe und Übersensibilität sächsischer Fleiß, Neugier und etwas wie kindliches Selbstvertrauen, das man auch gemäßigten Narzißmus nennen kann. (Ein Schriftsteller, der sich nicht leiden kann, scheint mir ungeeignet für den Beruf: wie kann jemand, der nicht einmal sich selber liebt, die Menschheit lieben?) Die Kunst, Prosa zu schreiben, ist, glaube ich, vor allem die Kunst, überflüssige Wörter und Sätze zu streichen; die entstehenden Bruchstellen sind Freiräume für den Leser. Wenn Literatur den Sinn hat, für andere Freiheit möglicher

3 Sekunden ein Foto der Pauluskirche, oder Stadtplanausschnitt mit Paulusviertel. Schnitt.
Spaziergang« im Paulusviertel: Straße aus mittlerer und Nahdistanz. Die trist-sachliche Ossietzkystraße, Leute beim Einkaufen, Fleischer- und Gemüseladen von außen mit Anstehenden innen, Konsumverkaufsstelle. Der Tennisplatz, wenn es geht mit Spielern. Heinestraße mit kleinen Villen und Bäumen. Dann auf Ossietzkystraße 14 zu, evtl. aus einiger Entfernung; ich mit dem Kind, wie wir in die Haustür gehen.

Dann in der Wohnung, evtl. Arbeitszimmer.

Die Porträts der Freunde, Rückfahrt, Arbeitszimmer.

zu machen, setzt das Vertrauen in die Entzifferungskraft der Leser voraus. Von einer Ästhetik, die statt auf Genauigkeit auf Reizüberflutung setzt, halte ich so wenig: sie beruht auf Mißtrauen, das zur Macht gehört wie gute Skepsis zur Weisheit, die der Dichter braucht oder doch gern hätte.

Vom Bahnhof zum Paulusviertel, in dem wir wohnen, fährt man drei Stationen mit der Straßenbahn und läuft dann sieben Minuten. Die crux jeden Selbstporträts ist, glaube ich, die Versuchung, privat zu werden. Ich bin 1,76 groß und wiege 65 Kilo, esse gern gut und habe eine Neigung zu städtischer Bequemlichkeit; meine tägliche Arbeitszeit beträgt sieben Stunden, rechnet man, wie Arno Schmidt das tut, Lektüre hinzu, werden es neun. Als Getränk zur und nach der Arbeit bevorzuge ich Obstbrände, trockene Weine und Cognac. Die Vorstellung, ohne Schreibmaschine arbeiten zu müssen, entsetzt mich; ich arbeite vier- bis zehnmal um und mag ein sauberes Schriftbild. Wenn ich Zeit habe, spiele ich Tischtennis, Tennis oder schwimme; Gegenden, in die ich gern reisen würde, sind Griechenland, die Provence und Südostasien. Meine Frau, die meine Texte als erste liest, ist elf Jahre jünger als ich, das Kind wird zehn. Ich habe Freunde, gute Freunde und Bekannte; die Freunde, deren Porträtfotos ich für diesen Film beschafft habe, sind Karl Mickel, Richard Leising, Sarah Kirsch, Friedrich Dieckmann, HAP Grieshaber, Elke Erb und Adolf Endler. Seit das Kind vier ist, mache ich auch Kinderbücher; andere Arbeiten sind Prosaporträts, Nachdichtungen (Mandelstam, Shelley, Jessenin, georgische Poesie), Stücke, Stückübersetzungen, Essays, eine Kinderoper und ein Ballettlibretto »Münchhausen«. Gelegentlich schreibe ich Gedichte, von denen sich in zwanzig Jahren ungefähr siebzig angesammelt haben; eins davon, aus dem vorigen Jahr, heißt nach dem durch Shakespeare bekannten König »Richard III.«; es geht:

Vom Gedicht an Nahaufnahme von mir, Originalton, unbewegte Kamera.

Nach Ende des Gedichts zwei schnelle Rückfahrten.

Richard III.

Von Mord zu Mord der Weg nach oben, oben
Ist keiner mehr im Weg, man ist es selber
Und muß nach unten morden, jeder Dolch
Ist umdrehbar und muß mit sieben Dolchen
Gehalten werden, daß er sich nicht umdreht
Und sieben Dolche brauchen neunundvierzig
Der Dolch des Dolches Dolch, und Zungen sind
Da sie den Dolchen Richtung geben, Dolche
Der Blick vom Gipfel ist der Blick zum Abgrund
Und aller Toten Zungen, denkt man, reden

Februar/März 1978

Nachwort zu Otto Flakes Hutten

Ich kannte, als ich gebeten wurde, etwas zum *Hutten* zu schreiben, von Flake nicht einmal den Vornamen; was ich wußte, war, daß er irgendwie mit den Nazis zu tun gehabt hatte. (Zu tun gehabt hatte er, stellte sich heraus, insofern er 1933 auf Drängen seines Verlegers Bermann eine Ergebenheitsadresse unterzeichnete, in Deutschland blieb, weil er außerhalb die Familie nicht hätte ernähren können, und, Besitzer eines bei Baden-Baden einsam gelegenen Hauses, das unbelauscht London zu hören erlaubte, die Jahre bis 1945 als unerwünschter sowie »jüdisch versippter« Autor arbeitend, spazierengehend und gelegentlich mit Bekannten essend zubrachte. 1938-1943 entstand so der anderthalbtausend Seiten starke Roman *Fortunat,* eine Art Wunsch-Autobiografie, die das Leben eines 1814 geborenen Deutsch-Franzosen – Flake war Elsässer – in einem detailprallen, freilich oft exposéhaften Geschichts- und Figurenpanorama mit viel Weltkenntnis und erotischem Flair schildert; Flakes Held, von Beruf Frauenarzt, besteht anders als Faust die Welt im kleinen Kreis kräftig-umsichtig handelnd, im Großen gelassen betrachtend und soweit möglich genießend, ohne sich auf die Spiele der Macht und die blutigen Kämpfe institutionalisierter Gesinnungen einzulassen, bis zum erfüllten Ende mit 83 –: derart erkenntnisverdrängend, mithin, können Urteile der Sorte sein, »innere Emigration« während der Nazijahre habe es im Ernst nicht gegeben, der Begriff sei miese nachträgliche Rechtfertigung, jeder anständige Künstler hätte ja wissen müssen, was kommt. Und wenn er es wußte, aber die Überlebenswahrscheinlichkeiten höher kalkulierte als geboten? Wir müßten, wollten wir das mißbilligen, noch den KZ-Opfern oder den in Kampuchea Erschlagenen vorwerfen, daß sie nicht rechtzeitig die Kurve kriegten: als ob wir unsere Strategien aus unendlichen Möglichkeiten wählten, und die biologische Selektion nicht auch über gesellschaftliche Konsense merzte. Der Abbé Sieyès soll auf die Frage, wo denn er während der Schlachtereien der Französischen Revolution gewesen sei, geantwortet haben »Ich habe gelebt!«, die Auskunft verdient heute vielleicht wieder Beachtung.)

Der *Hutten* nun ist eher entstanden, 1928/29 in sieben Monaten täglich zehnstündiger Arbeit (die »nur kurz für einen Aufsatz über Lessing« unterbrochen wurde, Flake war ein rascher Schreiber, journalistisch geschult, ohne im Journalistischen hängenzubleiben; ich vermute, daß ihm die Gedanken als formulierte Sätze zuflossen, außerdem hatte er, selbstdiszipliniert, aufmerksam-stoischen Gemüts und von sozusagen friesischer Statur und Gesundheit, die Konstitution für Dauerleistungen: schien ihm etwa ein Romananfang mißlungen, warf er getrost hundertfünfzig Seiten weg und begann neu). Samuel Fischer hatte das Buch der aufkommenden Biografienmode wegen bestellt, Flake, damals 48 und fest im Literaturbetrieb – er verfaßte Romane, Erzählungen, politische und philosophische Abhandlungen, darunter einen vehementen Essay über Frauenemanzipation – zögerte erst, las aber als gründlicher Mann die einschlägige Literatur und entschloß sich, da ein anderes Projekt sich zerschlug, den Auftrag anzunehmen. Was am *Hutten* zunächst besticht, ist das strikte Zugehen auf den Gegenstand – zwei verbreitete Bilder, Hutten als Handlanger Luthers und Hutten als verkommener streunender Skribent, werden höflich referiert, ein drittes, das nach wissenschaftlichen Grundsätzen Strich zu Strich füge, versprochen –, die Übersichtlichkeit des Großablaufs samt dem Mut zu Exkursen (sei es über die Ganerbenwirtschaft, den Begründer von Auerbachs Keller oder die Syphilis) und der Wechsel unterhaltsam gereihter, oft bildkräftiger Details mit gleichsam hineingenagelten Urteilen des Verfassers, die man oft zitieren möchte. »Das Schießpulver war nun schon ein Jahrhundert alt und hatte wie alle technischen Erfindungen zentralistische Wirkungen«, »Die

Überschätzung des Wortes ist eine der Erfahrungen, die jede Generation macht«, »Moral ist Differenzierung und folgt aus Zuständen«, »Der Humanismus ist eine Gesellschaft korrespondierender Freunde« – bei welchem neueren über Geschichte Handelnden finden sich solche Sätze? (Bei Tocqueville freilich, dem großen Vor-Denker gegenwärtiger gesellschaftlicher Zerreißvorgänge, finden sie sich noch, und mit größerem Ansatz; eine Auswahl seiner Arbeiten bedürfte dringend des Drucks bei uns.) *Es gibt in jeder Biografie, deren Gegenstand ja ein Mensch ist, Stellen, wo das reichste wissenschaftliche Material so wenig hilft, daß es geradesogut fehlen kann. Worin besteht denn dieses Material? In Briefstellen, Bücherstellen, Aktenstellen, alles Dinge, die den Rang von Hilfsmitteln haben,* schreibt Flake im Vaganten-Kapitel, worauf er unbedenklich plausibel schildert, wie es dem von der Syphilis gebeutelten mittellosen Hutten auf der Landstraße nach Norden ergangen und zumute gewesen sein muß. Zu loben ist ferner die Distanz der Darstellung – »erstaunliche Zahlen, wenn sie wahr sind« heißt es zu Berichten über die Truppenstärke Sickingens, der, so Flake, »den Krieg verwirtschaftlichte«, indem er »als Fachmann Knechte, Waffen, Geschütz, Erfahrung und Energie verkaufte« und mit diesem Angebot wieder die Nachfrage stimulierte –, die mustergültig freie Übertragung der lateinischen Zitate und die gerade Redeweise: Flake schreibt *ich glaube nicht,* wo es in heutigem Wissenschaftler-Welsch mindestens *es ist unglaubwürdig,* wenn nicht *die Fakten vermögen keinen Beleg zu liefern* hieße – als sei es die Aufgabe von Tatsachen, unserem Zeitalter der Aktennotizen, mit denen jeder gegen jeden sich abzusichern hofft, Beglaubigungsscheine herzureichen.

Die eigentliche Leistung Flakes scheint mir indes das Grundbild, das er weniger entwirft als entstehen läßt (er bietet nebenbei ein hübsches klischeegeeignetes: Hutten 40 Tage im Guajakkur-Schwitzbad, Pamphlete dichtend und Freunde empfangend): Ulrich von Hutten tritt vor uns nicht als »Repräsentant« irgendwelcher gebündelter Strebungen, die man fortschrittlich, historisch unaufhaltsam oder sonstwie nennen mag, sondern als sensitiv-überbegabter Einzelner, der, in wüst verknäulte Umstände geworfen und unfähig-unwillig zu resignativer Einordnung wie zum intriganten Marsch durch Institutionen, sein aggressiv-sanguinisches Temperament an den jeweils nächstbesten Gegner wendet und dabei stolpernd, fallend, sich wieder aufrappelnd und zeitweise passabel lebend zu den relevanten Fragen sich durchdenkt, -schimpft und schreibt; die Fragen sind, wir lernen es heute in der Schule, *Humanismus, Nation, Reformation, Fürsten- und Pfaffenherrschaft.* (Die meisten zeitgenössischen Gelehrten, merkt Flake an, hielten ganz anderes für wichtig: etwa den Zank zwischen Nominalisten und Realisten oder das Problem, ob die Heilige Anna, die Mutter Marias, gleichfalls unbefleckt empfangen habe, und zwar dreimal.) Dieser Einzelne nun, der in einer Stunde der Euphorie und Heiratslust *O Jahrhundert, o Wissenschaften, es ist eine Lust zu leben, Willibald!* an Pirkheimer schreibt und sich mit diesem, selbstverständlich um Anlaß und Anrede amputierten Diktum in die Lesebücher der Nachwelt bringt, hat in einem Netzwerk durch- und gegeneinanderlaufender Geld-, Macht-, Glaubens- und Überlebensinteressen sich zurechtzufinden, das so übersichtlich-einprägsam vorgeführt ich nirgends sonst gefunden habe; ich stehe nicht an, den *Hutten* eine vorbildliche Biografie zu nennen. Selbst wo die Darstellung beim ersten Lesen nur den Eindruck verworrener Klein-Verhältnisse hinterläßt (die für den Protagonisten, der ja darinsteckte, natürlich vollends undurchschaubar waren), erweist sie Flakes enormen Sinn für das Funktionieren von Politik; es gibt, läßt uns Flake mitlesen, labile Gleichgewichtszustände, da ein Augenbrauenheben an falscher Stelle genügt, Weltprovinzen zusammenkrachen zu lassen; die jeweiligen Machthalter müssen also solchen Zuständen vorbeugen, was ihre Systeme noch träger und bröckliger macht, als sie sowieso sind. Daß Huttens Versuch literarischer Weltveränderung scheitern mußte, hätte Flake so nicht eigens anzumerken brauchen: es folgt aus dem Text, der Zustände vorführt, aus denen Lösungen nicht kommen können. Immerhin sind heute, nach vierhundertsechzig Jahren, Huttens Fragen so ungelöst und unlösbar wie damals; sollen und dürfen wir deshalb aufhören, sie zu denken?

Januar 1982

Nachwort zu Rilke,
Die Aufzeichnungen des Malte Laurids Brigge

Vor-Ostern

Neapel

Morgen wird in diesen tiefgekerbten
Gassen, die sich durch getürmtes Wohnen
unten dunkel nach dem Hafen drängen,
hell das Gold der Prozessionen rollen;
statt der Fetzen werden die ererbten
Bettbezüge, welche wehen wollen,
von den immer höheren Balkonen
(wie in Fließendem gespiegelt) hängen.

Aber heute hämmert an den Klopfern
jeden Augenblick ein voll Bepackter,
und sie schleppen immer neue Käufe;
dennoch stehen strotzend noch die Stände.
An der Ecke zeigt ein aufgehackter
Ochse seine frischen Innenwände,
und in Fähnchen enden alle Läufe.
Und ein Vorrat wie von tausend Opfern

drängt auf Bänken, hängt sich rings um Pflöcke,
zwängt sich, wölbt sich, wälzt sich aus dem Dämmer
aller Türen, und vor dem Gegähne
der Melonen strecken sich die Brote.
Voller Gier und Handlung ist das Tote;
doch viel stiller sind die jungen Hähne
und die abgehängten Ziegenböcke
und am allerleisesten die Lämmer,

die die Knaben um die Schultern nehmen
und die willig von den Schritten nicken;

während in der Mauer der verglasten
spanischen Madonna die Agraffe
und das Silber in den Diademen
von dem Lichter-Vorgefühl beglänzter
schimmert. Aber drüben in dem Fenster
zeigt sich blickverschwenderisch ein Affe
und führt rasch in einer angemaßten
Haltung Gesten aus, die sich nicht schicken.

Würde jemand, der Rilke aus halbwegs verbreiteten Auswahlen seiner Gedichte kennt, diesen Text ihm zuschreiben? Die Enjambements, die Zuordnung von Handlung zu Unbelebtem (Gassen drängen, Melonen gähnen), die Schlußformel mögen auf ihn deuten. Aber das gleichsam rammende Querlaufen der Verse gegen den Satzbau? das Rücksichtslose der Reime? die rhythmisch-semantischen Tricks (der Verssprung *aufgehackter / Ochse* hackt die Strophe auf, auf das Reimwort *ererbten* folgt – wo die recht Rilkesche Wendung »Bezüge« in der abstrakten Bedeutung des Worts wäre – *Bettbezüge*)? Das obszöne Schlußbild vom masturbierenden Affen ist zudem, da es sowohl auf die verglaste spanische Madonna als auf die Überschrift *Vor-Ostern* sich bezieht, blasphemisch.

Und der Anfang des *Malte Laurids Brigge:* 11. September, Rue Toullier. *So, also hierher kommen die Leute, um zu leben, ich würde eher meinen, es stürbe* sich *hier. Ich bin ausgewesen. Ich habe gesehen: Hospitäler. Ich habe einen Menschen gesehen, welcher schwankte und umsank. Die Leute versammelten sich um ihn, das ersparte mir den Rest. Ich habe eine schwangere Frau gesehen. Sie schob sich schwer an einer hohen, warmen Mauer entlang, wie um sich zu überzeugen, ob sie noch da sei. Ja, sie war noch da. Dahinter? Ich suchte auf meinem Plan: Maison d'Acchouchement. Gut. Man wird sie entbinden – man kann das. Weiter, Rue Saint-Jacques, ein großes Gebäude mit einer Kuppel. Der Plan gab an Val-de-grâce, Hopital militaire. Das brauchte ich eigentlich nicht zu wissen, aber es schadet nicht. Die Gasse begann von allen Seiten zu riechen. Es roch, soviel* sich *unterscheiden ließ, nach Jodaform, nach dem Fett von Pommes frites, nach Angst.*

Klingt so Rilke? (Ich entschuldige mich für die rhetorische Frage. Der Verfasser von Nachworten ist ja in der eigenartigen Lage, zu einem Text sich äußern zu sollen, den Benutzer des Buchs vermutlich gerade gelesen haben; er setzt also sein Urteil auf ein fremdes, das zu ahnen er unternimmt. Ich erinnere, daß ich von den vier großen Emblemen im *Malte* Jahre nach der ersten Lektüre nur zwei behalten hatte: die Frau, der das abgerissene Gesicht in den Händen bleibt – und Malte traut sich nicht, die Innenseite anzuschauen – und den brüllenden Tod des Kammerherrn Brigge auf Ulsgaard; den vergeblich gegen sein Hüpfen kämpfenden Mann in Paris, die Begegnung mit der dänischen Sängerin auf der Party in Venedig hatte ich vergessen, ebenso die kleineren Embleme: den rollenden Gegenstand im Nachbarzimmer, den Herzstich am toten Vater mit den zwei austretenden Blutstropfen, die Riesenhand, die dem kleinen Malte entgegenkommt, als er seinen unter den Tisch gefallenen roten Malstift sucht. Vergessen waren viele Bilder: die Abendessen auf Urnekloster mit der Erscheinung Christine Brahes; das Verkleidungsspiel vorm Spiegel, bei dem plötzlich ein Kostüm den Verkleideten nicht mehr freigibt; die Suche nach der Leiche des Herzogs bei nebligem Frostwetter mit dem irr-wirklichen Narren; Abelone beim Abstreifen der Johannisbeeren, die dann aus Bettines Briefen vorliest. Ohne Zusammenhang erinnert der Satz *Er war ein Dichter und haßte das Ungefähre;* vergessen die Komposition und der kalkulierte Wechsel der Erzählweisen; vergessen die ans Ende gestellte Betrachtung über den Verlorenen Sohn, der, aus Scheu, jemandes Freiheit einzuschränken, *nicht geliebt werden wollte.)*

Ich darf also, insofern ich mich mit einstigen eigenen Befindlichkeiten noch eins weiß oder denke, die Frage stehen lassen. Mehr als Maler oder Musiker – von ersteren haben wir Bildwerke, von letzteren halbgenaue Klangteppich-Vorstellungen – kommen ja die großen Dichter auf uns in Gestalt hochresistenter ikonenartiger Klischee-Stümpfe: Goethe, mit großen braunen Augen, saß in Weimar und verfaßte, Frau von Stein Briefchen und wer weiß was zuschiebend, Klassik; Schiller hatte Fieber, faule Äpfel im Tisch und bastelte zitatenreiche pathetische Theaterstücke; Gryphius soff und fraß sich, fortwährend Meistersonette tiefen Weltekels hervorbringend, zu Tode; Brecht hatte so einen Haarschnitt und wollte die Welt verändern. Ich sage das nicht mißbilligend – zum Transport auf die Nachwelt ist, liegt irgend Substanz vor, das krümmste Mittel besser als keins, den und jenen mögen die Klischees veranlassen nachzusehen, was daruntersteckt. Die Rilke-Kennmarken sind: 1. er hat süßliche Jugendstilverse verfaßt, zog sich 2. sorgfältig an und wohnte ohne zu bezahlen oft auf Schlössern, ja wäre selbst gern adlig gewesen, dachte 3. unsozial *(Denn Armut ist ein großer Glanz aus Innen)* und hat den Tod gepriesen, 4. die Gedichte sind, wo nicht süßlich, unverständlich. Erstaunlich ist weniger die Unzuständigkeit der Kennzeichnungen als ihre offenbare Gereiztheit. (Brechts Satz, das *Stundenbuch* – 1899/1901/1903 – dokumentiere Rilkes schwules Verhältnis zu Gott, überbietet freilich alle; Rilkes Ruhm muß damals, 1926, erdrückend gewesen sein.) Niemand wird ja Goethe nach seinen Operetten oder Hölderlin nach dessen Schiller-Nachahmungen beurteilen: wir nennen Dichter, Maler, Baumeister oder Komponisten groß ihrer – vielen oder wenigen – gelungenen und großen Werke wegen, die, im Unterschied zu den Denkleistungen großer Wissenschaftler, kein anderer je hätte machen können. Rilke hat vom sechzehnten Lebensjahr an platteste Allerweltsverse in Masse produziert und nach dem Abitur viel Energie darauf verwendet, sich als Literat zu etablieren (was mißlang); das eigentlich Verwunderliche ist, daß und wie er aus diesem Sumpf so gut wie ohne Ratgeber sich herauszog; freilich hatte er dann eine sozusagen an Leermaterial erworbene Verstechnik zur Hand, die im Augenblick des Einfalls konzentrierteste Produktion, etwa rasches Fixieren in Notizbüchern, erlaubte. Was Vorwurf 2 – Kleidung, Schlösser und Adelstick – betrifft, kann man die Regel aufstellen, daß, hat ein Dichter Marotten, diese für ihn vermutlich lebensnotwendig sind: im Spannungsfeld zwischen innerer Verletzlichkeit und normalerweise rüd-desolater Umwelt gehört es zur Grundleistung jedes Übersensiblen, ein System von Schutzhäuten sich zuzulegen, das die fürs Kunstmachen mindestnotwendige Ruhe und Manövrierfähigkeit sichert oder doch von Zeit zu Zeit herstellt. Im übrigen regen wir uns ja keinesfalls auf, wenn Künstler sich von Fürsten beschenken lassen, staatliche Stipendien nehmen oder Datschen bauen, und selbst rücksichtsvollst gebotene Gastfreundschaft verlangte, bei Rilkes unösterreichischem Pflichtverständnis, ein Abarbeiten wenigstens durch Konversation oder Briefe, die Bedeutendes zu behandeln hatten. (Freilich bringt Briefeschreiben, das heute des Telefons wegen außer Gebrauch kommt, dem Schriftsteller auch Vorteile: es erlaubt eine gewisse Lockerheit im Umgang mit verknäulten Materien und läßt diese so oft punktförmig aufhellen. Rilkes Briefwerk, an 3000 Stücke, steht nahezu gleichwertig neben seiner Poesie und Prosa, Teile aus Briefen an Lou Andreas-Salomé und Clara Rilke sind in den *Malte* übernommen.) Die fast zwanzig Jahre regelmäßig gezahlten Vorschüsse des Insel-Verlegers Anton Kippenberg und Zuwendungen von Verehrern ermöglichten Rilke, der kein Erfolgsautor war – nur der ihm bald peinliche *Cornet* brachte es bis 1924 auf über 100000 Auflage – ein eben auskömmliches Leben; doch mag es Einem, der auf Inspiration angewiesen ist, die herbeizurufen die vielen Ortswechsel ja dienen sollten, etliche Kraft kosten, immer wieder erklären zu müssen, daß und warum etwas nicht fertig wurde. Die Arbeit am *Malte Laurids Brigge* zog sich über sechs Jahre, bei den *Duineser Elegien* waren es zehn. Daß aus dem Vers *Denn Armut ist ein großer Glanz aus Innen* nicht Verklärung sozialen Elends folgt, kann schon wissen, wer im *Stundenbuch* einfach nachliest; der kategorische Imperativ »arm sein« meint dort, wir sollten die Welt annehmen und bestehen, statt sie besitzen zu wollen, ist also radikaler als die Losung, alle Menschen seien gleich und müßten daher gleich viel haben: er stellt das Haben in Frage. Rilkes Idealbestimmung der Ehe ist entsprechend, Jeder der beiden solle sich zum Wächter der Einsamkeit des Anderen machen. »Ubrigens verstehe ich unter Revolution die Überwindung von Mißbräuchen zugunsten der tiefsten Tradition«, heißt es später gelegentlich der bayrischen Räterepublik; dies setzt voraus, im Lauf der Menschheitsgeschichte sei ein Fundus humaner Verhaltensweisen gespeichert, den es abzurufen und in Kraft zu setzen gelte. Mir ist diese Art Utopie näher als der Satz eines Kollegen, soziale Bewegungen böten nur Hoffnung, solange sie dumpf blieben, auf den Begriff gebracht seien sie schon verloren: Daß man seinen Nachbarn nicht totschlägt, weil er rothaarig ist oder statt einer rechtsdrehenden eine linksdrehende Gottheit anbetet, bedarf als Mindestgrundsatz für das Zusammenleben denkfähiger Wesen höchster Kultur der Gefühle, die es ohne Begriffsanstrengung nicht gibt. Jedenfalls setzen Machthalter, die Europa demnächst zwecks Weltverbesserung mit Atombomben wegsprengen möchten, keineswegs auf Begreifen, sondern aufs unterst Dumpfe mehrheitsfähiger Gefühle; freilich befinden sie sich damit in Gesellschaft des jüdisch-christlichen Gotts, der lächerlicher ritueller Abweichungen wegen seinerzeit Sodom und Gomorrha pulverisierte. Rilke hat, seit er erwachsen war, so höflich wie strikt abgelehnt, Christ zu sein (der Gott des *Stundenbuchs* ist ein Hilfskonstrukt zum Einholen von Welt ins Gedicht, die Engel der *Duineser Elegien* repräsentieren das uns unfaßbare, daher schreckliche raumzeitliche Kontinuum, in dem Zeit nicht »abläuft«, sondern »ist«); aus Sorge, vor Schmerzen, gegen die Opiate zu nehmen er sich weigerte, wahnsinnig zu werden, hat er kurz vorm Tod schriftlich verfügt, kein

Priester dürfe ihm irgendwelche Sakramente reichen. Man wird diese Haltung, die angesichts eines sinnleeren Universums den Tod als Teil und Voraussetzung je einmalig zu *leistenden* Lebens akzeptiert, tapfer nennen dürfen; wer sie lieber defätistisch schimpft, begibt sich zu den sogenannten Optimisten, die aus Angst vor den Weltschrecken diese durch lautes Nichthinsehen fortzuzaubern glauben. Verstehen schließlich kann die Gedichte, soweit sie gut sind, jeder, der sich ihnen gutwillig trainierend nähert; allerdings sind Rilke auch im reifen Alter immer wieder Rückfälle ins sanfttönend Ungenaue passiere, die er zum Teil *(Marienleben, Aus dem Nachlaß des Grafen C. W.)* selbst bemerkt und sozusagen als Schicksal hingenommen hat; gelegentlich fünf gerade sein zu lassen gehöre vielleicht ebenso zum Dichter wie harte Arbeit. Woraus bei alldem die erwähnte Gereiztheit der Urteile sich erklärt, lohnte längeres Nachdenken. Provisorisch vermute ich, daß, wäre Rilke fett gewesen und hätte regelmäßig Sauftouren veranstaltet, ihm sogar der Schlußvers des Kalckreuth-Requiems *Wer spricht von Siegen. Überstehn ist alles* (1908) verziehen worden wäre: Was am Einsamen, der sich zusammennimmt, vor allem aufbringt, ist ja, daß er nicht mitjohlt; die letzte Waffe gegen ihn bleibt dann, laut Rilke, der Ruhm.

Nun mag man einwenden, ich hätte insofern nicht zur Sache geredet, als Rilke Abgeneigte weder die ruppige Machart des Ostergedichts noch die böse Genauigkeit des *Malte*-Eingangs wundern würde, da sie sich nicht wundern wollen; überrascht sein könnten allenfalls »traditionelle« Rilke-Liebhaber, die den Dichter mit Versen der mittleren Periode *(Herr, es ist Zeit, der Sommer war sehr groß; Der Panther; Archaischer Torso Apollos)* gleichsetzen und eben noch das *Östliche Taglied* in Kauf nähmen *(Und während wir uns aneinander drücken, / um nicht zu sehen, wie es ringsum naht, / kann es aus dir, kann es aus mir sich zücken: / denn unsre Seelen leben von Verrat.)* Für diese aber sei Rilke der ungeachtet der Welthändel seraphisch durchs Leben wandelnde Meister, der uns zu tröstenden Fluchtpunkten sich eignende vollendet schöne Strophen schenkte; ich erinnere mich, daß mein Vater, der Rilke sehr verehrte, bei Erwähnung des Worpsweder Malerkreises und der Heirat mit Clara Westhoff sich erstaunt fragte, wie »dieser ätherische Mensch ein Kind fertigbringen« konnte. (Dabei hatte Rilke sicher mehr Amouren als der in diesem Punkt fleißige Brecht, dessen Beischläfe freilich besser dokumentiert sind, und die Fürstin Marie Thurn und Taxis – übrigens eine durchaus patente Frau, die Rilke nicht nur auf Duino bei Triest beherbergte, wofür sie schließlich die dort begonnenen *Elegien* als Eigentum bekam, sondern dem von ihr ironisch-wertschätzend *Dottore Serafico* Angeredeten auch gelegentlich kräftig die Meinung sagte; ihre Erinnerungen an Rilke lesen sich besser als die mit ehrgeiziger Textdeutung vollgestopften der Verlegergattin Katharina Kippenberg – argwöhnt in einem Brief, Don Juan sei neben ihm ein Waisenknabe. Wenn Rilke, in Gedichten, in Briefen und im *Malte,* öfter von Verzicht als dem in der Liebe recht Erstrebenswerten redet, hat das nicht nur damit zu tun, daß Philosophie und Praxis Philosophierender selten eins sind, sondern auch damit, daß viele Frauen bei ihm Trost suchten oder ihn trösten wollten, und er schließlich irgendwann arbeiten mußte. Einem jungen Dichter, der begeistert ausrief, das Wichtigste »sei doch der Mensch«, habe Rilke, berichtet Katharina Kippenberg, verneinend geantwortet und erläutert: »Die Männer sind mir fremd, ich sehe sie nur mir unverständliche Aktionen machen. Die Frauen rühren mich.«) Tatsächlich war das »positive« Bild Rilkes lange Zeit unter den Leuten und hat wahrscheinlich sehr zu seinem Ruhm beigetragen, bis es nach dem Zweiten Weltkrieg durch die Existenzialisten und Hemingways quasisoldatische Globetrotter-Sentimentalität einerseits, diverse Moden übersoziologischer Literaturbetrachtung andererseits wirkungslos gemacht wurde. Doch werden Klischees, so geschichtserhellend sie sein mögen, nicht wahrer, wenn man sie wendet wie einen Handschuh; wir müssen, es hilft nichts, wieder Texte lesen, und lesen lernen.

René Maria Rilke ist am 4. Dezember 1875 in Prag geboren, die Mutter, Sophie Entz, kam aus vermögendem Haus und verzieh es ihrem Mann nicht, daß er schwacher Gesundheit wegen die Offizierslaufbahn aufgeben mußte und Bahnangestellter wurde; offenbar war sie stark geltungsbedürftig und neigte zu neurotischem Verhalten. Bis zum fünften Lebensjahr wurde Rilke, womöglich als »Ersatz« für eine früh verstorbene Schwester, in Mädchenkleidern aufgezogen, was aber, betrachtet man die Fotos, seinem Selbstbewußtsein nicht sonderlich geschadet zu haben scheint; an die Kadettenjahre 1886 bis 1891 – er sollte, nun »statt« des Vaters, Offizier werden – hat er sich zeitlebens mit Grauen erinnere, obwohl die Gepflogenheiten dort wahrscheinlich eher zivil waren. (Man kann, wenn man will, Rilkes späteres Insistieren auf *eigenem* Leben, Werk, Tod wie seine Kategorie des *Aushaltens* als Reaktion auf die ihm so früh zugemuteten Ersatzleben deuten; doch wie viele wachsen in solchen Krusten auf, und befinden sich wohl dabei!) Nach einem Jahr Handelsakademie (1892) ermöglicht ihm sein Onkel Jaroslav, ein erfolgreicher Anwalt, private Vorbereitung aufs Abitur (1895), schon damals erscheinen Gedichte in Zeitschriften und ein eigenes erstes Bändchen. Rilke beginnt ein Jurastudium in Prag und übersiedelt, unablässig Verse, Prosa, Theaterstücke schreibend und versendend, 1896 zum dritten Semester nach München; 1897 deutscht er seinen Vornamen ein und nennt sich Rainer Maria. Er lernt Lou Andreas-Salomé kennen, folgt ihr, das Studium aufgebend, nach Berlin, besucht seine Mutter in Italien und wohnt 1898 bis 1900 beim Ehepaar Andreas »in durchaus bescheidenen Verhältnissen«; auf eine Rußlandreise zu dritt (1899) folgen intensive Russischstudien (es gibt ein paar, stilistisch unsichere, Gedichte in Russisch und 1902 eine Übertragung des *Igor-Lieds)* und eine längere Rußlandreise mit Lou allein, während derer beide Leo Tolstoi und den Bauerndichter Droshin besuchen. 1900 lädt Heinrich Vogeler Rilke in die Künstlerkolonie Worpswede ein, wo er der Bildhauerin Clara Westhoff begegnet; die Heirat ist 1901, im gleichen Jahr wird die Tochter Ruth geboren. Aus Geldmangel – Bemühungen um eine Stelle als Redakteur, Verlagslektor oder Dramaturg scheitern wie der Versuch, sich als Kunstkritiker durchzusetzen – mußte das in Westerwede eingerichtete Bauernhaus im Sommer 1902 aufgegeben werden, Rilke nimmt den Auftrag zu einer Rodin-Monografie an und geht nach Paris, seine erste Adresse dort ist Rue Toullier 11. Der für einen Siebenundzwanzigjährigen erstaunlich sichere, ja mitunter weise Rodin-Essay ist im Frühjahr 1903 fertig; Rilke fährt nach Italien, mietet in einem Garten neben der Villa Borghese in Rom ein kleines Studio und beginnt im Frühjahr 1904 den *Malte Laurids Brigge,* gleichzeitig fängt er an Dänisch zu lernen. In den sechs Jahren der Arbeit am *Malte* entstehen Gedichte für die zweite Auflage des *Buchs der Bilder,* der *Rodin*-Vortrag – dessen suggestive Skulpturenbeschreibungen einen Bildwerfer durchaus ersetzen, wenn nicht übertreffen –, der Erste und Andere Teil der *Neuen Gedichte* und vom 31. Oktober bis 5. November 1908 die großen *Requiems* für Paula Modersohn-Becker und Wolf Graf Kalckreuth, in denen der deutsche Blankvers auf eine klassische Höhe gebracht wird, die er erst in Brechts *Leben Eduards II. von England* wieder erreicht. Aufenthaltsorte während dieser Zeit sind: Kopenhagen, Südschweden, Sanatorium Weißer Hirsch Dresden, Schloß Friedelhausen an der Lahn (wo Rilke mit Jakob Uexküll, einem bedeutenden Biologen, die Aufgabe des Schriftstellerlebens zugunsten naturwissenschaftlicher Studien erwog), Wacholderhöhe bei Godesberg (der Besitzer, Karl von der Heydt, hatte das *Stundenbuch* in den »Preußischen Jahrbüchern« besprochen und half Rilke die nächsten Pariser Jahre finanzieren). 1905 lädt Rodin den Dichter ein, bei ihm unentgeltlich zu wohnen und dafür seine Korrespondenz zu besorgen, 1906 kommt es zum Krach zwischen beiden. Rilke bereist Flandern, verbringt die Frühjahre 1907 und 1908 gastweise auf Capri, versöhnt sich mit Rodin, mietet sich wieder in Paris (im späteren Rodin-Museum) ein, studiert Landschaften und Kunstdenkmäler der Provence und diktiert schließlich Anfang 1910 im Turmzimmer des Kippenberg-Hauses Richterstraße 27 in Leipzig die Druckfassung des *Malte,* der im gleichen Jahr als Buch erscheint.

Ich gebe diese, vielleicht ungebührlich lange Liste, um einer Lesart vorzubeugen, der ich vor Jahren selber aufgesessen bin: danach wären die *Aufzeichnungen* eine Art Selbstbiographie, Malte Rilke, der Roman kein Roman. Dagegen spricht: 1. Auch wo stinkender Pariser Alltag mit der vibrierenden Betroffenheit eines von all und jedem Gedemütigten geschildert wird (Maltes zentraler Satz, nachdem er wieder einmal morgens den Ofen nicht anbekommen hat, heißt: *und wenn ich dann unter die Leute komme, haben sie es natürlich leicht),* ist der Text in Muße, mit zeitlichem Abstand, in passablen äußeren Umständen und großenteils schönen Landschaften verfaßt bzw. montiert; Maltes durch Statusverlust plötzlich ins Bewußtsein flutende existentielle Sinnleere ist nicht die Lage des Autors. 2. Vielmehr beschreibt Rilke das Scheitern eines hochaufnahmefähigen, zu vielerlei sarkastischem Urteil und kunstsinniger Beobachtung begabten Menschen, dem nichtsdestoweniger die *Fähigkeit zu lieben* und die Kraft zu wie immer gearteter Lebensleistung fehlen, in Jahren eigener hoher künstlerischer Produktivität. 3. Das Buch ist, bis in die irritierenden Bruchstellen zwischen den und in den Textblöcken, mit höchstem Kunstwillen *komponiert;* so wird die Sprache in den anekdotischen Passagen (Erscheinung Christine Brahes) desto trocken-kleistischer, je gespenstischer das Mitgeteilte ist, während sie in kurzen, eben noch erträglichen Reflexionsstellen vage-daktylisch dahinplätschert, als redete ein verwässerter Nietzsche;

beim Schildern der Wirkung des sterbend brüllenden Kammerherrn Brigge auf die Dorfbewohner fällt sie ins Biblische, die Memoirenbruchstücke des alten Grafen Brahe sind ein parodistisch perfektes Stilimitat, das irre Zugrundegehen der vorgeführten Machthaber (das Malte zu trösten scheint?) ist auf je verschiedene Weise berichtet usw. Außerdem gibt es je zwei Einleitungs- und Schlußentwürfe, von denen der spätere jeweils besser ist und dennoch mit Recht fortgelassen wurde. (Arno Schmidt hat, in den *Berechnungen,* vier aus biologisch-psychischen Grundmustern unserer Weise der Weltaufnahme und -verarbeitung abgeleitete Techniken des Erzählens postuliert, die die klassischen ergänzen sollen; die Kurzbezeichnungen sind *Foto, Löchriges Dasein, Traum* und *Längeres Gedankenspiel.* Gemeint ist, daß wir beim Erinnern fernerer Vergangenheitskomplexe zunächst ein überscharfes Einzelbild sehen, an das sich dann Texte anlagern; daß ein gewesener Tag uns nicht als Kontinuum, sondern aus wenigen Ereignisflächen zusammengesetzt erscheint; daß wir tagträumend uns in mögliche, oft banale Situationen wünschend oder befürchtend versetzen und schließlich, insbesondere bei erzwungener Untätigkeit, fremde, »exotische« Schicksale nach selbstbestimmten Regeln und Strategien über Wochen und Monate durchspielen. Wenn dies neueres Erzählen ausmacht oder mitbestimmt, ist der *Malte* – sofern man »modern« nicht als Schimpfwort nimmt – der erste deutsche moderne Roman, ja vielleicht einer der ersten der Weltliteratur (und mir, mag man mich teeren und federn, lieber als der *Ulysses*); insbesondere betrifft das die aus den Grundmustern *Foto* und *Löchriges Dasein* folgende Gliederung in Textblöcke, die den – ein überschaubares, »rundes«, geschlossenes Weltganzes imaginierenden – Erzählfluß traditioneller Romane ersetzen. Sozusagen über Schmidt hinausgehend verzichtet Rilke überdies auf eine quasidramatische = nacherzählbare Fabel und läßt den Leser das Bild einer Person – und einer Zeit – aus so disparaten wie aufeinander bezogenen Fotos, Ereignisflächen, Tagträumen und Längeren Gedankenspielen zusammensetzen, wobei aus den Fugen tiefe Beunruhigung springt; man nennt ein solches Verfahren, soweit ich etwas von Literaturtheorie weiß, Realismus.) Doch bedeutet, daß Rilke nicht Malte ist, nicht, daß er mit seiner Figur nichts zu schaffen oder gemein hätte; vielmehr ist Malte gleichsam ein Auch- und Gegen-Rilke, der der Autor hätte werden und sein können und vielleicht zeitweise auch war, von dem er sich aber – was Malte nur »wollte« – schreibend befreit hat; wie im *Werther* wird so die Fortexistenz des Dichters als Person auf einen in effigie verübten Mord gegründet. Der Leser möchte, wünsche ich mir, dieses Buch an einen Platz stellen, wo er es nach zwei, drei Jahren wiederfindet; auch aus der vermutlich dann anderen Beunruhigung wäre Trost zu ziehen.

Spätherbst 1981

Gespräch mit Rüdiger Bernhardt

Rüdiger Bernhardt: Rainer Kirsch, wenn man sich mit Ihrem Werk beschäftigt, fällt seine Vielseitigkeit auf; können Sie eingangs zu Genesis und Abfolge der Arbeiten, zu Ihrer Entwicklung Genaueres sagen.

Rainer Kirsch: Die ersten Texte habe ich, soviel ich weiß, als Acht- oder Neunjähriger geschrieben, das waren Geburtstagsverse für meine Eltern; ich erinnere mich außerdem an ein mehrstrophiges Gedicht, das ich meinem Vater ins Feld schrieb, es schilderte, glaube ich, eine Winterlandschaft, bestand abwechselnd aus langen und kurzen Zeilen und rührte mich damals beim Wiederlesen zu Tränen. Ernsthaft zu schreiben angefangen habe ich 1956, nach dem XX. Parteitag der KPdSU. Politisch bin ich in der Verehrung Stalins aufgewachsen, und der Marxismus war für mich sehr früh ein intellektuelles Grunderlebnis; mit 14 hatte mich mein Vater zu Vorträgen eines russischen Majors namens Patent über Dialektischen und Historischen Materialismus mitgenommen, die in einem riesigen überfüllten Saal stattfanden und bei denen anschließend jeder auf die Bühne kommen und widersprechen durfte. Mit 17 konspektierte ich – nach den damaligen Leseanleitungen: Positives rot unterstreichen, Negatives blau – Lenins *Materialismus und Empiriokritizismus;* ich las den *Anti-Dühring, Was tun?* usw. und hielt als ehrenamtlicher FDJ-Funktionär Seminare über Stalins *Geschichte der KPdSU (B), Kurzer Lehrgang.* Als Stalin starb – ich war 18 – hatte ich ziemliche Bedenken, wie es mit der Welt nun weitergehen sollte; mit dem XX. Parteitag brach für mich ein Stück Weltbild zusammen. Ich studierte damals Philosophie in Jena, dort fing ich auch an, intensiver Gedichte zu lesen. (Wichtig war für mich eine *Anthologie 56,* die jüngere deutsche Dichter aus Ost und West vorstellte, und Rilke, der deutsche Expressionismus und Brecht.) Außerdem las ich, was ich für ein großes Glück halte, Ernst Bloch; durch einen Mitstudenten, der jetzt den Morgen-Verlag leitet, lernte ich die Maler der Moderne kennen, von Cezanne über Picasso bis zu Malewitsch, Mondrian, Dali, Chagall; ich las Hugo Friedrichs *Struktur der modernen Lyrik* usw., d.h. ich holte, reichlich spät und natürlich wüst lückenhaft, etwas Allgemeinbildung nach. (Selbstverständlich las ich auch Lukács, konnte aber mit ihm nie viel anfangen; noch jetzt schätze ich von ihm eigentlich nur die *Seele und die Formen* und begreife nicht, was an *Geschichte und Klassenbewußtsein* aufregend sein soll; mich stört die, entschuldigen Sie, Shdanowsche Sprache.) Ich schrieb also 1956/57 an dreißig Gedichte, teils elegisch-expressive Stimmungsfixierungen, teils mehr politischen, »antidogmatischen« Inhalts, Vorübungen, wie ich heute weiß, aber manches hatte schon eine gewisse Intensität und formale Strenge. 1956 hatte ich auf einer Lesung Louis Fürnberg kennengelernt, der gleich erriet, daß ich schrieb, mich aufforderte, ihm etwas zu schicken und mich zwei- oder dreimal zu sich einlud; ich trank bei Fürnberg zum erstenmal im Leben Sliwowitz, und er hat mich jedesmal sehr ermutigt, was wahrscheinlich enorm wichtig für mich war. Noch heute schätze ich seine Strophe *Selig, die simpel sind, / sie fassen alles, / und alles ist ihnen A und O; / werden des Lebens froh / jeglichen Falles; / weil sie im Tümpel sind, / quaken sie so.* 1957 wurde ich dann von der Jenaer Universität relegiert und hatte mich in der Produktion zu bewähren; ich war je ein Jahr Druckereihilfsarbeiter, Chemiearbeiter in Buna und zuletzt LPG-Mitglied in Reideburg bei Halle. Diese ganze Zeit habe ich, wenn ich von der Arbeit nach Hause kam, mich hingesetzt und geschrieben, und zwar ohne mich irgendwie zu zwingen; das war so selbstverständlich wie Klavierspielen. Meist schrieb ich Gedichte, aber auch Songs und Kinderlieder; ich war mit einem komponierenden Musikwissenschaftler befreundet, der mir die ersten Aufträge (vom Hofmeister-Verlag) besorgte; zwei aus dieser Zusammenarbeit resultierende Texte stehen heute im

Lehrplan, sie sind von erschreckender Vielverwendbarkeit *(Geh voran, Pionier/ Deine Heimat ruft nach dir/ Unsre Zeit geht mit schnellen Schritten usw.)*, aber ich wußte es damals nicht besser. 1957 lernte ich Sarah kennen, wir heirateten 1958. Damals war ich schon, wohl durch Vermittlung meines Vaters, Gast der Arbeitsgemeinschaft Junger Autoren beim Schriftstellerverband in Halle. Zu den monatlichen Tagungen, die von allen sehr ernstgenommen wurden, kamen öfter Lektoren und Dramaturgen, um nach neuen Autoren zu fahnden; so bot mir jemand vom Rundfunk an, ein Kinderhörspiel zu schreiben, ich tat das für 800 Mark brutto und schrieb noch zwei weitere. Da nun ein paar Leute wußten, daß ich für Kinder schrieb, bestellte der Hofmeister-Verlag eine Kinderoper *Gulliver in Liliput*, ein sächsischer Kinderchor eine Landwirtschaftskantate, die Zeitschrift »Fröhlich sein und singen« eine gereimte Geschichte der Mathematik; d.h. ich fing an, neben den Gedichten Auftragsarbeiten in anderen Genres zu machen. Durch Vermittlung des Schriftstellerverbands mußte ich in der LPG bald nur noch vier Tage in der Woche arbeiten, hatte also drei ganze zum Schreiben. Um 1959 fing auch Sarah an, kleine Gedichttexte aufzuschreiben, einen, über Nikos Belojannis, einen griechischen Kommunisten, der auf der Akropolis die rote Fahne gehißt hatte, brachte ich mit in den Schriftstellerverband, sie wurde auch eingeladen, und wir galten dann als dichtendes Ehepaar im Bezirk. Ein wichtiges Ereignis war dann Stephan Hermlins Akademie-Lesung 1961: Hermlin hatte über das NEUE DEUTSCHLAND Debütanten aufgefordert, Gedichte einzusenden, bekam an die tausend und wählte 11 oder 15 Autoren aus, darunter Sarah und mich. Nach der Lesung gab es heftige Presseangriffe gegen Hermlin und etliche der vorgestellten Texte, die »dunkel und unverständlich« seien und denen es an Optimismus mangele; da mein Gedicht *Meinen Freunden, den alten Genossen* unter den angegriffenen war, schrieb ich eine längere Entgegnung an den SONNTAG, dessen Chefredakteur Bernt v. Kügelgen druckte sie und replizierte in der gleichen Nummer, so hatten wir Anfänger plötzlich Publizität. Das um so mehr, als die FDJ, um das ungewohnte Durcheinander in rechte Bahnen zu lenken, Mammutlesungen organisierte, auf denen ca. zwanzig Jungdichter je 2 oder 3 Gedichte vortrugen, wonach debattiert wurde. So entstand die sogenannte Lyrikwelle (das Wort meint die Publizität, nicht die Produktion, die Texte waren ja da); Dichter meines Alters – Karl Mickel, Adolf Endler, Volker Braun, Heinz Czechowski und andere – wurden so einem größeren Publikum bekannt und, was vielleicht noch wichtiger war, wir lernten uns untereinander kennen; ich glaube nicht, daß ich ohne die spätere Freundschaft mit Mickel und Endler zu der neuen Redeweise und Welthaltung (die Zäsur liegt 1965) in meinen Gedichten gekommen wäre. Die erwähnte Publizität – das NEUE DEUTSCHLAND rezensierte ausführlich die erste Groß-Lesung und druckte ein Gedicht von Sarah auf der Titelseite! – führte wieder zu anderen Arbeitsangeboten; Fritz Mierau, ein Slawist, erkundigte sich, ob wir nicht Nachdichtungen aus dem Russischen versuchen wollten, das Ergebnis war die Anthologie *Mitternachtstrolleybus,* die erstmals jüngere sowjetische Dichter, wie Wossnessenski, Jewtuschenko, Okudshawa, bei uns vorstellte. Das Erwachsenenhörspiel meldete sich (ich adaptierte eine Novelle von Granin und schrieb 1962/63 ein eigenes Hörspiel); Reclam bot mir Jessenin zum Nachdichten an, Volk und Welt Sarah und mir Achmatowa. 1963 kamen wir als Studenten ans Literaturinstitut »Johannes R. Becher« in Leipzig, was vor allem wichtig war, weil das Stipendium uns die Möglichkeit gab, zweieinhalb Jahre lang unsere Aufträge auszusuchen, und eine Menge Lesestoff unbeschwert nachzuholen; außerdem war in dieser und jener Vorlesung etwas zu lernen, immer aber im Lyrikseminar bei Georg Maurer. Unser Studenten-Praktikum machen wir beim FORUM, damals eine angesehene und brisante Wochenzeitung; ihr Chefredakteur Heinz Nahke ließ Sarah und mich Reportagen schreiben, worauf der Verlag Neues

Leben ein Buch über das 1964er Deutschlandtreffen bestellte. Ich will die Aufzählung hier abbrechen; deutlich wird vielleicht, daß ich vieles, fast alles auf Bestellung gemacht habe, und so schrittweise aus einem Genre ins andere kam, dessen Baugesetze herauszufinden bzw. für mich neu zu schaffen hatte, also den Kreis meiner Möglichkeiten, bei immerwährender Neugier, langsam ausschreiten und ausweiten konnte. Dabei kam mir zustatten, daß ich »von unten« kam, d. h. keinem Erwartungsdruck ausgesetzt war außer meinem eigenen und dem von ein paar Freunden und Bekannten, deren kritisches Urteil mir wichtig ist.

R. B.: Inzwischen liegt neben dem umfangreichen dichterischen, schriftstellerischen Werk auch Essayistisches, Theoretisches vor. Abgesehen von *Das Wort and seine Strahlung,* das anhand der Frage, ob Nachdichtung möglich sei, das Funktionieren von Poesie untersucht, also eine poetologisch orientierte Ästhetik entwirft, heißt Ihre eigentliche Essaysammlung *Amt des Dichters.* Damit wird ein Anspruch formuliert, der vielleicht genauer erläutert werden sollte. Wie würden Sie das Amt des Dichters beschreiben, und welche Funktion hat Ihrer Meinung nach der Dichter in unserer Gesellschaft?

R. K.: Ich will das zuerst negativ beschreiben, von einer Illusion her, die ich noch Anfang der 60er Jahre hatte. Die Illusion war, Dichtung könne unmittelbar in gesellschaftliche Prozesse eingreifen, und zwar entweder über Fürstenerziehung (Machtausübende lesen Gedichte, filtern heraus, was darin über verbesserungsbedürftige innergesellschaftliche Zustände mitgeteilt ist, und treffen unverzüglich die nötigen Anordnungen), oder via Bekehrung (Massen hören Gedichte, nehmen auf, was darin über ihre eigenen, verbesserungsbedürftigen Denk- und Verhaltensweisen steht, und werden andere Menschen). Beide Illusionen habe ich, gewissermaßen unter Schmerzen, abwerfen müssen. Wenn ich trotzdem vom Amt des Dichters rede, scheint das vielleicht seltsam. Es ist übrigens ein durch Selbsteinsetzung konstituiertes Amt; das mag nach Hybris klingen, formuliert aber nur ein Berufsrisiko – ob man den Anspruch, den man damit setzt, einlösen kann, muß die Geschichte zeigen. Es ist *auch* ein kollektives, ein Ensemble-Amt, insofern ein Land, wenn es Glück hat, jeweils etliche Leute beherbergt, die dichten können, und weil die Stimmen vieler großer Dichter der Vergangenheit und fremder Länder uns betreffen können; stellen muß sich dem Amt aber jeweils ein Einzelner. Der Dichter ist, in meiner Vorstellung, ein mit überdurchschnittlich feinem Sensorium, Geschichtsverständnis, Liebesfähigkeit und angeborener oder erworbener Formulierungskraft ausgestatteter Mensch, der für andere Epochen- und Weltbilder liefert; diese sind derart, daß kein anderer sie je liefern könnte, und sie stehen, potentiell, zur Verfügung Aller. Das heißt der Dichter ist sowohl Chronist als auch Seelsorger, Lebenshelfer, indem er, was andere nicht wissen oder nur ahnen, ihnen als nur so und nicht anders sagbare Information anbietet und verfügbar macht. Dies, indem er ihr Sensorium schärft (Gefühle sind im Lauf der Evolution entstandene Wertfilter, also zunächst Bewertungshilfen für zweckmäßiges Handeln), ihre Neugier befriedigt oder weckt, Gewußtes in seltsame Zusammenhänge rückt, so daß es bestürzend und bezweifelbar wird, Unbewußtes heraufholt, Sehnsucht nach Schönheit weckt usf.; all das in einem ernsten Spiel, das den Leser oder Hörer innerlich aufnahmebereiter, genußfähiger, illusionsloser = stärker machen kann, d. h. ihm womöglich hilft, sich selber besser zu kennen und mit seinem Leben mehr anzufangen, als er sonst könnte. Natürlich läßt sich einwenden, daß jemanden zu sensibilisieren nicht nur heißt, ihn genußfähiger zu machen, sondern auch verletzlicher und empfindsamer gegenüber den Schrecken, die die Welt reichlich bereithält; das ist so wahr wie der Satz, daß Regenwürmer, Bäume und Mineralien insofern besser dran sind als Menschen, als sie keinen Schmerz empfinden können. Nur, Dichter sind lebende Menschen und schreiben für ihre Artgenossen; wenn es irgendeine Moral des Dichtens gibt, dann diese. Es mag einen Dialog mit dem Tod geben, es gibt keinen mit Totem.

R. B.: Verstehe ich das richtig, kann oder muß man diese selbstgestellte Aufgabe auch als politische Aufgabe begreifen; die Wahl von Ihnen öfters zitierter Vorbilder, wie Majakowski und Mandelstam, scheint das zu bestätigen. Beide gehören zu den von Ihnen bevorzugten Dichtern; ließe sich die Reihe weiter vervollständigen, d. h. orientiert sich Ihr Aufnehmen von Traditionen vornehmlich auf Dichter, die sich eine solche politische Aufgabe gestellt haben?

R. K.: Nicht, wenn politisch heißen soll: direktes Eingreifen in gesellschaftliche Prozesse. Aber natürlich verstehe ich das Amt des Dichters als politische Institution. Es ist aber mehr eine Institution des Beharrens, des Insistierens auf gefundenen Einsichten, auf dem Gattungsbegriff, dem Humanum. Der Dichter, welche Schrecknisse immer er schildert, träumt das Ideal und hält es hoch; er regiert nicht. Selbstverständlich können Dichter im Nebenberuf Diplomaten, Akademiepräsidenten, Doppelagenten und was weiß ich noch alles sein; wenn sie trotzdem gut dichten, spricht das für ihre zähe Natur, jeder muß irgendwie sein Geld verdienen, und nicht immer geht das durch den Verkauf von Manuskripten. Der Ratsherr Brockes, der Minister Goethe, der König Philalethes und andere haben, so weit ich unterrichtet bin, in diesen ihren Nebenbeschäftigungen durchaus auch Dinge besorgt, die wir nicht gerade human oder fortschrittsfördernd nennen möchten; ihre Dichtungen wurden davon nicht berührt, und wenn sie es wurden, waren es keine.

R. B.: Ich möchte noch einmal auf die benannten Vorbilder zurückkommen, Mandelstam und Majakowski.

R. K.: Ich glaube nicht, daß Majakowski in irgendeiner Weise Vorbild für mich ist oder war, sofern man von Vorbildern überhaupt reden kann. Ich habe *Schwitzbad, Die Wanze* und ein paar Gedichte gern übersetzt, und halte Majakowski für eine exemplarische Figur der Weleliteratur, aber für keine große. Majakowski hat die Illusion, der Dichter könne, müsse, solle politisch direkt eingreifen und schnelle Veränderungen bewirken, nie abwerfen können und ist an diesem Nichtabwerfenkönnen gescheitert; eh daß er sich aus einem Romantiker zum Realisten mauserte, hat er sich lieber erschossen. Ich meine das nicht zynisch, es ist traurig. Jessenin, Marina Zwetajewa hatten das Ihre getan und haben sich dann umgebracht; ich stehe vor diesen Entscheidungen mit schauderndem Respekt. Majakowski ist aus dem Amt geflüchtet; die Rache der Geschichte war grauenhaft: er wurde, wie Pasternak bemerkt, nach Stalins 1931er Diktum, Majakowski sei und bleibe der größte Dichter der Sowjetepoche, in Rußland eingeführt wie die Kartoffel in Preußen, was, so Pasternak, seinen zweiten und endgültigen, nämlich literarischen Tod bedeueete. Ganz anders Mandelstam. Mandelstams Dichtung ist groß geworden durch die Oktoberrevolution, aber Majakowskis Illusionen hat Mandelstam nie geteilt. (Er hat vielmehr im internen Kreis Alexej Tolstoj einer faschistoiden Äußerung wegen geohrfeigt, und auf einem Bankett, als Majakowski wie üblich eigene Werke zu deklamieren anfing, den Kollegen so strikt wie fürsorglich ermahnt, daß er doch kein Zigeunerorchester sei; Majakowski schwieg darauf und aß.) Mandelstam hat, still und beharrlich, seine Botschaften der Gesellschaft zur Verfügung gestellt; die mußte dann sehen, was sie damit anfing. Sie hat, wie wir wissen, wenig damit angefangen, erst wir können das heute. Majakowski war Romantiker, Mandelstam Realist. Ich bin für den Realismus. Wenn Sie nach Leitbildern fragen, was das Amt des Dichters anlangt, würde in diese Reihe Shelley gehören, Goethe, Shakespeare natürlich; alles, das gebe ich zu, politisch hochinteressierte Leute, und harte Arbeiter, die freilich verstanden, sich im rechten Augenblick Muße und Genuß zu gönnen.

R. B.: Gut, ich bleibe dennoch bei den Vorbildern, oder Beziehungsgrößen, was vielleicht der bessere Begriff ist; wenn man das in Ihren Texten genannte literarische Ensemble ansieht wie auch die unausgesprochen hergestellten Bezüge, scheint klar, daß »Tradition« für Sie nicht nur ein innerliterarischer Begriff ist; es gibt Beziehungsgrößen in anderen Künsten wie auch in der Wissenschaft, insbesondere der Naturwissenschaft. Wie würden Sie, in Hinblick auf das Amt des Dichters, das Verhältnis zwischen Literatur und Naturwissenschaft sehen?

R. K.: Ob in Hinblick auf das Amt des Dichters oder nicht – wer Weltbeschreibung und -deutung versucht, sollte möglichst viel von der Welt wissen. Naturwissenschaft ist eine Weise, uns betreffende Prozesse einsehen zu lernen, und es sind heute eine Menge mehr Menschen damit befaßt als früher. Und alle großen Fragen der Naturwissenschaft sind von philosophischer Relevanz: ist das Weltall unendlich oder nicht, und was heißt unendlich?, welche Rolle spielt die Vererbung?, ist Leben denkbar auf anderer als auf Kohlenstoffbasis, und was ist Leben?, welche anthropologisch-biologischen Wurzeln haben ästhetische Wirkweisen?, wie funktioniert das Gehirn? usw. Wir mögen heute von etlichen Dingen weniger Ahnung haben als unsere Vorfahren, auf dem Gebiet der Naturkunde steht unbestreitbar mehr Wissen bereit als jemals. Und eine Reihe »philosophischer« Probleme sind durch die Naturwissenschaft gelöst, oder als nichts betreffend erwiesen worden. Ich glaube einfach nicht, daß man das beiseite lassen darf; vielleicht darf man es auch, ich habe jedenfalls keine Lust dazu. Glücklicherweise erscheinen ja heute öfter Bücher von kompetenten Naturwissenschaftlern, die es als Teil ihres Amtes ansehen, hochkomplizierte Zusammenhänge so zu beschreiben, daß jeder Mensch mit

Abitur, wenn er sich Mühe gibt, sie verstehen kann. Ich habe mir sehr früh solche Bücher besorgt und mit größter Spannung gelesen, Barnett über Relativitätstheorie, Wiener über Kybernetik, Arbeiten über Logik und Zeichentheorie; dazu kamen später Konrad Lorenz über Verhaltenswissenschaft, François Jacob – ein eminent geschichtlicher Denker – über Genetik usw. Ich würde in diese Reihe aber auch geisteswissenschaftliche Werke stellen, Thomsons *Aischylos und Athen*, Lucien Goldmanns *Der verborgene Gott*, Fraengers *Bosch*, und den instruktivsten und heitersten populärwissenschaftlichen Roman, den ich kenne, Ranke-Graves' *Ich, Claudius, Kaiser und Gott*. Das alles habe ich gelesen und lese es ohne jede Absiche, es literarisch zu »verwerten«; natürlich kamen, als der Aufbau-Verlag mir 1967 vorschlug, Porträts zu machen, woraus dann Wissenschaftler-Porträts wurden, »gezielte« Studien dazu. Für die 35 Seiten über den Verhaltensforscher Tembrock habe ich sicher das 100fache an Verhaltenstheorie gelesen, und bedaure das nicht; wenn auch manche Texte wenig mehr Information hergeben als die, daß auch Naturwissenschaftler öfter nur triviale Versuchsergebnisse in fachchinesischen Satzkonglomeraten verpakken. Ich bin sehr froh, daß ich Tembrock begegnet bin, und glaube, daß die Verhaltenswissenschaft eine Menge Denkansätze für uns bereithält, derer wir uns bedienen sollten.

R. B.: Kommen wir zu Ihrem eigentlichen literarischen Werk. Ich möchte ganz peripher anfangen; mir fällt auf, daß Sie, sowohl in der Lyrik als auch in Filmskizze und Komödien, dem Märchen besondere Bedeutung geben. Gelegentlich der Erfurter Uraufführung von *Der Soldat und das Feuerzeug* sprechen Sie vom Märchen als einer wahren Geschichte. Wie sehen Sie den Zusammenhang Märchen-Wirklichkeit, Märchen-Mythos, Märchen und wahre Geschichte?

R. K.: Märchen als wahre Geschichte – das war 1967 eine

etwas flapsige Aus-der-Hand-Formulierung, trotzdem hat sie etwas für sich. Über den Zusammenhang Märchen – Mythos habe ich nicht nachgedacht; ist das Märchen ein Mythos im Hausrock? Mythen sind ja wohl große Versuche der Weltdeutung, die sich, wo immer sich Löcher im Erkenntnismaterial auftun, in die real gemeinte Metapher flüchten; freilich sind das immer große Metaphern. Gilgamesch, Prometheus, der Sündenfall, die persische Ormuzd-Ahriman-Dichotomie sind exemplarische Mythen. Was sind Märchen? Realitätsbeschreibungen, die ein paar phantastische Elemente enthalten; phantastisch insofern, als es keine Feen, Hexen, Zauberhüte und in Raben verwandelte Menschen gibt. Für die Leute zur Zeit der Entstehung der Märchen waren aber diese phantastischen Versatzstücke genau so real wie für uns heute Radioapparate, Goldpreise und Außenpolitik; selbst die Kirche, eine doch seriöse Institution, hat jahrhundertelang Hexen verbrannt. Außerdem sind Verdrängungsprozesse passiert: die sieben Zwerge waren, wie wir heute wissen, Bewohner eines Männerhauses, das abseits vom Dorf zu stehen pflegte und in das die jungen Mädchen, Schneewittchen also, die Schöne und Unschuldige, in einem gewissen Alter kamen, um sich promiscue für die Ehe zu trainieren. Von daher also sind das wahre Geschichten. Man kann das Problem aber auch vom Erfinder, vom Autor her sehen. Ihm erlauben die phantastischen Ingredienzen, als Metaphern oder Symbole, seine Geschichte gewissermaßen raffend, mit weniger Kraftaufwand ins Bedeutende zu heben; zum anderen sind sie Hilfsmittel, die Handlung voranzubringen: Wenn der Held zwecks allerlei Prüfungen in höchst ferne Weltgegenden muß, hilft ein Zauberhut oder fliegender Teppich, und der Autor spart sich und dem Publikum die Reisebeschreibung. Das heißt, die phantastischen Elemente sind auch Mittel der Motivverknüpfung, die helfen, schneller auf den Punkt zu kommen. Das erkläre ich mir heute; meine Vorliebe fürs Märchen kommt aber wohl daher, daß ich ein kindliches Gemüt habe, und Märchen nehmen wir heute als Kinder auf. Zweitens erleichtern mir die phantastischen Elemente, Strukturen zu zeigen. Man kann ja Realität quasi natural beschreiben, wie Tschechow, wohl der Größte in dieser Schreibart, in seinen Stücken; oder man gibt, wie Goethe in den *Wahlverwandtschaften,* eine Struktur, für die Wirklichkeitsausschnitte mehr oder weniger Hilfsmaterial sind. Ich ziele, ich glaube mit allem was ich mache, auf Strukturen.

R. B.: Sie haben neben den Märchen, die Sie neugefaßt und dramatisiert haben, andere dramatische Arbeiten vorgelegt, am meisten umstritten war dabei *Heinrich Schlaghands Höllenfahrt.* Auch in diesem Stück spielt das Phantastische eine Rolle. Sie polemisieren darin auch gegen das Absinken klassischer Zitate zum Klischee, das sie funktionslos macht, Sie setzen eine Beziehung zum *Faust,* zerstören sie dann aber bzw. heben sie auf, um schließlich die eigene Position zu beschreiben. Wie würden Sie am Beispiel *Schlaghand* dieses Phänomen des Phantastischen sehen?

R. K.: Die ersten Überlegungen zu *Schlaghand* kamen durch Erzählungen über einen real existierenden Bauleiter, dessen Namen ich vergessen habe und der hier in Halle-Neustadt gearbeitet haben muß. Das heißt mir haben Leute gesagt, da gibt es einen – ich hatte gerade meine Porträts, die niemand drucken wollte, hektografiert verschickt – der würde sich für so ein Porträt eignen; man hat mir beschrieben, wie er mit den wüstesten Tricks allerlei Unmögliches möglich machte, so daß seine Bauten schneller standen als die anderer, und dabei eine Art Kraftmensch war mit einer Menge Amouren. Letzterer wegen verlangten Leute aus seiner Grundorganisation, ihn zu maßregeln, während ein höherer Zuständiger das ablehnte und meinte, der Mann baue ja gut und die Frauen, die sich mit ihm einließen, seien schließlich erwachsene Menschen. Von daher habe ich zunächst – in einer Vorarbeit, die sich über anderthalb Jahre hinzog – das Stück konzipiert und hatte dann ein Exposé mit ein paar Versentwürfen, auch den Titel und die Bezeichnung »Komödie«. Das heißt der Bezug auf *Faust* war da, der Pakt, Schlaghands freiwillige Übersiedlung in die Hölle, und daß er den Pakt verlieren würde. Das waren schon phantastische Elemente; ich wollte keins der damals üblichen Produktionsstücke, in denen Figuren wie der erwähnte Bauleiter durchaus vorkamen, sondern eine exemplarische Geschichte, mit einem Helden, der seine Maßlosigkeit, seinen Hunger nach Welt, Selbstverwirklichung und Humanem bis zur extremen Konsequenz trieb, und dafür mußte ich schon die Hölle bemühen, jedenfalls fiel mir nichts besseres ein. Als dann das Magdeburger Theater einen Vertrag mit mir machte, kam ich tagelang mit dem Anfang nicht zurecht, d. h. ich warf alles wieder weg, bis mir einfiel, ein Vorspiel zu schreiben, eine halb reale, halb irreale Mittsommernachts-Szene, in der zwei Betrunkene, clowneske Figuren mit einer gewissen Verwandtschaft zu Becketts Vladimir und Estragon, vor die Waldkneipe geraten, in der Schlaghand gerade Hochzeit feiert. Das war, glaube ich, ein ziemlich glücklicher Einfall, der eigentlich den Ablauf des Stücks erst ermöglichte, weil immer, wenn es anscheinend nicht weiterging, die beiden Betrunkenen auftreten konnten, sie werden dann in der Hölle Schlaghands Assistenten. Es war auch wichtig für den Rhythmus des Stücks, d.h. den Wechsel zwischen ernsten und komischen Szenen. Ich schrieb dann die Hälfte des 1. Akts, war aber nicht zufrieden und setzte vor das Vorspiel noch die Prologos-Szene, die die Handlung als *Theatervorgang* etablierte. Das alles zeigte ich dem Magdeburger Chefdramaturgen Heiner Maaß, der mich eigentlich nur kurz ermahnte, das Stück müsse nun auch eine Komödie werden, d. h. auch als solche aufhören. Das wieder ging – und ging nur – durch den Prologos; Prologos rettet am Schluß des 5. Akts und im Nachspiel als deus ex machina Schlaghand, der den Pakt verloren hat, Schlaghands Frau und den Kreissekretär Trulla, die in die Hölle gegangen waren, um Schlaghand zurückzuholen, und die beiden Betrunkenen an einem Seil auf die Erde, an dem die übrigen handelnden Personen mitziehen. Das heißt das Stück wäre nicht möglich gewesen als Komödie ohne – freilich verschieden gebrochene – phantastische Elemente, und anders als als Komödie wäre es kein Stück.

R. B.: Vielleicht sollte man ergänzen, daß bei der Schlußlösung in *Schlaghand* »Umerziehung« durch eine beschränkte, überschaubare, geordnete Arbeit eine Rolle spielt, und zwar für mehrere Personen des Stücks. Das scheint zu korrespondieren mit einem Gedicht, das sehr viel früher liegt, mit *Empfang in meiner Heimatstadt* aus dem Zyklus »Marktgang 64«; auch dort steht, nachdem die Übermäßigkeit eines Anspruchs an der Realität gescheitert ist, am Ende für den lyrischen Helden eine »kleine, nützliche Arbeit«. Ist eine solche Verbindung zu sehen?

R. K.: Sicher. Schlaghand setzt sich als Großdemiurg oder Weltretter, das muß scheitern, immer. Die Überväter versagen, ob sie Zeus, Jahwe, Mao oder sonstwie heißen. Das zeigt die Geschichte, es läßt sich aber auch theoretisch ausrechnen. Was eine Gesellschaft erhält, sind funktionierende Infrastrukturen, d. h. ein Netz von Regelkreisen; wer dauernd von oben in sie hineinsteuert, schafft Chaos: er verhält sich wie jemand, der vom Großhirn aus ununterbrochen seinen einzelnen Blutkörperchen, Chromosomen, Zellmembranen, Drüsen usw. befehlen wollte, was die im Moment zu tun haben, die Folge wäre ein Kollaps. Der Laplacesche Weltdämon läßt sich »denken«, wie man sich ein Perpetuum mobile oder eine redende Gießkanne ausdenkt, in Wirklichkeit ist er ein denkunmögliches, theoretisch nicht durchführbares Gebilde. Das gilt schon für einen sehr viel bescheideneren Dämon, den Maxwellschen. Mich hat erschreckt, wie, in *Kommunismus ohne Wachstum*, ein doch intelligenter Mann wie Harich das offenbar einfach vergessen hat; um zu sehen, daß seine Utopie vom erdweiten kommunistischen Über-Zentralstaat, der den Mangel gerecht, d. h. striktest kontrollierend verteilt, nicht gehen kann, hätte er nur ein bißchen Informationstheorie nachlesen müssen. Diese Problematik ist tatsächlich, mehr intuitiv und für einen engen Bereich, in *Empfang in meiner Heimatstadt* durchgespielt; danach wurden auch meine Gedichte anders.

R. B.: Von Ihren dramatischen Werken hat seit Ende 1978 *Das Land Bum-bum* einen großen Erfolg; in den Kritiken wird das zum großen Teil auf Ihr Libretto zurückgeführt, was ja bei einer Oper nicht selbstverständlich ist. Wie sehen Sie, verallgemeinert gefragt, das Verhältnis der einzelnen Künste zueinander, und welche Anregungen bekommen Sie aus anderen Künsten.

R. K.: Die Frage ist allgemein, und ich kann nur allgemein antworten, daß ich die Künste als Ensemble ansehe. Natürlich möchte ich nicht ohne Musik und Malerei leben; wenn es sein müßte, noch eher ohne Malerei. Dieses Ensemble konstituiert ja, mit Verhaltensgewohnheiten und dem »Denkstil« einer Epoche oder gewählten Tradition, wesentlich das Kulturbewußtsein, das einer hat oder sich erwirbt. Was lernt man von anderen Künsten? Sicher Rhythmisches, das Zusammenspiel von Fein- und Makrostrukturen; auch das »So ist es«-Erlebnis, das von aller großen Kunst ausgeht; vielleicht Subtilität, und den Sinn für Gearbeitetes. Freilich können ganze Bereiche aus dem Ensemble fallen, wie heute die Architektur, und Kunstsurrogate, wie die sogenannte U-Musik, entfalten verheerende Gegenwirkungen. Herausgeboben aus dem Ensemble der Künste ist Dichtung nur dadurch, daß sie sich eines sehr Vielen bekannten Codes, einer Nationalsprache, für ihre Zwecke bedient und darum gelegentlich mehr mitteilen, auch sich selbst kommentieren kann; aber auch hier wirken ungeheure Gegenkräfte, etwa die Pidgin- oder basic-Sprache der Beamten, die manche sogar schon privat benutzen. Bewahren der Nationalsprache gehört so wohl auch zum Amt des Dichters.

R. B.: Sie sind, neben anderem Erwähnten und nicht Erwähnten, auch ein produktiver Übersetzer. Sie haben viel aus dem Russischen und Georgischen übertragen; wie entstand diese besondere Bindung?

R. K.: Fritz Mierau trug mir Nachdichtungen an, und ich wollte ausprobieren, ob ich das auch könnte. Als das veröffentlicht war, kamen neue Angebote; es gibt ja nicht so viele, die nachdichten wollen, und von letzteren wieder liefern manche nicht pünktlich. Ich habe damals auch etliches nur gemacht, um Geld zu verdienen, durchaus fünftrangige Texte. Das erste, was mir, glaube ich, wirklich geglückt ist, war Jessenin, von den Russen dann später Mandelstam. Zur georgischen Dichtung kam ich durch einen Zufall: die Georgier, als nationalbewußte Leute mit einer langen Kulturtradition, wollten zum Jubiläum Nikolos Barataschwilis dessen Poesie in den wichtigen europäischen Sprachen, also auch in Deutsch herausbringen; jemand hatte Max Zimmering als Nachdichter vorgesehen, wogegen aber georgische Germanisten rebellierten und statt dessen mich vorschlugen, sie setzten sich mit Hilfe des damaligen sowjetischen Kulturattachés in Berlin Armen Davidjan durch. Ich kam so im Frühsommer 1968 nach Georgien und hatte unter idealen Bedingungen – in Tbilissi, in dem Bergstädtchen Signachi und im Schwarzmeerkurort Gagra – in zehn Wochen über 1200 Verse zu übertragen; dabei stand ich vor der ungewohnten Notwendigkeit, nicht nur die Rohübersetzungen selber tippen und mir die Eigenarten des georgischen syllabischen Versbaus erklären lassen zu müssen (ich kann kein Wort georgisch), sondern mir auch eine Art Theorie der Nachdichtung zurechtzumachen und als Nachwort aufzuschreiben; ich mußte nämlich den Georgiern erklären, weshalb ich die meisten dieser Übertragungen nicht reimte. (Manche meinen noch heute, ich sei nur zu faul dazu gewesen, und wollen nicht einsehen, daß ich, reimend, alle Schönheiten der Texte zerstört hätte.) Zum Glück hatte ich vorher einiges an Poesie-Theorie und Linguistik gelesen, vor allem die russischen Formalisten; das Nachwort wurde später Ausgangspunkt für *Das Wort und seine Strahlung*. Barataschwili ging noch während meines Aufenthaltes in Georgien zweisprachig in Druck, und ich bekam dann das Angebot, eine ganze Anthologie georgischer Dichtung zu übertragen; da das 4000 Verse sein sollten, schlug ich vor, mich mit Endler in die Arbeit zu teilen, das wurde akzeptiert. Elke Erb, Adolf Endler und ich fuhren so 1969 für dreieinhalb Monate nach Georgien. In einer Art Halbdämmerzustand – wir hatten etliche Bankette zu bestehen, für die man dort sehr gut kocht, leider trinken die Georgier ihre Weine nicht, weil sie ihnen schmecken, sondern aus Sport, d.h. mit einer gewissen Verbissenheit – griffen wir uns dann aus einem 5000 Verse dicken Stapel von Rohübersetzungen, die ich auch erst tippen und mit metrischen Schemata versehen mußte, »unsere« Gedichte, und zwar mit einer mir heute unerklärlichen Sicherheit. Das Problem war nun, Dichter verschiedenster Epochen und Schreibhaltungen in jeweils »ihrem« Ton ins Deutsche zu bringen; das Resultat läßt sich in der Anthologie *Georgische Poesie aus acht Jahrhunderten* (Volk und Welt 1971) nachlesen. Das war eine Schule, die ich jedem verstechnisch interessierten Dichter wünsche; verstechnisch nicht interessierte Dichter sind auch vielleicht gar keine. Das nächste, was ich machte, waren Übertragungen von Keats und Shelley für eine Reclam-Anthologie der englischen Romantik; daraus ergab sich dann Shelleys *Entfesselter Prometheus,* der gerade bei Insel erschienen ist; ich halte das von allen meinen Nachdichtungen für die gelungenste.

R B.: Was hat Sie an diesem *Prometheus* besonders interessiert, und in welchem Verhältnis sehen Sie Ihre

Nachdichtung und Shelleys Text zu anderen Bemühungen um den Prometheus-Stoff?

R. K.: Meine Nachdichtung folgt Shelleys Text, so genau wie möglich, und es geht, glaube ich, ziemlich genau. Das Englische hat ja den Vorteil, daß es, bei subtiler Strukturiertheit, aus vielen kurzen Wörtern besteht; da es für die Informationsdichte im Vers offenbar eine obere Grenze gibt (sie zu überschreiten macht den Vers unverständlich), fügt Shelley etwa im Blankvers immer wieder Füllwörter, Halbsynonyme ein; das wieder ermöglicht im Deutschen, die Botschaft des Originals mit längeren, d. h. weniger Wörtern dennoch herüberzubringen. Gereimte jambische Zweiheber zu übertragen ist freilich eine halsbrecherische Sache, zum Glück kommen sie nicht oft vor. Über das Verhältnis zu anderen Bemühungen um den Stoff hatte ich demnach nicht nachzudenken, Shelley hat es getan. Für ihn ist Jupiter (seltsamerweise verwendet er Zeus' lateinischen Namen, vielleicht weil Rom das erste moderne Großreich war und den Cäsarismus etabliert hat?) das inkarnierte Prinzip der entfremdeten Macht, die bereit ist, alles zu zerstören, wenn sie nur erhalten bleibt; Shelley haßte entfremdete Macht wie kaum ein Dichter, jedenfalls habe ich diesen Haß nirgends so deutlich artikuliert gefunden wie bei ihm. Prometheus, selbst ein (älterer) Gott und unsterblich, der Jupiter einst zur Macht verholfen hatte, verkörpert dagegen, gleichsam im Vorgriff, das unentfremdet Humane, Schöpferische, dessen höchstes Gut Liebe heißt. Den globalhistorischen Kompromiß Jupiter-Prometheus, den die Griechen erfunden hatten, lehnt Shelley ab, er beschreibt das auch im Vorwort. (Für die Griechen ist dieser historische Kompromiß Voraussetzung der Weltrettung – sonst nämlich, sagen sie, kommt es noch schlimmer.) Bei Shelley macht Prometheus allein durch Dulden wüstester Qualen und *Widerstehen* gegenüber dem Kompromißangebot (das vom Gott des Handels Merkur überbracht wird) Jupiters Sturz möglich; bewerkstelligt wird der Sturz durch *Demogorgon*, eine Art personifizierten Welturgrunds aus strahlender Dunkelmaterie. Nach dem Sturz Jupiters sind, in Shelleys lyrischem Drama, Kosmos und Menschheit befreit, und die Entfremdung fällt von allem wie eine morsche Hülle; der ca. 100 Verse lange Bericht des *Geists der Stunde* über das nunmehrige Zusammenleben der Menschen ist die größte, striktest formulierte Utopie, die ich kenne. Prometheus hat nach der Befreiung nichts zu tun, als in einer schönen Grotte mit seiner Geliebten Asia und deren beiden jüngeren Schwestern der Liebe und schöner Gespräche zu pflegen; im übrigen sieht er zu, wie das Leben der Menschen in stetig sich vervollkommnendem Wechsel flutet und verebbt, greift aber in dieses Leben überhaupt nicht ein. Das heißt Prometheus ist kein neuer Machthaber, sondern das endgültige Ende der Macht, das der Menschheit artgemäßes Leben garantiert. Mittenzwei hat in seinem Brecht-Buch 1973 Lukács dafür getadelt, daß er die großen utopischen Gehalte, die der Marxismus in die Welt gebracht habe, nicht hätte sehen wollen; ich habe Mittenzwei damals zu bedenken gegeben, daß der Marxismus diese Gehalte gar nicht in die Welt bringen mußte, weil sie längst da waren, und meinem Brief als Beweis Shelleys Monolog des *Geists der Stunde* beigelegt. Marx hat etwas ganz anderes getan: er hat die großen, von Dichtern und Philosophen entworfenen Utopien *aufgenommen,* aus diesem moralischen Beweggrund das Wirkprinzip der Gesellschaft seiner Zeit, den klassischen Kapitalismus, analysiert und aus dem Ergebnis abgeleitet, daß der Kapitalismus ungeeignet ist, diese Utopien einzulösen. Das heißt Marx erklärt, *warum* der Kapitalismus für die Selbstverwirklichung des Menschen nicht taugt, und deutet an, wie und wodurch er abgelöst werden müsse; das Wozu hatte er nicht zu erfinden, es war da als Entwurf, der nun erstmals in Praxis gesetzt werden sollte.

R. B.: Das bringt mich noch einmal auf die Frage nach den Traditionsbeziehungen. Der Gestus des Überführens von

Utopie in die Realität, der zum Marxismus genuin gehört, kommt ja *auch* aus der Aufklärung; Sie haben in einem Gespräch erklärt, daß Sie sich dieser Tradition am meisten verbunden fühlen. Nun kennen wir verschiedene Begriffe der Aufklärung; könnten Sie Ihren erläutern?

R. K.: Ich habe damals gesagt: der Aufklärung, wenn man sie mehr als Haltung denn als Periode faßt. Trotzdem war das wahrscheinlich voreilig und hat manche dazu gebracht, mich als Aufklärer und Rationalisten einzustufen und zu sagen, ich vernachlässigte die Gefühle. Jemand, der Intellekt und clarté schätzt, muß aber darum nicht notwendig Rationalist sein, und wenn ich den Aufschrei als Kunstmittel und die dumpfe Schreibweise ablehne, heißt das doch nicht, daß ich an der Welt nicht litte oder gefühllos wäre. Nur, brüllen kann jeder; der Dichter aber, finde ich, hat zu artikulieren, wie finster immer ist, was er schildert. Anders: die Beschreibung eines wahnsinnigen Mechanismus im hysterischen Stil hilft dem Mechanismus. Vermutlich hätte ich genauer sagen sollen, daß die Tradition, die mir am meisten bedeutet, die Klassik ist, Klassik in einem sehr weiten Sinn. Auf die Utopie zurückzukommen: Hacks hat, in den *Maßgaben der Kunst,* vorgeschlagen, statt »Utopie« *Ideal* zu sagen, weil damit jeder gleich wisse, daß ein Ensemble von Richtwerten gemeint ist, auf die man zugehen kann, die die Menschheit aber nie erreichen wird. Das hat einiges für sich. Mit der Überführung der Utopien in die Realität steht es, wie wir sehen, prekär, und es gibt Gründe anzunehmen, daß die Utopie, die Shelley dem Geist der Stunde in den Mund legt, immer Utopie bleiben wird. Freilich klingt *Ideal* im Deutschen ein bißchen kalt und schillerisch, so daß man es vielleicht gar nicht mögen möchte, während *Utopie* eine Aura von Wärme hat, und die Kategorie Hoffnung enthält. Wie immer man sagt: der Dichter hat, glaube ich, diese Utopien oder Ideale als lebendige und in der Tradition befindliche immer wieder in die Gegenwart zu bringen und, ob er sie ausspricht oder nicht, als Vor-Bilder artgemäßen Lebens wachzuhalten; dies wäre ein Stück Amt des Dichters, wie ich es sehe.

Januar 1980

Leda

Einem Mythos sich heute nähern verlangt kraus zu denken. Vor Augen liegen uns schöne, oder das Schöne als Gegengrund herrufende Bilder, die die eingeweihten Alten lasen wie wir Kommuniqués; was damals so leicht vom Gesagten aufs Gemeinte brachte, ist indes abhanden, letzteres scheint dunkel und verknänlt, und wir brauchen krauses Denken als vierdimensional spiegelverkehrt aufhellenden Entwirrer. Ich habe von Leda zu handeln, ich rede von Zeus. Der wird gekannt als blitzeschleudernder und beischlafhungriger Chef einer durch Hochprivilegien zusammengehaltenen Familienbande, die von der Ägäis aus die Weltregierung besorgte und zwecks dessen den Drohtitel *Götter* führte; vergessen ist, Zeus war vorher jahrhundertelang ein bloß gewittermachender und die Einehe schützender, mit Wandervölkern südwärts driftender lokaler Halbgott. Fragen wir die Mythen, melden sie seit dem Urchaos Götterkämpfe, während deren Vatermord, Mutter- und Schwesternschwängern, Ausdünnen der eigenen Sippe und Verrat bunt wechseln; fragen wir Historiker, melden sie so. In und um Europa herrschte, ungefähr als die Bronze aufkam, eine Ordnung unter den Menschen, die wir matriarchalisch nennen: sich je von einem Totemtier herleitenden Clans standen Mondpriesterinnen vor. Diese teilten ihr Lager mit wem sie mochten, schrieben aber den Kindersegen sich allein zu; als dann den Zusammenhang zwischen Beischlaf und Geburt zu leugnen lästig wurde, wählten sie aus Siegern in Sportspielen einen *Heiligen König,* der – bei Zeremonien in Frauenkleidern und Totemtier-Maske – neben ihnen regierte und zauberte, nach zwölf Mondzyklen aber von durch Fliegenpilzsud enthusiasmierten Frauen zerrissen und, damit alles recht wuchs, über die Felder verstreut wurde. Unlustig, so jung für den Fortschritt zu sterben, erwirkten Könige hier und da das ersatzweise Schlachten eines Knaben, später eines

Heiligen Tiers, bis Einer wagte, die für die Nachfolge der alternden Priesterin vorgesehene Nymphe, formell seine Tochter, zu heiraten; der Trick sicherte lebenslanges Amtieren und sprach sich, einmal in der Welt, herum.

Zerbröselte das Matriarchat so von innen, widerfuhr ihm, jedenfalls im ägäischen Raum, ähnliches von außen. Dorthin nämlich flohen nordher in drei Wellen patriarchal organisierte hellenische Kriegerhorden, die vorerst nichts taten als an den Rändern der Clan-Territorien zu siedeln und eigene Götter mitzubringen; es gab Platz damals, und Import von Göttern war weder Straftatbestand noch Kriegsgrund. Nun gilt für Matriarchinnen, wie immer die Mode sie heute ausschmückt, sicher zweierlei: Sie waren neugierig auf fremdstämmige Männer, und Sachzwängen unterworfen. Im Waffenhandwerk geübte Hellenen mögen, zu den Sportspielen eingeladen, dort öfter Sieger gestellt haben, d. i. Heilige Könige geworden sein; da sie Frauen nicht für höhere Wesen erachteten und notfalls Hilfe nah wußten, dürften sie sich auf den Posten behauptet haben. Zum anderen brauchte eine Hochkultur wie die matriarchale kretisch-mykenische, die vierstöckige Gebäude und Sanitärinstallation kannte, Bau-, Abwasser- und weitere Vorschriften, also eine Verwaltung; Verwaltungen, auch wenn sie das Allgemeinwohl rein wollen, unterdrücken immer irgendwen. Kurz, wo es Türschlösser gab, gab es vermutlich Diebe, bestimmt aber Unbefugte, und die Regentinnen werden um eine Palastwache mit gelegentlicher Polizeifunktion nicht herumgekommen sein; trainierte Hellenen boten sich dafür wie natürlich an und veranstalteten, sobald sie sich genügend langweilten, Palastrevolutionen. Wenn Zeus, Schützer der Einehe, so unermüdlich anfangs spröden fremden Damen beiliegt, spiegelt das schlicht den Lauf der Dinge: Mangels einer matriarchalen Zentrale, mit deren Fall alles erledigt gewesen wäre, mußten die Hellenen das Patriarchat ortsweise, mit wechselnden Täuschmanövern und unter körperlichstem

Einsatz in die Welt schaffen und den Erfolg jeweils publik machen. Zuständig für letzteres waren die Mythenerzähler; daß sie Zeus' Geilheit nicht wegschweigen, ist kaum ihrer Ehrlichkeit, vielmehr ihrer Professionalität zu danken. Der Satz *cuius regio, eius religio* (Die Regierung verordnet, was geglaubt zu werden hat) nämlich war damals unbekannt, Religionen mußten werben, d. i. unterhalten; was, wenn man des Erbrechts wegen die männlich dominierte Einehe will, alle Männer aber Lust haben fremdzugehen, und die Frauen mit dieser Lust mindestens rechnen, ist unterhaltsamer als ein beständig seitenspringender Chefgott, der das Gesetz, für das er antrat, nun seiner Gattin, der ursprünglich orgiastischen Mondgöttin, zu hüten aufbürdet? Die theologisch schlitzohrige, ja geniale Erfindung bietet das seltene Beispiel eines so staatserhaltenden wie massenwirksamen Ideologems, das jeden heiter leben läßt; obwohl die Griechen es ernst zu nehmen bald aufhörten und sich lieber in Handelskriegen zermürbten, sollte es uns gelegentlich zu denken geben.

Dies geklärt, bleibt zu fragen: warum, von den vielerlei Gestalten, die Zeus verführend politikhalber annimmt, die Bild-Künste den Schwan so deutlich bevorzugen? Ich finde als Gründe a) die allgemeine menschliche Beschaffenheit, b) die speziellen Gesetze der Bildnerei, und fange mit letzteren an. I. ZEUS VERWANDELT SICH UND DIE TITANENTOCHTER LETO IN WACHTELN UND ZEUGT APOLLON UND ARTEMIS. (Artemis, der orgiastischen Mondgöttin in Nymphengestalt, war die Wachtel als Heiliges Tier zugeordnet – zur Frigiden erklärt haben sie erst später patriarchale Mythenschreiber.) Was soll der Maler malen? Die Paarung zweier Wachteln? Es geht, ist aber als Bildvorwurf von trübsinniger Unergiebigkeit; Wachteln mit Menschenköpfen hielte man vermutlich für Harpyen. II. ZEUS, VON HERA ABGEWIESEN, NÄHERT SICH IHR ALS ZERZAUSTER KUCKUCK UND WIRD ERHÖRT. (Zur Rede steht eine Palastrevolte: Hellenische »Kuckucke« drängen die das warme Regierungsnest innehabenden Priesterinnen aus demselben.) Die Mißproportion Kuckuck – nackte Schöne macht das Plot unmalbar, auch als Penide (eigenlebender Penis, man denke an das Männlein im Walde) eignet sich der Kuckuck nicht, der Schnabel stört. Übrigens haben Kuckucke keinen Penis, sondern eine Kloake. III. ZEUS VERFÜHRT IN GESTALT EINER AMEISE KÖNIG MYRMIDONS TOCHTER. (Myrmidonische Eindringlinge verehrten, um darzutun, sie seien ur-bodenständig wie die Ameisen, letztere als Heilige Tiere; Bewerber um eine Mondpriesterin mußten sich vorher zur Ehrenameise ernennen lassen.) Das Größen-Unverhältnis ist hier vollends hoffnungslos – die Ameise geriete zum schäbigen Strich oder, vergrößert, zum Monster. IV. EIN SCHNEEWEISSER STIER – ZEUS – VERLOCKT EUROPA UND ENTSCHWIMMT MIT IHR, AN LAND WIRD ER ADLER UND VERGEWALTIGT SIE. Stiere gehen gut zu malen, das Wegtragen ist öfter dargestellt worden, wirkt aber wenig erotisch. Ganz unerotisch wäre die Kopulation mit einem Adler, das krummschnabelige und krallenbewehrte Tier gehört in die Sphäre der Staatskunst. V. WEIL DANAE IHREM ZWILLINGSBRUDER BEISCHLÄFT, SPERRT IHR VATER SIE IN EIN GEFÄNGNIS MIT KUPFERNEN TÜREN; ZEUS ERSCHEINT ALS GOLDREGEN, SCHWÄNGERT SIE, UND SIE GEBIERT PERSEUS. (Man hatte reichlich vom neuen sicheren Material Bronze, gleichwohl war das Gefängnis nach oben – gegen das fruchtzaubernde partriarchale Allgemein-Äquivalent Gold – offen.) Das Sujet – eine junge Liebende in jenem Augenblick gesteigerten Sehnens, da leiseste Berührung genügt, den Orgasmus auszulösen – ist überaus malwürdig, verlangt indes Subtilität der Behandlung und entbehrt des Dramatischen: es hat keine Chance, volkstümlich zu werden. Volkstümliche Sujets sind dadurch definiert, daß sie sich ohne wesentlichen Mitteilungsverlust auf einem Nachttopf anbringen lassen.

Was bleibt, ist der Schwan; ich fasse die Gründe a) und b) in eins und gebe eine Liste seiner Vorzüge. (1) Der Schwan ist von passabler Größe, insonderheit wenn er die Flügel breitet oder lüpft. (2) Er – in Frage kommt nur *Cygnus olor olor*, der Höckerschwan – ist von angenehm leuchtendem Weiß. (3) Die gestaltbildende Dreiheit Kopf-Hals-Leib ist so spannungsvoll wie ausgewogen, der Kopf dominiert durch Kontrastfärbung (dunkle Augen, Gesichtsmaske) und Form (anheimelnde Kopf-Nackenrundung, »edle« Stirn-Nasen-Linie, konischer unspitzer, während der Brunst schwellender Schnabel); der Gesichtsausdruck wirkt ernst abweisend, als wüßte das Tier Verborgenes. (4) Haltung und Fortbewegung auf dem Wasser scheinen uns, die wir aufrecht gehen und zeitlebens Selbstbeherrschung üben, vorbildlich, der Schwan hat so teil am Ideal. Auch vermag er weitere »lesbare« charakteristische Haltungen einzunehmen, darunter triumphierende und zärtliche; daß er zu Lande auf bleigrauen Füßen watschelt, ist unerheblich. (5) Fliegend verursacht der Höckerschwan ein metallisches sinneverwirrendes Schwingenrauschen. (6) Wie alle Anatiden, aber sonst kein Vogel, besitzt Cygnus olor olor einen Penis, dieser ist korkzieherförmig und mißt erigiert um 12 cm (Durchschnittswert beim Homo sapiens 14 cm). – Der Schwan, mithin, vereint Kraft mit fremdartiger Schönheit, birgt hohe das Humane betreffende Mitteilung und ermöglicht, farbig oder schwarz-weiß, dramatische Bild-Spannungen zum würdigsten Gegenstand, den Malkunst neben der arkadischen Landschaft kennt: einer un- oder halbbekleideten Dame; daß in ihm ein Gott steckt, leuchtet erläuterungslos ein, daß Leda ihm erliegt, billigen Prüdeste.

Denn davon, daß Leda den Gott als Schwan *will*, geht jeder Bildner bei nur etwas Weltvernunft aus; schließlich ist sie verheiratet und teilt noch gleichenabends, vermutlich um etliche Liebeskünste bereichert, das Lager mit ihrem Gemahl, dem König Tyndaraios. Der Jungfrauenwahn nämlich, der, samt zugehörigem Lustverbot, so viel Kummer über ganze Länder gebracht hat, ist erst vom abgewirtschafteten Christentum erfunden und von dessen trübem Derivat, dem Mohammedanismus, ins Grausame gedreht worden; die Griechen, Patriarchat hin, Patriarchat her, sahen in Frauen noch immer, als was sie uns heute bei etwas Glück begegnen: liebespendende und liebebedürftige Menschinnen. Wie die Einswerdung mit dem Gott indes vor sich ging, lassen die weisen Maler im Dunkeln; eben das Wesen des Schwans macht ja, daß sie das, ob aus Handwerk oder aus Philosophie, wollen müssen. Soll ich, der Bevorworter, Licht hinschaufeln, wo Phantasie ihr Reich hat? Ich bin ein Kunde der hiesigen Staatsbiliothek und versichere: alles, was in den Katalogen über Kohabitation mit Tieren sich findet, ist ausgelagert, verschifft, geklaut oder sonstwie fort. Meine Lektorin freilich hat ein 1817er *Conversations-Lexicon für gebildete Stände* aufgetrieben, dort steht: »In der That wurden in asiatischen, lesbischen und ionischen Gynecäen ... häufig Gänse und Schwäne von ihren Bewohnerinnen zum physischen Genusse gemißbraucht.« Wahr oder ersponnen – *Cygnus olor olor* braucht für den Normal-Koitus fünf Sekunden, doch mögen die Elevinnen hocherregt und darum zufrieden, die Vögel des ungewohnten taktilen Milieus wegen ausdauernder gewesen sein –, für unser Thema ist es ohne Belang. Kunst nämlich spiegelt, entgegen verbreiteter Meinung, nicht das Leben »wie es ist«, sondern dessen ums Schöne angereicherte Verlaufsweisen, auf das wir das uns Gemäße wenigstens wollen; sage ich damit etwas Neues?

Keineswegs, wie ich ja auch, außer dreieinhalb eigenen Gedanken, Vorstehendes nur da und dort in oder zwischen Zeilen aufgelesen habe. Was ich mir als wirkliches Verdienst zurechne, ist, voriges Jahr das südfranzösische Montpellier bereist und dorther jenes Plakat mit dem Werk eines unbekannten, von Michelangelo inspirierten Meisters der Sammlung des Herrn Dr. Körner einverleibt zu haben, das nun dieses Buch schließt; insgeheim hoffe ich, die Drucker möchten es sorgsam aufs Papier bringen, und der Leser ein paar Lidschläge länger als üblich darüber verweilen – er wüßte dann, daß, bei klassischer Behandlung, Größe und Liebenswürdigkeit einander gelegentlich durchdringen.

April/Mai 1985

Kunst und Geld

Peter Hacks' ästhetisch-ökonomische Fragmente

Es gehört zu den hervorragenden Eigenarten von Peter Hacks, einem Werk der schönen Literatur, das er verfaßt, jeweils einen Essay beizugeben, in dem er sei es die Epoche der Handlung (etwa das frühe Mittelalter), sei es das gebrauchte Versmaß (etwa den Alexandriner) oder das Genre (etwa die Ballade) ausführlicher und spitzfindiger Betrachtung unterzieht; gemeinsam ist diesen Essays, daß das veranlassende Werk ohne sie zwar bestehen, mit ihnen aber besser kapiert werden kann und jedesmal zur Durchleuchtung der Gegenwart kräftige Thesen mit anfallen. »Schöne Wirtschaft« scheint von dieser Regel abzuweichen: Da ist ein Essay, wo ist das zugehörige Drama? Begutachter verwirft die mögliche Meinung, dieses sei H.s bisheriges der Kunst gewidmetes Leben; Leben, wie kunstwichtig immer, sind Privatsache und bedürfen zur Erläuterung keines Essays, sondern allenfalls der Memoiren. Vielmehr ordnet sich vorliegendes Manuskript insofern in die Reihe, als es – wie seinerzeit »Ekbal« ein Essay im Gewand einer Erzählung war – ein essayistisch dargebotenes Drama (wenn man mir den Ausdruck durchgehen lassen will: ein *Ideendrama)* vorstellt: In biegsamer, bisweilen ruppiger Prosa gehalten, hat es, betrachten wir den Großbau, eine Exposition, einen Zusammenprall von Denklinien, eine Katastrophe, drei oder sieben Parabasen und eine Lösung, von der aus weitergedacht werden kann; der Gesamtimpetus ist kathartisch, d. i. reinigend. Ist es auch, was ein Drama ja soll, unterhaltend? Gewiß; man betrachte nur die vorbildlich kurzen Capitula: Kaum ist der Leser, was dauernd geschieht, ins Stutzen, bisweilen in die schiere Denkverzweiflung gebracht, winkt das Ende des Abschnitts und nach dem eine weitere neugierstiftende rätselhaft-erhellende Überschrift; wenn Hacks, glaube ich,

Ernst Bloch nicht leiden kann, hat er ihm doch die Überschriften abgelernt und bleibt vermittels der Unterüberschriften noch dazu systematisch. Zu loben ist ferner der innere Rhythmus (das Abwechseln von dichtgepackten Stellen und lockerem Exkurs, von subtilem Beweisen und munterem Zudreschen) sowie das schöne Deutsch, darunter die Übersetzung vernutzter oder abschreckend gelehrt klingender Begriffsnamen: So heißt etwa Monopol *Alleingut* und die petitio principii (bzw. der circulus vitiosus) *Urteil-das-sich-in-den-Schwanz-beißt.*

Gegenstand von »Schöne Wirtschaft« ist ein Menschheitsproblem (sage ich leichthin, genauer zeigt es sich erst bei der Lektüre als eins, das den Denkmächtigen der Wissenschaft bisher durch die Finger gerutscht ist): wie nämlich die Seinsweise der Kunst mit der klassischen (marxschen) Wirtschaftslehre übereinzubringen gehe. Hacks erklärt zunächst, versuchsweise, Kunstmachen als *kleine Warenproduktion,* und verwirft den Ansatz; er probiert dann den Begriff der *geschickten Arbeit,* der sich als unzuständig erweist – die Kunst, erfahren wir bestürzt, hat keinen Wert im Sinne der klassischen Bestimmung, da die in ihr geronnenen Arbeitsaufwände grundsätzlich nicht quantifiziert, folglich auch nicht verglichen werden können. Hacks argumentiert hier strikt ausschließend wie sein fremder Bruder, der große Gödel; nun, da wir sein und unser Latein am Ende wähnen, gerät er wie ein Weltumsegler in Fahrt und entwickelt aufs leserfreundlichste das rettende tertium datur, die *Grenznutzentheorie.* (Leserfreundlich: Er legt dar, als käme er eben darauf, so daß der zufällig Kundige dauernd rufen möchte: *Ha! H., der das Fahrrad nicht kennt, erfindet es neu;* erst gegen Schluß wird klar, daß er es sehr wohl in abgelegenen Schuppen hat herumstehen sehen, wenn auch nicht bei Bucharin – frisch bewimpelt und betakelt, trägt es über wahre Holperfelder in den Hafen der Erkenntnis, ohne daß der Autor je herunterfiele.)

Somit, wir haben ein bedeutendes Thema, eine Durchführung nach den Regeln der Kunst mit lustigen wie bitteren Abschweifungen, und eine Mandel zitatreifer Dicta; was ließe sich einwenden?

1) *Hacks widerspricht gelegentlich Marx und Engels.* Gewiß, er denkt sie, wo nötig, weiter; sollte nicht eben derlei ihr Wunsch gewesen sein? Zudem werden beide breithin, insonderheit von Universitätsabsolventen, die sie auswendig lernen mußten, für tot gehalten; wollen wir nicht froh sein, wenn ein Denktüchtiger wieder öffentlich mit ihnen redet?

2) *Hacks behandelt, was zu behandeln des Amtes von Ökonomieprofessoren wäre.* Wenn aber die nun ihr Amt nicht wahrnehmen? Oder zu wenig bei Sprache sind, um sich zu erklären? Wenn sie etwas besser wissen als Hacks, können sie ja leicht im nachhinein damit herausrücken. Womöglich ergibt sich eine Debatte, live und im Fernsehen? Über die Wert- und die Grenznutzentheorie!, von der Kunst zu schweigen.

3) *Hacks verwendet öfter den rhetorischen Modus der Übertreibung.* Stimmt, Billigfrachter sind meines Wissens billig eher durch Steuervorteile und laxe Sicherheitsvorschriften als durch Billigmatrosen; Konzerne unterhalten aus Imagebedürfnis auch seriöse Verlage; Cantor, der Erfinder der Mengenlehre, weilt mitnichten unter den Lebenden, sondern ist in Ehren verrückt geworden und gestorben. Es gehört aber diese Art überdeutlich zu sein, die aus Behauptungen Metaphern macht, zu Hacksens Stil seit jeher, und man kann den Kater nicht ohne Schwanz haben; ohne den, wissen die Katzen, taugt er bloß zum Ausstopfen. Gleichwohl könnte der Autor Cantor vielleicht getrost tot sein lassen, auch heißen dessen Klassen unendlicher Mengen *gleich* bzw. *ungleich mächtig* (nicht »groß«), was mit der Aufeinander-Abbildbarkeit von Mengen und dem Intuitionismus zu tun hat.

4) *Hacks hält Picasso und Dali für geniale, Franz Marc und Ernst Barlach für ziemlich mindere Künstler, und sagt das.* Ja; es gibt

keine Pflicht, auch keine moralische, jemandem, der im Krieg elend umgekommen ist oder den die Nazis verboten haben, in Betreff seiner Kunstleistungen einen Bonus einzuräumen. Wo kämen wir da hin? Scharen Ruhmsüchtiger würden sich gräßlichsten Qualen unterziehen, nur um nichts leisten zu müssen und außerhalb der Kritik zu stehen; ich kenne Beispiele. Was Marc und Barlach angeht, gibt mir Hacks' Urteil zu denken, im übrigen ist es seins.

5) *Hacks redet über einen lebenden Kollegen, Erich Köhler, abschätzig.* Erich Köhler hat mehrfach erklärt, er glaube, hiesige Schriftsteller sollten nicht mehr verdienen als ein Meister in der Industrie, und was sie mehr verdienen weggenommen kriegen; er will den Berufsstand industrialisieren, d. i. abschaffen. Nun darf Schriftsteller zu bestehlen fast jeder aufrufen, vorzüglich wenn er schriftstellert; man sollte aber wissen, daß es dabei nicht bleiben würde, die nächsten, die drankämen, wären Schauspieler und Musiker. Man stelle sich ein Sinfonieorchester vor, dessen Mitglieder darauf bestehen, nicht mehr zu leisten als ein gehobener Facharbeiter: C-Dur und Sechzehntel geht, Fis-moll und Triolen mit Vorbehalt, und bei jedem Tritonus und jeder Hemiole wird gestreikt! Nein, Hacks, muß ich beanstanden, spricht über Erich Köhler ganz unangebracht zartsinnig.

6) *Hacks liest einer Malerin, Heidrun Hegewald, gröblich die Leviten; er soll aber vor Jahrzehnten mit ihr befreundet gewesen sein.* Ich weiß nicht, ob Hegewalds Bilder gut oder schlecht sind, nur: ob einer eine einstmals Befreundete ernst nimmt und ihr, wenn sie seines Dafürhaltens vergessen hat, was Kunst ist, das öffentlich sagt, weil er es ihr privat vermutlich nicht sagen kann, oder ob sie ihm egal ist und er diskret schweigt, ist ausschließlich Temperamentssache. Ich selber würde den zweiten Weg vorziehen, aber ich bin nicht Hacks. Heidrun Hegewald jedenfalls wird die Abmahnung nicht schaden – eher werden Leute, die sie nicht kannten, sich aber über Hacks ärgern, ihre Bilder nun kaufen.

Der Verlag sollte das Buch bald herausbringen und nicht zu kleine Schrift und nicht zu dünnes Papier wählen; »Schöne Wirtschaft« gehört zu den Sachen, die man im Lauf der Jahre immer mal wieder aus dem Schrank ziehen möchte, und dazu muß man es ja finden.

*

Soweit mein Gutachter-Text vom Vorjahr, und ich hätte nichts hinzuzufügen, gibe es nicht Dinge, die unwahrscheinlicher sind als der liebe Gott oder ein gerechtes Staatswesen. Ich hatte dem Verlag nahegelegt, gutes Papier zu nehmen, und er hat es – blättern Sie nur im Buch – getan; ich hatte große Schrift angeraten, und Sie werden die, bei erfreulich kundigem Umbruch, finden; dazu ist der Leineneinband von so beredtem Moosgrün, daß ich argwöhne, die Ausstatterin kenne »Moos« als alten Ausdruck für Geld; sogar der Schutzumschlag lohnt das Aufheben (er zeigt Watteaus Gemälde *Das Ladenschild des Kunsthändlers Gersaint* auf glänzendem Rechenpapier). Aus dem Finanzministerium wiederum verlautet, es hätten dort drei Fraktionen sich gerieben. Die größte habe »Schöne Wirtschaft« en bloc kaufen und mit zehntausend Prozent Aufschlag nach China abstoßen wollen; das scheiterte, weil die Behörde, die sonst nur mit dem Austeilen und Wiedereinsammeln ungedeckter Scheine sich abgibt, merkwürdigerweise in der Portokasse einen Buchhalter beschäftigt. Die zweite forderte Verbot, weil über den Preis der Kunst nachzudenken über Preise überhaupt nachzudenken bedeute, dies aber sei der Anfang vom Ende. Die dritte, siegreiche führte an, die einzig zeitgeistgemäße Weise, ein Buch ungelesen zu lassen, sei, es nicht zu verbieten. – Ein Anruf erreicht mich, die Existenz der drei Fraktionen ist dementiert worden. Ich reiche das Dementi gern weiter und erweitere es dahingehend, daß es ein Finanzministerium vermutlich nicht gibt und das hierorts für Geld geltende Papier kein Geld, sondern unter die Kunstwerke zu rechnen sei; schließlich bekommt man, ganz nach des Autors Bestimmung, manchmal viel dafür und viel öfter nichts. Haben Sie einen guten Abend mit Hacksens Fragmenten.

Mai 1989

5.
Zur Übersetzung
von Nikolos Baralaschwilis Gedichten

Brechts Ansicht, beim Übertragen eines Gedichts müsse vor allem dessen *Gestus* erfaßt und in die eigene Sprache geholt werden – woraus folgt, daß dieser Auswahl, Rangordnung und Zusammenwirken der poetischen Techniken bestimmt – wird in letzter Zeit verbreitet anerkannt. Als allgemeiner Fingerzeig formuliert, bedarf sie der technischen Spezifizierung, die die moderne Linguistik zusammen mit der Poetologie zu leisten hätte. Gestus kann zunächst sozial, als Haltung zur Gesellschaft und zur Welt, begriffen werden. Dies vorausgesetzt, hat der Übersetzer indes mit einem Ensemble sprachlicher Mittel zu tun, die im Gedicht zu einem *Gestus der Sprache* sich integrieren. Konstituierung und Erhaltung des Sprachgestus fordern vom Übersetzer, fortwährend über die Verwendung bereitstehender oder neu zu schaffender technischer Mittel zu entscheiden. Erst das macht die poetische Mitteilung einer Haltung zur Welt (eines sozialen Gestus) überhaupt möglich.

Die »Sprache« eines Gedichts konstituierende Mittel sind:
– das *Wortmaterial* (die qualitative Auswahl aus den in einer Sprache gegebenen Wörtern und deren quantitatives Verhältnis);
– die *syntaktische Grundstruktur* und die Beziehung großer syntaktischer Einheiten zu Verszeile und Strophe sowie untereinander;
– die Integration von Wortmaterial und syntaktischer Struktur ergibt *Sprachebenen* (stilistische Ebenen), die gemischt oder anders verbunden werden können;
– das *Metrum;*
– das Verhältnis der kleineren syntaktischen Einheiten zu Metrum und Verszeile, ihre, mit- oder gegenläufige, Bewe-

gung gegenüber diesen, einschließlich des Falls der Zäsuren im Vers und in benachbarten Versen, woraus sich wesentlich der *Rhythmus* des Gedichts ergibt;
– die *Bildstruktur* (Verwendung oder Nicht-Verwendung von Tropen, Metaphern, Hyperbeln usw. und deren Beziehung zueinander);
– die *Euphonie* – Vokalkombinationen, Alliterationen, Reime in ihrem Bezug aufeinander und zum Gesamtbau des Gedichts.

Der Verfasser gibt diese, nicht vollständige, Tabelle technischer Mittel, da ein breites Publikum, darunter mit Poesie befaßte Hochschullehrer, ja auch Übersetzer häufig und noch immer den Reim als die den Nachdichter zuoberst verpflichtende Kategorie ansehen. Dies geschieht teils, weil das allgemeine Verständnis von Poesie hinter deren tatsächlicher Entwicklung in der Regel um mehrere Jahrzehnte zurück ist und dabei ganze Schulen, etwa im Deutschen Klopstock, Hölderlin oder das Volkslied des 16./17. Jahrhunderts, ausgespart bleiben können; zum anderen scheinen Reim und Metrum offensichtlich poetische Vorkommnisse, während man Lexik und Syntax der Linguistik zuweist. Nun schätzt der Verfasser den Reim als poetisches Mittel hoch, und gewiß läßt sich der Gestus vieler Gedichte ohne Verwendung des Reims nicht erhalten. Er muß sich jedoch gegen einen methodologischen Irrtum wenden, dessen Ursache reine Oberflächlichkeit ist und dem in der Geschichte der Übertragung von Poesie Berge von Gedichten zum Opfer gefallen sind. Nicht selten werden, um eine natürliche Wortfolge zu sichern, Lexik, Syntax und Bildwelt, sogar das Metrum des Originals auf das Reimwort hin nivelliert, wodurch dann Dichter ganz verschiedener Schreibweisen und Epochen wie ein und derselbe klingen, oder aber der deutsche Satzbau brutal verdreht, was oft humoristische Effekte zeitigt. Auch die Kombination beider Methoden findet sich. Es sei hier erinnert, daß Sprachen wie das Russische oder

Italienische weit mehr aufeinander reimende Wörter besitzen als das Deutsche; besteht man auf dem reinen Reim, können insbesondere bei wenig redundanten Gedichten Verzerrungen entstehen, die nicht nur den Gestus, sondern auch die Moral des Originals total vernichten. Die Zahl der im Deutschen und Georgischen aufeinander reimenden Wörter verhält sich nach Schätzungen wie 1 zu 6.

Nach dem Urteil kompetenter Verehrer von Nikolos Barataschwili ist dessen Reimkunst wenig entwickelt; die Wirkung seiner Poesie liege vielmehr im Reichtum der Gedanken, verbunden mit schönen Beschreibungen der Natur. Der georgische Vers ist im Gegensatz zum deutschen nicht metrisch-tonisch, sondern syllabisch, d. h. der Vers wird strukturiert durch eine gleichbleibende Anzahl von Silben; wechselt die Zahl innerhalb eines Gedichts, wird dies als Kunstmittel deutlich gemacht. Die Akzente, falls man im Georgischen von solchen sprechen kann, bleiben innerhalb der durch Zäsuren getrennten Versabschnitte teils auf der gleichen Silbe, teils können sie, nach vom Dichter offenbar für jedes Gedicht selbst bestimmten Gesetzen, verschoben werden. So läßt sich das »metrische« Schema der ersten Strophe des vierzehnten (11silbigen) Gedichts folgendermaßen schreiben.

```
_ | _ _ / _ | _ _ | _ _ *
_ | _ _ / _ | _ _ | _ _
_ | _ _ / | _ _| | _ _
| _ | _ / _ | _ _ _ | _
```

Der Kenner deutscher Poesie wird an Oden von Klopstock erinnert sein, der für viele Gedichte neue metrische Sche-

---

* *Die Übertragung folgt dem Schema nur in den ersten drei Zeilen:* Beklagt mir nicht das Unglück der Waisen nun // Sprecht nicht von dem, der keinen Verwandten hat // Ach, elend ist die verwaiste Seele nur // Nichts gleicht ihr, wenn sie ihn, den einen, verlor.

mata geschaffen und in Symbolschrift vor den Text gesetzt hat. An die deutsche klassische Ode gemahnen auch, soweit sie aus der Interlinearübersetzung zu erschließen waren, Eigenheiten der Syntax Barataschwilis, wie Inversionen und nachgestellte Appositionen, die – allerdings mitunter orientalisch eingefärbte – Lexik sowie die Verwendung geläufiger Tropen und deren Integration in eine Alltagssprache, wodurch oft schöne und naive Wirkungen entstehen. (Eine Reihe von Archaismen, die selbst dem gebildeten georgischen Leser heute fremd sind, so daß man Barataschwili-Ausgaben ein Lexikon anzuhängen pflegt, mußte schon in der Interlinearversion verlorengehen, und wir sahen keine Möglichkeit, sie wiederherzustellen.) Der Verfasser konnte sich also Hinweisen auf die Verwandtschaft Barataschwilis zur deutschen Romantik – besonders wurde ihm Lenau genannt – nicht anschließen und vermutet, daß sie aus einem nicht exakten Verständnis von Synchronizität herrühren (die poetische »Zeit« ist abhängig vom jeweiligen, relativ geschlossenen System); auch Ausdruck von Einsamkeit, Todesahnung oder gar aussichtsloser Liebe sind keinesfalls spezielle Eigenarten romantischer Poesie. Ebensowenig konnte er dem Vorschlag folgen, im sechzehnten Gedicht die heftige, zum Schluß objektiv blasphemische Anrufung Gottes im Ton von Rilkes *Marien-Leben* zu übertragen.

Beim Übersetzen des erwähnten vierzehnten Gedichts ging der Verfasser, technische Mittel der klassischen deutschen Ode benutzend, zunächst vom »Metrum« des Originals aus. Es erwies sich, daß so nicht nur Lexik und Syntax Barataschwilis fast vollständig zu erhalten waren, sondern auch der in der Rohübersetzung reichlich abstrakt sich ausnehmende Text unerwartete Schönheiten gewann. Natürlicherweise wurden Reime nicht verwendet, das wäre der Barbarei gleichgekommen, Hexameter reimen zu wollen.

Doch ging das gleiche Prinzip nicht bei allen Texten anzuwenden. So schienen dem Verfasser Haltung und innere Würde des berühmten siebenten und des siebzehnten Gedichts die Benutzung des (mit geringen Freiheiten behandelten) deutschen Hexameters, das neunundzwanzigste und zweiunddreißigste, in denen jeweils eine größere syntaktische Einheit mit zwei Langzeilen identisch ist, die des elegischen Versmaßes nahezulegen. Andere Stücke widersetzten sich vor allem der sehr langen Zeilen wegen dem Versuch, unter Bewahrung von Lexik und Syntax das »Metrum« nachzubilden, ebenso wie der Übersetzung im Hexameter, der nicht nur zu volltaktigem Anfang, weiblicher Endung und Ausfüllung des fünften Versfußes zwingt, sondern auch bestimmte Gehalte verlangt. Auch die im dritten Gedicht praktizierte Wiedergabe als freie Ode befriedigte nicht, da sie die Texte wenig geschlossen erscheinen ließ. Der Verfasser verfiel nun auf den Ausweg, das syllabische System gewissermaßen zu übernehmen und Verse gleicher Silbenzahl herzustellen. Bedingt durch die gewählte Sprachhaltung, die Besonderheiten deutschen Wort- und Satzbaus und das notwendig dreitaktige Grundmetrum realisierten sich »automatisch«, d. h. durch bloßes Abzählen, aus der großen Zahl theoretisch möglicher metrischer Schemata wenige Varianten, was den Gedichten innere Festigkeit gab, ohne sie monoton werden zu lassen. Es wurde so verfahren bei zwölf Gedichten und der Einleitung zum Poem; die Anzahl der Silben im Vers entspricht jeweils dem Original. Das neunzehnte Gedicht, in dem die zwei Zeilen jeder Strophe eng zusammengehören, der syntaktisch-logische Gesamtbau aber fordert, die Strophen gegeneinander offenzuhalten, wurde wie das fünfundzwanzigste und einunddreißigste, die bestimmten Traditionen europäischer Liebesdichtung nahestehen, gereimt wiedergegeben; die Interpretation der in wörtlicher Übersetzung wenig sinnvollen Anfangszeile folgt der russischen Nachdichtung Boris Pasternaks. Bei Baratschwilis berühmtestem Gedicht *Merani* ging der Verfasser von der

»metrischen« Einheit _ _ | _ _ aus, die, mehrfach wiederholt, stark rhythmischen Wert bekommt; um die reflektierende Komponente des Textes hervorzuheben, ist der Vers gegen Ende der längeren (original 20silbigen) Zeilen durch Deformation des Metrums gebremst. In den kurzzeiligen Liebesgedichten hätte die Verwendung des Reims nicht nur starke Veränderungen des Wortmaterials, sondern auch unangebrachte Süßlichkeit zur Folge gehabt; für diese Ansicht scheint die Übertragung des einundzwanzigsten Gedichts zu sprechen, die dennoch als Beispiel stehengelassen wurde. Beim Poem, das vor allem als Information über Barataschwilis politische Haltung interessant scheint, war die naive Würde des Originals zu bewahren, ohne es preiszugeben, was eine Art Balanceakt darstellte; die Übertragung benutzt den originalen, in der Mitte geteilten Zehnsilbler, während Reime nur gelegentlich, am Schluß eines jeden Absatzes aber obligatorisch erscheinen.

Auf weitere Fragen kann hier nicht eingegangen werden. Der Verfasser glaubt erklärt zu haben, weshalb er eine unlängst in seiner Heimat publizierte Theorie, der griechische Hexameter sei seinerzeit populär gewesen und könne darum deutsch durch Knittelverse wiedergegeben werden, wie man auch die fremdartigen griechischen Namen durch »Hans« und »Grete« ersetzen könne, ablehnt; er hält dafür, dann lieber das schöne »Hänschen klein« in verschieden illustrierten Ausgaben herauszubringen, und verweist abschließend auf die bedenkenswerte Ansicht des Dichters Richard Leising, die Übertragung eines Gedichts solle niemals vorgeben, ein Original zu sein.

Gagra, Juni 1968

Nikolos Barataschwili

7

GEDANKEN AM FLUSSE MTKWARI

Die Gedanken, die traurigen, einmal mir zu zerstreuen
Hier am Ufer suchte ich einen Platz zur Erholung
Hier auf dem weichen Gras vergoß ich zum Trost mir
    Tränen
Aber auch hier war die ganze Umgebung voll Trauer.
Langsam wogt der plätschernde klare Mtkwari
Und in den Wellen glänzt das Gewölb des azurenen
    Himmels.

Auf die Ellbogen gestützt nun höre ich schweigend sein
    Rauschen
Fern und fern bewandern die Augen die Ränder des
    Himmels
Mtkwari, was du jemandem sagst, was du murmelst, wer
    kennt es
Du, vieler Zeiten Zeuge, bleibst stumm und bewahrst
    dein Schweigen.
Und ich weiß nicht, warum in anderen Jahren das Leben
Leer mir und Nichtigkeit schien, ein Nichts, zu Nichts
    sich verwesend
Denn was ist unser Dasein, die schnell vergängliche Erde
Wenn nicht ein Maß, das wir halten und das bis zum
    Rand nie gefüllt wird?
Und wo ist denn der, des Herz sich einmal erfüllte
Und der mit dem, was er, wie er wünschte, bekam, sich
    begnügte?

Selbst die unbesiegbaren Könige, und größer als sie ist
Keiner, und keiner, der gegen sie sich erhebt oder
    aufsteht
Sie, in Händen haltend die höchsten Würden der Erde

Unruhig und unzufrieden sind sie und sagen: »Wann wird denn
Jenes Reich auch Unser?« und stehen auf und erheben
Sich für die Erde, zu der sie heute und morgen werden.

Und selbst der gute König: Wann jemals findet er Ruhe?
Arbeit, Sorge und lobenswertes Tun ist sein Leben
Sein Gedanke ist, wie er besser und sicherer achte
Auf das Land, seine Kinder, damit nicht spätere Zeiten
Seinen Namen nennen zum Fluch der Nachkommen und Enkel.
Aber wenn einmal das irdische Leben zum Ende sich hinneigt
Wer spricht von seinen Taten, wer wird da zu finden sein?

. . . .

Aber da man uns Menschen nennt, und Kinder der Erde
Folgen müssen wir ihr, und unserer Mutter gehorchen.
Nichts taugt der Mensch, wenn, lebendig, er gleich ist den Toten
Wenn auf der Erde er geht und nicht sorgt für die Erde.

1837

19

Nicht schilt den Sänger, Liebste, dafür, daß er singt
Und daß dem sterblichen Mund kein Himmelslied gelingt.

Ich will die Sonne sein, um dich im Licht zu sehn
Und, dir den Morgen zu bringen, abends untergehn.

Ich will der Stern sein, der die Tagesröte kündet
Und dir der Vögel Traum, der Rose Knospen findet.

Ich will, daß du der Tau bist, der am Morgen sinkt
Und den verdorrten Gräsern frisches Leben bringt

Daß nur der Sonnenglanz am jungen Tau sich tränkt
Und sie ein Strahl sind, der die Freude schenkt

Und, wenn belebend sie im Dunst die Ebenen küssen
Sie unzertrennlich sind, bis sie vergehen müssen.

Willst du auch diesen Wunsch irdische Liebe nennen
So mag die Sonne blind und ohne Strahlen brennen

So wird aus blühenden Rosen sich kein Duft erheben
So wird der Himmelstau die Gräser nicht beleben

So wirst auch du wie andre sterbliche Frauen sein.
Doch warum ähnelst du den Himmlischen allein?

Die Schönheit ists, die unvergänglich bleibt.
So fehlt das Wort dem Dichter, wenn er sie beschreibt.

1841

Realismus in der Poesie Washa Pschawelas

Den Realismus eines Kunstwerks quantitativ zu messen, kennen wir bisher keine Methoden; allgemein beschränkt sich Literaturbetrachtung darauf, realistische Züge zu konstatieren oder zu behaupten. In Anschlag gebracht wird dabei einerseits Realitätsgehalt (Mitteilung aus der Welt), andererseits die Ordnung dieser Mitteilungen zu einem Bild der Welt oder Bild vom Menschen, das auch ganz oder in Teilen Entwurf (Utopie) sein kann. Der Realismus bestimmte sich daraus, was die Mitteilungen uns erfahren lassen und inwieweit das Weltbild einem wissenschaftlich-materialistischen sich nähert, das erst die Arbeiterklasse zu entwickeln objektiv im Stande ist.

Nun sind Chronik (Mitteilung aus der Welt) und deren Philosophie in Kunstwerken auch gleichen Genres unterschiedlich verteilt. Dabei kann unreflektierte Mitteilung von Geschehnissen oder Seelenzuständen sehr wohl ein Bild der Welt geben, wogegen Philosophieren allein weder Chronik noch ein Bild der Welt zustandebringt. (Das macht Dantes Beschreibung des Paradieses, in dem schließlich Beatrice nur noch knifflige theologische Probleme löst, gegenüber der der Hölle so schwer lesbar.) In der Kunst ist das Konkrete notwendige Bedingung, es wäre bei der Frage nach Realismus zunächst aufzusuchen und zu begrüßen – wie oft bietet Beschreibung trotz falschen oder mangelhaften Weltbilds noch genügend Genuß und Erkenntnis! Aufschlußreich und eine gewisse Grundlage für wenigstens relatives Messen kann dabei der Vergleich zweier Werke eines Genres sein, die das gleiche Motiv behandeln, wir wollen unsere Betrachtung einiger georgischer Gedichte damit beginnen.

Der Jüngling aus Tawparawani wurde uns in Georgien als »sehr alt« datiert, genauer, selbst in Größenordnungen von fünfhundert oder tausend Jahren, wollte man sich nicht festlegen. Das Motiv ist das der deutschen Ballade von den zwei Königskindern (von der mir Arnim/Brentanos Bearbeitung und eine Liedfassung, die wir in der Schule sangen, bekannt sind); hier wie dort trennt ein Wasser zwei Liebende, der männliche Partner durchschwimmt es heimlich und nachts, wobei das Mädchen ihm zur Orientierung Kerzen aufstellt; eine weitere weibliche Person löscht diese aus, worauf der junge Mann ertrinkt. Den folgenden Vergleich schreiben wir zur besseren Übersicht in zwei Spalten getrennt.

Georgische Fassung	Deutsche Fassungen
Die Personen sind normalen Standes; ein junger Mann, ein Mädchen wohnen an realen Orten, die durch eine Meeresbucht getrennt sind, der junge Mann besucht, offenbar zum wiederholten Mal, das Mädchen heimlich, da die öffentliche Moral vorehelichen Verkehr mißbilligt. Daß er sie rauben will, ist unwahrscheinlich, da derartige Kommandounternehmen von der Familie des Bräutigams gut vorbereitet wurden.	Die Personen sind Königskinder (Arnim/Brentano: »Edelkönigskinder«), was nicht zu denkbarer politischer Konkretisierung führt – die »Königsebene« ist Motivmarke, wie San Remo oder Playboy im heutigen Schlager. Unbestimmtheit des Orts und Stand der Personen geben dem Vorgang einen Nacht- und Märchen-Charakter, ohne daß die poetischen Möglichkeiten des Märchens genutzt würden.
Die Kerze löscht eine »Alte« aus, die, ihren Worten zufolge, den jungen Mann geliebt hat, das heißt seine Geliebte war, bis er sie zu-	Der »falschen Nonne« (»loses Nönnchen« bei Arnim/Brentano) können wir bestenfalls ungerichteten Neid zuschreiben, sie

gunsten einer Jüngeren verließ. (Das Auslöschen der Kerze ist zugleich brutaler erotischer Untertext – die Potenz, die nicht mehr ihr zu Diensten ist, soll vernichtet werden.) Durch das Motiv der Eifersucht ist die »Alte« in die Handlung integriert.

ist Prinzip, im Sinne der Story zufällig und entspringt nur der dramaturgischen Notwendigkeit, den jungen Mann zu Tode zu bringen.

Bemerkenswert ist das Überqueren des Wassers beschrieben. Der Jüngling ist wohlvorbereitet, ein hervorragender Schwimmer und benutzt zu seiner Sicherheit ein «Schwimmrad», zudem bricht er, wie der Schluß zeigt, als selbstgewisser Sieger im roten Seidenhemd auf (das praktischerweise wenig Wasser aufsaugt).

Der Schwimmvorgang wird nur als Wunsch des Mädchens angedeutet. Bei Arnim/Brentano quält das Mädchen einen langen Mittelteil ihre Mutter, ihr einen Gang zum See zu erlauben. Sie schützt Kopfschmerzen vor, was die Geschichte ins Häusliche zieht. Die Mutter will sie der Dunkelheit wegen nicht allein lassen und erst den jüngeren Bruder, dann die Schwester wecken – als gäbe es an Königshöfen niemand, den man der Prinzessin zur Begleitung mitgeben könnte! Die Motiv-Marke erweist sich als aufgeklebt, an Stelle des Königshofs kommt ein Kleinbürgerhaushalt zum Vorschein, der nicht einmal einen Bedienten hat.

Der große georgische Schluß lautet: »Froh saß auf der Leiche ein Geier / Fraß das Herz auf in Asspana« – der Tod erscheint hier nicht als Schauder auslösendes Nachtgespenst, sondern als grausamer, doch natürlicher Lebensvorgang im Licht eines Tages, »... schön wie die Augen / der Mädchen von Asspana«.

Das Mädchen läßt einen Fischer so lange fischen, bis der die Leiche im Netz hat, und küßt diese dann auf den Mund – ein bleiches Ende, das die Herausgeber, wäre es ihnen nicht mitgeteilt worden, selber erfunden haben könnten.

Das georgische Gedicht beschreibt wirkliches Leben und dessen Risiken und wird unter anderem dadurch große Poesie; die *Königskinder* verharren im sentimentalen Ausschlachten des Vorgangs und bleiben, trotz der bemerkenswerten Anfangsstrophe, ein schönes Küchenlied; selbstverständlich schätzen wir alle auch dieses Genre hoch.

Das *Gedicht vom Tiger und dem Jüngling* ist wahrscheinlich später entstanden (es gibt bereits Gewehre), auch hier stirbt der Held, und zwar im Kampf mit einem Tiger, den er seinerseits tötet. Im Gegensatz zum *Jüngling aus Tawparawani* jedoch steht die Story in ihrer Konkretheit nicht für sich und für die Welt, sondern ist Anlaß für ideologische Konklusionen, die, da der Vorgang selbst sie nicht liefert, explizit ins Gedicht aufgenommen werden. Der (ambivalente) Vorwurf – unglücklicher Ausgang einer Jagd – wird zum Diener des Kommentars, was, um die künstlerische Einheit zu wahren und die Wirkung zu garantieren, geschickt kaschiert ist. Ziel des Gedichts ist, kurz gesagt, psychologische Kriegsvorbereitung, das, worauf hingestimmt wird, hat man früher in Deutschland »stolze Trauer« genannt, das Gedicht produziert, indem es gegenseitiges Umbringen als zwar bedauerlich, doch notwendig hinstellt, Trost fürs Hinterland.

Das Gedicht besteht aus drei Abschnitten:

(1) *Story:* Ein junger Mann verspätet sich auf einem erfolgreichen Jagdzug und stört auf dem Heimweg unabsichtlich einen schlafenden Tiger auf. Ein Kampf beginnt, weder Schild noch Kettenhemd schützen den Jungen ausreichend, er wird tödlich verletzt und ersticht seinerseits den Tiger.
(2) *Emblem und Überleitung zum Kommentar:* Ausführlich, so daß das Bild sich ins Gedächtnis prägt, wird beschrieben wie Tiger und Jüngling miteinander verbluten. – *Überleitung:* Im Hause der Mutter sitzen Wahrsager und wahrsagen über den Verbleib des Sohnes, ein Jäger findet ihn.
(3) *Kommentar:* Die Mutter ist verzweifelt. Sie rekapituliert die in (1) mitgeteilte Geschichte und beginnt sogleich, sich selbst zu trösten, d. i. zu kommentieren. Die Selbsttröstung geht über verschiedene Stufen.
a) Die Mutter beschimpft den Tiger.
b) Sie sagt sich, daß ihr Sohn nicht feige war, und erhebt den Tiger zum mutigen Gegner.
c) Sie redet sich ein, ihr Sohn sei nicht tot, sondern schlafe.
d) Sie setzt, da die Selbsttäuschung nicht aufrechtzuerhalten ist, Tiger und Sohn moralisch und charakterlich wertgleich: beide waren einander würdig, beide Draufgänger.
e) Sie beschließt, den Sohn weiter nicht zu beweinen, da dieser aufrecht, d. i. unter Wahrung der Verhaltensnormen umkam, und erklärt sich, ihr Leben sei *sinnvoll* gewesen, da sie einen Sohn erzogen hat, der mit einem Tiger kämpfte.
f) Ihr Unterbewußtsein widersetzt sich und bewirkt einen Rückfall: Im Traum sieht sie den Kampf nochmals und erwacht in Tränen.
g) Sie beschließt endgültige Maßnahmen: Da die Mutter des Tigers womöglich noch unglücklicher ist, will sie sie aufsuchen. Sie stellt sich vor, wie sie und die Tigermutter

einander trösten, indem sie beisammensitzen und sich Geschichten von ihren tüchtigen Söhnen erzählen.

Das Gedicht enthält eine Reihe scharf beobachteter Details und benutzt seltsame Kunstgriffe, so wird der Kampf in einer Art Montagetechnik von wechselnden Standpunkten her beschrieben: vom Beobachter (»Die Zweige zerbrachen im Wald«) und aus der Sicht der Kämpfenden (»die Erde schwankte«). Es gibt Verse von schöner poetischer, fast zauberischer Verkürzung, so die vier Zeilen, die vom Emblem zum Kommentar leiten. Mit außerordentlicher Genauigkeit ist die Reaktion der Mutter und die Abfolge ihres Verhaltens beschrieben; auch hier finden sich, zur Situation passend, dunkle Verkürzungen, etwa das doppelsinnige »Liegt ihr in Frieden gesegnet / So ists auch des Grabes Rand«, was wohl heißt, daß die Mutter am Grab der beiden nunmehr selbst vorm Grab steht. Dennoch bleiben unter dem Gesichtspunkt des Realismus die Details Stückwerk, sie ordnen sich nicht zu einem Bild der Welt, vielmehr wird dieses ihnen aufgepfropft. Das möchte hingehen, wenn das Bild als Philosophie *wahrhaftig* wäre, d.i. der im Sinne konkreter Utopie gefaßten Natur des Menschen entspräche. Statt dessen gibt es aber, indem es die Fakten manipuliert, Apologie.

Denn ganz offensichtlich hat die Story einen im philosophischen Sinne *absurden,* sinnlosen Vorgang zum Inhalt. Der Jüngling hat nicht etwa den Tiger gejagt – wenngleich die Chancen ungleich sind, hätte er dann sein Leben riskiert –, er stört ihn zufällig auf und setzt damit »natürliche« Mechanismen in Gang: die Kontrahenten bringen traditionsgemäß zur Sicherheit einander um. Im Leben sind sinnlose Vorgänge häufig, ihre Beschreibung kann selbstverständlich realistisch sein. Das Apologetische (in unserem Verständnis Widerrealistische) des Gedichts besteht eben in dem Versuch, *Sinnlosem einen Sinn zu geben* (was mit ausgesuchter Raffinesse geschieht). Wir hatten während der Übertragung erwogen, die Mutter wolle aus Verzweiflung Selbstmord begehen, indem sie sich von der Tigerin fressen läßt. Ihre Schlußworte wären dann zynisch. Sämtliche georgische Gewährsleute erklärten diese Deutung für ausgeschlossen. In der Tat muß man die Worte der Mutter vollkommen ernst nehmen. Wir könnten weiter annehmen, das Gedicht stelle einfach dar, wie eine Mutter aus unerträglichem Schmerz über den Verlust des Sohnes sich in ideologische Fiktionen flüchtet. Das setzte eine Distanz der Darstellung voraus; diese Distanz ist aber nicht vorhanden, vielmehr sind die poetischen Mittel auf Einfühlung angelegt. (In Georgien wurde uns gesagt, die hier abgedruckte Übertragung rühre als einzige gleich dem Original zu Tränen, das war als Lob gemeint.) Schließlich könnten wir einem Gedanken Garaudys folgen und den Realismus des Gedichts darin sehen, daß es eben eine zur Zeit seines Entstehens vorhandene Verklärung gegenseitigen Umbringens widerspiegele. Die Argumentation ist insofern logisch nicht stichhaltig, als der Satz gleichzeitig Sprache und Metasprache angehört und übersieht, daß »Realismus« ein Begriff der Ästhetik ist; daß aus einem Gedicht Informationen bezogen werden können, unterscheidet es prinzipiell nicht von einer Tonscherbe oder einer beliebigen Aufzeichnung sinnloser Worte, die »widerspiegelt«, daß es zur Zeit der Aufzeichnung mindestens einen Menschen gab, der sinnlose Worte aufzeichnete.

Es bleibt uns, zur eingangs genannten Deutung zurückzukehren. Das Gedicht produziert Trost, wo Realismus Zerstörung des Trostes gefordert hätte. Das projizierte Schlußbild – die beiden Mütter befriedigen einander, indem sie sich bestätigen, was für Helden ihre Söhne waren – ist ein Prototyp der Lebenslüge; von dem Humanismus, den georgische Forscher darin entdecken (der Sippe des Feindes wird nicht Rache entgegengebracht, sondern ...), können wir nichts finden: eben daß die Apologie nicht primitiv, sondern subtil ist, macht sie tiefgehend und wirkungsvoll,

die damaligen Fachleute für Manipulation verstanden ihr
Handwerk.

Der Jüngling aus Tawparawani und das *Gedicht vom Tiger und
dem Jüngling* verkörpern gewissermaßen die naive und die
sentimentalische Linie georgischer Volkspoesie. Beide Traditionen nutzt Washa Pschawela, ein außerhalb der Sowjetunion bisher kaum bekannter Dichter von europäischem
und von Weltrang. Sein 1888 geschriebenes Poem *Aluda
Ketelauri* spielt in einer auf Viehzucht, Jagd, Tauschhandel
und kriegsmäßigen Pferdediebstahl gegründeten frühfeudal-christlichen Gesellschaft im Hochkaukasus etwa des
18. Jahrhunderts. Der Stamm des Helden, die *Chewssuren,*
lag in ständigen Fehden mit anderen Gebirgsstämmen, so
den *Leken* und den mohammedanischen *Kissten*. Das Poem
ist im originalen Versmaß, einem Achtsilbler, übertragen
(das georgische Verssystem ist nicht metrisch, sondern syllabisch), auch die Reimstruktur ist beibehalten, allerdings
haben wir einige kurze Passagen, inhaltlichen Gesichtspunkten folgend, in rhythmisierter Prosa wiedergegeben:
der deutsche Leser ist es nicht gewöhnt, lange Poeme zu
lesen, und es schien uns ratsam, gewisse Zäsuren, retardierende Momente, Sprüche usw. auf diese Weise klarer einzuprägen. Die Chewssuren lebten familienweise in Höfen,
die zu Festungen ausgebaut waren, politischer Führer des
Stammes war der Priester (Chewis Beri), getöteten Feinden
pflegten die Chewssuren die rechte Hand abzuschneiden
und ans Tor ihrer Festung zu nageln, der Brauch erinnert
an das Skalpnehmen der nordamerikanischen Indianer,
allerdings waren diese keine Christen.

Inhalt des Poems ist, wie in einer gegebenen überlebten
Ordnung selbst kleinste Schritte zur Humanität von der
Gesellschaft nicht geduldet werden können und zur Vernichtung des Helden führen.

Der Held Aluda Ketelauri ist wohlhabend und nimmt den

Hauptplatz im Dorfrat ein. Er hat zahlreiche Gegner getötet, deren Hände das Tor seiner Festung zieren. Seine völlige Übereinstimmung mit der Ideologie der Chewssuren zeigt eine Sequenz im zweiten Kapitel, die das Schicksal eines möglichen Feindes von Aluda beschreibt: dieser würde im eigenen Blut umkommen. Aluda ist zu Beginn des Poems ein idealer Chewssure. – Als die Kissten chewssurische Pferde stehlen, bricht Aluda auf, erreicht zwei Kissten, tötet einen, ficht mit dem anderen namens Muzal ein Duell aus und verwundet ihn nach von gegenseitigen Beschimpfungen begleitetem Schußwechsel tödlich. Der sterbende Gegner reagiert ungewöhnlich: Er übereignet Aluda sein Gewehr, damit es künftig einem Tapferen gehöre. Aluda ist beeindruckt, er schneidet nur dem ersten Getöteten die Hand ab, betrauert Muzal und läßt ihm Waffen und Hand.

Der auslösende Schritt scheint minimal. Das Poem führt jedoch vor, daß er *ideologisch relevant* ist: der Ritus als Element des Überbaus ist unteilbar, weil in der überlebten Ordnung gleichsam alles an einem Faden hängt. Umgekehrt zeigt das Poem auch humane Haltung als nicht teilbar. Die Abweichung des Helden führt, durch die Reaktion der Gesellschaft eskaliert, zum totalen Ausbruch. Vom Gedanken der Humanität infiziert, zersetzt sich die herrschende Ideologie im Helden galoppierend. Nachdem er den getöteten Muzal *selig* genannt hat und damit das Befremden der Dorfbewohner erregte, lehnt Aluda – ein ungeheurer Schritt – den allgemeinen Konsensus als Wahrheitskriterium ab (»Ist denn Wahrheit, was jeder schwört?«). Das ist Zersetzung der öffentlichen Moral. Sein Unterbewußtsein wird befallen, im Traum sieht er, was er wachend sich noch nicht eingesteht: den Krieg als blutige und widerliche Menschenfresserei – ein genialer Kunstgriff Pschawelas. Als der Vermittler Mindia, ein angesehener Chewssure, dessen Aussprüche durchaus von vernünftiger Weisheit sind, Muzals Hand herbeischafft, um Aluda zu rechtfertigen, weist dieser sie nicht nur zurück – er befragt außerdem blasphemisch den Ritus auf praktische Nützlichkeit: Kann man mit der abgeschnittenen Hand fechten, Gras mähen oder wenigstens Heu wenden? Gleichzeitig erklärt er, künftig Gegner zwar töten, ihnen jedoch die rechte Hand belassen zu wollen. Zugehörigkeitsgefühl und Aufbegehren halten sich hier die Waage, doch stellt Aluda damit der Gesellschaft die Gretchenfrage: was ist ihr lieber, ein tüchtiger Kämpfer oder der Ritus? Hervorragend ist die Figur Mindias beobachtet: ein um Ausgleich bemühter Liberaler, der jeweils am entscheidenden Punkt vor den Schranken seiner Gesellschaft zurückweicht; so schaut er beim schließlichen Pogrom gegen Aludas Sippe mit Tränen in den Augen, doch verschränkten Armes zu. Welches Bild! Wie gemeinhin Häretiker will jedoch auch Aluda die bestehende Ordnung nicht sprengen, sondern vernünftig-human verbessern, er fleht den Priester-Häuptling Berdia geradezu an, ihn als Chewsssuren unter Chewssuren anzusehen. Erst auf die Abweisung folgen rebellierende Tat (Aluda schlachtet den Opferstier selber) und als Antwort Pogrom und Austreibung.

Pschawela gibt in seinem Poem ein Modell, keine Parabel. Seine Haltung ist leidenschaftlich, doch illusionslos; er ist darin Shakespeare nahe. Die Welt der Chewssuren wird als christlich verbrämtes Schlachthaus gezeigt, in der Stumpfheit und ahumane Gewalt herrschen. Erstaunlich genau sind dabei Ökonomie und Funktionieren der Macht beschrieben. Pschawela liefert keine Apologie, sondern Chronik; seine Haltung ist die großen Realismus, sein Impetus aufklärerisch. Aus diesem folgt die Benutzung traditioneller Formen und Sujets: Unerträgliche Weltzustände werden einem nationalen Leserkreis, der diese als heroisch anzusehen gewöhnt ist, bemerkbar gemacht, indem der Autor scheinbar den Standpunkt des Lesers einnimmt und eine für die Darstellung heldischer Geschehnisse gebräuchliche Sprache wählt. Weder der Stoff noch die Zeit (das

Poem ist 1888 geschrieben, 1883 organisierte Plechanow von Genf aus die erste marxistische Gruppe in Rußland) hätten erlaubt, Ketelauri etwa als Revolutionär darzustellen – Pschawela zeigt einen Helden, der noch im Ausbrechen dem Bestehenden verhaftet ist, es ist außerordentlich zu lesen, wie beim Auszug die Frauen die eigentlich Leidtragenden sind und Aluda sie rügt: Gott habe alles gesandt, es gehe nicht an, auf die Chewssuren zu fluchen. Gleichzeitig öffnet Aluda die gezeigte Welt auf eine mögliche wirkliche Welt hin. Nachdem er die Frauen zurechtgewiesen hat, sagt er Chati, dem chewssurisch-christlichen Gott-Bild, Lebewohl, als säße dieser nur auf dem Berg über den Chewssuren (was ja stimmt), während er, Aluda, ins Ungewisse, aber doch in die Welt geht; seine Äußerung erhält so einen weitertreibenden Widerspruch.

Auf Einzelheiten, die den Realismus des Poems manifest machen, soll noch hingewiesen werden. Der Priester-Häuptling Berdia ist durch drei Reden vorgestellt. In der ersten erklärt er, Chati liebe gute Beter, da diese reichlich spenden. In der zweiten beschwört er folgende Eskalation des Schreckens auf sich, bevor er für einen Hund (einen mohammedanischen Kissten) um Segen bitten werde: 1) der Himmel soll einstürzen, 2) die Erde aufreißen, 3) das Meer ihn verschlingen, 4) er, Berdia, Sand zu Mittag essen – der Ausfall einer Mahlzeit ist für den Priester der Gipfel des denkbar Schrecklichen. Die dritte nimmt in großer Steigerung die Pogromreden des Faschismus voraus. Berdia versammelt die Chewssuren, damit die äußern, was ihre Herzen schrein, und verkündet ohne Befragung, was das zu sein hat: Austreibung Aludas, Sippenhaft, kein falsches Mitleid mit Frauen und Kindern, Brandstiftung. Es folgt der ökonomische Köder: Aludas Vieh soll an die Gemeinde fallen, und der Aufruf zum Terror gegen die Sippe wird wiederholt. Alles, erfahren wir zu Ende, wird gemäß der Hetzrede des Priesters vollzogen.

Pschawela nutzt in seinem Poem die großen Traditionen georgischer Volksdichtung (sowie der georgischen Klassik und Romantik). Er gibt ein Beispiel, wie aus der Darstellung einer unmenschlichen Welt Menschlichkeit, eines Davongejagten Stärke, des scheinbaren Sieges der Unvernunft humane Vernunft hervorgehen kann. Er zeigt uns, wie dem realistischen Dichter ein Vorgefühl der Zeit, ihrer schlimmen und ihrer hoffnungsreichen Möglichkeiten, eigen ist. Von seinem illusionslosen, leidenschaftlichen Realismus, der auf Veränderung der Welt zielt, haben die Besten der georgischen Poesie gelernt.

Juni/Juli 1970

DER JÜNGLING AUS TAWPARAWANI

Ein Jüngling aus Tawparawani
Liebt ein Mädchen aus Asspana
Er mußte das Meer durchschwimmen
Zu gelangen nach Asspana.
Das Mädchen entzündet die Kerze
Von Wachs in Asspana
Böses sinnt eine böse Alte
Dem Jüngling in Asspana.
Die Kerze am Fenster löschte
Die Alte in Asspana
Auch ich liebte dich einst, Jüngling
Sprach sie in Asspana.
Der Jüngling durchpflügt die Wellen
Das Herz vernimmt keinen Hauch
Seine Linke hielt das Schwimmrad
Hinflog er wie der Rauch.
Ein Wachsfeuer über den Wassern
Zeigt den Weg ihm nach Asspana
Nacht wurde die Nacht und dunkel
Und dunkel war Asspana.

Die Wellen schlugen die Wellen
Zu ziehn den Jüngling zu Grund
Er verlor die Furt am Morgen
In eines Strudels Schlund.
Der Tag kam, schön wie die Augen
Der Mädchen von Asspana
Es warfen die Wellen den Jüngling
Zum Ufer von Asspana
Es flattert ein Hemd rotseiden
Auf den Steinen von Asspana
Froh saß auf der Leiche ein Geier
Fraß das Herz auf in Asspana.

GEDICHT VOM TIGER UND DEM JÜNGLING

Es sagt der Jüngling, der bartlose:
Felsenspitzen umging ich
Ich jagte, habe durchstreift
Schneepfade, vieles fing ich
Fern auf dem hohen Felsen
Die Auerochsen umring ich
Ich schoß auf das Leittier, den Schall
Brechender Hörner empfing ich.
Den erwachten Tiger sah ich
Die Mitternacht wich zurück
Der Tiger sprang mir entgegen
Warf auf mich den bösen Blick.
Es schlugen sich Tiger und Jüngling
Die Erde schwankte bald
Felsen stürzten zusammen
Die Zweige zerbrachen im Wald.
Es konnte der Jüngling nicht zögern
Die Zeit gab ihm keinen Halt.
Er hebt den Schild, doch der schützt nicht
Der Felsentiger ist schnell
Die Krallen zerfetzen den Schoß

Des Eisenhemds, brachen es schnell.
Auch der Jüngling hob den Säbel
Für den Tiger war er bereit
Es tat ihm den Dienst die Waffe
Und daß beide falln, kam die Zeit.

Vom Fels herab hing der Tiger
Die Sande färbte er rot.
Hoch oben lag selbst am Felsen
Der Jüngling, rang mit dem Tod
Es färbte am Berg die Sande
Das Blut und strömte heraus.
Wer sagt es seiner Mutter?
Die Wahrsager sitzen im Haus.
Nicht vergebens seine Pfeile
Schickte der Jäger aus.

Es ging umher die Mutter
Weinend, die Tränen im Aug
Mein Sohn traf am Weg den Tiger
Verflucht ist der, böse auch
Mit dem Säbel, der mit den Pfoten
Erschlugen sie sich unterm Strauch.
Weder der Tiger war feige
Noch mein Sohn zeigte ruhig sich
Umbrachten sie einer den andern
In Schande fielen sie nicht.
Weinend verband sie die Wunden
Dem Sohn, von Krallen verletzt
Nicht tot bist du, Sohn, du schläfst
Die Mühe macht müd dich jetzt –
Deinen metallenen Hemdschoß
Hat ihn der Verfluchte zerfetzt?
Wie er warst du, warst seinesgleichen
Vom Haun war dein Säbel schmal
Weder er gab die Zeit dir
Noch du ließt ihm die Wahl

Es konnte dich nicht schützen
Dein Schild, das starke Dach
Noch schützten die Tigerkrallen
Als dein Säbel die Knochen zerbrach.
Mehr will ich dich nicht beweinen
Nicht beweint wird, der aufrecht stand
Liegt ihr in Frieden gesegnet
So ists auch des Grabes Rand.
Einen Sohn hab ich doch erzogen
Den, der mit dem Tiger kriegt!
Bald ihren Sohn, bald den Tiger
Sah sie im Traum, der fliegt
Bald sah sie, wie das Stahlhemd
Der Tiger dem Sohn entriß
Bald, wie ihr Sohn den Tiger
Kopfüber zu Boden stieß
Das sah sie in den Träumen
Bis der Morgen ihr Tränen wies.
Bald dachte sie, ohne Mutter
Wie wächst ein Kind da auf
Vielleicht ist der Tigermutter
Noch bittrer der Tränen Lauf
Da geh ich auch hin, bezeig ihr
Mitleid, hör, was sie sprach
Sie auch erzählt mir Geschichten
Von meinem Sohn ich ihr sag
Auch ihr wird ja leid sein um den
Den der Säbel erbarmungslos stach.

Poetische Kraft der Großstruktur
Zu Shelleys Gedicht Ozymandias

Poesie, die, wie wir wissen, historisch aus Beschwörungsformeln kommt, die ihrerzeit weniger spirituelle Übung als unmittelbare Lebenshilfe waren, hat unter anderem die Eigenart, Leuten etwas einreden zu wollen, das anders nicht zu sagen geht; Dichter sind so, sind sie Dichter, nebenbei praktische Psychologen und müssen wie diese ihre teils groben, teils feinen Mittel sublim auswägen. Ein falsches Wort, und das Gedicht ist hin – das ist leidlich, wenn auch nicht hinlänglich bekannt; weniger bekannt ist, welche Sorgfalt der Großablauf eines Gedichts braucht, damit die intendierte Mitteilung im Leser/Hörer aufscheint und fest wird. Percy Bysshe Shelley (1792-1822) ist ein Dichter von Weltrang, den Marx und Brecht noch gelesen haben, der aber heute bei deutschsprachigen Literaturfreunden mehr als Name denn als Autor erinnerter Zeilen im Gedichtnis lebt; sein Sonett *Ozymandias* hat er mit 25 Jahren geschrieben.

Percy Bysshe Shelley

0 *Ozymandias*
1 I met a traveller from an antique land
2 Who said: Two vast and trunkless legs of stone
3 Stand in the desert. Near them, on the sand,
4 Half sunk, a shattered visage lies, whose frown
5 And wrinkled lip, and sneer of cold command
6 Tell that its sculptor well those passions read
7 Which yet survive, stamped on these lifeless things
8 The hand that mocked them and the heart that fed:
9 And on the pedestal these words appear:
10 "My name ist Ozymandias, king of kings:
11 Look on my works, ye Mighty, and despair!«
12 Nothing beside remains. Round the decay

13 Of that colossal wrack, boundless and bare
14 The lone and level sands stretch far away.

0 *Osymandias*
1 Einen traf ich, fern aus antikem Land
2 Der sprach: Zwei Beine, steinern, riesig, rumpflos
3 Stehn in der Wüste ... Nahbei, halb im Sand
4 Liegt ein zerbrochnes Antlitz, dessen Runzeln
5 Kommandolächeln, kalter Hohn und Lauern
6 Erzähln, sein Bildner las die Züge gut
7 Die, aufgepreßt auf Totes, überdauern
8 Die formende Hand und das Herz, das sie trug
9 Und auf dem Sockel ist dies eingemeißelt:
10 »Ich heiß OSYMANDIAS, KÖNIGSKÖNIG:
11 Seht, Mächtige, mein Werk an, und verzweifelt!«
12 Nichts sonst ist übrig. Rings um den Verfall
13 Des kolossalen Wracks, glatt, einsam, eben
14 Strecken sich Sande grenzenlos und kahl.

Was sagt uns der Satz »Macht ist vergänglich«? wenig; was »Auch Imperatoren sterben«? etwas mehr, denn mancher wünscht da einen ins Mausoleum; was »Viele Weltreiche sind zerfallen«? wenig mehr – wer weiß schon, daß Geschichte ihn angeht? Brecht hat, im *Schweyk*, das Problem in einen Liedrefrain gesteckt, der geht:

Am Grunde der Moldau wandern die Steine.
Es liegen drei Kaiser begraben in Prag.
Das Große bleibt groß nicht und klein nicht das Kleine.
Die Nacht hat zwölf Stunden, dann kommt schon der Tag.

Das ist schön und schlagend, nur läßt die Tag-Nacht-Metapher fragen, was dem verkündeten Tag nach zwölf Stunden folgen wird? Nacht, falls die Welt nicht anhält, wäre die Antwort. Shelley, der entfremdete Macht haßte wie kaum ein Dichter (er war seit 1815 finanziell unabhängig, so daß ihm private Motive nicht zu unterstellen sind, den Lebensstandard der damals Mächtigen hatte er allemal, ohne deren damit verbundene Zwänge), mußte, wollte er seine Leser betreffen, eine Reihe Kunstgriffe verwenden, die zu kennen vielleicht gut ist.

0   Der Name der Überschrift ist fiktiv*, jedenfalls habe ich ihn in keinem Nachschlagewerk gefunden; er klingt fremd und weckt ungerichtete Neugier; insgeheim deutet das Fiktive auf einen exemplarischen Vorgang.

1   Die Formel öffnet einen geographischen und Zeit-Raum: der Leser findet sich aus Alltags Enge in Welt und Geschichte versetzt. (Walter Benjamin bestimmt in anderem Zusammenhang *Aura* als »das einmalige Aufscheinen einer Ferne, so nah sie sein mag«; setzen wir statt »einmalig« »je einmalig« – auch das unreproduzierbare Kunstwerk kann ja Vielen viele Male begegnen –, wird bereits hier Aura hergestellt.) Zugleich imaginiert die Zeile, zusammen mit dem Anfangsrelativsatz von 2, einen Zeugen, der die Fiktion objektiv und das Ferngerückte verfügbar macht; die Einleitung, für sich genommen eher blaß, ist so viel intensiver, als wenn sie »Ich stelle mir vor« oder »Mir träumte« hieße.

2/3   In den eröffneten Welt- und Geschichtsraum wird ein ungeheures Emblem projiziert: Zwei riesige, steinerne, rumpflose Beine stehen in der Wüste. Die Erfindung könnte von Dali sein (dem zu Shelleys Imaginationskraft freilich dessen Geschichtsverständnis fehlte). Das Emblem beherrscht den gesamten folgenden Text; es kann nicht

---

* Der Satz ist falsch, und ich kann dafür nur eine Entschuldigung anführen, die keine ist: Ich hatte Nachschlagewerke neueren Datums benutzt. Osymandias ist der griechische Name für Ramses II. (1301–1234), die Statue, 1000 Tonnen schwer und 18 Meter hoch, stand in der Nähe von Theben. Meine Behauptung, der Vorgang sei exemplarisch, wird – da aus einem falschen Satz auch wahre sich folgern lassen – davon nicht berührt; nur folgt das Exemplarische offenbar nicht daraus, daß Shelley, wie ich dachte, alles erfunden hätte, vielmehr war die Realität auf der Höhe bestmöglicher Erfindung.

vergessen werden. Erstaunlich ist, wie Shelley es im weiteren mit einer Art Salami-Taktik in Funktion setzt und arbeiten läßt.

3/4   Dem Emblem wird zunächst, nach den Gesetzen traditioneller Bild-Komposition, ein zweiter Blickpunkt zugeordnet: ein halb im Sand versunkenes zerbrochenes Antlitz; zwischen ihm und den rumpflos aufragenden Beinen fließt Spannung, der Blick oszilliert –

4-8   wird aber auf dem zweiten Blickpunkt (Antlitz), der sich als Schlüssel zum Emblem zu erweisen scheint, festgehalten. (Das Sukzessive poetischer Texte unterscheidet sich von der Simultaneität eines Gemäldes nicht so sehr: letztere ist potentiell, vor der Simultanschau steht Seh-Arbeit; tatsächlich tasten wir ein Gemälde mit den Augen ab, weswegen die alten Meister raffinierte Techniken der Blick-Lenkung ersannen. Andererseits sind Gedichte darauf angelegt, daß wir jeweils alle vorangegangenen Verse als Hintergrund noch im Gedichtnis haben. Doch schreibt Poesie den Blick-Weg – die Abfolge assoziations- und gefühlsgeladener Gedanken, ihr Mit- und Gegeneinander – vor, während Malerei ihn nur nahelegt. Dies mag als Vorzug oder als Mangel erscheinen, muß aber akzeptiert werden; wen es stört, sollte statt zu dichten malen oder tonsetzen.) – Das Festhalten geschieht

4/5   durch optisches Beschreiben der Oberfläche (dem Antlitz werden visuelle Epitheta zugeordnet, die auf einen Hochgestellten deuten);

6-8   liefern mit einer Zeitfahrt ins tiefe Vergangene (»Bericht« der Oberfläche) zu dieser die geschichtliche – vierte – Dimension, in der ein Grundbild (Strukturmuster) der Problematik allen Herrschens Platz hat: Der Mächtige braucht zum Fortleben nach dem Tod (Erinnertsein) den Könner, der ihn in Stein metzt; der Könner steht für den (die) Machtlosen, er ist dienstbar und bedrohlich. – Noch aber ist nichts entschieden, das Gedicht könnte als Apotheose tragischen Ewigkeitsstrebens oder als intrigantes Lob der Symbiose von Machthalter und Künstler weiterlaufen.

9   Eben hier erfolgt der Rück-Rißschwenk auf das Emblem, und zwar auf dessen Sockel, der bisher übersehen worden war.

10/11   Dieser enthält, wie es sich für ein Gedicht gehört, die Lösung als Schrift (Inschrift). Doch wird deren ganze Hybris erst deutlich, wenn der Blick außer dem Sockel auch die darauf stehenden riesigen rumpflosen Beine, und die Wüste, in der Sockel und Beine sich befinden, erfaßt:

12-14   die Kamera fährt, nach einer Halbzeile abstrakten Resümees, zurück; im Blick bleibt das Emblem, das seine Bedeutung nun voll herausgegeben hat (herausgibt); das zerschlagene Antlitz ist nicht mehr als ein Farbfleck. Mit 14 ist der in 1 eröffnete Raum wieder da: Er reicht bis zu uns.

All das wird vorgetragen in eher beiläufigem Ton; die Reime sind Gelegenheitsbildungen, das Sonettschema aufs lässigste gehandhabt, die Sinneinschnitte (Entschlüsselungsstufen) überlappen dauernd die Verse. Von Sprachmusik oder syntaktischen Kunststücken, die sonst durchaus zu Shelleys Repertoire gehören, kann nicht die Rede sein. Shelley setzt sein Vertrauen ganz in die Großstruktur und die Strenge dichterischen Überredens; auch so, zeigt sich, kann man Poesie machen.

Juni 1978

Antwort auf NDL-Umfrage 1975

Ausland fremdsprachig: Juri Tynjanow, *Der Tod des Wesir Muchtar* (Volk und Welt, deutsch von Thomas Reschke). Ich würde das Werk zu den wichtigen der Weltliteratur zählen; ein gnadenloser historischer Roman um das Schicksal des laut Puschkin intelligentesten Russen seiner Zeit, des Dichters Gribojedow, der den Zarismus durch Einführung des Kapitalismus in Transkaukasien zersetzen und damit die Ziele der gescheiterten Dekabristen realpolitisch durchbringen wollte; er trat zu diesem Zweck in den zaristischen diplomatischen Dienst, weshalb ihn die übriggebliebenen Dekabristen als Verräter ansahen, und wurde im Zusammenspiel zwischen zaristischem Apparat und englischem Geheimdienst (Gribojedow plante ein transkaukasisches Vizekönigtum als Gegengewicht zur Ostindischen Kompanie) von persischen Fanatikern umgebracht. Das Buch gründet auf genauen Studien und scharfem historischem Spürsinn (die von Tynjanow interpolierte Beteiligung des englischen Geheimdienstes an Gribojedows Ermordung haben spätere Aktenfunde bestätigt); es enthält Landschafts- und Gesellschaftsbeschreibungen (Moskau, Tbilissi) von stärkster Imagination und ungeheure Szenen im russischen Außenministerium; hat man es gelesen, weiß man, wie Politik funktioniert. Ich frage mich, ob es aus Faulheit bei uns nirgends besprochen worden ist.

Ausland deutschsprachig: Arno Schmidt, *Zettels Traum* (Stahlberg, 1334 Seiten DIN A 3). Das Buch, ein Panorama-Roman Joyceschen Typs – geschildert sind 24 Stunden – ist freilich eine Zumutung an den Leser: es enthält – parallel und ineinandergeschachtelt – a) eine große Liebesgeschichte zwischen einem alternden Schriftsteller und einem sechzehnjährigen Mädchen; b) einen großen Poe-Essay; c) eine Erweiterung der Freudschen Theorie der Persönlichkeitsschichten (Es, Ich, Über-Ich) um die »vierte

Instanz«, eine höhnisch-altersweise Reflexionsschicht; d) romanhaft aufgelöst (teils als Disputation, teils als panoptikalische Schau, teils als Handlung) eine Art Lexikon der Sexualwissenschaften auf dem Stand von 1930; e) eine groß explizierte Hypothese über den Schaffensmechanismus unreflektiert schreibender Autoren: postuliert werden Etyms (Wortwurzeln), die sich mit Bedeutungen phonetisch ähnlicher, den Schriftsteller aus privaten Gründen (bei Poe: Voyeurismus, Impotenz) bedrängender Wörter aufladen, so daß dauernd Untertexte mitzulesen sind, was selbstverständlich für die Übersetzung Folgen hat; f) die erstaunlichsten Landschafts-, Wetter- und Dorfleben-Beschreibungen aus der Lüneburger Heide, selbst der Teufel tritt auf; g) eine mindestens ebenso erstaunliche Literarisierung deutscher Umgangssprache, die auch da, wo Dialekt verwendet ist, nirgends provinziell wird; h) etliche kauzige Ansichten des Einsiedlers Schmidt etwa darüber, daß die Arbeiter zuwenig arbeiten, weil – was keiner bezweifelt – Schmidt mehr arbeitet als sie; übrigens hatte Schmidt seinerzeit vorgeschlagen, den bekannten CSU-Politiker mit einem rostigen Kartoffelschäler zu kastrieren. Die vehement ruppige, höchst kunstvolle Prosa, in der das alles vorgetragen wird, ist in ihrer Intention aufklärerisch, in der Welthaltung (Selbstreflexion!) rational romantisch (daß die Romantiker scharfsinnige Ästhetiker waren, werden wir auch wieder lernen); sie verschweißt zur realistischen Beschreibung erhobene Banalität mit expressiven Lyrismen zu einer höchst eindrucksvollen Feinstruktur. Seit längerem wundert mich (oder es wundert mich nicht), wie unsere Kritiker und Literaturwissenschaftler, die sich auch zu viert- und fünftrangigen Erscheinungen der bundesrepublikanischen Literaturszene äußern, um Arno Schmidt einen Bogen machen, manche kennen ihn gar nicht. Daß nicht wenigstens die so aufklärerischen wie geschichtserhellenden antifaschistischen Erzählungen *Alexander oder Was ist Wahrheit* und *Kosmas oder Vom Berge des Nordens* bei uns gedruckt sind, ist beschämend; ebenso wichtig wie diese Meisterstücke wären *Die Umsiedler* und *Pocahontas* – *wo* schon finden sich so intensiv genaue Darstellungen der westdeutschen Nachkriegsjahre wie bei Arno Schmidt? Ich fürchte aber, wir drucken eher Handke; noch immer haben wir eine fatale Vorliebe fürs Harmlose.

DDR, Sachbuch: Walter Beltz, *Gott und die Götter,* Biblische Mythologie (Aufbau). Beltz, praktizierender Pfarrer, Orientalist und Religionshistoriker, Berater von Hacks für *Adam und Eva* und von Heym für den *König David Bericht,* gibt nach dem Vorbild von Ranke-Graves' *Griechischer Mythologie* eine äußerse lesbare Übersicht über die Geschichten der Bibel (einschließlich Varianten), deren mythengeschichtliche Herkunft und ideologisch-politische Funktion; dazu gehört der Nachweis, warum welche Geschichte und Variante bei der jeweiligen Endredaktion, die für die auf uns gekommenen Texte verantwortlich ist, durchgelassen wurde. Der Text ist, trotz der wüsten Menge zu bewältigenden Stoffs, höchst übersichtlich; erstaunlich ist die konsequente, bisweilen wütende Rationalität, mit der das Riesenbuch Bibel aufgelichtet wird. Daß Beltz das Neue Testament mit 42 Seiten gegenüber dem Alten (249 Seiten) relativ schlecht wegkommen läßt, mögen Christen bedauern; wer die Bibel zum Vergnügen, d. h. als Kunstwerk liest, wird es begrüßen, beim NT langweilt er sich sowieso. Ein nach wie vor wichtiges *populäres* Werk, das die Geschichten der Bibel für Leser ab zwölf referierte und knapp kommentierte, könnte Beltz' kompetente Arbeit zugrundelegen.

November 1975

Warum Gorki neu übersetzen?

Gespräch mit Rainer Kirsch

Herr Kirsch, warum meinten Sie, Gorkis Stücke müßten neu ins Deutsche gebracht werden?

Nicht ich meinte das, sondern Nyssen & Bansemer, Theaterverleger in Köln, behaupteten es 1979 inständig. Ich war damals müde von eigenen Projekten und beschloß, den beiden zu glauben.

Das klingt, als sei übersetzen erholsam?

Es braucht Kraft wie alle professionelle Arbeit. Immerhin muß der Übersetzer aber zwei aufreibende Sachen nicht: die Fabel erfinden, und die Figuren ausformen. Strategie und Taktik des Ganzen sind ihm vorgegeben.

Was muß er statt dessen?

Die Fabel kapieren, und die Figuren reden hören.

Benutzen Sie Hilfsmittel?

Die Rohfassung eines Slawisten, die ich bezahle; sie erspart mir das Nachschlagen, und ich kann rückfragen. Auch wo die Rohfassung danebentrifft, schließt sie eine denkbare Variante aus und macht stutzen. Je weiter man dann im Text kommt, desto empfindlicher wird man gegenüber falschen Intonationen und Stilebenen und kann sich selber »vom Ende her« korrigieren. Wie wohltuend, wenn man eine Stelle, vor der man schon kapituliert hatte, schließlich doch noch ins Lot bringt!

Sehen Sie – etwa gegenüber erzählender Prosa – Besonderheiten für das Übersetzen von Bühnenwerken?

Hoch Sprachkundige scheitern oft beim Übersetzen von Poesie, weil sie nicht wissen, was ein Vers ist. Stückübersetzer scheitern, wenn sie nicht wissen, was ein Schauspieler ist. Ein Schauspieler ist jemand, der mit seinem Körper eine Figur in einer Handlung darzustellen hat, und dabei Sätze redet. Was immer die Sätze mitteilen, sie müssen Spiel ermöglichen, das die Handlung befördert, das heißt zuvörderst sprechbar sein.

Ist Gorki schwierig zu übersetzen?

Ich finde zwei Gründe. Das Russische braucht oft das gleiche Wort, wo das Deutsche stilistische Schattierung verlangt. Ob man etwa für načinat' »beginnen«, »anfangen« oder gar »losmachen« setzt, folgt allein aus dem Gesamtbild einer Figur und der jeweiligen Redesituation. Eine Person muß ja nicht immer und zu jedem im gleichen Ton sprechen, jedenfalls tut sie das nicht bei Gorki. Zweitens schrieb Gorki Familiendramen, benutzt also Umgangssprache. Wo aber ein deutscher Autor Umgangssprache von den »dochs«, »nochs«, »ähäs« usf. füglich reinigt, bleibt all das im Russischen ohne jede Kunstwidrigkeit stehen. Gorkis Stücke wimmeln von Leersilben, rhetorischen Flüchen, Schein-Anreden, elliptischen Ausrufen; der Übersetzer hat, bei oft simpel scheinenden Fügungen, enorme Mühe, damit zurechtzukommen. Generalregeln, wie »alles weglassen« oder »immer wörtlich«, helfen da nicht. Was hilft, ist allein die Frage, welche Wendung der/die Redende in entsprechender Lage deutsch benutzen würde; zusätzlich sollten Zeichen von »Fremdheit« stehenbleiben, die darauf verweisen, wann und wo das Stück spielt und woher es kommt. Ein einziger Modernismus oder falsche Umständlichkeit können die Atmosphäre ganzer Dialogpartien beschädigen, und Gorkis Stücke brauchen, ungeachtet oder wegen ihrer Enthüllungsdramaturgie, Atmosphäre. Nu tebja! etwa, eine gängige Kurzform von »hol dich dieser und jener«, kann mit Ach was!, A!, Bist du nicht bei Trost!, Geh mir weg! wie mit siebenunddreißig weiteren Floskeln wiedergegeben werden, und stimmen wird immer nur eine. Die crux dabei ist, Gorkis Stücke sind nicht naturalistisch. Gorki sah, scheint mir, beim Schreiben – er schrieb sehr rasch – seine Figuren nicht »real«, sondern auf der Bühne sich bewegen, er dachte intuitiv vom Schauspieler her.

1986

6.

Sechs Gedicht-Interpretationen

0 IM MASS PETRARCAS

1 Wolltest du ich sein wie ich du bin: Wäre
2 Zeit Unzeit dann, der festentflochtenen Haare
3 Aschblondheit Regen, mit dem Tag und Jahre
4 Rückfielen wie in mondbewegter Meere
5 Hinspiel und Gegenspiel, da schlagend Wellen
6 Getier am Ort belassen, Größeres treibend
7 Und wir, im salzigtrüben Tiefen, bleibend?
8 Wirkten des Welttods Gegengrund im schnellen
9 Gemeinen Wechsel, der wie lang er währte
10 Um was sonst Zeit ist fischgleich Strudel nährte
11 Die unser Atmen aufschickt und erhält?
12 Dein Haar ists, das mir in die Augen fällt
13 Daß ich neu sähe; was? was Blinde sehen.
14 Sprich was du weißt, die Augenblicke gehen.

0 Die Überschrift stimmt den Leser ein: Verfasser werde sich des Maßes eines Großen seiner Zunft bedienen. *Maß* assoziiert a) Versmaß, weiter gefaßt eine bestimmte Art Gedichtbau und metaphernknüpfendes Reden; b) das Maß, das (die Elle, die) Petrarca an die Welt zu legen pflegte, füglich wird von Liebe als oberster Bewegungsweise der Materie gehandelt; c) die gleichnamige hegelsche Kategorie der Vermittlung höheren Sinns. – Verstreute Dicht-Techniken eines Großen in einem Gebilde sammeln heißt, sich, mit Verneigungen, auf des Großen Schultern stellen. Das mag nebenher Neugier wecken – wird Verfasser ausbalancieren, oder herunterfallen?

1-14 *(Großbau)* Das redende Subjekt wendet sich an eine – aschblonde – Dame mit einer über elf Verse sich er-

streckenden Frage, an die zwei Verse Feststellung und
eine Aufforderung (Schlußvers) ohne Zwischenraum
schließen. Hauptzäsur und Klammer des Gedichts bildet
das einzig männliche Verspaar 11/12; es durch eine Leerzeile trennen bedeutete – man probiere es aus – das
Ganze zerstücken. Feststellung (12/13) plus Aufforderung
(14) wiederum erscheinen gegenüber der verschlungenen Frage nur deshalb als relative Einheit strikten
Redens, weil die Feststellung offen antwortheischend
weiblich endet, d. h. das Sonett scheinbar statt zweier
Terzette drei Duette hat. Die übliche triadische Sonett-Struktur ist damit nicht verlassen (sie arbeitet vielmehr,
durch den umschlingenden Reim der Quartette sowie die
zum sonstigen e-(ä)-Auslaut kontrastierenden umschlungenen Reime, unter der Oberfläche weiter), doch überspielt und phasenverschoben. Der Zwang dazu folgt, wie
angedeutet, aus dem Vorsatz: 11 Zeilen Frage sind, bei
Wahrung der Triade, das Höchstmögliche; darunterbleiben hieße Verlust der Ehre und des Ankoppelungsmechanismus, darübergehen mit zwei albernen Hammerschlägen aufhören.

1-11 *(Frage)* Vorliegt eigentlich eine Doppelfrage *A, B*?.
A? lautet übersetzt: Würdest du mich rückhaltlos lieben
wollen?, *B*?: Falls ja, könnte dann das in 2–11 wünschend
Umschriebene eintreten? – Dem Redenden ist offenbar
beides wichtig, selbstverständlich aber das erste vor dem
zweiten. Die Rangfolge deutlich zu halten, wird eine Abwandlung der gängigen Implikationsformel benutzt: Statt
$A \rightarrow B$ (Wenn A, so auch B) steht $(A \rightarrow B)$?* Der derart
gleichsam potenzierte Konditional ordnet das insgesamt
Gefragte in die Sphäre des Höchstunwahrscheinlichen: des

---

* *Ich gestatte mir im Interesse der Lesbarkeit eine laxe Notierungsweise. Korrekt
wäre eine dreiwertige Logik zu verwenden, das Fragezeichen symbolisierte dann
die Lösungsmöglichkeit »wahr«, »falsch« und »möglich«. Gefragt ist also, ob die
Implikation, von der wir handeln, in mindestens einem (von unendlich vielen)
Fällen gelten könnte.*

Ideals; dieses wird gleichwohl streng und ausführlich ins Bild gerufen.

1 Vordersatz *A*? der verquickten Doppelfrage sowie das syntaktische Gelenk zu *B*? sind hier restlos untergebracht, was – angesichts des komplizierten Baus von *B* dringend notwendige – Überschaubarkeit sichert. Rhythmisch ist der Vers zudem ganz auf das die nächsten fünf Zeilen regierende Verb hin instrumentiert, mit dem er, nach acht gleichstarken gegen das Metrum gespannten Halbhebungen, ins Metrum einrastet.* Die Stilebene ist die gehobenen Umgangsredens; die gebrauchte Floskel scheint genügend klar, den Wunsch nach vollkommener Liebesvereinigung (»Identischwerden«) auszudrücken, und genügend fremd, um aufmerken zu lassen.

2-11 (*Teil* B *der Frage*) Zwei konjunktivische Verbformen regieren je fünf Zeilen: das unpersönliche abstrakte *wäre* aus Vers 1, sowie *wirkten*, das persönlich (wir ... wirkten, 7/8) und konkret ist, es wird ja im Sinne von »weben« – einen Grund wirken** – verwendet. Dem strategischen Problem der Steigerung, ohne die eine zehn Zeilen lange (Teil)frage versanden müßte, ist damit von der Tiefenstruktur her beigekommen. Verfahrenstechnisch war zu entscheiden, wie das Ideal, um das es geht, vorm Leser aufzurichten wäre: etwa durch Benennung (Namensgebung), oder, was auf das gleiche hinausliefe, durch Allegorie***? Für ein petrarcistisches Sonett verbietet sich beides. Es bleibt, das Ideal durch ein Geflecht von Realien und

---

* *Ein vergleichbarer Trick findet sich in Shakespeares berühmtem 66. Sonett:* as (»*als da sind*«) *regiert dort – zu Anfang des zweiten Verses, aber scharf gegen das Metrum stehend – elf, freilich syntaktisch weitgehend parallele, Zeilen.*
** *Man vergleiche bei Mandelstam* Reiner als der Wahrheit frisches Leinen / Ist wohl nirgendwo ein Grund gewebt; *vermutlich habe ich den Einfall dorther. S. Ossip Mandelstam,* Hufeisenfinder, *Reclam Leipzig 1983, S. 78/79.*
*** *Semiotisch betrachtet sind Allegorien Namen von Namen; Metaphern hingegen zielen auf das Gemeinte mit Bündeln von assoziativ geladenen,* »*mitgewußten*« *Bildern, Begriffen oder Vernunftschlüssen, sind also semantisch relevant.*

Metaphern zu imaginieren; eben daraus resultiert die nunmehr hohe Stilebene.

2 Gesetzt, *A* gälte, fragt der Redende, wäre dann* *Zeit Unzeit*? Argwöhnt er, für vollkommene Liebe sei »noch nicht die Zeit«? Kaum, er könnte ja dann den Mund halten und alles beim unvollkommen Alten lassen. Vielmehr zielt er stracks auf den Punkt: Unzeit meint »Nicht-Zeit«; was er will, ist die Zeit anhalten. Die Formel, freilich, bleibt zunächst leer, ja mißverständlich; spricht ein Reaktionär? Erst die Explikation erweist, daß nicht von den niederen Regionen der Geschichte gehandelt wird, sondern von Liebe und Kosmos, und zwar von der Wirkung ersterer auf letzteren. Ist das Überhebung? Gewiß, wie jedes Hervorbringen eines Ideals; sich auf gefaßte Weise überheben gehört zum Beruf des Dichters.

2/3 Wäre, geht die Frage syntaktisch gleichgeordnet weiter, außer Zeit Unzeit womöglich das Haar der Angeredeten – genauer des gelösten** Haars Farbe und Lichtspiel – *Regen*? Der Text springt exakt hier vom Realbild in die Metapher***; das Realbild wirkt »verdeckt« als Emblem weiter, bis es in 12 wieder aufgenommen wird, der Rest der Frage hängt grammatisch vom Metaphernwort *Regen* ab.

3-5 Würden nun, wäre das gelöste Haar *Regen*, mit letzterem *Tag und Jahre* »rückfallen« – wie? wohin? – *wie in mondbewegter Meere / Hinspiel und Gegenspiel*? Ob *in* Dativ oder Akkusativ regiert, der Sinn ist der gleiche: Unum-

---

* dann *ist der andere Teil des Gelenks »wäre ... dann«, das* A? *und* B? *zu einer Frage koppelt.*
** *Im Gedicht steht* festentflochtenen; *dies kann heißen »auf Dauer entflochten«, oder »zum Fest entflochten«. Eine ganz plausible Erklärung ist mir nicht zur Hand.*
*** *Das heißt* Regen *ist die erste eigentliche, »arbeitende« Metapher, die Anfangsfloskel aus 1 dagegen eine uneigentliche, erstarrte.*

kehrbarer Zeitablauf würde verwandelt in als Urzustand gedachtes pulsierendes Verweilen oder bewegtes Nunc stans, das Ebbe und Flut – dem Hin und Her der Gezeiten – verglichen ist; der ausdrücklich erwähnte verursachende Mond kennzeichnet die erhoffte Verwandlung als kosmisches Ereignis. Emblem und Metapher, mithin, erweisen sich als Erläuterung der Formel *Zeit Unzeit*; überraschend wie die Wendung ist, muß sie befestigt werden: die Metapher wird fortgesponnen.

5/6 Fortspinnen ist nicht Auswickeln, das still Mitgemeintes ans Licht holte, vielmehr knüpft der Redende und gerät von einer Metapher zur nächsten, wobei er jede gleich ernst nimmt (was wovon abhängt, zeigt allein die Syntax). *Regen*, also, ist nun gezeitenbewegtes Meer, in welchem *schlagend Wellen / Getier am Ort belassen, Größeres treibend*: Meereswellen transportieren Energie, nicht Masse, behelligen im Element Lebendes also kaum; allenfalls fremd oben schwimmendes Größeres*, etwa Schiffe, hat, da unflexibel, zu leiden.

7 Der Metaphern-Raum ist nun soweit aufgetan, daß Redender samt Angeredeter mittels des Personalpronomens *wir* hineinverbracht werden können, und zwar als dem Getier gleich »am Ort« und dem *salzigtrüben Tiefen* (dem Element) einverstanden; die Frage-Apposition *bleibend?*, das Unsichere des Gleichgewichts markierend, hält den Rhythmus der Periode 7–11 nochmals leicht an. (Beim Vorlesen bedarf es sorgfältiger Stimmführung, *bleibend?* als Neben-Frage kenntlich zu lassen, ohne den erst mit 11 zum Gipfel kommenden Gesamtfrageverlauf zu stören.)

---

* Größeres treibend *gehört freilich zur Sorte der mehrsinnigen Metaphern, das zweite Gemeinte wäre etwa: Indem das Meer via Ebbe und Flut einlinige Gravitations-Energie in der Art eines Pleuelstangenmechanismus »neutralisiert«, wahrt es Konstanz gegenüber den auf ein Ende zulaufenden kosmischen Vorgängen; allein solche Konstanz ermöglicht Leben.* Größeres treibend *hieße dann auch* »Größeres verrichtend«.

8/9 Nach dem gleichsam katapultierend gegen das Metrum gespannten Verb *wirkten* gewinnt der Vers durch Zusammenfall von Metrum und Rhythmus Tempo, und wir sind beim Kern des Metapherngeflechts: Er und die aschblonde Dame, wünscht der Redende, wirkten im salzigtrüben Tiefen *des Welttods Gegengrund im schnellen / Gemeinen Wechsel* –

Hier stocken wir, stellvertretend für den Leser; man wird sich ja auch einmal empören dürfen. Gut, *Welttod* meint die mit kosmischem Zeitablauf gekoppelte wachsende Entropie, d. h. das Hindriften des Weltalls zu immer niederen Energiestufen, bis schließlich ein aus lauter Schwarzen Löchern bestehendes Nichts da ist, kein schwirrendes, sondern ein schweigendes Chaos von Ewigkeit zu Ewigkeit; der Redende, dessen unzufrieden, will mit seiner Dame einen *Gegengrund* wirken, versteht sie und sich also wohl als eine Art kooperierender Weberschiffchen, die im *schnellen / Gemeinen Wechsel* was tun? Nun, eben das; es war ja zu ahnen. Folgt nicht schon aus dem Emblem des entflochtenen Haars, das metaphorisch *Regen* wird, der Sprechende läge, da Regen gemeinhin abwärts fällt, unter der Dame? und dies doch gewiß nicht zum Zeichen der Kapitulation, das Gedicht handelt von keinen Kapitulationen. Holt nicht die doppelsinnige Metapher vom *Hin- und Gegenspiel mondbewegter* Meere vorgreifend ins Bild, was nun die Liebenden, Schüler und Widerpart der großen Natur, verrichten? Wird der Ort des schnellen gemeinen Wechsels, das *trübe Tiefe*, durch das Epitethon *salzig* nicht sacht obszön eingefärbt, und meint, außer vielleicht einer Weltbefindlichkeit, jene Halbtrübe des Bewußtseins, ohne die wir Liebe nicht als Glück erleben? Schließlich redet noch der Kommentar locker zur Sache; muß er denn für den bewegten dauernden Augenblick *Nunc stans* sagen, was sich geradesogut als »nunc Stans«, »der jetzt Stehende«, lesen läßt? Es schreit zum Himmel, den intelligentesten Männern ist ihr Schwanz so wichtig wie ihr Kopf, ich schweige entschieden davon, zu welchem Ende sie letzteren überhaupt anstrengen. Coitus ante portas! möchte man rufen, wäre jener in des Redenden Vorstellung nicht längst im Gange, und zwar aufs normalste und mit den erhabensten Intentionen. Ist so zu dichten verwerflich? das mögen Leute urteilen, mit denen zu kommunizieren ich keine Vokabeln habe; ist es unpetrarcisch? nicht im mindesten. Petrarca, etwa, erzählt in Canzone 67, wie er »an des tyrrhenischen Meeres linkem Ufer« (nicht am rechten also) jenes Lorbeerlaub erblickt, dessen Name *lauro* ihn an seine angebetete Laura erinnert; Amor, in Petrarcas *Seele kochend*, bringt ihm *blonde Zöpfe* vors Auge, *schiebt* ihn, und der Dichter gleitet, halb von Sinnen und *nah am Tod*, in eine *grasüberwachsene nasse Rinne*; inmitten von Wäldchen und Hügelchen wieder zu sich kommend, schämt er sich, wird seines feuchten Fußes (der Volksmund sagt »drittes Bein« oder »elfter Finger«) gewahr und sucht Trost in der Vorstellung, ein milderer April, d. i. der echten Laura geneigte Gegenwart, werde den Ausrutscher wegtrocknen und vergessen machen. Ob nun Petrarca (wie Mickel meint*) verschleiernd redet oder (wie ich vermute) tatsächlich nach längerer Seefahrt unter Hormondruck beim Landgang in ein Rinnsal gerät und durch selbiges abgekühlt wurde – so oder so teilt er der Welt mit, sein Entflammtsein für Laura bedränge ihn derart, daß zuweilen blonde Zöpfe genügen, ihn der nächstbesten willigen Partnerin anheimfallen zu lassen; die Scham danach ist milde und sagt, gelegentliches Fremdgehen schade der Großen Liebe nicht, sondern befestige, ja beweise sie. Was die neueren Dichter von den älteren unterscheidet, ist ja allenfalls, daß wir Freud kennen und die eigenen Untertexte lesen, notfalls auch tilgen können; die Untertexte selber ähneln den früheren durchaus, wie ja auch die Menschheit, soll in dem Begriff irgend Sinn stecken, seit

---

* Vgl. *das Original samt Interlinearversion, Mickels, Endlers und meine Übertragung in* POESIEALBUM *178,* Francesco Petrarca, *Verlag Neues Leben Berlin, S. 5-7.*

Archilochos, Sappho oder Petrarca sich kaum geändert hat.* Übrigens lebte der wirkliche Petrarca natürlich mit Konkubinen; wie anders hätte er Laura so kundig und ausdauernd zu bedichten vermocht?

9/10 Was der *Gemeine Wechsel* ist, erhellt somit aus dem Kontext; geschildert werden die Folgen: Jener Wechsel, meint der Redende, *nährte fischgleich* – leicht und unbemüht Ort, Bewegungsart, Tempo zu immerneuen Mustern wirkend – *Strudel*, die im salzigtrüben Tiefen eine Art Schutzzaun oder rotierendes Gitter bilden um was? *um was sonst Zeit ist* – um das Stück Weltall also, darin, dank der Liebenden Tun, keine Zeit mehr abläuft; Redender, als Realist, malt das Paradies als arbeitend den Weltläuften abgetrotzte Enklave. Der Wechsel freilich nährt die Strudel nur, woher rühren sie?

11 *Unser Atmen* (nicht: unser Atem) *schickt* sie *auf* und erhält sie, verrät der Frage-Endvers und bekräftigt, kein neuspätromantischer Liebestod finde hier statt, bei dem die Handelnden im metaphorischen Meer ersöffen – sie atmen höchst munter weiter. (Es ist dies, ich entschuldige mich, das klassische Kunst-Konzept, von dem ehrenwerte Kollegen lange behaupten, es »transportiere nicht mehr«; der Satz läßt sich, mit dem zugehörigen sardonischen Lächeln, auf vielerlei Partys anbringen.) Noch immer im Konditional, ist der Redende in ein narratives indikativisches Präsens gefallen, das den Topos des verweilenden Augenblicks grammatisch festmacht und die Frage zum Ende treibt; sie hält an auf der Silbe *hält*, der,

---

* *Selbstverständlich muß man, um erotische Untertexte zu entschlüsseln, nicht Freud gelesen haben, es geht dann nur leichter. Seit sexuelle Tabus in Kraft sind, gab es vermutlich Zoten (rüde, deftige, maßvolle), später diverse Kulturen verfeinerter Anspielung; Aristophanes wie Shakespeare rechnen mit der Verständnisfähigkeit ihres Publikums für beides. Doch verletzten oder »umgehen« Zoten wie Anspielungen die Tabus bewußt, Untertexte unbewußt; die erwähnte Praxis heutigen Dichtens wäre dann ein Sonderfall, für den vielleicht einmal jemand einen Namen ausdenkt.*

gewissermaßen als i-Punkt, nur das Interpunktionszeichen folgt; höher geht es nicht mehr, und zwar weder intonatorisch noch in der Philosophie des Gegenstands – was denn wäre über dem Ideal zu denken? Allenfalls Gott, für den ich aus professionellen Gründen keine Verwendung habe.*

Exkurs

Man soll, worauf andere sowieso kommen, getrost zugeben, sei es der Ökonomie halber oder aus Höflichkeit; ich gebe zu: Der Gedichtverlauf ist einer Orgasmuskurve vergleichbar, die des relativ steilen Gipfels und Abfallens wegen als männlich** einzustufen wäre, die Klimax läge in der Pause zwischen Vers 11 und 12. Von den folgenden Bemerkungen geht die erste an Feministinnen, die zweite an Liebhaber methodologischer Kurzschlüsse. Wollen wir die Evolutionstheorie für irgend plausibel halten, ist die männliche Orgasmuskurve doch wohl »von der Natur« eingerichtet, und jedenfalls keine Erfindung von Patriarchen; vermutlich hatten über Zehntausende Jahre Männer, die nach der Beiwohnung rasch wieder auf den Füßen standen, schlicht einen Überlebensvorteil. Desungeachtet und glücklicherweise vermögen Frauen sich auf die männliche Erregungskurve ebenso einzustellen wie Männer auf die weibliche, und daraus zusätzlich Lust zu

---

* *Bei allem Verständnis für wieder in Mode kommende Religiosität – die Überväter sind demontiert, die Ideologien breitgetreten, und man sucht einen Über-Übervater im unkontrollierbaren Geisterreich – rechne ich die zugrunde liegende Sehnsucht doch mehr unter die Rückfälle aufs Kindische; der psychotherapeutische wie der staatserhaltende Effekt sind freilich schwer zu leugnen, und vielleicht ist es wirklich wünschenswerter, jemand glaubt an Gott, als an gar nichts oder den Disko-Sound.*

** *Ich vernachlässige, daß männliche Orgasmuskurven untereinander so verschieden sind wie weibliche, und rede von der »Normalkurve«, wie sie die Fachliteratur braucht; über die Methoden der Ausmittlung – es gibt sie im Ernst – lese man dort nach.*

ziehen. Wenn nun beklagt wird, fast alle bisherige Hochkunst sei von Männern hergestellt (die Klage ist freilich merkwürdig; sollte man sich angesichts der Menschheitsgeschichte nicht eher freuen, daß überhaupt Kunst da ist), wenn ferner die männliche Lustkurve ein insgeheimes strukturbildendes Konstituens jener Kunst wäre – folgte daraus, Frauen, die Kunst machen, müßten anderen Baugrundsätzen dienen, oder eine neue Ästhetik erfühlen? Es folgt daraus so wenig, wie es zur Beförderung der Humanität weiblicher Gehwege, Differentialgleichungen oder Teezubereitungstechniken bedarf; zum Weltabbilden untaugliche »neue Ästhetiken« werden überdies schon von Männern ausreichend auf den Markt geworfen, und kein Gras wächst davon besser. Warum schließlich sollten Frauen, die liebend den Partner ihrer Wahl nur dadurch so begabt sich anverwandeln, daß sie ihn nehmen, wie er ist, mit dem Weltstoff und den Gesetzen der Kunst nicht ähnlich verfahren können? sie müßten dazu freilich ihren Priesterinnen mißtrauen, deren Geschäft ist zu trösten, indem sie lügen. – Betreffs der männlichen Erregungskurve wird man fragen dürfen: ob sie (selber ein Resultat langer Kulturanreicherung, man vergleiche die Diagramme für Schwäne, Hunde und Affen) tatsächlich »aus sich heraus« den Großbau vieler Kunstwerke modelt* oder nicht eher ein Spezialfall weit allgemeinerer Spannungs-Lösungs-Verläufe sei, wie sie in unbelebter und belebter Natur beim Ausgleich von Energiepotentialen vorkommen. Es gibt, ich entschuldige mich nochmals, Dinge zwischen Himmel und Erde, die wir nicht denken, nur weil sie nicht vor der Haustür liegen, oder sie liegen dort, und

---

* *Sähe man hin, fände sich vielleicht eine Menge Kunst, deren Grundmuster eher der weiblichen Orgasmuskurve folgt. Wenn kunstausübenden Männern nachgesagt wird, sie empfänden »weiblicher« – intensiver und mit feinerem Raster – als der Durchschnittsmann, mag das stimmen, wofern man ergänzt »und als die Durchschnittsfrau«; »weiblich« hieße dann »berufsnotwendig hypersensibel«. Mit der erwähnten Kurve hat das nichts zu tun, auch nicht, wenn die Künstler schwul wären; letzteres würde sie vielmehr eines beträchtlichen Stücks Welterfahrung – des Glücks beteiligter Zurkenntnisnahme weiblicher Lustverläufe – berauben.*

das Wetter ist schlecht; ich habe einmal einen Astronomen über den Kausalnexus zwischen durchschnittlicher Körpergröße des Menschen und der Anzahl der Atome im Universum vortragen hören, das Ergebnis, sagt man mir, hält jeder Prüfung stand.

12-14 Nach dem Gipfel der Frage und der zugehörigen leicht gedehnten Pause springt das Gedicht, das Emblem der *entflochtenen Haare* aus 2/3 als im Text letztvorkommendes Realbild wieder aufnehmend, abrupt in die Wirklichkeit zurück und treibt nun rasch zum Schluß. Doch ist die Raschheit so einfach nicht, wie sie scheint, ja womöglich durch schlicht klingende Rede und Rhythmus nur vorgetäuscht; im Innern des Dreizeilenblocks nämlich arbeiten Doppelungs- und Spiegeltricks, die den Schluß zum enggeführten Echo des bisher Dargelegten machen.

12 Das beginnt harmlos doppelsinnig: die Zeile kann als Flirt-Floskel, und/oder buchstäblich gelesen werden.

13 Das Harmlose indes ist welternst: *Daß ich neu sähe* läßt an Dantes »Vita nova mea« oder Rilkes »Du mußt dein Leben ändern« denken. Die Fortführung nun, formal rhetorisches Frage-Antwort-Spiel, packt in einen verkürzten Relativsatz derart viel gleichzeitig geltende und einander widerstreitende Mitteilung, daß man, alle Orgasmuskurven ins Schubfach, hier die rührendste Stelle des Gedichts finden könnte. Mit einer verzweifelten, durch extremes Hin- und Herfahren des Sinns dem Irrwitz nahen Sprachgeste nämlich wird der bislang nur metaphorisch aufgebaute Topos des angehaltenen bewegten Augenblicks (das Ideal mithin) in die Wirklichkeit gerissen; *was Blinde sehen* heißt ja sowohl »was jeder sieht« wie »was nie wer je sehen wird«. Nebenbei gibt Redender damit ein Urteil über die Welt ab, die auszuhalten und zu genießen er vorhat.

14 Die Schlußwendung, fast trocken, bekräftigt die Wiederankunft in der Realität; Rundung gehört zum nach klassischem Muster gefertigten Gebilde. Doch ist der Welt, gegen dieselbe, das Ideal jetzt immerhin zugefügt. Als letztes Echo der Großen Frage und vorletztes Wort des Ganzen erscheint – im Plural – erstmals der Name des verhandelten Gegenstands; doch meint *Augenblicke* außer der philosophischen Kategorie und dem kosmischen Zeitablauf mindestens noch jenen Zustand des Neu-Sehen-Könnens, das dem Haar der Angeredeten geschuldet ist, oder geschuldet wäre. Der Tonfall des Verses indes ist, wo nicht drohend, so warnend; die Augenblicke, sagt der Text, gehen – das letzte Wort signalisiert Gefahr.

Februar/März 1985

Rainer Maria Rilke

HERBSTTAG

Herr, es ist Zeit. Der Sommer war sehr groß.
Leg deinen Schatten auf die Sonnenuhren,
und auf den Fluren laß die Winde los.

Befiehl den letzten Früchten voll zu sein
gib ihnen noch zwei südlichere Tage,
dränge sie zur Vollendung hin und jage
die letzte Süße in den schweren Wein.

Wer jetzt kein Haus hat, baut sich keines mehr.
Wer jetzt allein ist, wird es lange bleiben,
wird wachen, lesen, lange Briefe schreiben
und wird in den Alleen hin und her
unruhig wandern, wenn die Blätter treiben.

Gott ist arbeiten

Wer spricht? Der Dichter. Zu wem? Zu Gott. Wer ist der? Vor drei Jahren und einem Tag hatte Rilke angefangen, ihm merkwürdige Rollen zuzuweisen: Gott war *uralter Turm,* um den das lyrische Subjekt windig als Falke, Sturm oder großer Gesang kreise, wurde bald *Nachbar, Gesetz, Ball, raunender Verrußter* auf russischen Öfen und fortan immer ruppiger kleingehauen, bis er mitunter wegblieb und im Herbst 1901 gar log und sich dem Redenden als Mühlstein um den Hals hängte. Nun, am 21. September 1902, des Familienstipendiums verlustig und mit einer Rodin-Monographie beauftragt, sitzt der Atheist Rilke in Paris und ist mit Gott offenbar im reinen – er kann sich ihm klassisch nähern: höflich, selbstbewußt und in Anerkenntnis der Weltordnung.

Wo steht das? Im ersten Vers. Die Anrede ist *Herr* (betont auf unbetonter Silbe, Rilke hat gelernt, mit dem Metrum zu spielen, und setzt sich sozusagen die professionelle Dichtermütze auf. Bisher hatte Gott *Gott, du Gott, du Ast* usw. geheißen, einmal, frech und französisch, als gelte es ein Tänzchen, *mein Herr.*) Der respektvoll-knappen Anrede folgt die Mahnung *es ist Zeit:* man trifft sich dienstlich, und der Redende ist vortragsberechtigt. Doch hütet er sich, gleich auf den Punkt zu kommen. Hochmögende bedürfen des Lobs wie unsereins der Speise, ohne das tun sie nichts oder kriegen den Unmut; die ungeheuerliche Lobfloskel *Der Sommer war sehr groß* erweist des Redenden Weltkenntnis, definiert Gott und läßt den Vers in den klassischen Jambus einrasten, zugleich eröffnet sie den Handlungsort, eine Landschaft. Wer ist Gott? Er wirkt, zeigt sich, am Wetter und den Jahreszeiten. Nun ist Wettermachen das Urgeschäft aller ernstlich großen Götter von Aton über Jahwe und Zeus bis zu Wotan; Gott ist demnach bedeutend, die Agenda der nächsten sechs Verse Chefsache.

Was muß auch nicht alles geleistet werden! *Die Schatten auf die Sonnenuhren* legen – Massen an Wolken sind aufzubringen! *Die Winde los*lassen – aber so, daß sie weder einander zunichte blasen noch sich zu Zyklonen zusammenrotten! *Letzte Süße in den schweren Wein* jagen – biomechanischer Feinzauber in unterschiedlichsten Hanglagen! Gott, somit, wird vorgestellt als nördlich des Mittelmeers waltender Groß-Gutsbesitzer, dessen Herrschaft durch Atmo- und Stratosphäre bis zur Sonne reicht; der Redende, sein Majordomus, sorgt, daß IHM das Rechte zur rechten Zeit in den Kopf kommt, und braucht sachgemäß schöne Verse – ein durchheiterter Gott ist ein besserer Gott.

Wir lesen Vers 8, und stocken. *Wer jetzt kein Haus hat, baut sich keines mehr* – an wen geht das? Gott, interessierte ihn derlei, wüßte es eh; er wird wohl davon sein, arbeiten. Sonst ist niemand zugegen, der Majordomus redet zu sich selber. Jammert er? Kein Stück. Vielmehr bleibt ihm, nach erledigter Dienstsache, Muße, Privates zu bedenken: Er macht ein Lebenskonzept. Rilkes Haushalt in Westerwede war aufgelöst, die Reserven kärglich, Honorare kaum in Sicht; wie weiter? Hausdiener werden? Sich aufhängen? Ein Manifest der Moderne verfassen, wie Hofmannsthal das gleichenjahrs mit dem Lord-Chandos-Brief angeblich getan hat? Nichts dergleichen. Der Redende wird *wachen, lesen, lange Briefe schreiben* – er wird sich einschränken, Mäzene suchen und dichten. Vor sechzehn Tagen hatte Rilke Rodins Lebens-Grundregel *Il faut travailler, rien que travailler. Et il faut avoir patience* erfahren, es ist, lesen wir, inzwischen seine. Die Schlußwendung von den *Alleen*, in denen *die Blätter treiben*, rundet das Gedicht und dehnt die Berichtszeit in die nächste Zukunft, den Spätherbst; an Rodins Maxime halten wird Rilke sich noch gut dreiundzwanzig Jahre, bis zum Tod, den er als was beschrieben hat? als Arbeit.

1988

Bertolt Brecht

DIE KRÜCKEN

Sieben Jahre wollt kein Schritt mir glücken.
Als ich zu dem großen Arzte kam
Fragte er: Wozu die Krücken?
Und ich sagte: Ich bin lahm.

Sagte er: Das ist kein Wunder.
Sei so freundlich, zu probieren!
Was dich lähmt, ist dieser Plunder.
Geh, fall, kriech auf allen vieren!

Lachend wie ein Ungeheuer
Nahm er mir die schönen Krücken
Brach sie durch auf meinem Rücken
Warf sie lachend in das Feuer.

Nun, ich bin kuriert: ich gehe.
Mich kurierte ein Gelächter.
Nur zuweilen, wenn ich Hölzer sehe
Gehe ich für Stunden etwas schlechter.

Gehortete Energie

Findet ein Dichter eine neue Kombination poetischer Mittel, kann er sie leicht zur Manier verschleißen; ist er ein Kopf, wird er damit wirtschaften wie mit Kostbarem. Den regelmäßigen Trochäus braucht Brecht erstmals in *Die Legende von der Entstehung des Buches Taoteking auf dem Weg des Laotse in die Emigration (7.* Mai 1938), dann in *Die Krücken* (Dezember 1938), später noch einmal in *Einst*. Alle drei Gedichte reden schlicht, wie für intelligente Kinder, und bieten zitierbare Lebensweisheit; *Legende* und *Krücken* spielen zudem mit der wechselnden Zahl der Versfüße.

Matthias Claudius hatte den Trick ins Deutsche geholt, als er für sein »Abendlied« das Strophenschema von »Innsbruck, ich muß dich lassen« um einen Jambus erweiterte – mit viel Gewinn an Innigkeit, bei wenig Verlust an Welt. Innigkeit war Brecht, seit er der Klassik anhing, jederzeit recht, Weltverlust nie; wettstreitet er mit dem Kollegen?

Wo aber Legende wie Abendlied als Weg-Gedichte Zitierbares in Fülle ausstreuen, läuft unser Text ungemächlich stracks auf ein Ziel zu: auf die Quintessenz der beiden Schlußverse. Quintessenzen geraten oft allgemein; je wirksamer sie sind, desto mehr Kraft ziehen sie aus dem Umfeld – sie müssen wohlvorbereitet werden.

Zwei fünffüßige Verse setzen das Grundmetrum: (1) beschreibt langjähriges Mißgeschick, (2) läßt Abhilfe in rettender Stunde ahnen. Das klingt dramatisch, haben wir eine verkappte Ballade vor uns? Sicher, weiter geht es ja aufgeregt vierhebig. Da Verse 1 und 3 weiblich, 2 und 4 männlich enden, wird die Strophe jedesmal um eine Silbe kürzer: sie bildet einen Energie stauenden Trichter.

Nichts freilich schadet Weltweisheit mehr als Übereile, von den zurückgehaltenen Verssilben wird eine für den Mittelteil freigegeben. Der ist nun vierfüßig-weiblich; eine Strophe gehört dem großen Arzte, eine (mit umschlungenem Krach-Reim Krücken – Rücken) dem Berichtenden, der in einer weiteren halben sich als betroffen erinnert und, geheilt, wieder *ich* sagt. Hier wäre die Ballade zu Ende; doch hatte der Dichter zwölf Verse lang Energie gehortet, wohin mit der?

In die zweimal fünf vollen Trochäen der Schlußformel, die den scheinbar abgeschlossenen Vorgang ins Dauernde reißt: Die Heilung, erfahren wir, war heikel, das ausgelacht Alte west als Schatten im neuen Schreiten, und *Hölzer,* daraus Krücken zu machen gehen, trifft der Blick alleweil.

Wüßten die Leute heute Gedichte – bei welchen Gelegenheiten könnten sie die beiden Zeilen nicht hersagen!

Wovon, übrigens, ist eigentlich die Rede? Ich habe immer gemeint, der große Arzt hieße Karl Korsch, der Eigner des zähen Rückens Brecht, der Krückendrechsler Dshugaschwili, genannt »Der Stählerne«. Wäre indes nur das alte *Sapere aude!* in Verse gebracht (das Kant übersetzt *Habe Mut, dich des eigenen Verstandes zu bedienen!*), bliebe der Text schön und wahr genug: Latein kann niemand mehr, Kant liest keiner, und im neuen Gewimmel der Gurus wird Verstand wieder zum Schimpfwort. Nun aber kommen die Biographen; es war, sagen sie, alles ganz anders. Brechts Geliebte in Dänemark, Ruth Berlau, mochte aus ihrer Ehe mit einem Arzt sich nicht lösen; dies zu tun, rät ihr Brecht dringlich, der große Arzt ist er selber. (Berlau folgte ihm und verfiel dem Suff.) Muß man derlei wissen? Unbedingt; den Anlaß eines Kunstwerkes für dessen Mitteilung zu halten kann zu so plattsinnigen Albernheiten führen, daß das Vergessen der Anlässe öffentlich geübt werden sollte. Die Biographen, schließlich, wollen wir nicht abschaffen; die Texte aber bleiben, und erzählen uns über die Welt.

1988

Karl Mickel

INFERNO XXXIV. FÜR KIRSTEN

Gips-Smog in Weimar, Kirsten melancholisch:
Denn er obliegt dort deutscher Zeichengebung.

Und als die Wandrer zu der Stelle kamen
Die Dante nennt: der Hüfte größte Wölbung
Kletterten sie, an Haaren wie Gestrüpp
Sich klammernd, unter Keuchen aus dem Felsloch:
Aber Dante (ja, ich hatte Angst
Wer mich tadelt, denke, wo ich steckte!)
Eh er heraus war, setzte sich in eine
Schrunde und fragte: Wo ist das Eisfeld?
Warum hält Der den Kopf nach unten? und
Wie ging die Sonne so schnell von dem Abend
Zum Morgen über? – Noch im Arsch des Teufels
Will Dante, was er wahrnimmt, wissen.

Zwiefache Höllenerfahrung

Die Welt, lehrt Hegel, bewege sich aus Widersprüchen; wahr oder nicht, Gedichte tun derlei bisweilen. *Inferno XXXIV. Für Kirsten* ist vierzehnzeilig und in Blankversen, beansprucht also die Würde eines Sonetts, für das die Regeln fordern, die Botschaft wachse aus der Spannung zwischen Anfang und Ende; der Leser findet aber zwei unverbundene Teile. Was macht er? Er mault, er stutzt, er gerät in Arbeitslaune; noch unwissend, hat er damit den Großablauf des Gedichts in der Seele.

Gips-Smog, die eröffnende Vokabel, scheint von unübertreffbarer Widerwärtigkeit: Sie läßt sich kaum aussprechen und malt atmosphärisch feinstverteilten, Schwefelatome enthaltenden Staub, der die Lungen zusetzt und, unlöslich,

allenfalls mit Kratzeisen oder Hämmern zu entfernen geht.
Quillt er aus einer Gipsfabrik? Nein, wir befinden uns *in
Weimar* – die Verwalter Goethes und Schillers sind offenbar
erfolgreich dabei, den klassischen Marmor umweltgefährdend zu zerkleinern. Der Lyriker Wulf *Kirsten* (geb. 1934)
wird darob *melancholisch,* doch liefert der Autor für die Melancholie einen weiteren Grund: *Denn er obliegt dort deutscher
Zeichengebung.* Verlagslektor Kirsten hat Manuskripte, die
vermutlich den Gips-Smog weglügen oder gar miterzeugen, nach Duden zu verbessern, dabei ballt er auf schlecht
deutsche Weise die Faust in der Tasche und jammert.

Nun hält Mickel aus tiefstem sächsischen Gemüt Jammern
für der Bestimmung des Menschen zuwider und insonderheit dem Dichten abträglich; was soll er dem Kollegen flüstern? »He, du, Jammerbold, Kopf hoch!« oder »Die
Nation braucht dich!« oder »Erwachsensein is beautiful!«?
All das, weiß jeder Erziehende, zieht nicht; der Autor greift
in die klassische Trickkiste und erzählt ein Beispiel. Passend wäre ein weimarisches, doch sind dafür Kirstens
Ohren zugesmogt; so, unter deutschen Dichtern, empfiehlt
sich das Sehnsuchtsland Italien: Dante.

Der XXXIV. ist der letzte Höllengesang der »Divina Comedia« (dann kommen Fegefeuer und Paradies). Dante war
bei Avignon eingestiegen und, von Vergil geleitet, dem
Erdzentrum zu gewandert. Dort, Rumpf nordwärts, Füße
südwärts, steckt in den gefrorenen Tränen aller Verdammten (dem *Eisfeld*) der einst vom Himmel gestürzte riesige
Luzifer; da Gott Mathematiker ist, bildet die genaue
Schwerkraft-Mitte, durch die allein *die Wandrer* wieder ans
Licht können, welche Körperhöhlung? (Die Preisfrage der
vierzehn Zeilen, ahnt der gewiefte Leser, heißt: Enthält das
Universum Widerwärtigeres denn Gips-Smog? Es müßte,
weil Gips die Gnade der Geruchlosigkeit hat, etwas infernalisch Stinkendes sein.)

Vorerst freilich doppeln die Verse 3-6 nur die Weimar-Stimmung. Dreck hier wie da, die Erde, ob Kern, ob Oberfläche, ist die Hölle. Dann, plötzlich, springt das Metrum in den Trochäus: Die Mittelverse 7/8 werden als Drehzapfen des Gedichts kenntlich, sie sind ein einziges verlängertes *Aber.* Anders nämlich als Kirsten geht Dante, eben noch keuchend, unbeirrt dem Beruf nach – kaum daß er wieder (jambischen) Atem hat, *setzt* er sich, *fragt, warum* was wo und das Oberste zuunterst gekehrt ist, zeichnet auf für die Mit- und Nachwelt. Hochmerkwürdig, wie Mickel dem Trochäen-Einschub kontrasthalber reine Jamben folgen läßt (Vers 9), danach aber bei gleicher Silbenzahl eine metrische Herzrhythmus-Störung anrichtet, so daß das ganze Gebilde vibriert und wir mit Dante zittern. Erst die durch zwiefache Höllenerfahrung geläuterten Jamben der Schlußformel bringen das Gedicht zu sich, Ruhe schenkt es keine: Es sagt, was uns, sei es im nord-südlichen oder west-östlichen *Arsch des Teufels, zu* tun aufgegeben bleibt, solange die Mitwelt bloß stinkt und wir gegen alle Hochrechnungen auf eine Nachwelt hoffen.

1988

Johann Wolfgang von Goethe

DIE WANDLENDE GLOCKE

Es war ein Kind, das wollte nie
Zur Kirche sich bequemen
Und Sonntags fand es stets ein Wie,
Den Weg ins Feld zu nehmen.

Die Mutter sprach: Die Glocke tönt,
Und so ist dir's befohlen,
Und hast du dich nicht hingewöhnt,
Sie kommt und wird dich holen.

Das Kind es denkt: die Glocke hängt
Da droben auf dem Stuhle.
Schon hat's den Weg ins Feld gelenkt
Als lief es aus der Schule.

Die Glocke Glocke tönt nicht mehr,
Die Mutter hat gefackelt.
Doch welch ein Schrecken! hinterher
Die Glocke kommt gewackelt.

Sie wackelt schnell, man glaubt es kaum;
Das arme Kind im Schrecken
Es lauft, es kommt, als wie im Traum;
Die Glocke wird es decken.

Doch nimmt es richtig seinen Husch
Und mit gewandter Schnelle
Eilt es durch Anger Feld und Busch
Zur Kirche, zur Kapelle.

Und jeden Sonn- und Feiertag
Gedenkt es an den Schaden,
Läßt durch den ersten Glockenschlag,
Nicht in Person sich laden.

Das wackelnde Über-Ich

Am ersten Abend seiner 1813er Kurreise dichtete Goethe in Eckartsberga die Ballade *Der getreue Eckart*, am nächsten in Leipzig den *Totentanz;* der rumpelnde Dreiertakt beider Stücke war ihm tags darauf in Oschatz noch gut für ein gegenromantisches geselliges Lied (*Ich habe geliebet, nun lieb ich erst recht*). Einen Monat später sah er in Böhmen »Berge, die eine Glockengestalt haben und, wenn man in gewisser Ferne vorbeifährt, einem phantastischen Auge nachzuwandeln scheinen«, am Zielort Teplitz entsteht *Die wandlende Glocke*.

Nun geht es uns mit Goethes Balladen seltsam – wir messen alle am *Erlkönig* (1782). Dessen Nacht- und Nebelstimmung spukt uns seit der Schulzeit im Kopf, und sie ist natürlich romantisch; in tätiger Selbstkritik nutzt Goethe künftige Balladen vorzüglich, die Romantiker zu verprügeln. *Der Zauberlehrling* (1797) meint überhaupt die romantische Schule, deren Zöglinge keinen Besen kunstgerecht halten können und ohne den klassischen Meister im herbeigeschwatzten Wasser ersöffen; welche Enttäuschung aber packt uns noch immer beim *Schatzgräber*, wenn der wundersamen Einleitung eine kahle Allegorie entsteigt! Der Schluß von *Der Gott und die Bajadere* gar klingt, als hätte ihn Beethoven bei Schiller zum Vertonen bestellt, noch Brecht ist darüber fuchsteufelswild geworden.

Die wandlende Glocke, Goethes letzte Ballade, ist gleichwohl ein Kleinod – der Meister verabschiedet sich vom Genre durchheitert. Vergessen die walzernden Schlenker aus *Eckart* und *Totentanz* (»Nun hebt sich der Schenkel, nun wackelt das Bein«), statt dessen waltet ländliche Anmut; das Geholper der Kutschfahrt ist noch zu hören, aber wie aus der Ferne: verklärt. Wovon wird gehandelt? Vom Sich-Schicken ins Gegebene; das, bedeutet Goethe uns Kindern, ist so erschröcklich nicht, daß vor ihm davonzurennen sich lohnte. Vielmehr wäre erst aus ihm heraus Freiheit ein sinnvolles Unternehmen, zumal wenn ... Aber lesen wir.

Ein Versmaß-Trick schafft den Rhythmus des Ganzen – trappelnde Eile vierhebig männlicher Jamben wird wieder und wieder gebremst durch dreihebig-weibliche. Das Pulsen springt ins dramatische Material: Zwei aufeinander angewiesene Personen folgen gegenläufigen Weltsichten. Das Kind weiß sich als Besonderes unterm Himmel, die Mutter will es unters puffernde Dach der Gemeinschaft; beide fechten mit faulen Argumenten: Die Mutter bemüht alten Aberglauben, das Kind die Beine. Ein Binnenreim markiert eingangs Strophe 3 die Zuspitzung, die zur Katastrophe treibt. Denn indem das Kind an der Mutter zweifelt, zweifelt es an der Physik der Dinge, so daß das Über-Ich mit seinem Es sich verbündet und dem unerzogenen Ich tatsächlich nachwandelt. Wandelt es? Es wackelt; das Wort kommt zweimal und löscht die Reise-Reminiszenz der Überschrift. Die Glocke, läßt der Naturwissenschaftler G. uns sehen, nimmt ihren Weg feldein wie eine schwere Mülltonne durch exzentrisches Rotieren um sich selber; wir schreiben Mai 1813, und Europas Übervater Napoleon, *die Weltidee zu Pferde,* wackelte beträchtlich im Sattel. Doch würde das erzene Über-Ich ein Flüchtendes wohl in den Staub malmen, handelte es sich bei Goethe nicht um ein trainiertes Kind. Das nimmt »richtig seinen Husch« – es ist unebenen Grund gewohnt, und weiß wos langgeht. Schon sitzt es, nur wenig außer Atem, am einzigen Ort, wo die Glocke nichts kann als es schützen – in gehöriger Entfernung unter der. So, hört es künftig läuten, wird es, sagt der Text, weder zusammenzucken noch sich versteifen, sondern gewitzt und gelenkig in die Welt schaun. Nun erst rückt die Überschrift ihren Sinn heraus: Ihr Mittelwort, zeigt sich, ist transitiv, die Glocke hat das Kind gewandelt, und wir dürfen auf sein gewecktes Köpfchen Hoffnung setzen ...

Februar/März 1989

Verfasser unbekannt

Innsbruck, ich muß dich lassen,
ich fahr dahin mein Straßen,
in fremde Land dahin.
Mein Freud ist mir genommen,
die ich nit weiß bekommen,
wo ich im Elend bin.

Groß Leid muß ich jetzt tragen,
das ich allein tu klagen
dem liebsten Buhlen mein.
Ach Lieb, nun laß mich Armen
im Herzen dein erwarmen,
daß ich muß dannen sein.

Mein Trost ob allen Weiben,
dein tu ich ewig bleiben,
stets treu, der Ehren fromm.
Nun muß dich Gott bewahren,
in aller Tugend sparen,
bis daß ich wiederkomm.

um 1495

Lied der Lieder, Möbiussches Band

Damit eine Tonfolge Melodie sei, muß sie eine Spannung so langsam aufbauen, daß wir sie als Ereignis genießen, und so rasch lösen, daß wir den Ablauf am Ende noch im Ohr haben. Eine Lied-Melodie soll zudem von jedermann zu singen gehen – sie bewegt sich füglich in kleinen Schritten, nimmt ungefähr mit dem Raum einer Oktave vorlieb und genügt dem Muster *Ruf – Gegenruf – Ruf*.

Vom Lied-Text, folglich, ist zuvörderst schlichtes Reden verlangt. Kurze Verse taugen besser als lange, die Eröffnung enthält möglichst schon die Stimmung des Ganzen, die im weiteren nur befestigt wird; auch ist die fünfzeilige Strophe geeigneter als andere, da sie den *Gegenruf* dehnt und die Erwartung auf Wiederkehr des *Rufs* schärft. All das macht, daß es »liedhafte«, keiner Musik bedürfende Gedichte gibt wie »Lieder ohne Worte« bei Mendelssohn oder Schumann.

Schlichtheit freilich kippt leicht ins Triviale; der tüchtige Tonsetzer wird dem mit verdeckten – etwa rhythmischen oder harmonischen – Spannungen entgegenwirken.

Wer immer »Innsbruck, ich muß dich lassen« dichtete – die erste Strophe ist große Poesie, der Eingangsvers genial. (Paul Gerhardts späteres »O Welt, ich muß dich lassen« übergipfelt das Vorbild nur scheinbar. Denn aus einer Heimat *in fremde Land zu* gehen schmerzt unabsehbar lange und besonders tief, weil es immer Einen trifft; sterben hingegen muß jeder, und hinterher fühlen wir nichts.) Auch der Rest ist gutes Handwerk, bedenklich scheint allein der Strophenbau. Die sechs Verse nämlich bilden zwei metrisch gleiche Gruppen, was beim Lesen nicht stört, da andere Worte vorkommen. Für eine Lied-Melodie aber wäre Symmetrie kunstwidrig. Wie hilft sich der Komponist?

Er hält zunächst seine Weise, die mit einem Dur-Akkord anfängt und schließt, unterwegs in merkwürdiger Schwebe zwischen Dur und Moll, und zwischen Zweier- und Dreiertakt; ferner läßt er unklar, wann der *Gegenruf* einsetzt. Er entspricht so der Stimmung der eröffnenden Strophe wie deren Grundbild: Die vertraute Stadt im Rücken, fährt der Singende sein *Straßen dahin* und wird perspektivisch immer kleiner, bis er *im Elend* (dort, wo er einsam sein wird) angelangt ist. Unser Blick irrt so beständig zwischen *Innsbruck* und *Elend,* und die ruhig strömende Melodie spiegelt Beunruhigung des Herzens.

Als crux bleibt die Symmetrie; Heinrich Isaac wehrt ihr, indem er die Schlußformel dehnt. Jede Silbe der Textes hat eine Note, die vorvorletzte acht. Man mag das als Verzierung lesen – wir hören es als Metapher gefaßter Klage, die, während die Zeit gleichsam stillsteht, für einen Moment reiner Klang wird.

Die Melodie ist nun stark, auch die Strophen 2/3 ins Bedeutende zu heben. Überraschenderweise liefern sie nicht bloß Wortspreu. Isaacs Kunstgriff »erkennt« vielmehr *Elend, dannen, wiederkomm* als Gerüst-Zeichen einer inneren Handlung: Strophe 1 schildert Abschied, 2 macht ihn dauernd und tief, 3 läßt mit dem letzten Wort Hoffnung aufscheinen.

Gesungen aber wird *wiederkomm* auf die alte Klage-Formel, und weist derart auf das Hoffnungswort *Innsbruck*, das, als einziges wie zerrissen gegen das Metrum gespannt, die Klage einläutet. Das Lied, mithin, kehrt in sich zurück wie ein verschlungenes Möbiussches Band, bei dem man von keiner Stelle sagen kann, ob sie »außen« oder »innen« sich befinde. Stocken und Strömen, Nähe und Ferne, Leiden und Hoffnung sind nicht an festen Orten, sondern durchweben das Ganze – sie sind überall. Eben das macht »Innsbruck, ich muß dich lassen« zum Bild unseres Lebens, und rührt fast jeden des Deutschen Kundigen, hört er es irgendwo halbwegs passabel gesungen, zu Tränen. Denn *in fremde Land* fahren wir alleweil, und lassen doch nicht ab, *Innsbruck* zu denken, wie weiter und weiter immer es sich entfernt.

Januar/Februar 1990

7.

Georg Maurer zum 60. Geburtstag

Georg Maurer wird 60. Dem, der ihn kennt, klingt das wenig wahrscheinlich, aber auf die Geburtsurkunden ist ja heute Verlaß. So staunen wir und stellen fest: auch wir werden älter. Geburtstage treffen zufällig, wir sind, wie man sagt, in die Welt gesetzt, nun jährt sich das, und wir sollen feiern. Also ein Empfang, Festtafel, Gratulationscour; im schönen Fall ein Kunstpreis, im besten, hat einer noch Spaß an Essen, gutem Getränk und Gesprächen, angenehme Anstrengung. Wer Maurer auch länger währende Feste mit Bravour hat durchstehen sehen, ist da ohne Sorge; so hoffen wir hier, daß die Weine voll, die Reden kurz, die Braten ausländisch gewürzt, die Gäste erträglich sein mögen, alles leicht erfüllbare Wünsche. Eine Würdigung von Maurers Werk bleibt selbstverständlich den Gelehrten überlassen. Gerade zu sechzigsten Geburtstagen soll man Langeweile auch äußerst vorsichtig bemessen. Trotzdem möchte etwas gesagt werden, nicht aus Pflicht, sondern, wie es heißt, aus dem Herzen, also: aus Bedürfnis.

Vielleicht spreche ich von dem, was Maurers Schüler von ihm haben. Schüler nenne ich nicht alle, die Maurers Seminare am Literaturinstitut besuchten, wo sie ihn, je nach Gesundheit, ganze oder halbierte Zigarren rauchen und selbst stumpfeste lyrische Versuche auf eine passable Zeile sorglich absuchen sahen. Nachts zuvor saß er dann bis in den Morgen auf, seine Frau und Freunde versuchten ohne Erfolg, ihm so übertriebene Pflichtauffassung auszureden. Zum Seminar quoll die Tasche von Büchern, in denen eingelegte Zettel der zu besprechenden Arbeit in Thema oder Behandlungsweise ähnliche Gedichte anzeigten; so wurde auch Schwaches Anlaß für lange Exkurse durch die Weltliteratur, und wir sollen den Verfassern dafür dankbar sein.

Diese also nenne ich Hörer, das ist gar nicht herabsetzend, hören können, und hören wollen, ist viel, wer wüßte es nicht. Unter Schülern verstehe ich: nicht die ihn nachahmen, sondern die von ihm gelernt haben. Einige davon haben die Räume des Becher-Institutes höchstens gastweise betreten. Kurz würde ich die besten der heute um 30jährigen Dichter bei uns zu Maurers Schülern zählen. Soweit mir bekannt, tun auch sie selbst das, welch schönere Bilanz gäbe es?

Was gelernt? Zunächst, glaube ich, nach Zeiten der Abstraktion Wirkliches als Wirkliches ins Gedicht zu nehmen. So daß, beispielsweise, eine Eiche eine Eiche ist, eine besondere natürlich, die mehr bedeutet und ist als sie selbst, was sollte sie sonst im Gedicht – aber weder Symbol für dunkel Erahnbares noch verschleiernde Metapher für Banales, das damit literaturfähig gemacht werden soll.

Zweitens bei der Aufnahme von Dingen und Vorgängen nicht als Sklaven des schlecht Tatsächlichen uns zu verhalten, sondern Größe der Darstellung anzustreben. Dazu gehört auch das Studium großer Formen.

Drittens, die Klassiker zu lesen.

Schließlich und nicht letztens, Welt sinnlich, das ist genußvoll, anzueignen, wir leben ja hier in Frieden und können das. Bei dem aber Vorgänge wie Tod und Absurdität nicht unreflektiert beiseite zu drücken, sondern ohne Verzweiflung lebendig zu begreifen und – soweit derartiges sich bewältigen läßt – zu bewältigen. Zu sehen, zu riechen, zu schmecken, zu tasten – und dabei zu wissen, was man tut, Maurer ist ja ein philosophischer und auch im Gedicht philosophierender Dichter.

Das alles, sagte mir jemand, können Sie unmöglich bei Maurer gelernt haben. Nein, sagte ich, auch bei den Klassikern, und im Leben. Aber heute ist Geburtstag. – Es gibt, sagt ein weiterer, Türlöcher, Türen, Schlösser und Schlüssel, erst hatte man nur die Löcher, dann Türen, dann Schlösser zu den Türen, seitdem braucht man auch Schlüssel. Du meinst, sagte ich, Maurer hat uns aufschließen lernen geholfen.

Damit möchte ich schließen und eine Anmerkung machen. Maurer wird als Dichter geehrt und gelesen – vergessen zu werden scheint mitunter, daß er einer unserer wenigen Essayisten ist. Hoffen wir, daß Maurer selber es nicht vergißt.

Ich schließe mit den Wünschen des Anfangs und wünsche, namens seiner Schüler und namens Vieler, Gesundheit.

Februar 1967

Kito Lorenc

Weiß man, wie ein Dichter Prosa anfängt, weiß man viel von ihm. Nehmen Sie die weinerlichen Tagebucheintragungen von NN, der dauernd sich selbst zitiert und dabei andere schwarzmacht! Wenn der wüßte, was er nebenbei über sich verrät, er würde alles verbrennen. So steht er da mit viel Geld und zittert in der allgemeinen Mißachtung.

»Die Struga, oder besser: ein Begriff von ihr, erscheint hier als die Nabe der Welt, oder besser: eines dichterischen Ortes«, beginnt Kito Lorenc' Konfession zu seinem (zweiten, sorbisch-deutschen) Gedichtband *Struga*. Ein Zwanzigwortsatz, im Verhältnis 8:12 geteilt, der Parallelismus der listig präzisierenden *»oder besser«* durch syntaktische und rhythmische Asymmetrien verspannt, daß der Sinn im Satz dauernd hin und her fährt zwischen der Struga – einem Oberlausitzer Bach – und dem *Begriff von ihr*, den Lorenc sich macht und dann zur *Nabe der Welt* ernennt – die Wendung zeigt, wie einer aus dem platten *Nabel der Welt* durch einfache Amputation eines Buchstabens die würdig-genaue Metapher wiederherstellt, die er braucht: der Mann versteht sein Handwerk.

Tatsächlich gehöre er zur *Gilde der Dichter*. Er hat einen Zwang zur Genauigkeit, mit dem er ernsthaft spielen kann. Selbst in einem Gutachten zur Honorarordnung für Nachdichter finden sich Definitionen, die manchem Essay zur Ehre gereichten. So drücken Kito dauernd Termine. Im zitierten Satz beachte man die schöne Mehrdeutigkeit des *erscheint;* Lorenc ist Dichter und Poetologe. Trinkt man mit ihm Rotwein oder auch Bier oder Schnaps und sitzt über Gedichten, erkennt er mit unfehlbarer Sicherheit eine gute Stelle oder sagt über ein Sonett: Vielleicht kann man gar nicht mehr verlangen, wenn es einen *großen*

Schluß hat und das Übrige ordentlich gemacht ist. Das klingt dann neu und wie eine alte Erkenntnis, die es sein mag.

Adolf Endler hat herausgefunden, daß Lorenc Isaak Babel ähnlich sieht. Doch hat auf Fotos von Babel die »gespannte Sensitivität« (Endler) einen Zug lebensnotwendiger Schläue, während Kitos Blick verschleiert-traurige Wachsamkeit zeigt. Kito Lorenc ist mittelgroß, er ist 1938 geboren, das zurückgekämmte Haar beginnt sich zu lichten, er arbeitet im Institut für Sorbische Volksforschung der Akademie der Wissenschaften, Sitz Bautzen. Er spricht das härtere, ins Schlesische gehende Sächsisch der Gegend; als er mich vom Bahnhof abholte, trug er einen Trenchcoat und eine irgendwie altmodische Mütze, von der er sich ungern trennt. Seine Freunde sind der zehn Jahre ältere sorbische Komponist Jan Raupp, ein großgewachsener skeptischer Mann, der in Aphorismen spricht, Äußerungen über Musik ironisch wegtut und lieber von einer Fahrt in die Heide und Gesprächen mit sorbischen LPG-Bauern redet, und der deutsche malende Maurer und Dachdecker Horst Bachmann, ein Schrank von einem Mann voll sächsischer erfindungsreicher Vitalität, dessen erstaunliche und naiv-tiefsinnigen Bilder wir ansahen, danach, mehr schweigend als redend, aßen wir zu Bier Brot, Speck und Zwiebeln.

Mit neunzehn Jahren hat Kito eine Erzählung geschrieben, die *Die Wölfe heulen. Die bosnischen Wölfe ...* einsetzt und unduldsam-böse eine Weihnachtsbescherung im väterlichen Unternehmerhaushalt beschreibt (Kitos Großvater Jakub Lorenc-Zaleski, sorbischer Dichter und Volkstumspolitiker, hatte seine patriotische Arbeit mit den Einkünften eines Sägewerks finanziert, das er dem Vater hinterließ); 1970 beginnt er *Die Geschichte von meinem Vater* so:

Dienst ist Dienst mein alter Vater Holz
sägen und besäumen hobeln spunden
Balken Bohlen Bretter Latten Schwarten
ja das treibt ihn Hört den Wald
(Föhre Fichte Birke Buche Eiche)
längst nicht mehr vor lauter Stämmen
in der Wochenmühle Sieht das Haus
(Stuhl Tisch Bett Schrank Sarg Dach)
längst noch nicht vor lauter häuser-
hohen Stapeln die er schichtet
Schichten Tag und Nacht Geschichte
hochgestapelt Frist die fristlos
so ihr Dasein fristet frißt und fräst
Zahn um Zahn das hört er wo gehobelt
wird das sieht er fallen Späne ...

Ein deutscher Dichter also, das lesen wir. Der erste sorbische Dichter von Rang seit längerem – das glauben wir den sorbischen, polnischen, belorussischen, bulgarischen und tschechischen Literaturkennern, die darüber geschrieben haben. Dabei sprach Kito, bis er vierzehn war, nur deutsch und hieß Christoph Lorenz; als er 1952 erstmals Gedichte an den SONNTAG schickte, der ihn an eine Pionierzeitung verwies, schien ihm dies der Werke nicht würdig, und er schrieb weiter für sich, deutsch. »Erst«, heißt es im *Struga*-Vorwort, »als ich mit einigen Jungen aus unseren Dörfern die gerade eingerichtete sorbische Internatsoberschule in Cottbus bezog, lernte ich allmählich ohne Scheu in die Häuser der (sorbischen, K.) Bauern zu gehen, lernte ich die Lieder der alten Kudzelina verstehen und singen, lernte ich auch die kleine, kalligraphische, fremde Schrift in Großvaters nachgelassenen Manuskripten lesen...« Während des Slawistik-Studiums in Leipzig begann er, sorbisch auch zu dichten; 1961 erscheint der Band *Nowe Casy – Nowe Kwasy*. Lorenc' Entwicklung reflektiert so einen historischen Prozeß; daß die jahrhundertlang unterdrückten und auseinandergermanisierten Sorben in der DDR ihre Heimat fanden, mußte erst aus verfassungsrechtlicher Deklaration Wirklichkeit werden, ehe es dichterisch zu artikulieren ging.

Doch ist poetische Intelligenz unter anderem Sinn für Realität. Das Sorbische wird einmal verschwinden (wie wir annehmen können, daß das Deutsche einmal verschwinden wird, freilich ist das unser Problem noch nicht); immer ist Dichtung von Minderheiten gefährdet, lokal und selbstzufrieden zu versickern. »Jeder Versemacher benötigt auch einen angemessenen, zu bewältigenden Raum«, schreibt Lorenc und begründet damit, daß er wieder auch in Deutsch schreibt. Voraussetzung dazu war die Begegnung mit Johannes Bobrowski und seinem Gedichtband *Sarmatische Zeit*. In einigen – den wahrscheinlich deutsch konzipierten – Gedichten der *Struga* ist der Einfluß noch zu spüren. Inzwischen gehört der sorbische Dichter Kito Lorenc zu den wenigen authentischen deutschen Dichtern der DDR:

> Schnaps ist Schnaps mein alter Vater Fische
> ködern stippen angeln drillen keschern
> Schleie Plötze Aal Barsch Zander Wels
> ja das treibt er Nimmt sich Zeit
>   ... läßt
> Zeit die Zeit sein Zeit dem Friedfisch
> Zeit dem Raubfisch jedem gibt er
> so das Seine an der Wünschelrute
> läßt ihn zappeln wirft die Schnur zu neuen
> Fragezeichen sitzt noch als das Säge-
> blatt der Sonne in den Wald fährt als die
> Sternenspäne stieben sitzt ein Schatten
> überm Wasser um sich Jahresringe

So ist die Zweisprachigkeit des Dichters nicht Ausdruck eines Schwankens, sondern welterobernde und weltschaffende Vermittlung – sie ist realistisch.

Für die nächsten fünf, zehn Jahre hat Kito Pläne: eine slawische Anthologie der Gegenwart, die in Lieferungen zweisprachig erscheinen soll; eine große sorbische Anthologie, die die erste im deutschen Sprachraum wäre; Übertragungen einzelner sorbischer Dichter – in kurzem kommt ein Auswahlband von Jurij Chěška; eigene Gedichte, für die freilich selten Zeit bleibt: die Prinzipien, nach denen wir Autoren fördern, bedürften, scheint es, immer mal einer Überprüfung. Als Kito hört, daß Heinz Kahlau für den Verlag Neues Leben ein Buch *Wie schreibt man Poesie** verfaßt, sagt er: Ein alter Plan von mir ist, ein Buch *Wie liest man Poesie zu* schreiben. Auch junge Dichter, scheint ihm, müßten vor allem das lernen.

Kito Lorenc leitet die sorbische Arbeitsgemeinschaft Junger Autoren. Sechs, sieben junge Leute, deren »filigranes Interesse« für Geschichte, Politik, Ästhetik ihm gefällt und auf die er Hoffnungen setzt; einer davon, meint er, wird vielleicht ein Dichter. Still und radikal setzt Kito, um hinter das Geheimnis von Poesie zu kommen, alle Mittel bis zur Mathematik ein; außerdem hat er die Erfahrung, um Talente früh herauszufinden. Mit neunzehn Jahren hat er zum Beispiel geschrieben:

BAHNFAHRT

Sie sitzen alle in einem Zug;
den meisten fährt er nicht schnell genug.
Sie rauchen nervös und warten
und spielen Karten.

Nur einer hat keine Langeweile,
er liest, er hat große Eile.

---

* *Gemeint ist das Bändchen »DER VERS DER REIM DIE ZEILE – Wie ich Gedichte schreibe«.*

Sie ahnen dumpf, daß er davonfliegt,
unaufhaltsam, daß ihn keiner mehr kriegt.

Das würde ich für einen Anfang halten.

Mai 1971

Über Karl Mickel

1

Unter den Autoren der mittleren Generation in der DDR gibt es heute elf oder zwölf, die gute Gedichte schreiben; das erstaunliche Phänomen ist bisher auch im Inland kaum zur Kenntnis genommen, viel weniger gewürdigt oder auf seine Gründe untersucht. (Auf letzteres ist sicher leicht zu verzichten, wichtig ist ja, daß die Texte gedruckt werden; Würdigung dagegen könnte die Kluft zwischen durchschnittlichen Leseerwartungen und neuerer Poesie, die, sieht man in Schullesebücher, achtzig Jahre betragen dürfte, schmaler machen.) Unter jenem Dutzend sind drei oder vier, deren beste Arbeiten höchstem Anspruch standhalten, Karl Mickel gehört zu ihnen ohne Zweifel. Ihrer Methode gemeinsam ist Genauigkeit in der Behandlung des Gegenstands – das Charakteristische regiert das Ästhetische –, scharfes, am Marxismus geschultes Reflektieren der Epoche und das bewußte Weiterarbeiten klassischer poetischer Techniken. Wenn deren Hauptkategorien *Strenge* und *Einfachheit* sind, und wir einräumen, daß Einfachheit nicht an umlaufenden Vorstellungen von Verständlichkeit, sondern an der Durchleuchtung des Gegenstandes zu messen sei, ist Mickel ein klassischer Dichter. (Man verzeihe die Formulierung. Ich möchte aber erinnern, daß Georg Heym mit 25 ertrank, und Brecht im Alter von 40 in einem Gedicht sich »der Klassiker« genannt hat. Der Gedanke, daß unter uns bedeutende Dichter lebendig herumlaufen und Bier trinken, ist für Mecklenburger, Sachsen und Berliner gewiß schwer zu ertragen, aber wir lernen ja alle dazu.) Die wichtigen Neuerungen, die die deutsche Poesie insbesondere für die Technik des Blankverses, das reimlose Sonett und die freie Ode Mickel verdankt, wird eine künftige Literaturwissenschaft herausfinden, die statt Raisonnement Analysen versucht.

2

Die Unterschrift einer vom NEUEN DEUTSCHLAND zur Zeit der 1960er Lyrikwelle veröffentlichten Fotografie Mickels lautet: »Die Fotografen haben Karl Mickel schräg von unten genommen. Haben seine Gedichte sie zu dieser Perspektive inspiriert?« Der Text ist so tolerant wie absichernd: er läßt durchblicken, da dichte ein Kauz (ein bißchen verrückt, aber man kennt ja Künstler), und läßt ein Loch für andere Folgerungen; »die richtige Perspektive finden« war eine, gewöhnlich zu Zwecken der Erziehung benutzte, Lieblingsfloskel jener Jahre. Auf jeden Fall artikuliert er Befremden. Dies zu Recht, aus zwei allgemeinen und einem speziellen Grunde.

Denn einmal gehört es durchaus zum Wesen von Poesie, Befremden zu erzeugen. Poesie läßt, vermittels der höchst subtil angeordneten Wörter und Sätze, mit denen sie ihre Gegenstände vor uns bringt, uns diese plötzlich neu sehen, statt daß wir sie wie üblich wiedererkennen und wegregistrieren. Erstaunlicherweise liefern die so ins Gedicht geholten Dinge, Ereignisse und Träume – etwa Ankommen zu Hause *(Odysseus in Ithaka)*, Biertrinken *(Bier. Für Leising)* oder der Wunsch, einen großen Tisch zu besitzen *(Der Tisch)* – dann die Information, daß nicht nur von ihnen die Rede ist, sondern von uns und der Welt. Schklowski hat diesen Vorgang 1916 Verfremdung (ostrannenije) genannt, Brecht, der den Terminus Anfang der dreißiger Jahre von Tretjakow mitgeteilt bekam, ihn auf eine besondere Art des Theaterspielens bezogen; er findet aber in vieler Kunst statt, immer in authentischer Dichtung. Da nun alle Verfremdung bewirkenden poetischen Techniken sich mit der Zeit einbürgern und folglich abnutzen, das heißt keine poetische Information mehr transportieren, sind die Dichter, wollen sie Neues mitteilen, von Zeit zu Zeit gezwungen, vorhandene Ensembles sprachlicher Verfahren für ihre Zwecke umzuorganisieren. Die neuen Töne, die so entstehen, werden aber, so laut man öffentlich nach ihnen gerufen haben mag, oft mit Befremden, nicht selten mit Empörung quittiert, ich spreche von den milden Fällen. Sehr junge Gesellschaften nämlich, die sich festigen müssen und darum rundum Affirmation zu brauchen glauben, empfinden schon geringe Abweichungen von einem Kanon, der augenscheinlich nützlich, zumindest harmlos war, als beunruhigend, ja negativ oder zersetzend. (Tatsächlich zersetzt ja Poesie eingefahrene Sehweisen, freilich im Interesse der Menschheit.) In Umkehrung des Sachverhalts schilt dann oft eine Gesellschaft ihre besten Künstler undankbar oder versponnen, statt sie zu lesen. Der dritte, spezielle Grund ist, daß Mickel schon Anfang der sechziger Jahre zwei Illusionen nicht mehr hatte, denen wir noch anhingen. Man kann aber die Regel aufstellen, daß das Abwerfen von Illusionen den inneren Freiheitsraum vergrößert, also, nicht nur in der Kunst, Realismus wahrscheinlicher macht. Illusion 1 war, Gedichte könnten Maßgebliche dazu bringen, darin als ärgerlich beschriebene Zustände abzustellen; im Vokabular der Weimarer Klassik hieß das Fürstenerziehung. Illusion 2 meinte, die gleichen oder andere Gedichte könnten Massen blitzartig veranlassen, alte Denk- oder Verhaltensgewohnheiten gegen bessere zu wechseln, der Effekt heißt in der Religionsgeschichte Bekehrung. Die Wirkweise von Kunst ist nun aber nach aller Erfahrung homöopathisch und allmählich, gleicht also eher dem Mahlen der Mühlen Gottes. Poesie kann auf die Dauer im Leser Sensibilisierung hervorrufen, deren jede auf Humanismus ausgehende Gesellschaft dringend bedarf (sonst müssen zu neuen, von grobfühlenden Planern errichteten Städten für einen ausrechenbaren Prozentsatz der Bewohner gleich psychiatrische Ambulatorien mitgebaut werden); sie benutzt und benötigt diese Sensibilisierung, um Einsichten über das Befinden des Ich in der gegenwärtigen Welt, die anders nicht mitzuteilen gehen, an höchst seltsamen und alltäglichen Gegenständen in einem ernsten Spiel aufleuchten zu lassen. Etwas durch Poesie evident erleben muß aber nicht heißen, daß man es schnell praktisch verwerten kann; feinere Stufen des Urteilens, Liebens und Lebens sind schon viel, die Entwürfe oder Ahnungen schöneren gesellschaftlichen Zusammenlebens, die Poesie ausdrücklich oder im Verschweigen enthält, wären keine, wenn sie sich gleich einlösen ließen. Mickels Gedichte, so beschreibend sie sich geben, enthalten einen immensen Überschuß an Zukunft: man wird sie noch lange brauchen.

3

Wenn Mandelstams Satz gilt, eine Gesellschaft könne sich ihre Dichter ebensowenig aussuchen wie jemand seine Eltern, bedeutet das für die Gesellschaft Anstrengung (sie kann ihre Dichter freilich auch wegwerfen, hat aber dann den Schaden), für den Dichter eine Last, die er, gern oder zähneknirschend, auf sich zu nehmen hat. Denn je mehr er von seinem Geschäft versteht, desto mehr muß er verantworten. Er wird so zum Schwerarbeiter: er muß weise werden, und dabei naiv bleiben; er soll unterhalten, aber auf erschütternde Weise; er muß die Wahrheit sagen, aber druckbar machen; er muß sein Handwerk verfeinern, aber so, daß die Anstrengung Spiel scheint usf. Er balanciert so dauernd am Rande des Möglichen, d.i. in einem n-dimensionalen Raum auf n scharfgeschliffenen Rasiermessern. Das erfordert eine zähe Natur, wir wollen die Kosten der Siege nicht nachrechnen, sie sind, wie wir wissen, oft schauerlich. Mickel hat in diesem Band Gedichte aus drei Büchern – *Lobverse & Beschimpfungen (1963)*, *Vita Nova Mea* (1966) und *Eisenzeit (1975)* – den Entstehungsjahren nach geordnet; einiges Zweitrangiges ist eliminiert, ein Rest davon als Dokument stehengelassen. Die chronologische Darbietung hält das Entstehen des Œuvres als komplexen und widersprüchlichen Prozeß sichtbar. (Ich vermeide den Ausdruck »Entwicklung«, weil es in der Kunst zwar mehr und weniger Reifes gibt, Vollendetes aber, wird es wann immer erreicht, nie zu überbieten ist; die Behauptung, dem Fortschreiten der Gesellschaftsordnungen entspreche jeweils ein höherer Stand der Künste, wird nicht wahrer, wenn man sie dauernd wiederholt.) Vorausgesetzt, daß der Autor nichts mystifiziert, d. h. etwa später entstandene Gedichte der Stimmigkeit halber früheren Jahren zuschreibt, kann der Leser am Material studieren, wie der Kampf, der zwischen ernstzunehmenden literarischen Schulen immer vorgeht, auch im Dichter selber stattfindet; er kann verfolgen, wie Techniken entstehen und im Dienst des Realismus fallengelassen und wieder aufgenommen werden, sowie unterschiedliche Behandlungsweisen von Motiven – etwa der Hochstimmungen und Verzweiflungen der Liebe in den Sonetten, oder aus Leistungsdruck resultierender Familienprobleme in *Dresdner Häuser, Frauentag, Praxagora* und *Kindermund* – vergleichen. Abstrahierend können wir bei Mickel zwei Grundarten poetischen Redens finden: eine agitatorische, die mit grob, zuweilen höhnisch schlagenden Formulierungen arbeitet, und eine durch sprachliche Engführung oder extrem Redundanzmangel äußerst komprimierte, die hermetisch zu werden droht. Erstaunlicherweise enthalten auch die Texte des zweiten Typs fast immer einprägsame Verse; nach Hermlin (und dem späten Brecht, der aber noch heute wenig gelesen wird, was wahrscheinlich an den Editionspraktiken liegt) gab es erstmals bei Mickel wieder Zeilen, die einem nicht aus dem Gedächtnis gehen, z.B. »Und besser, als es Uniformen können / Wärmt sie das Feuer, drin die Uniformen brennen« *(Die Friedensfeier,* 1962) oder die seltsame Schlußformel »O Regen November Mai« aus *Der November* (1965); 1972 endet *Inferno XXXIV*: »Selbst im Arsch des Teufels / Will Dante, was er wahrnimmt, wissen.« Zitierbarkeit, die ja, anders als Eingängigkeit, voraussetzt, daß im Zitat Welt gefaßt ist, kommt so als ein Kriterium dauerhafter Dichtung wieder in den gemäßen Rang. Wichtiger ist, daß in den besten Stücken beide Redearten einander durchdringen, so daß sie einander in der mehrfachen

Bedeutung des Wortes aufheben. In *Demselben* führt ein hermetischer Anfang (hermetisch, weil zwar einfach die Geschichte von Tantalos' Täuschungsversuch an den Göttern resümiert ist, bloß wer kennt die noch) über einen agitatorischen Mittelteil mit dem Untertext »erstaunlich, daß ich lebe« zu dem ungeheuren Schluß: »Normal wie üblich ist mein EKG/ Wenn ich ein Messer scharf und schneidend, seh«, in dem die Antithesen verschmelzen.

4

Mickel ist gebürtiger Sachse und lebt als Marxist in Preußen; der Grundton seiner Poesie – beherrschter Ingrimm, der sich zuweilen Traurigkeit gestattet – kommt aus gespannter Sensibilität, die die Epoche erfährt und in handwerkliche Zucht genommen ist; das Maß, auf das hier Inneres durch Äußeres gebracht ist, vibriert noch. Mickels Vorliebe fürs Frappierende ist Dienst am Leser. – Ich muß mich kurz fassen und zähle Vorzüge von Mickels Gedichten auf. Erstens. Die Texte sind, auch wo Schreckliches mitgeteilt wird, souverän und machen das Mitgeteilte verfügbar. Der zugrundeliegende kategorische Imperativ ist, daß der Dichter, dichtet er, in Lust oder Schmerz nicht zu schreien, sondern zu artikulieren hat. Zweitens. Die Verfahren sind, da präzis auf die Sache – Durchleuchtung von Realität – berechnet, in ihrem oft abrupten Gegeneinander von Zartem und Grobem, hoher und Umgangssprache, regulärem und aufgerauhtem Vers, Utopie und Reportage geeignet, auch Lust am ineinandergreifenden Spiel der Strukturen zu wecken; dies ist Lebenshilfe. Die Schönheit von Schachspielen – die nur die Ebene von Entscheidungsfindungen aus einer unübersehbaren Menge von Möglichkeiten spiegeln – ist dagegen kläglich. Schach modelliert Strategien, Poesie dagegen Leben, das zwar Strategien enthält, darauf aber nicht zu reduzieren ist. Drittens. Die Gedichte geben ein Panorama der DDR aus Landschaften, interpretierter Geschichte, Wissenschaft, Baukunst, Politik bis zu Hinterhöfen, Kneipen, Krankheiten, Hausfrauenalltag und Interhotels; sie sind weder beschränkt auf Parabeln, noch verschlüsseln sie in einer Geheimsprache Weisungen der Sorte, man solle sich nicht immer geradeaus, sondern gelegentlich auch hopsend im Zickzack bewegen. Viertens. Gleichwohl sind die Gedichte von philosophischer Tiefe, d. h. stürzen sich mit denkerischem Mut in Abgründe, über die andere elegant weggleiten; ihre Mehrsinnigkeit ist erholsam. Fünftens. Die Großformen sind ebenso prägnant gebaut wie die kurzen Texte, manche der letzteren sind Großformen im Kleinen. Sechstens. Es gibt Gedichte (das bewundernswürdigste ist für mich *Dresdner Häuser),* die man immer wieder lesen kann, zumal in Augenblicken der Niedergeschlagenheit. Siebentens. Die Belehrung ist, wo sie vorkommt (sie kommt fast immer vor) strikt, ohne missionarische Geste und, ich entschuldige mich nochmals, anwendbar. So hätte man, was man über die einst erklärte Schöne Menschengemeinschaft heute weiß, aus einem Text von 1965 *(Epistel)* schon beziehen können.

5

Mickel ist 1,77 groß, er wird 41 und wiegt 62 Kilo. Er ist Zigarrenraucher, als Getränk bevorzugt er Rotwein, ist aber darauf nicht festgelegt. Verabredungen hält er mit sicherer Intuition entweder ein oder nicht ein. Er gehört zu den wenigen Menschen, mit denen man eine Nacht verreden kann, ohne sich je zu langweilen. Er fährt ein Diamant-Rennrad und spielt mit Vehemenz Tischtennis, erfolgreiche Schläge des Gegners bedenkt er mit Beifall, erfolgreiche eigene erklärt er. Sein Lesekonsum ist enorm; er teilt daraus mündlich, gelegentlich in Essays mit, die ebenso stringent wie voll verdeckter Überrumpelungen sind. Die Vorstellung, nur gelesen zu haben, was er an Büchern besitzt, entsetzt ihn. Er weiß viele eigene Gedichte auswendig und bietet sie im geselligen Kreis ohne Zögern;

eine Professur über deutschen Versvortrag könnte er konkurrenzlos ausfüllen, doziert aber in diesem Jahr nur gastweise an der Friedrich-Schiller-Universität Jena über Probleme des Erbes. Eins der besten Gedichte von Volker Braun bezieht sich auf den Zyklus *Mottek sagt*, es geht*:

Die Befürchtung, keiner werde Mickel verstehen, würde ich freilich weniger aus den Texten als aus Brauns aktionistischem Romantismus erklären; im übrigen scheint mir das Sonett wahr.

Halle, Januar 1976

---

* *Den hier vorgesehenen Text hat Volker Braun, mit der Begründung, daß ich ihn mißinterpretiere, abzudrucken untersagt. Der interessierte Leser findet ihn in* Sinn und Form, *Heft 4/1975, S. 740.*

Wulf Kirsten und die schönen Dorfnamen

Von Mickels im Band *Eisenzeit* gesammelten Gedichten ist eins, aus dem Abschnitt »Beinhaus«, Wulf Kirsten gewidmet, es geht:

INFERNO XXXIV.
Gips-Smog in Weimar, Kirsten melancholisch:
Denn er obliegt dort deutscher Zeichengebung.
Und als die Wandrer zu der Stelle kamen
Die Dante nennt: der Hüfte größte Wölbung
Kletterten sie, an Haaren wie Gestrüpp
Sich klammernd, unter Keuchen aus dem Felsloch:
Aber Dante (ja, ich hatte Angst
Wer mich tadelt, denke, wo ich steckte!)
Ehe er heraus war, setzte sich in eine
Schrunde und fragte: Wo ist das Eisfeld?
Warum hält Der den Kopf nach unten? und
Wie ging die Sonne so schnell von dem Abend
Zum Morgen über? – Noch im Arsch des Teufels
Will Dante, was er wahrnimmt, wissen.

Der Text ist so trostvoll wie radikal (und vermöchte, wäre er nicht radikal, nicht zu trösten): indem er Kirstens Gemütszustand als Gelegenheit nimmt, faßt er die Wurzel vieler Melancholie und benennt zugleich verbleibende Bewegungsmöglichkeiten: wenige Lagen, meint er, sind so finster, daß wir sie, läßt man uns Leben und Brot, nicht auskundschaften könnten, Bestandsaufnahme ist der erste Schritt zur Daseinsbewältigung. Der kategorische Imperativ für den Dichter hieße: Erkenne (und beschreibe dichtend) auch Gips-Smog atmend oder sonstwie im Arsch des Teufels, wie dieser funktioniert.

Derart tröstend, kritisiert das Gedicht zugleich einen Satz Wulf Kirstens, der sich im Nachwort zum Gedichtband

Satzanfang (1970) findet; Kirsten kündet dort an: »Es soll ein unberühmter Landstrich« – die ländliche Gegend um Meißen, wo Kirsten herstammt – »in poetischer Rede, also preisend, vorgeführt werden.« Die behauptete Implikation – poetisches Reden sei notwendig preisend – kommt, falls sie nicht nur taktische Selbstverteidigung in einer bestätigungshungrigen postrevolutionären Umwelt ist, wahrscheinlich aus einem Fehlverständnis von Rilkes VIII. Sonett an Orpheus, das anfängt:

> Nur im Raum der Rühmung darf die Klage
> gehn, die Nymphe des geweinten Quells,

dem Rilke freilich gleich im nächsten, IX. Sonett entgegenhält:

> Nur wer die Leier schon hob
> auch unter Schatten,
> darf das unendliche Lob
> ahnend erstatten.

Rilkes »Raum der Rühmung« ist so, wie eindeutig-sicher der Vers auch klingt, ein verwickelt widersprüchliches Gebilde (Räume, d. h. kürzestmögliche Wege für Lichtstrahlen, bekommen ihre Eigenschaften bekanntlich von den »darin« verteilten Materie- und Energiemengen und -arten); der auf Moralität und Kompetenz, nicht auf Redehaltungen wie Preisen, Befluchen, Jammern oder Plaudern zielende Eingang des VIII. Sonetts meint zunächst nur, daß, wer nicht Leben (eine örtlich und zeitlich begrenzte scheinbare Aufhebung des Entropie-Sogs) anderen Zuständen, die er allerdings *erfahren* haben müsse, vorzieht, kein inneres Recht habe, zu Lebenden dichtend zu sprechen; gröber: wer Totsein und Schweigen für erstrebenswerter hält, soll, wenn er schon keinen Strick nimmt, wenigstens den Mund halten. Leben wäre so gleichermaßen Geschenk wie Aufgabe ohne Lösung und Siegprämie:

die Entropie hat uns, aber nur letzten, nahen oder fernen Endes; das »aber nur« bezeichnet den Raum der Freiheit, der Ordnung und Pflicht notwendig enthält.

Schön, Kirsten irrt hier, und ich habe vielleicht einen unbilligen Hang zum Grundsätzlichen; was ein Dichter aus seinen Irrtümern mache? ist eine ebenso berechtigte Frage wie die, was er mit seinen Einsichten anstellt, beides kann zu schönen Kunstgebilden wie zu Abgeschmacktestem führen. Kirstens Titelgedicht beginnt:

den winterschlaf abtun und
die wunschsätze verwandeln!
saataufgang heißt mein satzanfang.
die entwürfe in grün überflügeln
meiner wortfelder langsamen wuchs.

Das Getreide, stellt der Dichter fest, wächst schneller als seine Texte; wichtig wäre, weshalb ihn das stört!; ein Schuldkomplex scheint abzutragen, der vielleicht aus der Kindheit rührt oder von dem seinerzeit gängigen Drohsatz, »die Dichter« blieben »hinter dem Leben zurück«. (Das Religiöse der Formel ist damals offenbar nur Wenigen aufgefallen.) Es heißt aber weiter:

im überschwang sich erkühnen
zu trigonometrischer interpunktion!
ans licht bringen
die biografien aller sagbaren dinge
eines erdstrichs zwischenein.
inständig benennen: die leute vom dorf
ihre ausdauer, ihre werktagsgeduld

usf. Der Ansatz zur Selbstbefragung (und die Probleme des Dichters sind, ist er Dichter, die Weltprobleme) ist verschenkt, stattdessen hören wir das Programm des Nachworts. In Verse gebrachte Dicht-Programme sind aber fast immer prekär; so hat Walt Whitman – mit Hilfe der Einleitungsfloskel »Ich singe«, auf die Verzeichnisse dessen folgen, was er besingen will – Dutzende Seiten gefüllt, bei deren Lektüre man dauernd ausrufen möchte: Sänge er doch!, aber er verspricht es nur. (Wie anders dagegen Brockes' große Inventare im *Irdischen Vergnügen in Gott*: sie geben kein Programm, sondern erfüllen eins. Gedichte, deren Botschaft sich auch in Prosa sagen läßt, sind nach Shelley überflüssig.)

Gelegentlich freilich entkommt Kirsten seinen Vorsätzen und beschreibt wirklich, so in *sieben sätze über meine dörfer:*

> verschwägert und verschwistert
> bin ich
> mit der geologischen struktur
> zwischen Constappel und Siebenlehn,

(leider versickert der Text danach gleich wieder ins Programmatisch-Kleine), oder in *märzlandschaft:*

> nicht mehr mit blindheit geschlagen
> unterwegs sein und sehn: ein helleres licht
> schlugen die himmel ganz ohne ingrimm
> auch hinter der ortschaft Weistropp an.

Die, genau gesetzten, sächsischen Dorfnamen haben mehr Poesie (bringen mehr Welt ein) als alle vierunddreißig vergessenen Dialektwörter des Bandes, die im Anhang erklärt sind; wie dergleichen im Dienst einer übergreifenden Mitteilung wirken kann, zeigt Mickels Gedicht *Die Elbe* (1973):

> Schwarz die Erde, Schwemmholz rammt das Ufer
> Regenböen treffen graue Eisschollen
> Die Böschung ist befestigt, Stein an Stein
> Granit und Porphyr von Dresden bis Hosterwitz
> ...

...
Umgekehrt. Hier Eine liegt am Boden
Gespickt rundum, und Reisig kerbt die Hüfte
Dann ziehen ihre Blicke aus der Leiche
Passanten. Glimmend um die Trümmer
Kreist das Volk von Weixdorf bis Pesterwitz

usf.; wahrscheinlich hat Mickel Kirsten gelesen, Erfindungen in der Dichtkunst sind dazu da, daß man sie benutzt. Was es Kirsten außer seinem Programm aber eigentlich schwer macht, ist, daß er seine oft getüftelt bäurischen Wörter (die, verstehe ich recht, soziale Kritik an Vergangenem einbringen sollen) in eine klassizistisch-romantische Metaphernstruktur zwängt, d. h. er säkularisiert sozusagen die Vokabeln, behält aber die überkommene Syntax, was kaum mehr leistet, als eine von anderen lange vollzogene Ablösung zur Hälfte nachzubilden. So in *über sieben raine* (1965):

bald,
ehe im osten
der hausschlächter des himmels,
ein frühaufsteher,
den horizont beschickt
mit seinem zinnober-dekor,
in der ersten gräue,
wenn die karriere des lichts beginnt,
trägt eine butterfrau ihren buckelkorb
über sieben raine,
und ein grobschlächtiger zughund
zerrt ohne gehabe
den erblindeten glorienschein der armut
zu markte.

Bei Shelley hieß das 1822:

Bleich schwanden die Sterne!

Denn die Sonne, ihr Hirte
Sie treibend in Hürden
Des Dämmergrunds
Kommt in gestirnlöschender Rüstung, und sie fliehn
Aus blauem Revier
Wie vorm Panther das Rehkitz.

Der Gewinn an Gegenwärtigkeit scheint minimal; leider kann sich Kirsten außerdem einen Seitenhieb auf Rilkes »Denn Armut ist ein großer Glanz aus Innen« nicht verkneifen und haut dabei genau in die Kerbe der gängigen pseudolinken, über den Kontext im *Stundenbuch* leichtfertig weglesenden Mißinterpretation jenes Verses.

Kirsten hat, wie es sich für seinen romantischen Ansatz gehört, mit Versen im Ton Volker Brauns debütiert (»Kyleb, / he, du mein dorf dort / am fuße niemals geschorner kälberohrhänge, / stirb nicht mit deinen / klapprigen mühlen / am rauschenden bach!«); er ist dann seiner Wortfeldtheorie gefolgt (»Das Grundwort ist ein lexikalisch umzusetzender Erfahrungswert, der etwas über das Verhältnis zu den Dingen sagt, die den Menschen umgeben«: ein klassischer Freudscher Versprecher, statt »umzusetzender« müßte »umgesetzter« stehen). Er hat dann lange gesammelt; in *Der Bleibaum* (1977) nähert er sich mit durchaus eigenen Tönen zunächst Sarah Kirsch (»schermäuser, klötzespalter / liegen unterm weißdornstrauch, / schlafen nachts im scheunenstroh. //... // schermäuser, klötzespalter / stärken sich mit schinderwasser / bis der wirt sie vor die tür setzt. //... // schermäuser, klötzespalter / wintern mit den hasen ein / im verschneiten schleusenrohr. //... // schermäuser, klötzespalter/ sind dem kirchspiel keinen sarg wert. / landstreicher werden im brotschrank begraben.«), probiert Mickelsch-Leisingsche Schlagreimtechniken (»das alphabet verwalten / männlich oder weiblich in zwei spalten / entweder od / bekannt ist nur der hierarchische code / das lochfeld vollkommen ausfüllen / sich dann in schweigen hüllen ...«), richtet sich dann aber in einem Nominalstil ein, der zwischen Arendts expressiv-hermetischen Ur-Metaphern und über partizipiengestützte Nominativreihungen praktiziertem »Benennen« eine Mitte finden will, so in *Webers landhaus:*

> abgeblühte balsaminenstille im buchsbaumrondell.
> das schattengitter vermummt in ein plaid.
> durchs astgewirr der obstbaumkuppeln
> schlingert elbwärts transparentes oberonlicht.

oder in *Grabbe:*

> bohnenspiel im zuchthaus, ein galliger scherz.
> die lues logierte in der Goldenen Gans.
> läppisches Lippe, zänkisches weib.
> zum auditeur geschlagen,
> eine satire auf podagrabeinen.
> soldaten vereidigt
> in unterhosen, dienstfrack und schwarzer krawatte

– mir scheint diese Art poetischen Redens dem Rezitieren eines Lexikons vergleichbar, dessen Stichworte, mit lauter Ausrufezeichen versehen, den Rezitator zu Tränen rühren; was aber fängt der Leser an?

Ist es unrecht, einem Gleichaltrigen Größeres vorzuhalten? Es wäre es, gelängen Kirsten nicht zwischendurch immer wieder Verse und Strophen; den Rot- oder Schwarzstift benutzen ist nicht das letzte, das unsereins lernen muß. Und möchten wir nicht den Zeitpunkt, wo einem Keiner mehr was sagt, möglichst lange hinausschieben? Das Lob einer falschen Schlagtechnik hat noch keinem Tennisspieler genützt, und Handwerk bleibt Handwerk auch ohne goldenen Boden. Kirsten ist ein furchtsam vergrübelter Geist und wird eben daraus etwas zu machen haben; noch immer aber gilt für Kunst, daß man den bei ihrer Herstellung aufgewandten Schweiß nicht merken soll: Das Bemühte ist der Feind der Wirkung (der ausgesandten Botschaft), und wenn Leichtigkeit (zwingende Kraft, So-und-nicht-anders-heißen-Können) des Verses Tiefe nicht garantiert, ist Tiefe ohne sie doch schwer möglich.

Juni 1978

Über Richard Leising

Richard Leising ist, obwohl er kaum mehr als fünfzehn Gedichte hat drucken lassen, in jeder ernsthaften Anthologie der DDR-Poesie vertreten; er gehört mit Mickel, Braun, Endler zu den wichtigen Dichtern der mittleren Generation. Die Sparsamkeit seiner Produktion macht, daß er so etwas wie einen Personalstil nicht entwickelt hat; wo andere eine einmal gefundene poetische Technik an mehreren Gegenständen proben und modifizieren, läßt es Leising bei einem Werk und braucht für das nächste ein ganz anderes Arsenal von Mitteln. Was dabei herauskommt, ist allerdings so gearbeitet, daß man die ungeschriebenen Zweit- und Drittgedichte verschmerzt – wenngleich man weiß, daß übertriebene Strenge Purismus werden kann und manch berühmtes Gedicht nur ein oder zwei wirklich große Strophen enthält. Leisings Dichtung ist, wie die vieler seiner Altersgenossen, kunstvolle Beschreibung, die ohne Metaphern im engeren Sinn auskommt (im Gedicht »Der Sieg« sind die Metaphern Zitat, also bloßgestellt); kürzlich haben Literaturwissenschaftler (»Sinn und Form« 1/1974) diesen Verzicht bedauert. Sie vergessen damit einmal den Kontext, in dem Poesie steht (die Sprache der Massenmedien ist heute gesättigt von zum Teil höchst bizarrer und irrationaler Metaphorik, die, um zu einer neuen poetischen Metapherntechnik zu kommen, zunächst aufgebrochen werden müßte); zum anderen übersehen sie einen Hinweis Goethes aus *Maximen und Reflexionen,* nach dem es »Gedichte ohne Tropen« gibt, die »selbst ein einziger Tropus sind«. In der Tat sind die Arbeiten Leisings, wie protokollierend sie sich geben mögen, *als Ganzes* Metaphern, weisen also über sich hinaus und sind weder auf den berichteten Sachverhalt noch auf eine Schlußsentenz zu reduzieren; eben hier ist ihre Poetik etwa der Reiner Kunzes, bei dem das Gedicht oft auf eine entschlüsselnde Pointe hinarbeitet, entgegengesetzt. Wenn Leisings Poesie aufklärerisch ist, so im höheren Sinn des Wortes; was ein strahlend daherkommendes Gedicht wie *Der Sieg* so intensiv und still böse macht, ist nicht Schulmeisterei, noch eine Geste, die Wahrheiten in die Menge schleudert, sondern Präzision, die die Epoche faßt. Man wird von diesem Dichter noch hören.

1973

Richard Leising

DER SIEG

Das ist der Sieg: Lautsprecher! Organ, machtvolles
Sprich uns über die Zeiten. Keine Wolke im Stadion
Ideale Bedingungen; diese Weiten, diese Höhen, viele
Im Faltenwurf des Rekords. Die Kugeln sind alle
Gestoßen, die Geher gekommen, einige Springer noch
Werden beworfen mit Speeren vom andern Ende des
 Felds
Worauf die Welt blickt. Wie ist die Zeit? Bestzeit
Ist ausgerufen ausdrücklich, auf drehenden Tafeln
Lichte Ergebnisse, die wie Schalmeien blitzen
In ein herrliches Publikum. Wir zählen eins zwei
Drei Podeste, aufs höchste klettert der Sieg, belaubt
Und ernsthaft; einige Kämpfe dauern noch an, Abend
Trifft schräg die Traversen. Ungültiger Sprung dort!
Zu den tieferen Podesten starten frisch die Niederlagen
Mit Blumen Mädchen tanzen über die Tartanbahn quer
Durch den Einlauf im Marathon, Herren in sportlichem
Anzug verhängen Medaillen, Erfrischungen, Andenken
Abzeichen, Gesundheit und Vaterland; mit schwerem
 Kranz
Dreht ein Läufer die Ehrenrunde. Wer Sieger ist
Dessen Hymne wird gespielt und Fahne gehißt.

1971/72

Über Adolf Endler

Unter den wichtigen Dichtern der mittleren Generation in der DDR ist Adolf Endler der älteste; was ihn von seinen wenige Jahre jüngeren Kollegen unterscheidet, ist, daß er moderne Poesie mit vergleichsweise altväterischen Mitteln macht. Wo bei Mickel oder Leising die semantische Dichte des Verses zum konstruktiven Prinzip wird, ist Endlers Vers meist ausladend, er arbeitet mit bewußt gesetzten Redundanzen und scheut nicht die rhetorische Floskel, die er nur manchmal ironisch braucht; fast alle Gedichte bestehen aus kreuzgereimten Vierzeilern. Vor allem in seinen Übertragungen älterer georgischer Poesie hat Endler wahre Geniestücke der Reimkunst geliefert; immer wieder ist erstaunlich, welche Wörter er aufeinanderklingen läßt, ohne daß Syntax, Stilebene oder poetische Logik verletzt würden. Endler ist 1930 in Düsseldorf geboren, 1955, als ihm in der Bundesrepublik ein Verfahren wegen Staatsgefährdung drohte, siedelte er in die DDR über. Hier ist er, nach dem 1964 publizierten, nicht gleichmäßig starken Gedichtband *Kinder der Nibelungen,* vor allem als Nachdichter, Herausgeber (die wichtige Anthologie *In diesem besseren Land* stammt von ihm und Karl Mickel), Essayist und Kritiker bekanntgeworden und hat durch polemische Attacken, zuletzt gegen eine selbstzufriedene Literaturwissenschaft, die die Dichtung schulmeisterte, anstatt sie zu analysieren, heftige Debatten ausgelöst. Die bald offene, bald verdeckte Aggressivität seiner Gedichte läßt sich schwer auf Begriffe bringen; oft ist da, wie im Gedicht *Dies Sirren*, im Hintergrund ein Kichern, ja Fratzenschneiden, zweite, dritte Bedeutungen springen aus den Formeln und drehen sie um, jemand pocht im Keller, seltsame Stimmen reden aus dubiosen Örtlichkeiten. »Cui bono ihr lieben Alterchen mit der Zirpstimm cui bono«, fragt der Dichter, scheinbar lieb und versponnen irrelevant, und zusammenstürzen ganze Gebäude einander haltender Scheinthesen, in denen die Frage »*Wem nützt das?*« gleichfalls irrelevant, aber höchst real als Holzhammer gehandhabt wurde. Manchmal aber, wie in der Mandelstam-Adaption *Petrograd 1918,* erhebt sich die Stimme des Dichters zu großer, expressiv geladener Rhetorik, die eine Sekunde des Weltprozesses plötzlich leuchtend und dauernd macht.

1973

Adolf Endler

DIES SIRREN

Und wieder dies Sirren am Abend Es gilt ihnen scheint
    es für Singen
Ich boxe den Fensterladen auf und rufe He laßt mich
    nicht raten
Ihr seid es Liliputaner das greise Zwergenpaar van der
    Klompen
Cui bono ihr lieben Alterchen mit der Zirpstimm im
    Dunkel cui bono

1971

Über Sarah Kirsch

Dichter sind selten, Dichterinnen, sieht man durch die Jahrhunderte, ein Glücksfall der Natur. Sarah Kirsch, 1935 in einem Harzdorf geboren, hat wie die meisten ihrer Generation mit um Agitation bemühten Versen angefangen, einige hübsch-verspielte Gedichte, die scheinbar aus dem Kanon brachen, machten sie damals bekannt. »Liebes Pferd, / es ist verkehrt / zu sagen, es sänke dein Wert / durch elektrifizierte Lieferwagen« beginnt eines davon. *Landaufenthalt,* der erste eigene, 1967 veröffentlichte Gedichtband, verschreckte denn auch einen Teil des Publikums durch, wie es schien unvermittelte, Wendung zur Ernsthaftigkeit; Ernsthaftigkeit in der Kunst, also Bemühen um Realismus, wird ja leicht mit Geschichtspessimismus verwechselt und dann für zersetzend gehalten. Daß, statt Abstraktionen aneinanderzufügen, Welt ins Gedicht geholt und der Geschichtsprozeß so an seinem Material reflektiert wird, ist für die mittlere Dichtergeneration der DDR in den endsechziger Jahren charakteristisch. Dichter wie Mickel, Leising, Uwe Greßmann nehmen dabei klassische Verstechniken auf, die sie für ihre Zwecke weiterarbeiten. Im Unterschied dazu ist Sarah Kirschs Vers, wo sie nicht, wie in *Schneelied,* Märchenmotive aktuell verfremdet, meist ein aus gereihten Protokollsätzen bestehendes Parlando, ein Vorsichhinsprechen, das registriert, was zu sehen ist. Die Genauigkeit der Beobachtung macht dabei einzelne Verse zu bösen Metaphern; »es ist schwer in Hitze und Uniform über der Tiefe Lieder zu blasen«, heißt es in *Musik auf dem Wasser.* Der zweite, 1973 erschienene Gedichtband *Zaubersprüche* findet, bisweilen mit erst zitierten, nicht ganz in eigene Sprache verwandelten Versgesten, zu festeren Strukturen. Dem ausgebreiteten Stoff in *Das Grundstück,* einem der eigenartigsten Gedichte des Bandes, gibt ein frei behandelter Hexameter inneres Gerüst. *Der Meropsvogel* und die *Wiepersdorf*-Texte – Wiepersdorf war ein Gut der Arnims, Bettina hat dort gelebt – sind danach entstanden; die Beschreibung gewinnt hier den Lakonismus der klassischen Ode.

1974

Sarah Kirsch

WIEPERSDORF

9
Dieser Abend, Bettina, es ist
Alles beim alten. Immer
Sind wir allein, wenn wir den Königen schreiben
Denen des Herzens und jenen
Des Staats. Und noch
Erschrickt unser Herz
Wenn auf der anderen Seite des Hauses
Ein Wagen zu hören ist.

Grieshaber 70

Der Siebzigste ist ein prekärer Geburtstag, zumal für Künstler: Wie Pascal auf Gott, der von sich nichts erfahren läßt, wetten die Künstler auf die Dauerhaftigkeit ihrer Werke; diese, glauben sie, enthalten Botschaften von solcher Wichtigkeit, daß auch kommende Generationen daraus lebensnotwendige Mitteilung ziehen können, worüber? Über die Welt, wie sie war, ist und sein wird. Aus der Beschaffenheit der Welt folgt, daß diese Botschaften selten fröhlich, aus der Natur des Künstlers als Handwerker und Sprecher der Menschheit, daß sie, wie verzweifelt immer, dennoch Hoffnung enthalten. Prekär ist der Siebzigste, weil die Wette auf die Nachwelt mit dem Trost, den sie liefert, das Bewußtsein eigener Vergänglichkeit schärft: Daß uns, was wir gemacht haben – und was beim Künstler kein anderer je hätte machen können – überlebt, ist von wüstester Ungerechtigkeit und stößt das Denken mit Gewalt auf den Tod, wo wir doch feiern wollen, daß einer so lange den aufrechten Gang sich bewahrt hat und lebendig da ist und Wein trinkt. Jenem Widerspruch, dessen Lösung ist, daß er keine hat, sind Künstler aller Zeiten mit verschiedenen Mitteln begegnet: Die einen halten mit genauem Protokoll Augenblicke fest (der Weltausschnitt wird Metapher), andere pressen die Welt samt ihrer Erfahrung ins Symbol (das, da es so viel bedeutet, leicht ins Ungenaue verschwimmt), wieder andere versuchen und finden Chiffren, die, selber Erscheinung, uns spiegeln und in und hinter die Dinge sehen lassen. Grieshaber gehört zur letzten Gruppe; was bei ihm Bild wird, sind Urgesten der Menschheit, der Kreatur, der Landschaft. Die Virtuosität, mit der er das Holzschneidemesser, gelegentlich die Motorfräse handhabt, ist die des aus *einer* Bewegung kommenden kräftigen Schnitts (die Hand folgt dem inneren Auge, die Variabilität des Drucks ist Spiel-Erlebnis, kinästhetische Lust, die zusätzlich geheime Botschaften freigibt); die Formen stehen groß zu- und gegeneinander; wo Linien sich überschneiden, bildet das Widersprüche ab, keine Nervosität. Weil er sein Material mitarbeiten läßt, weiß man bei Grieshaber immer, daß das Holz, aus dem er seine Bilder vorbringt, von Bäumen stammt; *Wiedergeburt des Baumes* wäre ein Zyklus-Titel, der zu ihm paßte. Wie ein Künstler in einer Gesellschaft, die einerseits die Macht, andererseits den Verbrauch anbetet, während Freundlichkeit und Genußfähigkeit verkommen, leben könne, ist eine alte Frage, da doch der Künstler von alldem nichts annehmen kann, aber für alle dazusein hat, und Sensibilität Kraft kostet, das heißt gutes Essen, Getränk und leidlich bequeme Möbel braucht. Grieshaber, den das Dritte Reich mit Malverbot belegte, hat sich vom Markt, kaum daß er ihn hatte, so weit fortgerückt, daß er eben knapp auskömmlich leben kann; Ästhet, der er ist, geriet er zeitweilig ins Dekorative, aus dem er sich jedesmal an der eigenen Kopfhaut wieder vorzog. Soll ich eine Formel geben, würde ich ihn einen sibyllinisch redenden deutschen Holzfäller mit extrem feinem Sensorium für den Zusammenstoß von Grobheit und Nuance nennen; wie alle Künstler ist er verletzlich, kindlich genußsüchtig und weltneugierig, wie nicht alle ein passabler Schauspieler; sein Sehnsuchtsland ist, gehe ich recht, Griechenland, weshalb er auch auf einem karg bewachsenen süddeutschen Hügel namens Achalm bei Reutlingen siedelt. Von dort kommt er einem Publikum, das, wie er befürchtet, dabei ist, Sehen und Hören zu verlernen, gelegentlich mit Aktionen, die, was immer sie bewirken mögen – für Vietnam, gegen das griechische Obristenregime, für das Erinnern des deutschen Bauernkriegs, für einen vergessenen Bauerndichter – gemeinsam haben, daß dabei Kunst entsteht. Kunst als zeitenüberdauernde Gebrauchsware wäre wahrscheinlich eine Formel, auf die man sich mit ihm einigen könnte; seit 1965 gibt er eine Zeitschrift ENGEL DER GESCHICHTE heraus, die für wenig Geld Originalholzschnitte enthält, jeweils einem

Thema gewidmet ist und immer von einem Walter-Benjamin-Zitat eingeleitet wird, das lautet:

Es gibt ein Bild von Klee, das Angelus Novus heißt. Ein Engel ist darauf dargestellt, der aussieht, als wäre er im Begriff, sich von etwas zu entfernen, worauf er starrt. Seine Augen sind aufgerislen, sein Mund steht offen, und seine Flügel sind ausgespannt. Der Engel der Geschichte muß so aussehen. Er hat das Antlitz der Vergangenheit zugewendet. Wo eine Kette von Begebenheiten vor uns erscheint, da sieht er eine einzige Katastrophe, die unablässig Trümmer auf Trümmer häuft und sie ihm vor die Füße schleudert. Er möchte wohl verweilen, die Toten wecken und das Zerschlagene zusammenfügen. Aber ein Sturm webt vom Paradiese her, der sich in seinen Flügeln verfangen hat und so stark ist, daß der Engel sie nicht mehr schließen kann. Dieser Sturm treibt ihn unaufhaltsam in die Zukunft, der er den Rücken kehrt, während der Trümmerhaufen vor ihm zum Himmel wächst. Das, was wir den Fortschritt nennen, ist dieser Sturm.

Ehrt ein Land seine Künstler? Wie? Und welches? Wir wünschen Grieshaber Kraft, List, Ausdauer und einen großen Strauß vom Rittersporn, der blauen Blume der Standhaften.

Februar 1979

Meine Gedichte

(Rundfunksendung)

Georgische Volkspoesie

MINDIA AUS HOGAI

Mindia aus Hogai starb
Rot wurde die Sonne, nahm ab
Der Himmel donnert, die Erde tost
Schwer gibt er den Geist auf, ist stark
Es fiel der Stern herunter
Auch der Mond verkehrte den Pfad
Falken, Habichte und Adler
Zerkratzten die Schulter sich hart
Das Wildtier der hohen Felsen
Machte sich zum Weinen bereit
Sein hundsverfluchter Blauschimmel
Auf den Hinterbeinen steht, schreit
Seine unglückliche Frau
Kleidete sich in Schwarz
Seine arme Mutter
Kann nicht mehr weinen, liegt und starrt
Der Vater, der arme Vater
Reißt sich Haar und Bart.

Anders als des großen Pieter Breughel Gemälde, die sogenannte geschichtsträchtige Augenblicke oft als beiläufige vorführen – Ikarus stürzt aus der Sonne, die Natur wächst und west ungerührt, ein Bauer pflügt ohne aufzublicken; Antonius verübt, von einem Negersklaven assistiert, Selbstmord hinter einem Busch, als wäre er austreten gegangen, während hochgerüstete Heerhaufen klirrend und stumpf zum nächsten Schlachtort ziehen; im kreuz und queren Gewimmel mit sich beschäftigter Ausflügler, Hochzeitsgesellschaften, Karawanen findet sich auch eine Rotte mit Jesus von Nazareth, der sein Hinrichtungsgerät zum Golgathahügel schleppt –: anders als Breughels Bilder, die gelassen-polemisch aufs Statistische des Weltprozesses weisen, ist dieses Stück georgischer Volkspoesie gleichsam als rotierender Trichter angelegt, an dessen Grund, den Gesetzen der Physik entsprechend, Ruhe herrscht: freilich keine des Todes, sondern des Umgehens mit ihm. Geleistet wird das, bei aufgeregtem Rhythmus und über prallende Versenden weitertreibender Syntax, durch die Großstruktur: Während am oberen Trichterrand das durch den Tod des Helden erschütterte Weltall noch wüste Revolutionen vollführt, reagieren die übrigen Betroffenen desto alltäglicher, je höher ihr Platz in der Evolutionshierarchie ist (und je tiefer wir zum Grund kommen). Am Ende stehen drei mögliche menschliche Reaktionsweisen: Wegdrücken des Schmerzes durch Ritualvollzug (die Frau kleidet sich in Schwarz), Flucht in kataleptische Fühllosigkeit (die Mutter »liegt und starrt«) und, als Schlußemblem, Trauerarbeit: der »arme Vater« reißt sich, unerträglichen Schmerz durch erträglichen ins Faßbare zwingend, Haar und Bart. Der Text ist so, bei aller Naivität, von einem Kunstsinn, ohne den es großen Realismus nicht gibt; eben der vollendete Großbau macht, vermute ich, daß das Gedicht ohne wesentliche Verluste ins Deutsche zu bringen war.

Daß Gedichte eine Dramaturgie haben, ist wenig bekannt und kaum theoretisch erinnert; freilich wird, schlimmer, heute sogar oft vergessen, daß Gedichte aus Versen bestehen. (Viele meinen stattdessen, Gedichte bestünden aus kurzen Behauptungen oder Einfällen, die man schlimmstenfalls durch Wortspiele aufzubessern habe. Dem insgesamten Verfall des Verses im deutschen Sprachraum entsprechen auf der einen und auf der anderen Seite die provinziellen Vorgänge Amerikanisierung und Balkanisierung. Nur wenige, fast durchweg in der DDR lebende oder von dort weggesiedelte Dichter halten den Vers hoch, hier wie dort hört man kaum auf sie.) Lieder, als eine Sonderform der Poesie, sind nun allerdings so offensichtlich aus Versen, daß das Genre vom Ausgang des Mittelalters ziemlich unbeschädigt durch die Zeiten kam; die Verschränkung von Redeweise und Melodieführung war dabei so stark, daß es später, etwa bei Schumann, »Lieder ohne Worte« geben konnte wie heute Liedtexte, die der Musik entraten können. Der exemplarischen Verschmelzung von Text und Melodie wegen gebe ich INNSBRUCK, ICH MUSS DICH LASSEN (entstanden Anfang des 16. Jahrhunderts) gesungen. »Poetisch groß« als Lese- oder Sprechtext ist dabei nur die erste Strophe:

Innsbruck, ich muß dich lassen
Ich fahr dahin mein Straßen
In fremde Land dahin.
Mein Freud ist mir genommen
Die ich nit weiß bekommen
Wo ich im Elend bin.

Doch reicht die Kraft der Melodie, die Aura der ersten Strophe den beiden folgenden, relativ beliebigen gewissermaßen aufzumodulieren, so daß das Ganze Ereignis bleibt.

INNSBRUCK, ICH MUSS DICH LASSEN

Innsbruck, ich muß dich lassen
Ich fahr dahin mein Straßen
In fremde Land dahin.
Mein Freud ist mir genommen
Die ich nit weiß bekommen
Wo ich im Elend bin.

Groß Leid muß ich jetzt tragen
Das ich allein tu klagen
Dem liebsten Buhlen mein.

Ach Lieb, nun laß mich Armen
Im Herzen dein erwarmen
Daß ich muß dannen sein.

Mein Trost ob allen Weiben
Dein tu ich ewig bleiben
Stet treu, der Ehren fromm.
Nun muß dich Gott bewahren
In aller Tugend sparen
Bis daß ich wiederkomm.

Das *Innsbruck*-Strophenschema ist später noch öfter verwendet worden, und es ließen sich dazu ergiebige Betrachtungen anstellen; so war der Einfall, den letzten Vers um einen Fuß zu verlängern (*Der weiße Nebel wunderbar, Und unsern kranken Nachbar auch* in Claudius' »Abendlied«) von erstaunlicher Veränderungskraft, und an den Anfängen *Innsbruck, ich muß dich lassen* und O *Welt, ich muß dich lassen* ist der Unterschied abzulesen zwischen realistischer Poesie und ideologisch dominiertem Gesangbuchtext. *Wer hat dich, du schöner Wald / aufgebaut so hoch da droben*, heißt derlei später bei Eichendorff, der nicht etwa den Förster meint, *Sag mir, wo du stehst / Sag mir, wo du stehst / Sag mir, wo du stehst / Und welchen Weg du gehst* tönt es, mit erhobenem Schlagstock dahinter, heute.

Ob Klage über die Welt, die ja vieler Poesie – und vieler Kunst – Thema, Haltung, Würde und Wirkung gibt, auch schön sein dürfe, ist oft bedacht und eigentlich lange entschieden (denn auch die großen und kleinen Utopien, bis zur Idylle, sind ja Gegenentwürfe zur Welt, die ihr vorhalten, wie sie nicht oder höchstens in große Wirklichkeitsstücke aus dem Erleben sperrenden Glücksmomenten ist), dennoch ist die Frage wieder in Schwang. Die Theorie derer, die sich angesichts einer desolaten Menschheitsverfassung schämen, Schönes herzustellen, läßt sich etwa auf die Formel bringen, wenn die Welt mit Messern werfe, müsse das auch der sie spiegelnde Künstler; das größte Kunstwerk wäre dann eins, das sein Publikum in die Flucht schlüge – obwohl dazu, wie wir wissen, schon Tränengas reicht. Der Engländer Percy Bysshe Shelley (1792–1822), einer der Großen der Poesie, im deutschen Sprachraum aber kaum als Name erinnert, war ein sozial engagierter Mann, der entfremdete Macht, unter der wir ja alle leiden, haßte wie kaum jemand; sein Sonett »Osymandias« scheint mir ein Beispiel, wie Haß nicht zum Brüllen noch zum zuckenden Herausschleudern von Wutsilben führen muß, sondern, vermittelt mit subtilem Handwerk, verwucherte Strukturen aufs listigste durchsichtig machen kann. Ich verweise auch hier auf den Großbau, der, bei lässig gehandhabtem Sonettschema, strengem dichterischen Überreden dient; so wird dem Emblem des Anfangs – zwei steinerne, riesige, rumpflose Beine stehen in der Wüste – als zweiter Blickpunkt ein zerschmetterter Kopf zugeordnet und mit Beiwörtern versehen, die auf einen Hochgestellten deuten; nach einer Zeitfahrt ins Vergangene, die – in drei Versen – das Verhältnis von Machthalter und Künstler abhandelt, erfolgt der Rück-Rißschwenk auf das Emblem, das die Lösung des angestauten Rätsels als Inschrift enthält; das Schlußterzett, Urteil letzter Instanz, ordnet Emblem, Kopf und Inschrift in eine Wüstenlandschaft, die bis zu uns reicht.

Percy Bysshe Shelley

OSYMANDIAS

Einen traf ich, fern aus antikem Land
Der sprach: Zwei Beine, steinern, riesig, rumpflos
Stehn in der Wüste ... Nahbei, halb im Sand
Liegt eine zerbrochnes Antlitz, dessen Runzeln
Kommandolächeln, kalter Hohn und Lauern
Erzähln, sein Bildner las die Züge gut
Die, aufgepreßt auf Totes, überdauern

Die formende Hand und das Herz, das sie trug
Und auf dem Sockel ist dies eingemeißelt:
»Ich heiß OSYMANDIAS, KÖNIGSKÖNIG:
Seht, Mächtige, mein Werk an, und verzweifelt!«
Nichts sonst ist übrig. Rings um den Verfall
Des kolossalen Wracks, glatt, einsam, eben
Strecken sich Sande grenzenlos und kahl.

Nun ist die Botschaft dieses Gedichts nicht nur tröstlich, da Großreiche zwar zerfallen und Großherrscher sterben, sich an ihre Stelle aber regelmäßig neue setzen; mehr: selbst wenn das Klassenverhältnis Herrschende – Beherrschte durch Einrichtung einer freundlich-kommunistischen Gesellschaft außer Kraft zu setzen ginge, wäre das lange nicht aller Menschheitsprobleme Lösung. Wir wissen ja, wenn wir »Freiheit« sagen und uns wünschen, oft nicht, was wir da verlangen, und auf uns nähmen. Goethe, allerdings, hat es gewußt (und deshalb statt von Freiheit lieber von Toleranz geredet); was immer man gegen ihn vorbringen mag, hat er sich doch nie gefürchtet, den Menschen außer als soziales auch als Naturwesen anzusehen, wogegen noch heute viele westeuropäische Intelligente mit seltsamen logischen Verrenkungen sich sträuben. Erst kürzlich hörte ich, als ich während einer Lesung Ergebnisse der Verhaltensforschung erwähnte, den empörten Ausruf »Der Mensch ist doch keine Graugans!«, und eine mir liebe Kollegin glaubt neuerdings öffentlich, die Menschheit wäre, wäre ihr das Patriarchat erspart geblieben, in einem besseren Zustand: als hätten Frauen keinen Zwischenkieferknochen. Das folgende Gedicht Goethes ist mir spät begegnet und in seiner vertrackten Mischung aus Weisheit, Bescheidung, Altershohn und tapferer Zurkenntnisnahme der Randbedingungen unserer Existenz seitdem nah und merkwürdig; darf ich sagen, daß Leute, die Goethe nicht lesen, mir leid tun?

Johann Wolfgang Goethe

Im Atemholen sind zweierlei Gnaden:
Die Luft einziehn, sich ihrer entladen;
Jenes bedrängt, dieses erfrischt;
So wunderbar ist das Leben gemischt.
Du danke Gott, wenn Er dich preßt,
Und dank ihm, wenn Er dich wieder entläßt.

Wie meistens, redet Goethe hier mit einer Gehaltenheit, die das Schauerliche zwischen die Zeilen drückt und nur untergründig arbeitend anwesend macht; was solche Souveränität gekostet hat, weiß, wer G.s tägliches Leben – nicht nur die Flucht nach Italien – gelegentlich briefelesend zur Kenntnis nimmt. Doch hat nicht jeder Dichter Konstitution und Geldbeutel, solche Kosten aufzubringen; von den wenigen Auswegen – Anpassung ans Seichte, Katholischwerden, Selbstmord – wählte Hölderlin den Wahnsinn (die Behauptung, er hätte ihn nur gespielt, halte ich für albern). Doch ersparte ihm die Krankheit nicht Momente schärfster Hellsicht; aus den Fugen des Gedichts *Der Winter* – zwei Jahre vorm Tod 1841 geschrieben – bricht, durch Stauungen und Überdehnungen des Rhythmus, »unpassendes« Zusammensetzen von Klischees und das grelle Klingen der reinen Reime, letzte Verlassenheit. Welche Kraft aber, die das Ganze – wie Dantes Bertrando in der Hölle seinen vor Gedanken platzenden Schädel – zu einem das Weltschöne rührend stückweis versammelnden, vibrierenden Gebilde zusammenhält:

Friedrich Hölderlin

DER WINTER

Wenn bleicher Schnee verschönert die Gefilde,
Und hoher Glanz auf weiter Ebne blinkt,

So reizt der Sommer fern, und milde
Naht sich der Frühling oft, indes die Stunde sinkt.

Die prächtige Erscheinung ist, die Luft ist feiner,
Der Wald ist hell, es geht der Menschen keiner
Auf Straßen, die zu sehr entlegen sind, die Stille machet
Erhabenheit, wie dennoch alles lachet.

Der Frühling scheint nicht mit der Blüten Schimmer
Den Menschen so gefallend, aber Sterne
Sind an dem Himmel hell, man siehet gerne
Den Himmel fern, der ändert sich fast nimmer.

Die Ströme sind wie Ebnen, die Gebilde
Sind, auch zerstreut, erscheinender, die Milde
Des Lebens dauert fort, der Städte Breite
Erscheint besonders gut auf ungemeßner Weite.

Rainer Maria Rilke

ÖSTLICHES TAGLIED

Ist dieses Bette nicht wie eine Küste,
ein Küstenstreifen nur, darauf wir liegen?
Nichts ist gewiß als deine hohen Brüste,
die mein Gefühl im Schwindeln überstiegen.
Denn diese Nacht, in der so vieles schrie,
in der sich Tiere rufen und zerreißen,
ist sie uns nicht entsetzlich fremd? Und wie:
was draußen langsam anhebt, Tag geheißen,
ist das uns denn verständlicher als sie?

Man müßte so sich ineinanderlegen
wie Blütenblätter um die Staubgefäße:
so sehr ist überall das Ungemäße
und häuft sich an und stürzt sich uns entgegen.

Doch während wir uns aneinanderdrücken,
um nicht zu sehen, wie es ringsum naht,
kann es aus dir, kann es aus mir sich zücken:
denn unsre Seelen leben von Verrat.

Radikalität, eine hohe Eigenschaft menschlichen Denkens, die heute zum politischen Schimpfwort verredet ist, gehört zum Dichter wie die Fähigkeit, aus Sprache Bilder der Welt herzustellen; in anderen Vokabeln meint der Begriff nichts als: Erfahrenes zuende denken ohne Rücksicht auf fremde oder selbstgemachte Tabusperren. Freilich läßt sich nicht alles Denkbare jederzeit denken, und nicht alles Zuendegedachte geht gleich ins Gedicht; manches, oder vieles, ist die Arbeit von Generationen, die – auch theoretisch unmögliche – Leistung des Laplaceschen Weltdämons keinem zuzumuten. Daß Menschen, seien sie Sensitive oder nicht, aus dem Ungemäßen äußeren Lebens in die schönen Verstrickungen der Liebe flüchten und in ihr eine Burg oder Heimat finden, die alles andere ertragen läßt oder kompensiert, hat es zu allen zivilisierten Zeiten gegeben und war vieler Poesie Lebensgrund; Rilkes Radikalität in seinem sorgsam, fast zögernd auf die intensive Schlußstrophe hin gearbeiteten Text macht nun auch diese scheinbar letzte Zuflucht fraglich: die Bedrohung kommt aus dem Innersten, d. i. aus uns selbst. Dieses Selbst enthält, verkürzt geredet, außer dem, was wir Kultur nennen, die Geschichte ihres Erwerbs: die genetisch gespeicherten Erfahrungen von Millionen Generationen ums Überleben kämpfender Tiere wie die mit der Sprache gewonnene Fähigkeit zu lügen. Zerstört derlei Auf-den-Grund-gehen Hoffnung? Es müßte es, wäre Hoffnung nicht allein sinnvoll in Kenntnis aller, auch der verschwiegensten Gefahren.

Ich stelle an den Schluß zwei Gedichte meines Freundes und Altersgefährten Karl Mickel, dessen exemplarische Leistung für die deutsche und internationale Poesie kaum gewürdigt ist; charakteristisch für das enorm entworfene, 1965 geschriebene Großgedicht *Dresdner Häuser* ist, daß es die Botschaften all der zuvor gehörten Gedichte weiß, und dennoch, in so komplexer wie einfacher Beschreibung von Nachkriegsalltag im zerbombten und wiederaufgebauten Dresden, zu einer neuen Utopie sich entschließt und aufbricht. *Lindenforum*, 1971 entstanden, hat in seiner Klarheit der leisen Rede, Subtilität der Durchführung und Zartheit wenig Texte seinesgleichen.

Karl Mickel

DRESDNER HÄUSER

Seltsamer Hang! die Häuser stehn, als sei
Hier nichts geschehn, als sei das Mauerwerk
Von Wind und Regen angegriffen, als
Hab nur Hagel Fenster eingeschlagen.
Die schöngeschnittnen Räume! ihr Verfall
Rührt, scheint es, vom ungehemmten
Wachstum wilder Kirschen im Parterre
Langsam, scheint es, haben die Bewohner
Sich eingeschränkt, um endlich nur ein Zimmer
Noch einzunehmen mit dem Blick zum Fluß.
Das also gibt es!
                Sagen will ich: Freundin
Dies Haus ist ruhig, hätt ichs hätt ich Ruhe
Ruhe brauch ich, also muß ichs haben
Ich mach was Geld bringt.
                        Die hier wohnten
Inmitten großer Industrie, erhabener
Natur, die Stadt zu Füßen, setzten in Gang
Des Todes Fließband: welke Lausejungen
Kommerzienräte, mordgeil vor Alter, Nutten
Zahnarm mit fünfundzwanzig, Buckelköpfe
In sichern Bunkern, westwärts weg, bevor

Gestein und Fleisch zu schrecklichen Gebirgen
Zusammenglühten stadtwärts.

Das Neue Leben blüht nicht aus Ruinen
Da blüht Unkraut. Unkraut
Muß weg, eh Neues hinkann: kein Baum
Ist mehr als mannshoch, wo späte Eile
Wohnraum hinsetzt, kahle Häuser, reizlos
Eins wie's andre, buntgemalt, mit dünnen
Wänden, niedern Zimmern, Bad
Ungekachelt, schön, daß sie da sind
Und angemessen dem Finanzplan, schließlich
Weil sie den Krach mit den Vermieterinnen
Gewaltlos hindern. Weil ich Ruhe liebe
Sag ich zu dieser Bauart: Ja. Das Neue.

Gibts das? Ruhe hierorts? Freundin, wir
Beschäftigt auf den Polstermöbeln emp-
Finden was wie Ruhe zwischen zwei
Herzschlägen, doch muß der Herzschlag
Zweier Leiber gleich sein, das ist selten
Und wenn es ist, weiß man, es bleibt nicht.

Ruhig sind die Pausen in den hastig
Polternden Schritten, wenn der Schichtarbeiter
Von nebenan zur offnen Haustür geht:
Ein ruhiger Mann: seine Söhne brüllen
Mich nächtens wach, zwei an der Zahl, die Frau
Macht einen zarten Eindruck, die Hände
Rot: die Windeln. Täglich trägt sie
Drei Treppen hoch die Einkaufsnetze, schleppt
Winters Kohlen.
               Das ist die Ruhe:
Zeit zwischen Blitz und Donner, Unrast hat Löcher
Pflicht geht nicht durch, eh Muße Pflicht wird.

Vor bessern Zeiten kommen schlimme Winter

Abraum auf den Abraum: Schnee, man schlägt
Mit Muskelkraft Elektrobagger frei
Frost in der Kohle, Frost muß Frost bekämpfen
Im Krafthaus Havarie, die Kindlein heizen
Mit ihrem Fieber ihre Krankenzimmer
Wie nebenan.

        Sodann das Eis bricht auf:
Aufatmen, denk ich, kann der Nachbar jetzt
Aufholen muß er. Er ist Fernstudent
Schwarz seine Lider, ich seh ihn sitzen
Früh an Büchern, schlaflos blicklos blättern
Die Frau geht fremd, was bleibt ihr, sie sagte:
»Auf Disteläckern wir lernten uns kennen
Und krumme Rücken, dem Bündnispartner
Halfen wir, daß er die Ernte
Einbringt, die er uns verkauft
Wie unser Biß das harte Brot durchdringt
Wir dringen durch! wir hattens versprochen
Uns und allen, da wars hartes Brot.
Nicht in die Knie gehn! Erste sein am Rain!
Daß Zeit ist für den Kuß, die Luft war trocken
Staub im Mund, er sprach:
                      Nicht erst das Grab
Soll, wenn wir leben, Buckel heilen!
Ich geb nicht auf, wie leb ich sonst?

Jenes Todes Leib sei nicht der unsre
Der uns bereitliegt, durch die dünnen Wände
Kälte spendend, auf des Ehbetts (sprach er)
Katafalk, der Januskopf des Zeit-
Genossen Zukunft: Du sahst ihn gestern
Öffentlich essen, die Frau vorm Fleisch
Die beißt in Totes, nur noch, ihre Zähne
Mühvoll erhalten, kauten stellvertretend
Was sich Ihr Mann nennt, fühllos saß er, und
Mich sah ich sitzen an seiner Stelle

Dich an der ihren, die Wände wuchsen
Einwärts, streckte ich den Arm
Stieß er an Schränke, stoffgepolstert, weniger
Luft war im Raum, als die Lungen faßten
Brüllen wollt ich, Röcheln war's, du hörtests
An ...«

Das sagte er, sie mir, ich dir. Die Augen
Stumpfen ab, gelegentlich erreicht
Der Blick die Wimpern Spitzen, starre Speere
Gezielt wohin? Der Körper wie an Stricken
Bewegt sich, noch, im Lufthauch, den der Baum
Erzeugt, in den sie eingeknotet sind.

Wo bin ich? wer? »Des Dichters Lied sei heiter!«
Sprach der Mann der Frau und Fernstudent
»Nicht diese Töne, Freunde! Eure Stimme
Soll hinbaun was, wo vorher nichts war, Wald
Niederreißen, Schornsteinwälder hochziehn
In kürzern Zeiten als ein Ästlein wächst
Einwurzeln dichtes Baumwerk in den Städten
Auf Kellern, die ein Krieg geebnet hatte
Mit Stein und Fleisch und Eisensplittern, und
Auswerfen Straßennetze, wo der Fischer
Fischnetze auswarf, Brücken übern Sumpf
Verspannen, und zwei Ähren wachsen lassen
Wo eine wuchs, bewässern und entwässern
Natur uns unterwerfen, uns natürlich
Benehmen lernen: das ist Arbeit, aller
Genüsse erster, edelster, der Ziele
Äußerstes Ziel, wie Liebe unerschöpflich!«

Ich selber will ein Haus sein, sterbe ich
Stein durch und durch, der Frost Glut Sturm
Unfühlend abweist, weist sie für euch ab.
Nach außen leit ich eure Stürme willig
In mir ein Herz wird schlagen wie der Donner

Waldungen stürzen, fliegt ein Fenster auf
Mit euren Gluten heize ich die Stadt
Sobald euch friert, den Kontinent vereis ich.
Wer in mich eindringt, bricht sich das Genick
Bevor er euch behelligt, auf der Treppe
Die Kindlein über meinen Dachfirst wandeln
Schwerelos

Karl Mickel

LINDENFORUM

Gelbes Laub, den Zweigen nicht verhaftet
In höchster Nähe schwebt an Ast und Ästlein
So gesättigt ist die Luft mit Regen
Die Luft so stille, daß der Linden Leiber
Leisen Wortes Hauch, Gedankens Atem
Entkleidete. Ich wage nicht zu denken

Oktober/November 1982

Die Talare der Gottesgelehrten

Gegessen und verdaut

Gespräch mit Johann Schögler

Ich möchte mich mit Ihnen über die Aufarbeitung der Geschichte in der ehemaligen DDR unterhalten ...

Mir scheint das Wort »Aufarbeitung« für das, was Sie meinen, wenig geeignet. Es legt ja nahe, da sei etwas, über das man sich hermacht – irgend etwas Rohes und womöglich Zähes –, und am Ende ist es gegessen und verdaut. Jeder Versuch, Vergangenheit loszuwerden, ist aber töricht. Ich habe, wenn ich dichte, außer mit mir mit achthundert Jahren deutscher und dreitausend Jahren europäischer Geschichte zu tun, dazu mit der Anthropogenese und der Physik des Universums. Die Forderung, mich nun ausschließlich mit den letzten vierzig DDR-Jahren zu befassen, halte ich für eher albern – zumal sie impliziert, meine Freunde und ich hätten das bislang vermieden. Statt die vorhandenen Texte zu lesen, ruft man nach »Aufarbeitung« und weiß schon, was herauszukommen hat: Die in der einstigen DDR wohnen gebliebenen Künstler sollen sich für »mitschuldig« erklären oder für krank und (westlicher) Seelenärzte bedürftig. Das Ziel, fürchte ich, ist Demütigung (früher hieß derlei »öffentliche Selbstkritik«); ein gedemütigter Autor wird künftig vielleicht alles mögliche machen, aber mit Sicherheit keine Kunst.

Ich meinte etwas anderes. Wo sehen Sie »weiße Flecken« in der Vergangenheit der DDR? Was, glauben Sie, wurde nur von den Oppositionellen behandelt und von der anderen, offiziellen Seite nicht? Und ist, andererseits, die jetzige Einverleibung der DDR durch die BRD nicht auch ein Über-Bord-Werfen einer vierzigjährigen Vergangenheit, die nun einfach umgeschrieben und neu definiert wird? Geht da nicht viel verloren?

Erstens, die Einteilung von Künstlern oder Intellektuellen in »Oppositionelle« und »Offizielle« ist grob und rein politisch, sie vermag weder Kunstwerken noch wissenschaftlichen Abhandlungen gerecht zu werden. Falls jemand mißliebig war oder gar verboten wurde, sagt das doch kaum etwas über den ästhetischen Wert oder den Wahrheitsgehalt seiner Verse, Sätze, Kompositionen und Bilder. Andererseits, wenn etwas gedruckt wurde, war es damit »offiziell«, mithin unwahr und verlogen? Macht ein Nationalpreis aus einem bedeutenden Maler über Nacht einen minderwertigen? Hat Kafka, als er endlich in der DDR erscheinen durfte, post mortem das »Realsozialismus« geheißene zentralistische Kommandosystem befestigt? Je weiter Sie das denken, desto unsinniger wird es.
– Zweitens, sicher geht viel verloren. Es gab ja in der DDR zwei Gruppen, die, je später desto schärfer, öffentlich zu denken wagten (und wagen konnten): Die Künstler und die protestantische Kirche. Gewiß finden Sie da wie dort auch Bestechliche und Unbedarfte; ich rede von den verantwortungsbewußten Künstlern und den wackeren Kirchenleuten, von Leuten, die ihr Amt ernst nahmen. Ein Teil von denen ist außer Landes getrieben oder gegrault worden; die aber blieben, blieben nicht aus Trägheit, sondern weil sie überzeugt waren, sie hätten den Leuten im Land Wichtiges mitzuteilen und leben zu helfen. Die »Ausharrenden« also wären jetzt gefragt und könnten, gelassen, betroffen und erfahren, Nachricht geben; Erfahrung, übrigens, ist meist schmerzhaft, Glücksmomente sind den Weltlauften abgetrotzt, in welchem System immer. Merkwürdigerweise sitzen nun – schon wieder – allerlei Ideologen auf dem Anstand, die uns meinen sagen zu sollen, was denn unsere Erfahrungen waren. Dabei heiligt, scheints, der Zweck die Mittel. Viele der in der DDR wohnen gebliebenen Künstler werden ohnehin durch den kapitalistischen Markt aus dem Beruf geworfen. Das, immerhin, ginge hinzunehmen – wenngleich schon im Hochmittelalter, von den alten Ägyptern, Griechen usw. nicht zu

reden, bekannt war, daß Kunst in den unumgänglichen Streitereien des Gemeinwesens eine Mitte stiftet, also auch eine Investition ist für spätere Generationen. Indes genügt den neuen Ideologen der Markt – der nie gewährleistet, daß Qualität sich durchsetzt – offenbar nicht. So fordert man die Selbstdemütigung der Künstler, (weil sie, je bessere Kunst sie machten, desto mehr das stalinistische System befestigt hätten), und behauptet, die Mitglieder der Künstlerverbande hätten in der DDR Monatsgehälter bezogen. Das war eine schlichte, aber wirkkräftige Lüge – sie erklärte die Künstler im nachhinein zu Schmarotzern, von denen eh nichts zu erwarten ist. Ähnliches widerfuhr der evangelischen Kirche. Jedem in der alten DDR Ansässigen, hieß es, würden 8 Prozent seines Einkommens als Kirchensteuer abgezogen, sofern er nicht seine Konfessionslosigkeit nachweise. Tatsächlich ging es um 8 Prozent der Lohnsteuer, und die Erklärung, man gehöre keiner Kirche an, befreite von der Zahlung. Das Gerücht wurde aber geglaubt, vor den Standesämtern bildeten sich Schlangen, es gab massenhaft Kirchenaustritte. Wenn heute die evangelische Kirche Kritisches äußert, lächeln die Ideologen und sagen: Aber meine Herren, Sie wollen im Namen des Volkes oder der Moral sprechen? Das Volk, wie Sie sehen, läuft Ihnen davon. Haben Ihre Bischöfe nicht mit dem System Kompromisse geschlossen? Natürlich haben die das; Strauß, Kohl und allerlei Bankleute haben mit Honecker und Schalck-Golodkowski konferiert und Kredite gegeben – wer Politik im Interesse der Vernunft machen will, muß mit den jeweiligen Machthaltern verhandeln, ob die ihm passen oder nicht. Wären die Neuen Ideologen gebildet (auch Bildung, übrigens, wird wieder zum Schimpfwort), würden sie womöglich Puschkin vorwerfen, daß er sich am Petersburger Hof vom Zaren persönlich zensieren ließ und nebenbei die russische Literatursprache schuf, statt den Zaren zu stürzen. (Puschkin wurde wegen seines Umgangs mit den 1825er Putschisten »bloß« in den Kaukasus verbannt; der Vorwurf hieße, auf den Punkt gebracht: er hat überlebt.) Stalin hat später aus deutscher Gefangenschaft zurückgekehrte Soldaten mit dem gleichen Argument einsperren lassen: Daß sie nicht tot waren, »bewies«, daß sie mit den Faschisten kollaboriert hatten.

Trotzdem, für Sie persönlich: Gibt es in der Vergangenheit der DDR Punkte, von denen Sie meinen, daß sie neu betrachtet, neu bewertet werden müssen? Ich denke da auch an die DDR-eigene Art der Abrechnung mit dem Nationalsozialismus.

Sicher gibt es die, zumal das Betrachten der Vergangenheit in der DDR mit Lügen und Entstellungen – sei es über die russische Oktoberrevolution, sei es über die Politik der deutschen Kommunisten, sei es über den Widerstand gegen die Nazis – angefangen hat. Was mich betrifft, habe ich, daß die Oktoberrevolution eine, an ihrem Anspruch gemessen, gescheiterte Revolution war, erst ziemlich spät kapiert, wohl Ende der sechziger Jahre. Vorbereitet hat sich das ab 1965. Sie finden von da an einen anderen Ton und eine »härtere« Struktur in meinen Gedichten. Nur, wenn einer etwas erkannt hat, reitet er nicht fortgesetzt darauf herum; man hat das eher als ein Hintergrundwissen, das in den Texten umgeht. Schließlich ist es mein Beruf, Texte zu verfassen, die über die Welt handeln, oder?

Aber man lebt dennoch von diesen Lügen und Entstellungen umgeben ...

Stimmt, aber man nimmt sie mit der Zeit wahr als eine Art Gebetsmühlenrauschen und regt sich nicht öfter als einmal täglich darüber auf. Gibt es, sacht gefragt, in Ihrem Land keine Gebetsmühlen? In wie vielen Epochen ist nicht der Anbruch des Heils, oder mindestens der Gerechtigkeit verkündet worden; derlei hat, überblickt man Geschichte, doch auch sein Lächerliches. Und sein Grausiges, bedenkt man, wie viele Menschen dabei zu Tode gekommen sind. Wer die Welt neugierig ansieht und Büchners *Dantons Tod* drei mal gelesen hat, weiß irgendwann, wie Revolutionen gemeinhin ablaufen, und daß Konterrevolutionen selten lebenschonender sind. Ich habe mit sechzehn die von Stalin verfaßte Geschichte der Bolschewiki gelesen und fand sie damals einleuchtend; spätestens nach der zweiten parteiamtlichen Korrektur staunte man nicht mehr, daß die lügen, sondern höchstens, daß sie so lügen. Aber ich lebte, und der Lebende hat Pflichten. Ich konnte Mandelstam, den in meinen Augen größten russischen Dichter dieses Jahrhunderts, nicht wieder lebendig machen; was ich konnte, war: sein Gedächtnis bewahren helfen, indem ich seine Verse übertrug. So habe ich meine Arbeit verstanden.

War dieses amtliche Lügen, von dem Sie reden, der Bevölkerung bewußt?

Der Bevölkerung? Die Denkwilligen sind immer nur ein kleiner Teil der Bevölkerung. Aber daß da etwas faul war, wußten oder ahnten schließlich die meisten; ohne daß sie übermäßig Lust hatten, darüber zu reflektieren. Für nachdenkliche Analyse haben vornehmlich Künstler und Kirchenleute gesorgt, intern auch manche andere, die nicht abließen, die Wirklichkeit am Ideal zu messen, mit dem die Kommunisten angetreten waren. Freilich hatten viele Denkfähige eine eigene Rabulistik, eine Neigung zur Rechtfertigung entwickelt; zudem hoffte nun immer wieder, die Herrschenden würden irgendwann dazulernen. Ich schließe mich da nicht aus, niemand trennt sich gern von Illusionen. Die loszuwerden haben mir Dichter-Freunde geholfen, allerlei Lektüre (Shakespeare, die deutschen Klassiker) und ein vermutlich sächsischer Hang zur Genauigkeit, der mich veranlaßt, meine Sätze so lange zu prüfen, bis sie jedem Zweifel standhalten, der mir einfällt. Das mag eine Marotte sein, sie gehört gleichwohl zu den Freiheiten, ohne die ich nicht leben möchte. – Ferner betrieb die SED-Führung, vor allem in den letzten Jahren, eine bewußte

Entpolitisierung. Darin war sie ziemlich erfolgreich. Schließlich hatten die Leute genug zu tun, mit ihrem Alltag zurechtzukommen; abends erholten sie sich dann bei den Unterhaltungssendungen des Westfernsehens.

Wurde in der DDR nie eine gewisse Mitschuld anerkannt an der Naziherrschaft, wenigstens insofern, daß die Leute in der Wehrmacht waren? Wurde eingestanden, daß nicht jeder Widerstandskämpfer war? Wir in Österreich hatten vor zwei Jahren das gleiche Problem bei den Gedenkveranstaltungen zum Anschluß ans Dritte Reich.

Es wurde in der DDR ein Geschichtsbild aufgebaut, das Versatzstücke von Fernsehserien brauchte: Auf der einen Seite die Nazis, dazwischen ein paar Mitläufer, auf der anderen seltsam makellose Widerstandskämpfer. Das DDR-Volk wurde gleichsam von oben entschuldigt für die Nazi-Vergangenheit und die Untaten des Krieges, und hatte sich gleichzeitig für die Duldung dieser Vergangenheit zu »bewähren«, indem es der Parteilinie folgte. Denn die DDR-Führer waren doch ausgewiesene Antifaschisten; die würden den rechten Weg schon weisen. D. h. man hatte nur den neuen Losungen zu folgen und durfte dafür alles Gewesene vergessen. Als Christa Wolf *Kindheitsmuster* herausbrachte, den ersten hiesigen Roman, der u. a. Alltag im Nationalsozialismus schilderte, staunten viele, daß es damals auch etwas wie »Normalität« gab. – Indes frage ich mich, ob nicht viele Generationen in vielen Ländern mit Vereinfachungen und Lügen, ihre Vergangenheit betreffend, aufwuchsen und aufwachsen ... Nur enthebt ja, daß andere, etwa Pol Pot, inzwischen noch grausamer wüteten, keinen der Pflicht, die eigene Geschichte zu kennen, zumal der Nationalsozialismus in einem hochzivilisierten Land »sich ereignete«.

Wie, dann, sehen Sie die Zukunft des Umgangs mit DDR-Vergangenheit jetzt? Gibt es die Chance, so zu schreiben, wie es vorher nicht möglich war – auch über den Anschluß an die BRD? Es wäre ja ebenso verlogen, die fünfundvierzig DDR-Jahre einfach abzutun, als wären sie samt ihren Ideen und Symbolen nicht gewesen.

Mit der DDR ist ein Wertesystem zusammengebrochen – freilich eines, das lange ausgehöhlt war und an das zuletzt nicht einmal das Politbüro glaubte, spätestens seit Einführung der Formel »realexistierender Sozialismus«. Das war ja eine merkwürdig abbittende Formel, die meinte »der Sozialismus, wie er derzeit eben nicht besser sein kann« – wer mehr verlangte, galt als Phantast oder Feind. Aber ein Wertesystem war da; die Frage ist nun, sind womöglich alle Wertsysteme von Übel? Reicht als Orientierung, daß der Erfolgreiche recht hat, während der Rest vergessen werden darf? (Auch dies ist ja ironischerweise ein Wertesystem, wenn auch ein darwinistisch-calvinsches; Tauglichkeit bzw. die Gnade Gottes beweisen sich danach an der Jahresrendite.) Leute, die über die Welt nachzudenken gewohnt sind – Intellektuelle also –, werden dem ihr »ja, aber« entgegenhalten und auf Vernunft, Toleranz und sachgegründete Sorgfalt verweisen, ohne die ein Gemeinwesen nicht frei sein könne; worauf ihnen was um die Ohren gehauen wird? Sie wollten zum Stalinismus zurück. Es ist schon seltsam zu sehen, wie die alten Shdanowschen Radau-Formeln gegen Intellektuelle und Kosmopoliten heute ohne jede Scham wiederverwendet werden; ich erinnere mich gut, wie uns in den sechziger Jahren auf jeden Einwand vorgehalten wurde, wir hülfen damit dem USA-Imperialismus.

Gibt es Gruppen von Intellektuellen, die beides ablehnen – den bürokratischen Sozialismus wie den Kapitalismus?

Ich sehe derzeit zum Kapitalismus keine annehmbare Alternative. Wichtig wäre, in ihm die Intellektualität aufrechtzuerhalten, das ständige Nachdenken, was denn wirklich im Interesse der Menschheit liegt – und nicht das Geld zum einzigen Wertmaßstab zu machen. Die zentraleuropäische Marktwirtschaft ist ja ohnehin nicht »rein«, es werden übergreifende Werte (etwa soziale Verträglichkeit) anerkannt – freilich oft auf Kosten scheinbar ferner Gegenden, der sogenannten Dritten Welt. Die Gefahr ist, daß die »zugewonnenen« Ostgebiete nun zu einer Spielwiese des ungebremsten Marktes werden. Alle möglichen neuen Politiker verkünden jetzt in der einstigen DDR, erst komme der Markt, dann, vielleicht in fünf oder zehn Jahren, wären Bildung und Kultur dran; wenn sie es nicht verkünden, handeln sie doch danach. Was solche Kurzsichtigkeit anrichtet, sieht man im thatcheristischen Britannien: Nicht einmal die Börse, geschweige die Industrie, florieren auf Dauer, wenn die Regierung Wohnungsbau, Schulbildung, Grundlagenforschung und Kunst vernachlässigt. In den Ost-Gebieten, die ja bis Wladiwostok reichen, wird man, fährt man Kultur und Bildung auf Null, viel Schlimmeres bekommen: die regionale Machtübernahme durch Mafia-Gruppen und den permanenten Bürgerkrieg.

Von August bis Dezember 1989 gab es in der DDR eine Massenbewegung. Dann kam der Umschwung nach dem Motto: Ein bißchen für das Volk, ein bißchen durch das Volk. Die Bereitschaft, sich mit der eigenen Vergangenheit auseinanderzusetzen – die es in der Massenbewegung ja gab – scheint inzwischen zurückgegangen?

In einer historischen Lage, da alle sagen: So kann es nicht weitergehen, sind Volk und Intellektuelle natürliche Verbündete; Intellektuelle werden zu Sprechern der unzufriedenen Mehrheit, eine Massenbewegung kann schöne und heitere Züge annehmen. Das funktioniert, solange der Gegner da ist – der große Übervater, der das Schlamassel angerichtet hat. Ist der gekippt, heißt die Frage Wie soll es weitergehen – und schon ist jeder Bedächtige im Abseits. Denn die Mehrheit will, verständlicherweise, heraus aus der mißlichen Lage, und das möglichst im Handumdrehen; was soll denn da Geschichte? Voran soll es gehen, hopp hopp; Geschichte wird allenfalls in Kauf genommen als Enthüllungsstory, die noch dem gemütlichst Eingerichteten bestätigt, wie heldenhaft er gelitten hat. Und geht es dann wirklich nicht im Handumdrehen, wächst das Bedürfnis nach Schuldigen; wer sind die, naheliegenderweise? Die Zweifler mit ihren Wenn und Aber, die, die die feinen Unterschiede machen, wo doch endlich die Axt her muß. Die sollen sie brauchen und ihre Vergangenheit bewältigen, indem sie sich die Füße abhacken, d. h. sich des Denkens begeben; dann, versichern die Neuen Ideologen, werden schon morgen früh alle im Wohlstand aufwachen.

November/Dezember 1990

Die Neue Nekrophilie oder
Der Brotpreis zieht an

Zu einem work-in-progress-Projekt in Berlin

Es gehört zum Ablauf geglückter Umstürze – von Revolutionen nicht zu reden –, daß nach drei Tagen Hochstimmung die Leute sich am vierten Tag die Augen reiben und aus dem Fenster sehen. Die Luft, stellen sie mit gewisser Verwunderung fest, stinkt wie früher, Dreck liegt auf der Straße wie eh, und der Brotpreis zieht an. Das freilich ist kein Grund nicht zu hoffen, sagen sie sich und lesen die Zeitung; darin steht, wer an all dem wie schuld war und gleichwohl noch frech herumläuft. Sie, die Leute, durchleben derart sämtliche Unerträglichkeiten ihres bisherigen Daseins noch einmal, indes genußvoll und mit dem Bild alsbaldiger Änderung. Diese Beschäftigung währt zwei oder fünf Monate. Danach folgt ein Moment des Blinzelns.

Die neue Ordnung, zeigt sich, ist nicht nur Freiheit, sondern auch Ordnung und braucht eine Polizei; die neuen Büros müssen mit tausend Unordentlichkeiten fertigwerden und sind womöglich noch bürokratischer als die alten; die Banken, überraschenderweise, tun, was sie immer vorgaben zu tun: sie verleihen Geld, um es vermehrt zurückzukriegen. Zudem erhebt eine bislang stille Gruppe ihr Haupt, die der Hausbesitzer – die Mieten steigen. Die Leute, ungern enttäuscht, brauchen nochmals Zeit, diese Maßgaben im Kopf sich zu ordnen; sodann setzt allgemeiner Mißmut ein.

Dies nun ist die Stunde der neuen Verwalter der Dörfer und Städte; sie sind ja nicht zu beneiden. Geld ist wenig da, und verlangen sie mehr von oben, bekommen sie keins, oder sie bekommen es und es entwertet sich. Versprechungen, andererseits, helfen fürder nicht – selbst wenn sie wahr wären, glaubte ihnen niemand. Was bleibt, ist der Kampf auf dem Feld des Nicht-Seienden – der Kampf gegen Namen, die Umbenennung.

Zur Umbenennung eignen sich vorzüglich Straßen und Plätze, zumal die erheblichen Kosten sich gut verstecken lassen; das Ärgerliche an Straßen und Plätzen ist, es gibt zu viele. So kann eine Partei, die mühsam einen *Brecht-Weg* in *Rudolf-Alexander-Schröder-Pfad* umgetauft hat, nicht einmal auf Gelächter, sondern allenfalls auf Schulterzucken rechnen – wer, fragt das Publikum, waren denn die? Stärkerer Tobak muß also her. Gibt es ihn?

Es gibt ihn, es sind die Denkmale. Denkmale sind in der Regel groß und wiegen viel, ihre Beseitigung lockt das Fernsehen und erweckt den Eindruck heftigen Tuns, ja von Entschlossenheit; endlich, scheint es, geschieht was. (Ein besonders Schlauer, lese ich, will die demontierten bodies gar eingittern, von Polizei bewachen und gegen Geld sehen lassen; welche Gier nach Triumph, und welch interessante Abart von Nekrophilie!)

Nun also ist Lenin an der Reihe, der eigentlich Uljanow hieß. Wer war Lenin? Ein Politiker, könnte man denken, ohne den die Weltgeschichte im 20. Jahrhundert leicht anders verlaufen wäre; er ist aber gescheitert. Freilich sind die Groß-Politiker der Weltgeschichte – ob Alexander, ob Augustus mit der pax Romana, ob Dshingis Khan – sämtlich gescheitert, und das Denkmal, das weg soll, lobt Lenin nicht, sondern es erinnert ihn. Sollten wir ihn nicht erinnern, sondern uns eines berliner Radiergummis freuen, der die Historie glattmacht?

Im Namen von Lenins Ideen, geht der Einwand, sind aber Millionen umgebracht worden. Gewiß, im Namen des Jesus von Nazareth und der Nächstenliebe auch; zum Glück beordert niemand deshalb die Kruzifixe auf die

Müllhalden. Aber aber aber, weiß der Senator, das Denkmal ist häßlich. Häßlicher als das Völkerschlachtdenkmal zu Leipzig, das Wilhelms II. krude imperiale Lüste so dräuend in Granit metzt wie die 1813er Koalition, die vorgeblich gegen den Eroberer Napoleon, im Ernst gegen den Code civile sich richtete? Tomskis Werk, das Lenin als versteinerten Oberlehrer zeigt, nimmt viel weniger Platz weg, und unterrichtet künftige Generationen unaufwendig über die Häßlichkeiten einer Epoche. Man soll es stehen lassen, der Platz soll weiter Lenin-Platz heißen.

September 1991

Dachs Mandelstam

»Ein Jahrhundert ist ein Dachsbau, der Mann eines Jahrhunderts lebt und arbeitet auf bemessenem Raum, strebt fiebernd seinen Besitz zu erweitern und schätzt an dem unterirdischen Bau nichts so sehr wie die Ausgänge«, schreibt Mandelstam 1922 über seinen Kollegen Alexander Blok (1880–1921), den er aus dem neunzehnten Jahrhundert »mit dem Instinkt des Dachses«, d. i. scharf vorahnend, in sein, Mandelstams, zwanzigstes blicken sah: ins *wölfische* Jahrhundert.

Beide Bilder, scheints, gehen nicht zusammen – außer wir lesen sie ineinandergespiegelt. Das vom Dachsbau meint Weise und Strategie dichterischen In-der-Welt-Seins, nicht welches Poeten immer personale Verumständungen; die richtet das Gemeinwesen an, darin, wohin der Blick auch fällt, *Wölfe* herrschen. Wach und kunstkräftig, sieht der Dachs auf möglichst viele Ausgänge im Bau; was, fragt sich Dachs Mandelstam, ist denn da nun sein Fehler? Daß er dem Gemeinwesen Auskünfte zuzufügen wünscht, die es nicht mag, der Fehler ist er selber. So daß vor jedem Loch, aus dem er den Kopf steckt, womöglich ein Wolf wartet, irgendwann wird der Kopf abgebissen werden. Was bis dahin?

Es gehört zu den Faulheiten heutiger Vorbeter des Zeitgeists, zu behaupten, derlei Einsichten in die Weltläufte müßten einen Dichter verrückt machen; Mandelstarn war ein Mann des Jahrhunderts, nicht des Zeitgeists, Ideologen langweilten ihn. (Einmal, nach seiner Verhaftung 1934, wäre er freilich fast verrückt geworden und wollte im Verbannungsort Tscherdyn aus dem Fenster springen; seine Frau hielt ihn an den Kleidern fest, auf Spaziergängen mit ihr überwand er die Krise durch analytisches Fragen.) Im übrigen war er ein Mann der clarté und ahnte schon in den frühen, 1913 unter dem Titel *Der Stein* versammelten

Gedichten, wohin er gehörte: nicht zu den *Symbolisten*, die in Rußland seit 1890 den Ton angaben und, je später desto müder, das Ungefähre pflegten, sondern (mit Achmatowa und Gumiljow) zu den *Akmeisten. Akme* heißt Höhepunkt, der Gedanke ist, man habe die Wirklichkeit in ihren Kulminationen zu erwischen bzw. ihr diese dichtend vorzuhalten, wozu es klassischer Strenge und Durchheiterung bedürfe und gelegentliche Flapsigkeit durchaus erlaubt sei – sofern sie nur nicht, wie bei den *Futuristen*, in Krampf ausarte. (Ungeachtet aller Seelen-Unverwandtschaft – Majakowski war wohlsituiert, publikumsabhängig und glaubte an den Fortschritt, Mandelstam mittellos, der Oktoberrevolution dankbar, weil sie ihm »die Biographie nahm«, und dachte geschichtlich – schätzte Mandelstam den futuristischen Polit-Rhapsoden hoch und beklagte Majakowskis Selbstmord 1930 als »okeanisches Ereignis«.) *Möge im Alter meine Wehmut hell sein,* hatte er 1915 gedichtet und im *Kaisermonat August* die Jahre seit der pax augusta *wie Reichsäpfel rollen* hören: Der Dachsbau, immerhin, besaß Spählöcher auch ins scheinbar Abgetane, wo Dante und Petrarca wohnten – bei ihnen war zu lernen, ein Poet habe seinen Kopf zu behalten, solange es geht.

Ossip Emiljewitsch Mandelstam ist 1891 in Warschau in eine orthodox jüdische Kaufmannsfamilie geboren. 1907 hat er Paris und Italien besucht, 1910 zu Heidelberg und Paris altfranzösische Literatur gehört und sich auf der Rückreise Berlin angesehen, ab 1911 in Petersburg romanische und deutsche Philologie studiert; 1918 arbeitete er unter Lunatscharski im Volkskommissariat für Erziehung. 1919 lernt er seine spätere Frau Nadeshda kennen, die sich bald gewöhnt, seine Gedichte auswendig zu wissen; wir verdanken ihrer Umsicht und zähen Schweigsamkeit nach 1938 die Bewahrung des poetischen Œuvres. (Der Benachworter schätzt sich glücklich, bei Nadeshda Mandelstam 1969 Tee getrunken zu haben und ein Exemplar des *Gesprächs über Dante* mit ihrer Widmung zu besitzen;

er meint, jeder mit jüngerer Historie Befaßte sollte ihr Erinnerungsbuch *Jahrhundert der Wölfe* dreimal lesen.) Zwischen 1925 und 1930 hat Mandelstam nichts gedichtet und war 1929 bei der Zeitung »Moskauer Komsomol« angestellt, dann verschaffte Bucharin ihm eine Armenienreise; mit dem Zyklus *Armenien* (1930) bewies Mandelstam nebenbei die Möglichkeit des freien Verses im Russischen. Das Epigramm, das zu seiner Verhaftung führte, wurde bei der Haussuchung nicht gefunden, doch deklamierte es der Sicherheitsminister Jagoda dem Sekretär des Ministerrats Jenukidse, der sich für Mandelstam verwandte, genußvoll aus dem Gedächtnis. Die Rohübersetzung geht:

Wir leben, das Land unter uns nicht kennend;
Was wir reden, hört man keine zehn Schritte weit,
Und doch, wo immer es zu einem halben Gespräch reicht,
Wird man des Kreml-Bergbewohners (-Knöterichs) gedenken.
Seine dicken Finger sind fettig wie Würmer,
Seine Worte wahr wie pudschwere Hanteln.
Schaben gleich feixt sein Riesenschnurrbart,
Die Stiefelschäfte blitzen.
Und, umringt vom Gesindel dickhäutiger Führer,
Spielt er mit den Dienstbarkeiten von Halbmenschen;
Wie Hufeisen schmiedet er Erlaß um Erlaß –
Dem auf die Stirn, dem zwischen die Brauen, dem ins Gemächt,
dem ins Auge.
Und was keine Hinrichtung ist, ist eine Himbeere*,
Und die breite Brust eines Osseten**

Die Verbannungs-Jahre in Woronesh verbrachten die Mandelstams in ärmlichen Umständen relativ unbehelligt, viele der bedeutendsten Gedichte entstehen dort. Danach gab man ihnen Plätze in einem Erholungsheim für Parteiveteranen; Nadeshda Mandelstam nennt die Wochen dort eine letzte Idylle. Am 1. Mai 1938 wird Mandelstam erneut verhaftet, Ende 1938 ist er, nachdem er seinen

---

* Argot für »übler Plan«. ** Einem damaligen, vermutlich von Georgiern aufgebrachten Gerücht zufolge war Stalin nicht Georgier, sondern Osseten.

Mantel gegen anderthalb Kilo Zucker getauscht hatte, die ihm sogleich gestohlen wurden, in einem fernöstlichen Durchgangslager entkräftet gestorben.

Ich bin Ossip Mandelstams Gedichten zum erstenmal um 1965 begegnet; die 1975 nach mancherlei Schwierigkeiten bei Reclam Leipzig unter dem Titel *Hufeisenfinder* erschienene, 1987 erweiterte zweisprachige Ausgabe brachte es bis 1989 auf 130000 verkaufte Exemplare, von denen viele in der Sowjetunion landeten – ein Bändchen Mandelstam war dort lange ein türöffnendes Gastgeschenk. Der Leser nehme die Texte so wörtlich wie möglich. Denn was dem ersten Blick Metapher scheint, sind meist das Zuhandene mit knappstem Aufwand überhöhende Bilder, und wenn Verse von der Lust am Trabrennen handeln, dürfen wir sicher sein, daß der größte russische Dichter nach Puschkin (beide waren »fremdblütig«, beide wurden vom Gemeinwesen umgebracht) ein so kundiger Jockei war, wie unsereins heute joggt oder squasht. Eine Ossip-Mandelstam-Straße, von der die nachstehenden 1937 in Woronesh verfaßten Verse handeln, wird es freilich, scheints, so bald weder in Rußland noch in Deutschland geben.

> Wie, mein Herr, heißt die Straße dort?
> Ossip-Mandelstam-Straße.
> Gottseibeiuns, was für ein Wort!
> Es verdreht sich im Mund sofort:
> Krumm klingt das, anstatt grade.
>
> Nie war an ihm eine Linie klar,
> Wie es auch nie eine Lilie war.
> Darum heißt diese Straße auch –
> Besser: diese Kuhle im Schlamm –
> Immer noch (Namen sind selten Rauch)
> Nach ebendem Mandelstam.

Februar 1992

St. Gödel und das Naturschöne

Ein Fragment

Ob es Naturschönes gebe – d.i. ob Bergen, Pflanzen, Frauen, dem Sternenhimmel und anderem schlicht Daseienden die Eigenschaft »Schönheit« zukommen könne – ist eine alte philosophische Ungewißheit; Denklustige mögen sich ihr entschlossen, höhnisch oder mit ehrfürchtigern Gelächter nähern und werden finden, daß jede Antwort Scharen fragenheckender Fragen heckt. Daher, wer nicht Herakles heißt, angesichts eines Problemknäuels vom Typ *Hydra* sich besser der Hilfe eines Heiligen versichert; ich, im Katholischen unbewandert, riefe den *Hl. Gödel* an.

(Sich alten Ungewißheiten zu nähern ist freilich eine weitere Weise möglich – die des Zeitgeists; sie wird diesertage von vielen Dächern gepfiffen. Woran kennt man das Pfeifen des Zeitgeists? Hegel hätte gesagt: daran, daß es dem Schwingenrauschen des Weltgeists häßlich sich auflagert und ihn zu vertreten vortäuscht; Karl Kraus: am letzten Loch; stilleren Gemütern reicht, daß ein *whistler of the Zeitgeist,* lebend oder tot, vom heutigen Feuilleton mit so vielen Bücklingen zitiert wird wie einst im Osten Stalins Schwiegersohn Shdanow. Ludwig Wittgenstein, etwa, hat während seiner späten Jugend dargetan, sämtliche Probleme der Philosophie seien keine, weil nirgendeine Sprache sie auch nur zu formulieren tauge; das war ein bißchen rüpelhaft, aber doch reizend. Als crux blieb, daß er die philosophische Frage, ob philosophische Fragen erlaubt seien, in einer Sprache zu entscheiden unternahm, die ihm zufolge das Entscheiden verhindern mußte; man wird das – zumal es Wittgenstein am Ende selber gemerkt hat – leicht entschuldigen. Eher unter die Todsünden fiele die hanfene Metapher, die er, sein System zu retten, der Nachwelt anbot: die möchte, notiert er, sich den Denk-Coup vorstellen als Aufstieg mittels einer Strickleiter, welche man, auf die höchste Warte gelangt, dann wegwerfe. Was indes gegen Wittgenstein ernstlich einnimmt, ist, daß er nach Abfassung seines Traktats sich in den böhmischen Wäldern aufhängen wollte nicht aus Liebeskummer oder Geldmangel, sondern weil ihm, nachdem er alle philosophischen Fragen gelöst hätte, nichts mehr zu tun bliebe. Man soll über Endlöser, zumal über philosophische, gewiß mit Mitleid reden; milder wäre, man schwiege von ihnen.)

Der *Hl. Gödel* also, rufen Sie ihn an, murmelt bekanntlich Mathematisches, das deutsch ungefähr lautet: In jedem vollkommenen logischen System lasse sich nach den Regeln des Systems mindestens ein Satz erzeugen, von dem sich niemals wissen läßt, ob er zum System gehöre oder nicht; gehört er dazu, ist das System nicht logisch, gehört er nicht dazu, ist es unvollkommen. Auszuräumen geht das Ärgernis erst in einem Metasystem, mit dem man sich wieder einen gleich störrischen Satz einhandelt, und so fort. Nun steht, wer über Schönheit grübelt, nicht unterm Zwang der Vollkommenheit, und *St. Gödel*, eine Seele von einem Heiligen, bringt all das ja auch nur vor, uns zu trösten. »Wenn, auf zeit- und weltentleertestem Felde, schon mir derlei unterläuft«, wispert er, »wirst du, Schönheitsfreund, umbraust von der Fülle des Erdkreises und der Epochen sowie dem Eigenrauschen deines Gemüts, mit Schlimmerem rechnen müssen; bleib nur so unverzagt, wie ich es bin.« Derart ermahnt, versuchen wir nicht die Hydra zu köpfen, noch ihre möglichen Köpfe zu zählen, sondern letzterer Beschaffenheit anzudeuten.

*

Der Mensch, außer die ihm zuhandene Welt zwecks Nießbrauchs zu modeln und ebendeshalb über sie nachzudenken, neigt offenbar noch zu einer dritten Sorte Beschäftigung: Er fertigt aus Farben, Steinen, Bewegungen,

Tönen oder Wörtern Bilder dieser Welt und springt dabei mit der Natur, der er nachahmt, derart um, daß er sich darin heimlich anwesend macht. Das geglückte Ergebnis solcher Beschäftigung nennen wir Kunst, und bei hohem Geglücktsein – wenn nämlich das Zusammenspiel der verwendeten Zeichen unser Gemüt mit dem Weltganzen ins Benehmen zu setzen vermag –, sagen wir, dem Kunstwerk eigne Schönheit.

Wenn aber das Kunstwerk Entsetzlichkeiten der Welt darstellt?

Kann es gleichwohl schön sein. Ist doch des Künstlers Gegenstand roh und mit Zufälligem behaftet, und Schönheit kommt aus den Mitteln, ihn darzustellen.

So daß der Künstler seinem Gegenstande, wie erhaben oder läppisch der sei, Schönheit erst zufügt, bzw. sie in ihn hineinverbringt?

So scheint es der Fall zu sein.

Wie dann soll es Naturschönes geben? Kein Künstler verbringt außer den Spuren seiner Nagelschuhe etwas in die Alpen, und gewiß nichts an den Sternenhimmel.

Schon recht; die Frage ist ja aber, wo der Künstler die Schönheit, oder eine Ahnung von ihr, herhabe.

Womöglich ist ihm, oder uns allen, ein Sinn dafür eingeboren.

So meinte Shaftesbury, und der kritische Kant vergaß, ihm zu widersprechen. Nur, wenn der Schönheitssinn im Genom wurzelt, wie ist er da hineingeraten? Er muß doch, wollen wir ihn nicht für eine Art Blinddarm halten – und selbst der Blinddarm ist, da er uns nicht zu leben stört, ein Ergebnis von Auslese – im Laufe der Evolution irgendwie befestigt worden sein?

Eine verwirrende Annahme.

Gegen die Verwirrung hatten wir ja *St. Gödel* angerufen. Der Künstler fügt seinem Gegenstande da etwas zu, da nimmt er etwas weg, bis endlich Schönheit aufscheint; er tut dies durch geschickte Kombination seiner Mittel. Könnte nicht sein, daß eine ähnliche Kombination, wie sie der Künstler herbeizwingt, mitunter in einem Stück Natur vorkäme – zumal wenn man bei geeigneter Beleuchtung, und aus der rechten Entfernung hinblickt? Beleuchtung und Abstand befreien ja von manch Rohem und Zufälligem, indem sie es wegfiltern. Könnte zudem sein, daß derlei nicht gar zu selten vorkäme? Oder, wäre es selten, einen solchen Anschein von Wohlgeordnetheit böte, daß es sich leichter merken ließe als anderes, mehr Chaotisches? Der Mensch, nicht wahr, verabscheut das Chaos, weil es ihn zu leben hindert. So daß jene Exemplare der Gattung, die sich schöne, oder quasischöne, Naturausschnitte besser merken, auf die Dauer einen Überlebens- und Vermehrungsvorteil gehabt hätten?

Und der Beweis dafür?

Man beweist nichts in Kunstangelegenheiten, man legt Gedanken nahe. Gleichwohl könnten sie die Sache ja treffen. Poussin, beispielsweise, malt idealische Landschaften, drei davon hängen in Berlin-Dahlem. Wie immer jemand Poussin leiden mag, wird er doch, steht er vor den Bildern, sich in diese Landschaften hineinwünschen. Er mag sich sagen, daß er, wäre er wirklich dort, allenfalls diesen oder jenen Halm schon fände, im übrigen aber vermutlich von Ameisen, Stacheln und Unebenheiten des Bodens behelligt würde; dennoch zieht es ihn hin. Nun, und sind Sie, nicht im Museum, sondern im rohen Leben, vor derlei Landschaften noch niemals staunend gestanden, oder an ihnen vorbeigefahren? Und wußten, daß Sie, an Ort und Stelle, sich mit einiger Wahrscheinlichkeit sacht enttäuscht fühlten; trotzdem genossen Sie Ihr Ergriffensein. Andersherum können Sie, während Sie eine schöne Frau umarmen, über deren Schönheit nimmermehr urteilen, Sie sind ihr zu nahe; allenfalls mag, daß Sie sie schön wissen, Ihre Leidenschaft steigern. – Sie lehnen meine Redeweise ab? Und bringen vor, wir nennten das Kreuz des Südens, eine Frau oder den Gesang mancher Vögel nur darum schön, weil wir, an Kunstwerken geschult, etwas zufällig Ähnliches in der Natur anträfen oder anzutreffen den Wunsch spürten? Bitte, bitte; aber ebensogut, wispert *St. Gödel*, könnte es sich doch umgekehrt verhalten?

1992

Vorrede für eine Sozialministerin

Daß die Sprache dem Menschen gegeben sei, damit er seine Gedanken verberge, stellt Stendhal 1830 als Motto vor seinen Roman »Rot und Schwarz«; erzählt wird darin, wie ein liebesfähiger Begabter aus dem Nichts der Geldlosigkeit ins reale bürgerliche Sein nur gelangt, indem er stückweise seinen Charakter ablegt, und wie er scheitert, als er einen Rest dieses Charakters behalten will; den damaligen Besitzern der öffentlichen Meinung galt Stendhals Buch für weltfremd, romantisch und nicht marktfähig. Nun begegnet uns der Brauch, den das Motto beschreibt, alle Tage, freilich seltener als *Lüge* – es verlangt hohe Geistesschärfe, fortwährend zu lügen – denn als verhüllendes Reden: als *Euphemismus.* Der kann im Privaten durchaus ein Kulturgut sein, niemandem schadet ja, wenn wir einen Gestorbenen *dahingegangen* nennen, oder eine Schöne um ihr *Herz* bitten und dabei Tieferliegendes meinen – hier wie dort beweist der Sprechende Zartsinn, setzt Gesittung voraus und könnte, wäre das nicht eitel, jederzeit Tachles reden. Ganz anders in der Politik, da ist der Euphemismus Pflicht. Politik, erinnern wir uns, gibt es, seit in Städten sich drängende Menschen einer Verwaltung bedurften und folglich in Verwalter und Verwaltete sich schieden; die Gepflogenheiten öffentlicher Verlautbarung glichen denn schon unter Hammurabi denen im Alten Rom, dessen späte Erben wir sind: Die Römer sagten *pacare, befrieden,* wenn sie ein Fremdvolk unterwarfen, und nannten einen zu ehrgeizigen Senator *cupidus rerum novarum,* was *scharf auf Neues* heißt, aber *Hochverräter* meint; die entsprechende Vokabel heute wäre *Informeller Mitarbeiter*. Soweit ich sehe, verfolgt der besondere politische Wortgebrauch seit Erfindung des Staats drei Zwecke: Er soll die Dummen täuschen; er droht den Gewitzten: so und so wird geredet, bequeme dich an oder du kriegst kein Bein hoch; drittens ist er innerhalb der

Kaste der Politiker eine Art Duftmarke, an der sie sich, Regierung hin, Opposition her, kennen wie die Auguren einander am Lächeln.

Es hat nun im Gefolge der Eurasischen Wirren, die am 17. Juni 1953 einsetzten, kürzlich am Westrand des Sowjetischen Imperiums einen Umsturz gegeben, den manche Revolution, andere anders nennen; zweifelsfrei scheint, daß Scharen neuer Politiker auf den Plan traten, die sich zunächst durch wenig mehr auswiesen als durch eifrigen Gebrauch dem neuen Weltgott genehmer Wörter. Das verwundert kaum, zumal auch manch Wackerer rechnet, einzig hinter Wortnebeln lasse sich uns, dem bedürftigen Ostvolk, wirksam dienen. Verwunderlich ist vielmehr, daß unter all diesen eine Person auftauchte und noch den Kopf hochhält, die den seit Hammurabi geltenden Regeln sich nicht fügte.

Dabei ist es das geringste, daß sie *Ja* sagt statt »ich gehe davon aus«, und die Floskel »ich sage mal«, die kühnes Abweichen vom Festgelegten vortäuscht und diesem desto inniger frönt, ihr nicht über die Lippen kommt; vielmehr lästert und verlacht sie, seit man ihr Mikrofone gibt, das hierorts nach dem Umsturz aufgestellte Goldene Generaltabu. Das lautet bekanntlich, ein Ossi dürfe, da er ja nun frei sei, eines allerdings nicht: Er dürfe nicht klagen, d.i. ihn betreffende ärgerliche Umstände nicht beim Namen nennen.

Dies nun tut Regine Hildebrandt, auf die ich Sie einzustimmen habe, inständig und mit charmant sandiger preußischer Atemlosigkeit, und wird dafür vom Volk geliebt: Eben als wir uns gewöhnen wollten, jenem Großen Tabu zu opfern und uns selber zu verabscheuen, platzt ihr stellvertretend für uns der Kragen. Genauer: der Kragen platzt, ungeachtet allen Feuers und Dampfs, auf gezügelte Weise.

Denn daß, auch wenn das Befluchen einer Staatsschweinerei das Schweigen über sieben andere einschließt, man nicht über all und jedes predigen dürfe, konnte eine Kirchenchorsängerin gut bei den alttestamentlichen Propheten lernen, die ja weniger mit Voraussagen befaßt waren als mit deutlicher Lagekennzeichnung zugunsten des unterentwickelten judäischen Nordens gegen den zentralistischen Süden, wo auf Zion der König saß; gelegentlich wurden sie dafür mit Sägen aus Zedernholz zerschnitten.

Ein Hoffnungsträger zu sein hat so durchaus seine Gefahren, und Versuchungen liegen am Weg wie unbewachte Waffenlager. Als ihr jüngst ein mir lieber Kollege antrug, sich um das höchste Staatsamt zu bewerben, hat die brandenburgische Sozialministerin entgegnet, sie helfe den Gebeutelten besser vor Ort, Politik sei ihr zu theoretisch. Nun begreife ich gut, wenn jemand nicht Bundespräsident werden mag, zumal er oder sie dann bald deutsche Soldaten für Kampfeinsätze zu segnen hätte; wo in aller Weltpolitik aber, grüble ich, waltet auch nur ein Fünkchen theoretischen, d.i. die eigenen Grundsätze bezweifelnden Denkens? Man hat ja nicht einmal Strategien.

Regine Hildebrandt ist 1941 geboren, sie hat promoviert, drei Kinder großgezogen, singt nach wie vor im Kirchenchor und war zu DDR-Zeiten leitend in der Pharmazie-Forschung tätig; nach den Urteilen neuerer Ideologen hat sie damit ein Unrechtssystem festigen helfen und sollte sich schämen, zeigt dazu indes wenig Neigung.

Sie ist nämlich Optimistin, worin ich ihr nicht folgen kann, mir schien Optimismus immer die Kehrseite der Verzweiflung. Es ist aber nicht meines Amtes, hier gegenzureden, statt dessen schließe ich mit einem Gedicht. Es heißt *gololjod*, deutsch Glatteis, der russische Liedersänger Wladimir Wyssotzki hat es vor knapp dreißig Jahren geschrieben. Ich lese zuerst den Refrain im Original, warum? Vielleicht, weil wir das Russische, eine große Kultursprache, derzeit ähnlich leichtfertig wegzuwerfen im Begriff sind wie manch anderes, das wir uns im früheren Leben gegen die realexistierende Dummheit erwarben.

Гололёд на земле, гололёд
Целый год напролёт, целый год,
Гололёд на земле, гололёд
Будто нет ни весны, ни лета.
Чем-то скользким одета планета,
Гололёд на земле, гололёд
Целый год напролёт, целый год ...

Glatt wie Eis ist die Erde, eisglatt,
Jeden Tag quer durchs Jahr weiß und glatt.
Glatt wie Eis ist die Erde, eisglatt:
Als ob Frühling und Sommer entflogen,
Ist, was ist, glatt und weiß überzogen,
Und du knallst auf das Eis und liegst platt.
Glatt wie Eis ist die Erde, eisglatt,
Jeden Tag quer durchs Jahr weiß und glatt.

Und schlügst du in den Lüften ein Rad
Und berührtest den Grund nicht mit Füßen –
Müd und kalt fällst du bald und liegst platt
Glatt wie Eis ist die Erde, eisglatt,
Und zertreten wird man dich mit Stiefeln.

Glatt wie Eis ist die Erde, eisglatt,
Jeden Tag quer durchs Jahr weiß und glatt.
Als ob Frühling und Sommer entflogen,
Ist, was ist, glatt und weiß überzogen:
Glatt wie Eis ist die Erde, eisglatt,
Jeden Tag quer durchs Jahr weiß und glatt.

Februar 1993

Die Talare der Gottesgelehrten

Gespräch mit Gisela Roethke

Mich interessiert, ob es Brüche gab in Ihrem Leben und Schreiben, die aus bestimmten politischen oder persönlichen Entwicklungen resultieren.

Hm. Aus der Ferne erscheinen einem »Brüche« ja leicht als Kontinuität, weil: alles geht wie es geht, und hinterher wirkt es ganz logisch. Aber sicher war der sowjetische XX. Parteitag ein Bruch, er hat mit ausgelöst, daß ich anfing zu schreiben. Andererseits: Ich war damals einundzwanzig, in dem Alter schrieben viele junge Leute Gedichte, sozusagen als Selbstvergewisserung beim Erwachsenwerden. Der nächste Bruch war dann der Rausschmiß von der Jenaer Universität.

Sie studierten Philosophie, und es ging um Ernst Bloch?

Um Bloch sehr am Rande. Es ging eigentlich um den XX. Parteitag, und wie man sich dazu stellen solle. Außerdem um Gedichte, die ich an die Institutswandzeitung gehängt hatte. Sie hingen dort einen Tag, dann brach in Ungarn der Aufstand aus, und die Texte wurden plötzlich als geistige Vorbereitung zur Konterrevolution gelesen. Daß ich sie aufgehängt hatte, kam so: Es gab damals eine von der FDJ herausgegebene Studentenzeitung namens FORUM, die 14tägig erschien und im Zuge des ideologischen Tauwetters auch neue Gedichte druckte. Eins darunter war von mir, es hieß »Einsamkeit« und ging:

> Am Rand der Nacht zerbröckelt grau die Erde
> Und tropft hinab ins Nichts. Die Flut schlägt dumpf;
> Verstummt und gläsern stapft die blinde Herde.
> Der Mond bleckt kalt. Die Himmel hängen stumpf.

Verirrtes Wort in ausgebrannten Welten
Zerflattert jäh am Fels. Der Ton bricht matt.
Die Nebeltiere in verharschten Zelten
Zerschweigen ihn. Man walzt die Straße glatt.

Na ja, die frühen Anfänge.

Immerhin ist ein gewisser Formwille erkennbar.

Und daß Sie Georg Heym gelesen hatten.

Van Hoddis, Trakl und Heym sowieso, aber auch Stephan Hermlin. »Verharschte Zelte« klingt hermlinsch. – Das stand also im FORUM, unser ganzes Philosophisches Mini-Institut las es, und meine Kommilitonen fragten ratlos, was es bedeute. Da las ich ihnen ein zweites Gedicht vor, das ich auch ans FORUM geschickt hatte, ohne daß es gedruckt wurde, es hieß »Revoluzzeure«:

Sie tragen
Ihr Bewußtsein im Knopfloch
Und das Parteibuch
Entsichert in der Hosentasche.

Schwingend
Die Keule ihrer Erfahrungen
Predigen sie stolz
Den letztverordneten Katechismus.

Hätten sie ein Gehirn
Sie ließen es rot anstreichen
Und trügen es als Fahne
Vor sich her.

»Ja ja ja«, riefen alle, »jetzt verstehen wir auch das erste.« Der Wandzeitungsredakteur bat mich, ihm beide Texte nebst einem kleinen Kommentar zu geben, heftete alles an und freute sich, so einen interessanten Beitrag zu haben. Aber am nächsten Tag war Ungarn, etliche Kommilitonen umstanden kämpferisch grunzend die Wandzeitung, und einer riß meine Gedichte ab. Das Ganze gab dann für mich ein Parteiverfahren.

Das wie endete?

Glimpflich, mit einer Rückversetzung in den Kandidatenstand. Aber der SED-Kreisleitung schien das zu milde. Und als die Sache neu verhandelt wurde, hatte ich inzwischen ein zusätzliches Vergehen auf dem Kerbholz – ein moralisches. »Moralisch« meinte damals im Parteijargon: die sexuellen Bräuche betreffend. Das wurde in den fünfziger Jahren überaus ernst genommen; betrogene Ehefrauen konnten sich bei der Partei über ihre fremdgehenden Gatten beschweren. Die wurden meist verdonnert, nach gehöriger Selbstkritik »die Ehe zu festigen«, konnten aber auch strafversetzt werden. Ich war unverheiratet, hatte indes eine Freundin jüngeren Semesters, und das Philosophische Institut fuhr damals jeden Frühsommer zu Prüfungsvorbereitungen in ein Erholungsheim im Thüringer Wald. Dort schlief meine Liebste in einem Vierbettzimmer, ich schlich mich nachts zu ihr, und wir vergnügten uns, glaube ich, ziemlich leise; gleichwohl beschwerten sich die drei anderen am nächsten Tag, sie hätten Ungeheuerliches leiden müssen. Das wurde nun bei der Neuverhandlung des Parteiverfahrens »dazugerechnet«.

Sie hatten sich als »dekadent« erwiesen?

So hieß damals ein Modevorwurf. Die politische Verfehlung wäre allenfalls hingegangen; aber das! Man kann sich schwer vorstellen, welche Unduldsamkeit da hochschwappte. Ein Assistent, der in Moskau studiert hatte, erzählte mit bebender Stimme, im dortigen Studentenheim hätte ein Ehepaar gewohnt, dessen Zimmertür stets unverschlossen blieb – weder tags noch nachts habe man sie bei einem anstößigen Beieinander betroffen.

Wie traurig!

Aber auf der Versammlung saßen hundert halbwegs intelligente Menschen, die haben das geschluckt.

Keiner hat gelacht?

Wir lachen heute darüber, obwohl es bei Talk-Shows und Presse-»Enthüllungen« ähnlich Irrwitziges gibt. Meine Sache endete mit Parteiausschluß und Relegation, und ich durfte mich, wie damals üblich, »in der Produktion bewähren«. 1957–1960 habe ich je ein Jahr in einer Druckerei, einem Chemiewerk und in der Landwirtschaft gearbeitet. Das hatte insofern sein Gutes, als es mich aufs Schreiben warf. Man braucht ja in der Literatur, um halbwegs Professionalität zu erlangen, Vorübungen; es gibt aus dieser Zeit ungefähr vierzig Gedichte, die meisten eher unpolitisch. Jedenfalls hege ich gegenüber denen, die mich damals geext haben, keine Rachegefühle. Stellen Sie sich vor, ich hätte mein Philosophie-Examen gemacht –

Und eine Universitätslaufbahn eingeschlagen.

Ja, aber als was? Als Lehrer im Grundstudium für Marxismus-Leninismus. Da wäre ich auch irgendwann rausgeflogen, der Umweg blieb mir erspart. Übrigens habe ich die körperliche Arbeit nie als demütigend empfunden, sie war nur – ausgenommen die Arbeit auf dem Acker, die habe ich manchmal genossen – langweilig. Das Eigentliche kam danach: ein bißchen ausruhen, dann Klavier üben und schreiben. Ich wundere mich heute, wie ich bei einem so vollen Sechzehnstundentag auch noch fertigbrachte, mich zu verlieben.

Sie und Sarah haben 1958 geheiratet ...

Ich habe 1958 die Biologiestudentin Ingrid Bernstein geheiratet; ein Bekannter aus meiner Jazz-Zeit nannte sie, als ich sie ihm vorstellte, spontan Sarah, und der Name blieb. Wir waren damals auf stille Weise projüdisch, und Ingrid klang so naiv nordisch.

Zählt die Heirat für Sie zu den Brüchen?

Überhaupt nicht.

Und Ihre beiden Scheidungen?

Die trafen mich auf je verschiedene Weise. Aber von einer gewissen Stufe der Professionalität an schlägt, ob Sie sich elend fühlen oder prächtig, nicht auf die Texte durch. Womöglich trinkt man mehr und merkt dann, wie wichtig der eigene Körper ist, geht also mehr an die Luft und fängt an Sport zu treiben. Den Text berührt das nicht, der muß werden wie er muß. Der nächste Bruch, chronologisch zu bleiben, war die Hermlin-Lesung 1962.

Stephan Hermlin war Sekretär für Sprache und Dichtkunst der Akademie der Künste und hatte im SED-Zentralorgan NEUES DEUTSCHLAND *junge Leute aufgefordert, ihm Gedichte einzusenden ...*

Ja, er bekam an tausend Gedichte, und las ungefähr fünfzig auf einem Akademie-Abend vor vierhundert Leuten. Sarah und ich waren unter den Autoren, die er ausgewählt hatte. Die Veranstaltung wurde ein ideologisches Ärgernis, es gab heftige Angriffe im SONNTAG, einer kulturpolitischen Wochenzeitung. Aber man konnte, in einer relativ unduldsamen Zeit, öffentlich antworten! Ich habe das getan, der SONNTAG-Chefredakteur druckte es mit einer Gegen-Antwort. Wir »jungen Lyriker« wurden dadurch erstmals einem größeren Publikum bekannt. Das weckt natürlich leicht Illusionen.

Welche Illusionen?

Daß man Politikern nur geduldig erklären müsse, was zu einem richtigen Sozialismus gehört, dann würden sie schon loslegen. Und daß Massen mittels Kunst rasch und wirksam zum Mitdenken anzustiften gingen. Beide Irrtümer verflüchtigten sich mit dem berühmten 11. ZK-Plenum 1965. Damals änderten sich auch Ton und Gegenstände meiner Gedichte; den Bruch markiert das Gedicht »Auszog das Fürchten zu lernen«, das sich heute als Pendant liest zu Karl Mickels »Odysseus in Ithaka«.

Hat der Einmarsch in die Tschechoslowakei 1968 bei Ihnen einen weiteren »Schub« ausgelöst, wie das bei manchen DDR-Autoren der Fall war?

Wenn Sie »Auszog das Fürchten zu lernen« lesen, wissen Sie, daß es keines Schubs bedurfte. Zwei Großmächte hatten sich verabredet, den Status quo aufrechtzuerhalten. Es war schon viel, daß dabei kein Blut floß.

Damals, Ende der sechziger, Anfang der siebziger Jahre, haben Sie eine Reihe von Porträts geschrieben. Ich finde interessant, wie Sie da vorgehen, Sie schieben immer wieder eigene Betrachtungen ein.

Porträts zu machen hatte mir der Aufbau-Verlag vorgeschlagen.

Das gehörte noch zum Programm von Bitterfeld, oder?

Eher zu den Nachwehen. Die Erste Bitterfelder Konferenz hatte ja verlangt, Schriftsteller sollten zu den Arbeitern gehen, um das »wirkliche Leben« kennenzulernen. Das versuchten etliche, nur entsprach das Ergebnis nicht den Erwartungen. Selbst Reportagen von Parteitreuesten enthielten noch zu viel Kritisches. Also korrigierte die Zweite Bitterfelder Konferenz die Erste; die Schriftsteller, forderte Ulbricht, sollten sich, statt sklavisch Tatsachen abzuschildern, auf die Ebene der Planer und Leiter begeben. Als Sarah und ich 1961 für ein Jahr LPG-Mitglieder in Schafstädt wurden, haben wir nicht Rüben gehackt, sondern bei Vorstandssitzungen und Brigadebesprechungen zugehört und versucht, ein bißchen Kulturarbeit zu machen; manchmal haben wir auch die Stenotypistin vertreten. Aber 1967 hat von Bitterfeld schon kaum mehr wer geredet. Die Aufbau-Leute hatten sich vielmehr auf den »Kern« von Bitterfeld besonnen – daß ein Autor sich ihm unbekannten Bereichen zuwendet, ist ja nicht töricht. Und auf einmal geisterte ein Name durch die Gespräche: La Bruyère. Der hatte als klassisch geltende Porträts geschrieben. »Rainer«, sagte der Aufbau-Lektor und schwenkte ein Schnapsglas, »sei ein Kerl und werde der La Bruyère unserer Zeit.« Weshalb, schließlich, sollte ich das nicht versuchen?

Haben Sie dann La Bruyères Schriften studiert?

Das will ich noch immer nachholen.

Trotzdem habe ich vor kurzem Ihre über zwanzig Jahre alten Porträts gespannt gelesen, und öfter laut gelacht bei der Lektüre.

Dann funktionieren sie wohl noch. Ich hatte ja für jedes nicht nur die Großform zu erfinden, auch die Binnenstruktur sollte für »drive« sorgen. Wer einen Chirurgen oder Verhaltensforscher porträtiert, kommt um trocken Fachliches nicht herum, braucht also allerlei Gedankenkurven. Dramaturgie, meint mein Kollege Hacks, ist geschicktes Verteilen der einem Kunstwerk unvermeidlich innewohnenden Langeweile.

Die Porträts sind zwischen 1967 und 1971 entstanden, aber erst 1974 veröffentlicht. Gab es Schwierigkeiten mit dem Druck?

Ja, der Aufbau-Lektor war überaus ängstlich und hatte dafür Gründe. »Die Geschichte verläuft in Zickzackbewegungen, bei Zack mußt du den Kopf wegnehmen«, ging ein DDR-Spruch damals. Mein Schweißtechniker-Porträt etwa lebt vom Wechsel zwischen Alltagsbericht, Biographie und Rückgriffen auf die alttestamentlichen Propheten, erst im Schlußsatz kommt alles zusammen; da wollte dieser Lektor den Prophetenstrang raushaben! Ich hatte mich also schon abgefunden, daß aus dem Buch nichts wird, und ärgerte mich entsprechend. Schließlich habe ich die drei fertigen Porträts auf Matrize tippen lassen – von der Sekretärin im hallischen Schriftstellerverband, die machte das nach Feierabend – und siebzig Manuskripte an Bekannte verschickt. Zufällig gelangte ein Exemplar zu Hubert Witt, der bei Reclam Leipzig Lektor war. Und als 1973 meine Komödie »Heinrich Schlaghands Höllenfahrt«, die Reclam hatte drucken wollen, verboten wurde, lief der Verlagsleiter Hans Marquardt, ein kunstliebender Pommer, den Zuständigen die Tür ein und verlangte, dann müsse eben etwas anderes von Kirsch kommen. Die Porträts erschienen dann unter dem Titel »Kopien nach Originalen« bei Reclam Leipzig und parallel bei Wagenbach in Westberlin.

Ich will nicht auf dem Begriff »Bruch« bestehen; immerhin – gab es bei Ihnen etwas ähnliches nach der Biermann-Ausbürgerung?

Es gibt zwei Texte vom November 1976, die sich darauf beziehen.

Sie meinen »Kleists Selbstmord«?

Und das Sonett »Gedächtnis Mandelstams«. Das – außer einem Brief an den Ministerpräsidenten – waren meine

Reaktionen. Im übrigen dachte ich wie viele meiner Freunde: »Jetzt schmeißen die Biermann raus, und wir sollen hinterher.« Unter uns galt dann die stillschweigende Abrede: Wer in der DDR nicht mehr arbeiten kann, geht; wer kann, bleibt. D.h. die Wegsiedelnden nahmen keinem Gebliebenen übel, daß er blieb, und umgekehrt. Das galt lange, bis Mitte der achtziger Jahre – auch wenn es manche jetzt nicht mehr wahrhaben wollen. Ein Kollege reist sogar herum und verkündet, jeder Autor, der nicht vor der Wende in den Westen ging, sei »irreparabel geschädigt«. Zum Glück habe ich schon zu DDR-Zeiten gelernt, Sprüche von Chefideologen mit Humor zu tragen.

Damit wären wir beim ganz großen Bruch, bei der Wende ...

Manche nennen sie Revolution, manche ein Nebenereignis der Eurasischen Wirren, die am 17. Juni 1953 einsetzten. Andere, wie Karl Heinz Bohrer vom MERKUR, bedauern neuerdings, daß beim Umsturz kein Blut floß. Deutschland, meinen sie, wäre heute sauberer, wenn »das Volk« neben ein paar Machthaltern möglichst viele DDR-Intellektuelle aufgehängt hätte. Natürlich hätte dann die Sowjetarmee eingegriffen, und nichts wäre, wie es ist. D.h. der Tötungswunsch ist Sehnsucht nach den alten identitätsstiftenden Zuständen. Ost definierte sich an West, West an Ost, man trieb Handel, alles war übersichtlich. Der Pauschalvorwurf an die Ost-Intelligenzia, sie hätte den Staatssozialismus stabilisiert, ist, meint mein Freund Friedrich Dieckmann, eigentlich der Vorwurf, daß sie ihn zu wenig stabilisiert hat. Denn nun hat der Westen den ganzen Schlamassel am Hals, und kommt mit nichts mehr zurecht.

Es ist sicher schwierig, kühl über Wirren zu urteilen, in denen man noch steckt. Trotzdem: Schreiben Sie nach 1990 anders?

Mit mehr Gelächter gegenüber den Weltläuften und mit

mehr liebevollem Ingrimm? Falls das geht, ja, im übrigen nein.

Und Ihre Lebensgewohnheiten? Haben sich die geändert?

1990, als ich zum Vorsitzenden des inzwischen aufgelösten DDR-Schriftstellerverbandes gewählt wurde, habe ich das Musizieren aufgegeben. Statt dessen spiele ich Tischtennis und treibe eine chinesische Gymnastik namens Tai-chi. Mehr an Änderungen habe ich nicht zu melden – außer daß ich autofahren gelernt habe und einen Computer benutze. Geändert haben sich die Umstände, vor allem der Rang, den das Gemeinwesen Dichtern zubilligt. In der DDR – wie in fast allen Ostländern – waren Schriftsteller angesehene Leute. Das Publikum nahm sie als »Mund«, der Staat respektierte sie mehr oder weniger zähneknirschend, beides bedingte einander. Und ich hatte mein Œuvre – anfangs durch zufällige Aufträge, dann aus Neugier und Umsicht – breit angelegt: ich habe Nachdichtungen gemacht, Hörspiele, Kinderbücher, Erzählungen, Essays, Libretti, Stücküberstragungen. Das wurde allmählich ein Lebenswerk und bot, in Maßen, ökonomische Sicherheit. Zerschlug sich ein Projekt, erschien anderswo anderes; für das, was ich neu machte, konnte ich mir immer genügend Zeit nehmen.

Das ist jetzt natürlich schwierig, wo viele Verlage eingegangen sind oder ums Überleben kämpfen.

Ich bin ein zäher Arbeiter, für Verlage mithin heute eher eine Last. Früher wurden die Bücher ja gekauft. Mein erster Gedichtband brachte es auf achtzehntausend Exemplare, jedes der neun Kinderbücher einschließlich der West-Teilauflagen auf über hunderttausend. Außerdem handele ich nicht über Themen, sondern über Gegenstände, das gilt als altmodisch. Und endlich kann ich weder mit Enthüllungen dienen noch mit Zerknirschung darüber, daß ich in einem gescheiterten Staat gut gedichtet habe.

Lesen hatte ja in der DDR auch darum einen hohen Stellenwert, weil andere Medien nicht boten, was in Literatur zwischen den Zeilen stand, und wonach die Leute gieperten.

Das stimmt zum Teil. Etliches stand auch in den Zeilen. Und die ganze DDR guckte Westfernsehen – die Gegend um Dresden, wo das aus technischen Gründen nicht ging, hieß »Tal der Ahnungslosen«. Aber es ist ja ein Gerücht, die Medien böten derzeit an Mitteilung und Analyse annähernd, was Literatur zu leisten vermöchte. Vielmehr herrscht Flachheit, und die Tabus sind Legion. Nehmen Sie den Zustand des Wirtschaftsjournalismus, der das Elend der »Wirtschaftswissenschaften« spiegelt. Nicht einmal die Deutsche Bank scheint zu wissen, wie ihr Geld funktioniert, und falls sie es ahnt, verschweigt sie es sorgfältig.

Aufs Thema zurückzukommen – Ihr ökonomisches Hinterland ist weggebrochen.

Und ich habe mein Leben nicht geändert. Was glauben Sie, wie viele Wohlmeinende mir nach der Wende empfahlen, ein bißchen achtloser zu schreiben! D.h. der Vorschlag war, ich solle aufhören, ich zu sein, um mir diesen Luxus durch Pfusch wieder zu verdienen. Mir roch derlei Dialektik schon zu DDR-Zeiten übel, ich bin außerstande, mich ihr anzubequemen. Freilich gehört man dann zu den Armen im Lande.

Das hat, fürchte ich, in Deutschland Tradition.

Eine trübe Tradition. Bei Arno Schmidt, der selber so lange arm war, daß er seine späte – einem Mäzen verdankte! – Wohlhabenheit kaum genießen konnte, können Sie lesen, wie Herder in Weimar gelebt hat. Da bin ich noch besser dran als Herder. Was sich zweitens geändert hat an Randbedingungen, ist: DDR-Künstler hatten, je später desto leichter, »den Westen« als eine Art Beschwerde-Instanz. Zur Not siedelten sie über und blieben im gleichen Sprachraum. Statt daß nun Normalität einkehrt, läuft die Sache umgekehrt.

Umgekehrt?

Früher wurde, was wir machten, oft im Westen gelobt, weil es kritisch war oder aus dem Kanon brach; gelegentlich sparte man sich die Frage, ob es sich um Kunst handele. Heute werden wir für die gleichen Werke verdroschen, ohne daß jemand eine Zeile liest. Was nämlich gedruckt war, heißt es, hatte die Zensur passiert – folglich hatte entweder die Behörde verstümmelnd eingegriffen, oder der Verfasser sich selber zensiert. Ein Muster solch unwiderlegbarer Beweise ist übrigens Freuds Theorem vom Ödipus-Komplex: Je inständiger ich beteure, ich hätte nie meinen Vater kastrieren wollen, desto gewisser zeigt das nach Freud –

– daß Sie den Wunsch verdrängt hatten.

Im Ernst, bei der Seelenkunde zu bleiben, drohten einem Ost-Autor zwei Sorten Neurosen. Die erste, wenn er sich von der Sicherheit bespäht sah; man konnte zusammenzucken, sobald das Telefon läutete, am Telefon bloß verdeckt reden und dann grübeln, ob gerade das ein Fehler war. Man konnte sich aber auch sagen: Vielleicht werde ich abgehört, vielleicht nicht – es ist mir scheißegal.

Es gibt da eine Erinnerung von Stefan Heym ...

Wie er den Sicherheitsleuten, die vor seinem Haus im Auto saßen, Kaffee brachte? Die heutigen Vergangenheitsbewältiger würden mindestens verlangen, daß er da ein

Abführmittel reingemischt hätte. Die haben eine Ur-Angst vor jeder Sorte innerer Heiterkeit. – Neurose 2 wäre die Furcht vor Selbstzensur. Jemand schreibt einen Satz, überlegt, ob er sich dabei etwa zensiert hätte, schreibt den Satz um, fragt sich erneut usf.; hastdunichtgesehen ist er sein eigener Verfolger und auf dem besten Weg, verrückt zu werden. Nur, sobald Sie das einmal durchdacht haben, sind Sie gefeit. Zu meinen, ich hätte wegen der Zensur auch nur einen Vers anders geschrieben, oder ihn mir verkniffen, finde ich eher albern. Wurde ein Text nicht gleich gedruckt, war das ärgerlich, aber er blieb Teil des Werks; verdarb er durch »Ablagern«, war es um ihn nicht schade.

War das womöglich ein Grund, Kurzformen zu bevorzugen? Wenn jemand vier Jahre lang an einem Roman arbeitet, und der kommt dann nicht, ist das doch viel schlimmer, als wenn ein paar kürzere Texte liegenbleiben, andere aber erscheinen.

Das klingt einleuchtend. Aber ich bin ein Lessing-Typ – nur gelegentlich wird mir ein Vers oder eine Formulierung »geschenkt«. Da kriegt man eine eingewurzelte Scheu vor ausgedehnten Texten. Meine längste Erzählung hat fünfzig Seiten, der längste Essay hundertdreizehn. Mit Zensur hat das höchstens insofern zu tun, als ich zu jedem Wort und Komma stehen können wollte. Ist das erst Arbeitsgewohnheit, gilt es immer. Was nicht heißt, daß ich nicht manchmal im Gedruckten eine verbesserungsbedürftige Stelle finde; das trifft mich dann wie ein Schlag in den Magen.

Es wird aber heute gesagt: Wenn auch manche Autoren im einzelnen Text keine Kompromisse gemacht haben, so doch vorher, bei der Wahl der Themen bzw. Gegenstände. Es wurde z.B. selten über den Strafvollzug in der DDR geschrieben.

Ich schreibe ja auch nicht über die Treuhand-Behörde, obwohl die eine ziemlich schauerliche Institution ist, und nicht über meine Parteiverfahren. Ich schreibe, fürchte ich, überhaupt nicht »über«.

Das Wort »Parteiverfahren« kommt immerhin in einem Ihrer Gedichte vor.

Stimmt, in »Ernste Mahnung 75«, und in gebührend komischem Zusammenhang. Auch Stalin kommt vor, im »Memorial« für einen russischen Kollegen, und ein veritables Staatsverlies in meiner Oper »Das Land Bum-bum«. Aber kein Autor der Welt hat die Pflicht, bestimmte Wirklichkeitsausschnitte zu schildern. Vielmehr geht das meiste, was er weiß, fühlt, ahnt, als stille Erfahrung ins Werk ein. Hätte Goethe die Sitzungen des Weimarer Kabinetts »offenlegen« sollen? Was er von Politik wußte, steht im *Egmont*.

In dem Zusammenhang fällt mir Irmtraud Morgners Roman »Rumba auf einen Herbst« ein, eine formvollendete Prosaarbeit. Da war damals das Manuskript verschwunden. Sie hatte nur noch Teile davon, die sie dann in andere Romane eingebaut hat. Und erst jetzt ist der ursprüngliche Roman erschienen.

Na, ein verschwundenes Manuskript ist schon ein Albtraum. Als mir Morgner davon erzählte, habe ich ihre Stoizität bewundert, und fortan meine Manuskripte an verschiedenen Orten hinterlegt. Aber generell gilt, wer von einem Text überzeugt ist, kann warten. »Überzeugt« meint nicht »stur«, ich hole mir gern Rat, bei zwei, drei Freunden oder dem oder jenem Lektor. Aber das hat allein damit zu tun, den jeweiligen Text genauer und dichter zu machen.

Mir fällt auf, wie bewußt Sie mit Formen und Traditionen arbeiten. Wurde das am Johannes-R.-Becher-Institut gelehrt? Sie haben dort drei Jahre studiert. Das war doch eine Art Dichter-Schule?

Weiß der Himmel, woher meine Neigung zu Formstrenge kommt; übrigens stellt sich »Form« mitunter schon durch Wegstreichen alles Überflüssigen her. Ich erinnere mich an ein Wintergedicht, das ich meinem Vater ins Feld schrieb, da muß ich neun Jahre gewesen sein – es war jambisch und wechselte zwischen Vier- und Einhebern. Und dann las ich sehr früh Rilke. Zur Konfirmation kriegte ich eine deutsche Poesie-Anthologie geschenkt, die habe ich bestimmt dreißigmal gelesen. Bei manchen Autoren genügt ja, wenn Sie fünf Gedichte kennen, z.B. bei Heine oder Georg Heym. Bei Brecht müssen Sie mehr kennen, Brecht hat, wie Goethe, vielerlei Redeweisen benutzt. In Jena, als ich anfing zu schreiben, hatte ich eine Verskunde aus der Bibliothek meines Vaters. Nicht daß ich mich danach gerichtet hätte – mich interessierte das wie Harmonielehre fürs Musizieren. Ein Choralsatz spielt sich ja viel leichter, wenn Sie wissen, was harmonisch darin vorgeht. – Soviel zur Neigung; bekräftigt oder geweckt wurde sie, als Anfang der sechziger Jahre DDR-Germanisten sich angewöhnten, den »jungen Lyrikern« väterliche Ermahnungen zu widmen. Man bemängelte, wir kennten die deutsche Klassik nicht, z.B. schrieben wir keine Sonette. Das verdroß mich; also las ich die Klassiker viel gründlicher, als es gemeint war, und probierte, mit dem klassischen Kanon zu wirtschaften, bis es knirschte. Wobei meine ersten Sonette in ihrer Abstraktheit – nicht im Ton – noch Becher ähneln, von dem ich mich doch abstieß. Kurz, meine Reaktion war: »Wie, das soll ich nicht können? Da, nehmt und lest.« 1964 habe ich ein Poem im elegischen Versmaß verfaßt und später aus Kunst-Gründen ausgesondert; seitdem »gehört« mir aber das Distichon, d.h., ich kann damit spielen. Karl Mickel hat einmal während eines Verlagsabends einem unverschämten Kunstbeamten drei Minuten lang in freihändigen Blankversen geantwortet – er hatte das drauf wie ein Boogie-Woogie-Pianist das Blues-Muster.

So etwas ist aber in den Jahren am Literatur-Institut besonders ausgebildet worden?

Das hätte kaum wer kapiert. Das Institut war nach dem Vorbild des Moskauer Gorki-Instituts gegründet. Der Gedanke war, beim Schreiben sei, wie in anderen Künsten, manches lehrbar und lernbar, und Allgemeinbildung könne niemandem schaden. Als Sarah und ich 1963 nach Leipzig kamen, hatten wir 20 Wochenstunden. Es gab Vorlesungen über Geschichte der Ästhetik, klassische deutsche und sowjetische Literatur, Stilistik, Musik, bildende Kunst. Und »Schöpferische Seminare«, da wurden Arbeiten der Studenten besprochen. Das Poesie-Seminar leitete der Dichter Georg Maurer, der, behagte ihm etwas, mit hochgerissenen Brauen und abwärts gekrümmten Mundwinkeln zu lachen pflegte. Bot jemand einen schwachen Text an, in dem z.B. Birken vorkamen, verlor er darüber kein Wort, sondern brachte Baum-Gedichte aus der Weltliteratur mit und verlockte uns zu Kurzanalysen. D.h. wir lernten begreifen, wie ein Gedicht »arbeitet«, und daß man sich darüber vernünftig äußern kann, statt bloß zu staunen oder zu mißbilligen.

Und Sie haben sich dort ein Formenrepertoire erarbeiten können, ein Handwerkszeug für später.

Das konnte ich, aber nicht, weil es mir nahegelegt wurde, sondern weil ich dafür Muße hatte. Wirklich »erarbeitet« man sich eine Form, wenn man sie braucht. Den lyrischen Trimeter z.B kapiere ich erst, seit ich ihn 1986 für »Die Tangentialen« erfunden habe. Trotzdem war die Muße wichtig. Wir bekamen ein kleines, indes ausreichendes Stipendium; verhandelten wir mit Verlagen, konnten wir bei Änderungswünschen immer sagen: »Schön, dann lassen wir es.« Es ist enorm wichtig, wenn man das als junger Mensch lernt. Daß man Nein sagen kann, ohne sich dabei unglücklich vorzukommen! Natürlich hatte das Institut auch üble Seiten; es gab Opportunisten unter den Lehrern, und ein paar begabte Studenten wurden rausgeschmissen. Das waren zähe Kämpfe. Mir selber wurde aus politischen Gründen das Diplom verweigert, was mich aber wenig kratzte.

Aus dem, was Sie schreiben, scheint mir indirekt deutlich, daß Sie ein bestimmtes elitäres Bewußtsein entwickelten. Wenn Sie 1987 in der DDR ein Gedicht »Der Pöbel« nannten, war doch schon der Titel eine Herausforderung.

Das war eine lange Arbeit in freundlichen Sommerferien-Umständen. Schon der Entschluß, Distichen zu reimen – eigentlich eine Sünde – brauchte Zeit, und ich weiß noch, wie erlöst ich war, als mir die Überschrift einfiel. Aber wenn Sie »elitär« sagen ... Wir hatten ja in den sechziger Jahren öfter Besuch aus dem Westen, meist Linke, denen wir nie links genug waren. Die verabscheuten z.B. Goethe, weil er elitäre klassische Texte verfaßt hatte, statt Jakobiner zu werden und in Deutschland Revolution zu machen. (Allerdings besprachen wir das friedlich beim Wein; heute bin ich den gleichen Leuten nicht rechts genug, und jeder Schwachsinn, der ihnen gegen Ost-Künstler einfällt, steht am nächsten Morgen in der Zeitung.) Jedenfalls war »elitär« für mich schon damals kein Schimpfwort. Gemeinwesen brauchen Eliten, das Elite-Prinzip ist ein evolutionäres Prinzip. Gefährlich wird es, wenn die Zugehörigkeit zur Elite festfriert, also jemand Entscheidungsgewalt hat, weil er von Adel oder reich oder in der Nomenklatur ist, nicht, weil er von einer Sache etwas versteht.

Sie sind für eine Leistungselite.

Wenn die Leistung mit einem Minimum an Weltvernunft und Nächstenliebe einhergeht. Wobei nicht alle Leistung Verdienst ist – schon wollen zu können ist eine Mitgift, die einer wegwerfen oder pflegen kann. Also, falls Sie mögen, sind meine Texte elitär, insofern in ihnen Kunstanstrengung steckt. Für die, die sich darauf einlassen, sind sie aber eher leicht. Der Gegenbegriff zu »elitär« wäre in dem Sinne »populistisch«. Und natürlich war die Überschrift »Der Pöbel« bewußt gewählt. Der faschistoide Ruck, der jetzt Europa heimsucht, war in der DDR Anfang der achtziger Jahre zu spüren. Ich erinnere noch mein Entsetzen, als ich eine Horde von Youngstern durch die Berliner Friedrichstraße ziehen sah; die grölten wieder und wieder: »Gebt Gas, gebt Gas, wenn der BFC durch die Gaskammer geht.« Der BFC war ein Fußballklub, der der Staatssicherheit gehörte. Die Youngster, hieß es, gehörten auch der Staatssicherheit.

Vielleicht wollten sie auch nur provozieren durch Parolen, von denen sie wußten, daß sie »die da oben« besonders schmerzten. Das scheint mir heute bei jugendlichen »Neonazis« oft der Fall zu sein.

Womöglich haben Sie recht. Immerhin hatten die keine Gaskammern. Jetzt haben sie Baseballschläger und schlagen mitunter Ausländer tot.

Gräßlich. Ist es trotzdem eine Art Bestätigung, wenn man etwas im Gedicht vorausgesagt hat, und es trifft dann ein?

Ein Triumph, wenn die Welt sich verhält, wie ich sie beschreibe? Daß »Der Pöbel« im friedlichen Ambiente entstand, habe ich betont, weil Poesie heute als Spiegel privater Seelenwirrnisse gilt. Manche behaupten gar, sie dichteten zwecks Selbstheilung, was stimmen mag; die Frage ist, warum lassen sie es dann drucken? Neulich hörte ich im Radio einen Musikkundigen über Mozarts »Requiem« handeln. Da geht ja die Mär: »Auf dem Sterbebette hat Mozart sein eigenes Leichenbegängnis komponiert.« Quatsch, sagte der Professor: Mozart war krank, aber arbeitsfähig, und hatte das Honorar für das Requiem im

Safe; wäre ein heiteres Singspiel bestellt gewesen, hätte er eben das geliefert. Mir fällt da ein »Streit« aus DDR-Zeiten ein: Michail Scholochow, der Verfasser des *Stillen Don*, hatte auf einem sowjetischen Kongreß verkündet, er sei zuvörderst Kommunist, und erst dann Schriftsteller.

Also der alte Prioritätenstreit zwischen Theologie und artes liberales ...

Klar, nur die Talare wechseln, heute tragen die Gottesgelehrten zerknitterte Hemden. Jedenfalls ging das groß durch die DDR-Medien, alle Kunstschaffenden, wurde erwartet, sollten sich »bekennen«. Ein beleibter Kollege rief auf einer Versammlung: »Wenn ich schreibe, bin ich heiß!« und wandte sich damit gegen wen? Gegen Anton Tschechow! Der hatte einst gesagt, am Schreibtisch sei er »eiskalt«: Weder die Trübnis der Weltläufte, noch die eigene Tagesgestimmtheit dürften ihm in den Text schwappen, er sei Künstler und brauche für jeden Satz klares Urteil. Das ist, in meinem Verständnis, Professionalität.

Sie haben relativ früh, 1978, einen nicht »eiskalt«, aber doch kühl folgernden Essay zum Begriff des Nationalen geschrieben. Was brachte Sie darauf?

Ein österreichischer Verlag hatte deutsche Autoren aus Ost und West eingeladen, sich zum Themenkreis Heimat, Volk, Nation zu äußern, das Buch erschien 1979 unter dem Titel »Deutschland, Deutschland«. Aber außer daß Hans Koch, ein Kunstideologe, mich landauf, landab »Theoretiker der nationalen Frage beim Klassenfeind« schimpfte, ist mein Beitrag kaum zur Kenntnis genommen worden. Die ZEIT wollte ihn drucken, ließ es aber, weil der Chefredakteur keinen Ärger mit der DDR mochte. Die DDR-Führung verfocht ja damals die These, es entstünden zwei deutsche Nationen, eine kapitalistische und eine sozialistische.

Die Entspannungspolitik ging der ZEIT demnach vor ...

Verständlicherweise. Nur versicherten mir damals eine Menge West-Leute, es gäbe zwei deutsche Sprachen. Das waren alles Akademiker, die hatten keine Ahnung von Linguistik. Manche kannten Chomsky, aber bloß die politischen Traktate.

Daß Sie der Zwei-Nationen-Theorie widersprachen, scheint mir eher ein Nebenergebnis Ihres Essays. Wichtiger finde ich den verhaltenstheoretischen Denkansatz – gerade heute, wo ringsum Menschen im Namen der Nation einander umbringen.

Sicher wäre der Ansatz wichtig, aber wir leben unter der Fuchtel feuilletonistischer Marktschreierei. Professoren reden vom »Ende der Geschichte« und werden ernstgenommen. Das ist ja eine Art Geistes-GAU: der Größte Ausdenkbare Unfug.

»Die crux bei der Wirkung von Heimvalenzen«, schrieben Sie damals, »ist, daß der positiven Gefühlsbesetzung des Reviers eine gleichstarke Abweisung des Fremden entspricht.« Das klingt ziemlich erschreckend; wie, meinen Sie, kann die Menschheit damit fertigwerden?

Wenn, dann durch Kultur des Umgangs miteinander. Was wir Kultur nennen, sind ja Mindestübereinkünfte, die wieder und wieder gelernt werden müssen. Daß, wenn ich hungrig bin und neben mir ißt jemand, ich dem das nicht wegreiße. Oder ich begegne einer reizenden Frau und falle nicht über sie her, bzw. umgekehrt. All das ist niemandem angeboren. »Was, ermangeln sie der Gesittung, sind Staaten anderes als große Räuberbanden?« wußte schon Quintilian. Wer uns Ostlern jetzt den Totalen Egoismus predigt – daß man sich »knallhart verkaufen« müsse, daß Zartsinn und Rücksichtnahme überlebensschädigend seien und die Botschaften der Weltkunst albern – selbst der kann das bloß predigen, weil jene Übereinkünfte noch als Inseln im Gemeinwesen bestehen.

Sie reden für Tugenden und Ideale?

Ganz altrömisch.

Gar für Utopien?

Utopien sind ausgemalte Ideale. Was, wenn sich unversehens alle nach den Neuen Erfolgreichen richten? Dann können sich auch Normalverdiener nur noch mit Leibwächtern über die Straße trauen, und Leibwächter sind mögliche Mafiosi. Niemand geht sehenden Auges in den Abgrund, es reicht, wenn es als unschicklich gilt, die Augen offenzuhalten.

April/Mai 1993

Zeitgeist und Übersetzung

Der Teilnehmerkreis einer Tagung wie unserer zerfällt aller Erfahrung nach in drei Gruppen, nämlich in a) die, die gut gefrühstückt haben; b) die, die das Frühstück verstimmt hat bzw. bei denen es einer schon einwohnenden Mißlaune nicht abhalf; c) die frühstücksmäßig gesehen Indolenten.

Ich bin nun, habe ich verstanden, bestellt, diese drei Scharen so übereinzubringen, daß sie den ernsten Gegenständen, die nach mir anstehen, halbwegs gleichgestimmt sich zuzuwenden bereit sind. Das hieße
– die gut gefrühstückt Habenden, die ja in einer Gemütslage sachter Weltabgewandtheit sich befinden, von der sie insgeheim hoffen, sie möge ewig dauern, mit etwas Galle in die Welt zurückzumuntern;
– die am Frühstück Verzweifelten wenigstens so weit zu calmieren, daß sie den folgenden Referaten lieber zuhören, als im Unmut zu verharren;
– den Rest zu hindern, sich dem Sog anheimzugeben, der von a) wie b) ausgeht.

Dies bedenkend, habe ich meiner Eröffnunsplauderei den Titel ZEITGEIST UND ÜBERSETZUNG gegeben, und frage mich zunächst, was das denn ist, *Zeitgeist*.

In erster Näherung könnten wir uns einigen, *Zeitgeist* sei oder liege dem zugrunde, was Besitzer der Öffentlichen Meinung von den Dächern pfeifen lassen. Indes gehört nicht alles, was von dort pfeift, jenen Mächtigen; zudem wird noch an weiteren Örtern gepfiffen, etwa in sterbenden Wäldern; selbst das heutige Gehen mancher Groß-Ärsche auf Grundeis läßt sich bei etwas Laxheit noch als Pfeifen bezeichnen. So daß sich die Bestimmungsmühe einengte auf die Frage: *Woran kennt man das Pfeifen des Zeitgeists?*

Hegel, vermute ich, hätte gesagt: Daran, daß es dem Schwingenrauschen des Weltgeists häßlich sich auflagert und ihn zu vertreten vortäuscht; Karl Kraus: am letzten Loch; stilleren Gemütern reicht, daß ein *whistler of the Zeitgeist*, lebend oder tot, vom heutigen Feuilleton mit so vielen Bücklingen zitiert wird wie einst im Osten Stalins Schwiegersohn Shdanow. Ludwig Wittgenstein, etwa, hat während seiner späten Jugend dargetan, sämtliche Probleme der Philosophie seien keine, weil nirgendeine Sprache sie auch nur zu formulieren tauge; das war ein bißchen rüpelhaft, aber doch reizend. Als crux blieb, daß er die philosophische Frage, ob philosophische Fragen erlaubt seien, in einer Sprache zu entscheiden unternahm, die ihm zufolge das Entscheiden verhindern mußte; man wird das, zumal er es am Ende selber gemerkt hat, leicht entschuldigen. Eher unter die Todsünden fiele die hanfene Metapher, die Wittgenstein, sein System zu retten, der Nachwelt anbot: Wir möchten, notiert er, uns den Denk-Coup vorstellen als Aufstieg mittels einer Strickleiter, welche man, auf die höchste Warte gelangt, dann wegwerfe. Was mich gegen ihn ernstlich einnimmt, ist indes, daß er nach Abfassung seines Traktats sich in den böhmischen Wäldern aufhängen wollte nicht aus Liebeskummer oder Geldmangel, sondern weil ihm, nachdem er alle philosophischen Fragen gelöst hätte, nichts mehr zu tun bliebe. Man soll über Endlöser, zumal über philosophische, gewiß mit Mitleid reden; milder wäre, man schwiege von ihnen.

Warum also schweige ich nicht von Wittgenstein, dessen Prosa ich immerhin schätze, und rede nicht lieber von meinem sächsischen Landsmann Friedrich Nietzsche, dessen Deutsch ich nicht schätze? Ich erwähne beide, weil beider beliebige Sätze seit der Wende offenbar nicht der mindesten Begründung bedürfen – sobald Sie anheben gegenzureden, ernten Sie günstigenfalls jenes milde Lächeln, das sagt: *Klar, Sie als Ostler durften ja die Texte nicht lesen und können folglich nicht wissen, daß ...* Entsinne ich mich weiterer Gesprächs-Erlebnisse, scheint mir, daß jede philosophische Bizarrerie, klingt sie nur dunkel genug, neuerdings als Keule im Diskurs dienen kann; vor den Kopf bekommen habe ich folgende:

– die Existenz lasse sich nicht beweisen;

– die Beschaffenheit des Erkenntnisapparats verzerre das, was erkannt werden soll, derart, daß von Erkenntnis überhaupt zu reden altmodisch sei;

– das Befolgen der Regeln der Logik führe zu Widersprüchen.

Nun bin ich weit davon entfernt, diesen drei Behauptungen ihren sportiven Wert abzuerkennen, sie haben ja in der Geschichte der Philosophie berühmte Autoren. Der englische Bischof Berkeley, der im wirklichen Leben sehr auf ein warmes Arbeitszimmer sah, hat einst zwecks Verteidigung der Religion den Solipsismus erfunden, der Aufklärer Kant die Bedingungen allen Erkennens kritisch bedacht, und die alten Griechen, denen Genußfähigkeit noch für ein hohes menschliches Gut galt, haben vor zweieinhalbtausend Jahren die bekannten deftigen Paradoxien formuliert, deren verbreitetste die vom lügenden Kreter ist.

Nur hatte sich ja inzwischen, sogar im Osten, wo wir alle, höre ich vom Zeitgeist, unter Gefühlsstau wie unter Blähungen litten und vor Schreck kaum zu denken wagten, herumgesprochen, daß jene Paradoxien ihren Effekt einem grammatischen Trick verdanken, nämlich der Anwendung eines Satzes auf sich selber. Sätze taugen aber nur dazu, etwas außerhalb ihrer Angenommenes zu bezeichnen oder zu befragen. Ähnlich sind Beweise Verfahrensregeln innerhalb einer Axiomenschar, die, daß sie selber oder ihr Anwender existieren, zu beweisen weder geeignet sind noch die Pflicht haben; und daß niemand etwas erkennen könne, wäre eine Erkenntnis, von der rätselhaft bleibt, woher sie dem Behaupter zuflog, und behufs wessen er sie anderen Erkenntnisunfähigen zumutet.

Frage ich mich, wieso dann die *whistler* des Zeitgeists, die man getrost auch Ideologen nennen darf, all diese Abgestandenheiten so bitter- und bierernst vorbringen, komme ich auf dreierlei:
1. Man liebt – als böte die Welt nicht genug Schauerliches – den Schauder des Unsäglichen, der zu »bewältigen« erlaubt, d.h. jeden rationalen Einwand von vornherein ausschließt.
2. Man denkt aus Bequemlichkeit (bei den Katholiken ist Trägheit des Herzens die siebte Todsünde) dichotomisch: Alleweil soll ein *Entweder – Oder* her (»Sind Sie Täter oder Opfer?«, fragt der Bewältiger und läßt sich gelegentlich zu einem scheindialektischen »Oder beides zugleich?« herab); daß die Frage falsch sein könnte, bleibt außer Betracht.
3. Man demütigt den Gesprächspartner, indem man ihn vor eine nicht falsifizierbare (d.h. in der Wissenschaft unzulässige) Alternative stellt oder ihm eine logische Widersprüchlichkeit anbietet, die so plump ist, daß sie ihn stumm macht oder zu umständlichen Rechtfertigungsversuchen zwingt, denen dann keiner mehr zuhört.

Womöglich ärgere ich mich aber bloß aus alter Liebe über Philosopheme, die andere langweilen, weil sie »obsolet« seien (auch »obsolet« ist eine Lieblingsvokabel des Zeitgeists, auf sächsisch würde sie lauten »das giltet nicht mehr«) – das eigentlich Weltbewegende, heißt es, würde heute von Soziologie und Wirtschaftswissenschaften denkgeleistet. Ich lasse mich gern darauf ein, begegne indes sacht verwundert dort den gleichen Strukturen. So hat ein in den USA lebender japanischer Ökonomieprofessor kürzlich internationalem Ruhm mit einem Buch erlangt, in dem steht, das *Ende der Geschichte* sei gekommen, womit er nicht etwa das Jüngste Gericht, sondern den demokratisch verfaßten Kapitalismus meint; Feuilletonisten sprechen bereits, wenn sie von unseren Tagen reden, ganz geläufig von *posthistoire*. (Das Denkmuster stammt übrigens von Hegel, vor dessen Keckheit, daß der Weltgeist nach vielerlei kosmischen Irrfahrten in seiner, Hegels, Staatsphilosophie zu sich selber komme, man immerhin noch den Hut lüpfen konnte.)

Ist aber erst das *Ende der Geschichte* proklamiert, ist das *Ende der Kunst* nicht weit; dies darzutun hat jüngst sozusagen im Nachklapp der Rektor des berliner Wissenschaftscollegs unternommen, der kurz nach der Wende mit einer Broschüre hervortrat, in der nichts steht als »die Intellektuellen« seien »die klagende Klasse«. Hätte er sich wenigstens zu schreiben getraut, für Intellektuelle bestünde eine wöchentliche Pflicht zur Freude über den jeweiligen Weltzustand! Ich muß also Lepenies' neues Buch nicht lesen, gebe aber zu, daß in den letzten vierzig Jahren nicht wenige »Kunstschaffende« beigetragen haben, die These wahr scheinen zu lassen.

Denn wenn die klassische Moderne ihre malerischen, tonsetzerischen, dichterischen oder architektonischen Neuerungen noch aus einem Ungenügen an der Welt fand und damit gelegentlich Schocks auslöste, haben sich die Jünger des Zeitgeists davon nur gemerkt, daß man per Schock Marktlücken aufreißen kann und dazu Markenzeichen braucht; das ging so lange, bis schließlich jemand aufbrachte, alles, was einer dazu erkläre, sei Kunst (was, da es geglaubt wurde, heute für die Kunstförderung die betrüblichsten Folgen hat).

Nicht mehr das Bemühen um den Gegenstand regiert und zeugt danach das Ästhetische, sondern der Marktzwang zu Großmäuligkeit und Schock; der Künstler gewinnt damit kein Stück mehr Freiheit (die sich ja außer am Gegenstand an tradierten Regelwerken abarbeitet, die sie teils verwirft, teils gelten läßt, teils umordnet) – vielmehr wird er zum Sklaven der Beliebigkeit und der Nötigung, einen oder anderthalb Kenn-Tricks lebenslänglich zu wiederholen. »Wer einmal einen Nagel schlug«, schreibt Lothar Günter Buchheim in den *Tropen von Feldafing*, »schlägt immer Nägel. Fettecke zeugt Fettecke, weißes Karo weißes Karo – und doof bleibt doof.«

Soviel zu Malerei, Theater, Musik; was Literatur anlangt, hat der Zeitgeist seit ungefähr vierzig Jahren einen Lieblingssatz, der aus Hugo von Hofmannsthals 1902 verfaßten Lord-Chandos-Brief stammt. Er geht: *Mein Fall ist, in Kürze, dieser: Es ist mir völlig die Fähigkeit abhanden gekommen, über irgend etwas zusammenhängend zu denken und zu sprechen.*

Das sagt Hofmannsthals Lord, der nebenbei sein Landgut tatkräftig in Ordnung hält und, packt ihn einmal der Mißmut, vernünftigerweise ausreitet, d. h. seinen Körper übt; was sagt er noch so? Zum Beispiel das:

… wenn ich an einem anderen Abend unter einem Nußbaum eine halbvolle Gießkanne finde, die ein Gärtnerbursche dort vergessen hat, und wenn mich diese Gießkanne und das Wasser in ihr, das vom Schatten des Baumes finster ist, und ein Schwimmkäfer, der auf dem Spiegel dieses Wassers von einem Ufer zum andern rudert, wenn diese Zusammensetzung von Nichtigkeiten mich mit einer solchen Gegenwart des Unendlichen durchschauert, von den Wurzeln der Haare bis ins Mark der Fersen mich durchschauert, daß ich in Worte ausbrechen möchte, von denen ich weiß, fände ich sie, so würden sie jene Cherubim, an die ich nicht glaube, niederzwingen, und daß ich dann von jener Stelle schweigend mich wegkehre und nach Wochen, wenn ich dieses Nußbaums ansichtig werde, mit scheuem seitlichem Blick daran vorübergehe, weil ich das Nachgefühl des Wundervollen, das dort um den Stamm weht, nicht verscheuchen will, nicht vertreiben die mehr als irdischen Schauer, die um das Buschwerk in jener Nähe

immer noch nachwogen. In diesen Augenblicken wird eine nichtige Kreatur, ein Hund, eine Ratte, ein Käfer, ein verkümmerter Apfelbaum, ein sich über den Hügel schlängelnder Karrenweg, ein moosbewachsener Stein mir mehr, als die schönste, hingebendste Geliebte der glücklichsten Nacht mir gewesen ist.

Der Lord, zeigt sich, schreibt vorzügliches Deutsch, und liefert im übrigen eine hochliterarische Beschreibung unter der rhetorischen Vorgabe, er sei außerstande, überhaupt etwas zu beschreiben. Den Grund seiner rhetorischen Verzweiflung bietet er an anderer Stelle: Er hatte versucht, einer Vierjährigen zu erklären, warum man nicht lügen dürfe (eine Aufgabe, an der jeder Bedachtsame scheitern muß), und war im übrigen angeödet vom Small-Talk seiner Zeitgenossen. Ist es verrucht anzunehmen, Hoffmannsthal hätte, mit der ihm eigenen Zurückhaltung, den Zeitgeist ein bißchen ausgelacht – zumal er den Chandos-Brief in einer Periode bester Schreiblaune verfaßte? Nichts da, versichern Scharen von Germanisten, er habe die Sinnkrise gehabt und für alle Zukunft Beschreibungsohnmacht verkündet; ein eifriger Kollege hat das neulich auf die Blitz-Formel gebracht, die Altvordern seien der Sprache noch mächtig gewesen, uns bleibe nur der »Diskurs in der Endlosschleife der Intertextualität«. Ich stünde sprachlos vor solchen Sätzen, besäße ich nicht eine Karl-Kraus-Ausgabe; dort steht: »Die Dichter brauchen eine neue Sprache? Besser dichten sollen sie, dann wirds schon gehen.«

Und die Übersetzung? Die, möchte man denken, scheide als Tummelplatz des Zeitgeists aus, zumal seine Vorsprecher sich nicht selten auf übersetzte Texte berufen. Werch ein Illtum! Vielmehr behauptet man erst einmal die prinzipielle Unübersetzbarkeit von Nationalsprachen und beruft sich dabei auf Wilhelm von Humboldt; was, trauen wir uns zu fragen, hat der gesagt? *Ihre (der Sprachen) Verschiedenheit ist nicht eine von Schällen und Zeichen, sondern eine Verschiedenheit der Weltansichten selbst. ... Der Mensch lebt mit den Gegenständen ... ausschließlich so, wie die Sprache sie ihm zuführt ... jede zieht um das Volk, welchem sie angehört, einen Kreis, aus dem es nur insofern hinauszugehen möglich ist, als man zugleich in den Kreis einer andren hinübertritt. Die Erlernung einer fremden Sprache sollte daher die Gewinnung eines neuen Standpunkts in der bisherigen Weltansicht sein ...*

Nun liest sich das eigentlich mehr wie ein Plädoyer für das Lernen von Fremdsprachen zwecks Gewinn neuer Blickwinkel, denn als eins gegen die Übersetzbarkeit; wollten wir letzteres annehmen, wäre das kaum intelligenter als die Behauptung, wir dürften, gingen wir aus dem Arbeitszimmer in die Küche, niemals ganz sicher sein, ob der Schreibtisch noch wie eben am Platz stünde. Was indes der Glaube an Humboldts angebliche These anrichten kann, können sie nachlesen, wenn Sie – gönnen Sie sich den Schrecken – eine von einer interkonfessionellen Kommission in jahrelanger Mühe erstellte Übersetzung des Neuen Testaments »in heutiges Deutsch« zur Hand nehmen; die »Gute Nachricht nach Matthäus« lautet dort (1.18-20, 24/25): *Mit der Geburt Jesu Christi verhielt es sich so: Seine Mutter Maria war mit Josef verlobt. Aber noch bevor die beiden die Ehe eingegangen waren, stellte sich heraus, daß Maria durch die Wirkung des heiligen Geistes ein Kind erwartete. Josef, dem sie durch die Verlobung schon rechtsgültig verbunden war, war ein anständiger Mann und wollte sie nicht öffentlich verklagen. Er dachte daran, sich stillschweigend von ihr zu trennen. Ehe es jedoch dazu kam, erschien ihm im Traum ein Engel des Herrn und sagte zu ihm: »Josef, du Nachkomme Davids, scheue dich nicht, Maria zu dir zu nehmen!« ... Als Josef erwachte, folgte er der Weisung, die ihm der Engel gegeben hatte, und nahm Maria zu sich. Er hatte aber keinen ehelichen Verkehr mit ihr bis zur Geburt ihres Sohnes.*

Ich kommentiere das nicht, gelange zur Übersetzung von Poesie und ende mit einem Erlebnis. Ungefähr 1991 war ich zu einer Übersetzertagung ins Literarische Colloquium

Berlin eingeladen; ich hatte eine Menge politischen Streits hinter mir, wollte möglichst harmlos sein und las Jessenin-Übertragungen, die ich zu erläutern vorhatte. Allerdings bemerkte ich schon beim Vorlesen einen merkwürdigen Ingrimm auf vielen Gesichtern, und die erste Frage an mich war, wieso ich Jessenin *so* übertragen hätte – der sei doch *Konstruktivist* gewesen. Nun gab es in der russischen Literatur weder einen Konstruktivismus noch etwas ähnliches, was ich vergeblich zu erklären versuchte – der Einwender berief sich auf französische Gewährsleute. Der entscheidende Einwand aber kam dann: Ich hätte Jessenin in Versen übertragen. Das mußte ich zugeben. Seit Ungaretti aber, fuhr der Einwender fort, sei, wenn auch vielleicht nicht im Osten, bekannt, daß Gedichte aus Wörtern bestünden und folglich in Prosa wiederzugeben seien, schließlich lebten wir in der Moderne!

Das gemeinte Zitat steht bei Mallarmé, und zwar in einem Brief; ein Kunstfreund hatte bei ihm angefragt, was er denn so für Ideen für neue Gedichte hätte, und Mallarmé, mit Recht sauer, hatte geantwortet, Gedichte bestünden nicht aus Ideen, sondern aus Wörtern – was im Klartext heißt, Poesie sei Arbeit und er, Mallarmé, schreibe nicht über Themen, sondern über Gegenstände. Versuchen Sie das gelegentlich einem Einwender zu erklären – ich vermochte es ebensowenig, wie ich es einst Kunstfunktionären hätte erklären können, die keine Ohren hatten zu hören. (Tatsächlich überträgt man, habe ich mittlerweile erfahren, in den alten Bundesländern seit längerem Gedichte in Prosa, weil der Markt es so wolle – d.h. man verfaßt eine Art gehobene Interlinearversion; natürlich ist das reine Faulheit, und die große europäische Kultur der Verssprache geht zur Hölle.)

Der Zeitgeist, mithin, mag weder Rationalität, noch Fleiß, noch Kunst; was tun wir Übersetzer? Wir übersetzen, argwöhne ich, mit Kunstwillen weiter, und wenn das hochdeutsche *trotz alledem* dafür ein bißchen hochgestochen klingt, rücken wir es getrost ins Sächsische, da heißt es *nú grade*. Ich schließe also mit einem übersetzten Gedicht; Wladimir Wyssotzky hat es 1964 geschrieben und vertont, ich lese vor meiner Übertragung von 1992 das russische Original.

> Дайте собакам мяса!
> Может они подерутся!
> Дайте рохмельным кваса!
> Авось, они перепьются.
>
> Чтоб не жиреть воронам —
> Ставьте побольше пугал.
> Чтобы любить — влюблённым
> Дайте укромный угол.
>
> В землю бросайте зёрна —
> Может появятся всходы.
> Ладно, я буду покорным.
> Дайте же мне свободы!
>
> Псам мясные ошмётки
> Пали — а псы не подрались.
> Пали пьяницам водки —
> А они отказались.
>
> Люди ворон пугают —
> А вороньё не боится.
> Пары соединяют —
> А им бы разъединиться ...
>
> Лили на землю воду -
> Нету колосьев-чудо!
> Мне вчера дали свободу.
> Что я с ней делать буду?

Den Hunden Fleisch

Gebt ein Stück Fleisch den Hunden –
    hofft, daß sie belln und nicht beißen.
Bier schenkt den Säufern und den
    Elenden – sie werden leis sein.
Nahn sich der Krähen Schwärme,
    helft euch mit Vogelscheuchen.
Sich nackt in Betten zu wärmen,
    gönnt den Verliebten ein Weilchen.
Säet das Korn: genügsam
    wird euch der Weizen sprießen.
Ich, ach, wäre so fügsam,
    wenn sie mich frei sein ließen.
Fleisch fraßen die Hunde –
    nun gehn sie euch an die Kehlen.
Schnaps hat der Säufer Runde –
    hört sie am Morgen grölen.
Gescheucht die Krähen in Scharen
    kreisen, als ob sie nichts wüßten.
Ein Bett vereint die Paare,
    die sich doch trennen müßten.
Wasser, den Grund zu wässern,
    goßt ihr, nichts wuchs aus den Lachen.
Freiheit, ihr gabt sie mir gestern.
    Was soll ich mit ihr machen?

1994

In diesem Herzen voll fröhlicher Kälte

Richard Leising 1934–1997

Richard Leising, der sächsische Dichter, hielt auf Genauigkeit. Wenn Oscar Wilde die Mühsal des Poetenalltags einst einer Dame beim Souper so beschrieb: »Vormittags habe ich ein Komma eingesetzt, nachmittags es wieder gestrichen«, konnte derlei Suche nach dem rechten Kunstgriff sich bei Richard über Jahre, ja Jahrzehnte hinziehen; daß die Weltläufte ihm dabei mitunter ins Wortmaterial spukten, ertrug er mannhaft. So in einem merkwürdigen, *Homo sapiens* betitelten Gedicht, das anhebt *Der Mensch lebt nicht von Brot allein/Er will auch sein Rettich und Eisbein,* mit allerlei Knittel-Kapriolen auf den Schlagreim *Zu einem richtigen Arbeiterstaat/Gehört ein richtiger Kartoffelsalat* zuläuft und Anfang der sechziger Jahre schließt

Der Mensch lebt nicht von Brot allein
Also führt er den Kommunismus ein.

Der Kommunismus, erinnere ich höflich, gilt Marx als derjenige Zustand des Gemeinwesens, da aller Grundbedürfnisse befriedigt sind und jenseits der materiellen Produktion das *Reich der Freiheit* beginnt, darin jeglicher, statt einem Beruf, mehrerlei Beschäftigungen lustvoll kenntnisreich nachgeht; ganz marxisch bestand Leising damals darauf, kein Dichter zu sein, sondern jemand, der auch dichtet. 1975 freilich, als seine Gedichtsammlung *Poesiealbum* 97 in der DDR herauskam, war die jugendliche Gewißheit dahin; es hieß nun

Der Mensch lebt nicht von Brot allein
Es müßte ganz schnell Kommunismus sein.

– die Utopie wird als Nirgend-Ort kenntlich gemacht, gleichwohl als Ideal hochgehalten. Was aber 1990, da Langewiesche-Brandt unter dem Titel *Gebrochen deutsch* die fünfunddreißig Gedichte umfassende bibliophile Gesamtausgabe vorbereitete? »Kommunismus« war als Schimpfwort zerredet, der eigene Erläuterer mochte Richard nicht werden; andererseits, mag er in seinem Herzen *voll fröhlicher Kälte* – die Formel ist von 1967 – erwogen haben, war es schade um das schöne Gebilde, und ein Chemnitzer Sachse läßt nichts umkommen. So daß er, Meister Hegel folgend, die Schlußstrophe aufhob (bewahrte, annihilierte, auf höhere Stufe lüpfte); die Fassung letzter Hand lautet

Der Mensch lebt nicht von Brot allein
Aber es muß da sein.

(mit dem Akzent auf »da«): Richard war, bei aller Liebenswürdigkeit im Umgang, einer der dickköpfigsten Menschen dieser Erde, die Nachwelt verdankt seiner Sturheit die kürzeste und vollständigste Beschreibung einer wünschenswerten Menschheitsverfassung, die sich denken läßt.

Man rechnet Leising, mit Recht, zur Sächsischen Dichterschule. Deren Kennmale sind, meint ein Freund, *Sanguinik, Weltbezug, Handwerksernst* und *Bestehen auf Vernunft*: Nur der Genußfähige vermag Schönheit zu erkennen und hervorzubringen; das Alltägliche ist kunstwürdig wie die Phantasie, die aus ihm blüht; Gedichte bestehen aus Versen, nicht aus Wörtern; wer angesichts der Welträtsel Schweigen für verdienstvoll hält, soll, statt zu erzählen er schweige, schweigen. Anders als seine Kollegen Volker Braun, Adolf Endler, Karl Mickel aber hat Richard Leising einen Personalstil nie entwickelt, sondern jeden Text gleichsam vom poetischen Urgrund her frisch erfunden. Gröbliches steht neben Zartem, politisch Ironisches neben gelassen schwingender Betrachtung; es ist seltsam zu lesen, wie die Gedichte gleichwohl zueinander gehören und miteinander, und zu uns, über die Zeiten weg reden.

Juni 1997

Aufarbeiten

Georg Maurers gedenkend

»*Aufarbeiten*«, hätte Maurer gesagt, »ist ein Wort aus dem Schneidergewerbe. Dame oder Herr« (das waren für ihn Pejorative, er verstand sich als Mann, nicht als Herr, und begehrte dieses und jenes Weib, nie eine Dame) »gaben ihren Pelz zum Aufarbeiten, wenn er der Mode oder schäbiger Stellen wegen nicht mehr tragbar schien, aber ein neuer war außerhalb der Möglichkeiten. *Eine Vergangenheit aufarbeiten*«, hätte Maurer gesagt, »meint, man schneidet und näht sie so zurecht, daß man sich damit wieder sehen lassen kann.«

1998

Toast auf Tembrock
am 7. Juni 1998

Lieber Herr Tembrock,
      DER MENSCH IST DOCH KEINE GRAUGANS! scholl es mir entgegen, als ich vor zwanzig Jahren im deutschen Westen einen kleinen Aufsatz zum Begriff des Nationalen vortrug, der sich verhaltenstheoretischer Denkanstöße bedient, DAS WOLFSGESETZ GILT NICHT BEI UNS! scholl es im Osten; beide Ausrufe sind strukturell äquivalent: sie unterstellen Nichtbehauptetes, sie artikulieren Furcht vor Statusverlust (als wäre der Zwischenkieferknochen nicht genug, sollen wir nun noch mit Anatiden und Caniden gemeingemacht werden) und klingen optimistisch *(Optimismus* läßt sich beschreiben als lautes Wegsehen von der Welt zwecks Erhaltung des Seelenfriedens); die zugrundeliegenden Seelenverkrümmtheiten sind *Anmaßung, Irrationalität* und *Dumpfbackigkeit.*

Derart also scholl es vor zwanzig Jahren, da waren wir junge Spunde, Sie sechzig, ich vierundvierzig; steht es nun besser? Ist die Anmaßung gewichen? sie befähigt zu Aufsichtsratsposten; die Irrationalität? Denker rühmen sich ihrer öffentlich; die Dumpfbackigkeit? ach du je. Was also läßt sich zum Lob des gegenwärtigen Weltzustands vorbringen? Daß er Sie, Serenissimus (das bedeutet *Durchheitertster* und ist eine alte Anrede für Fürsten, Ihre Vorfahren waren ja ostfriesische Häuptlinge) – daß er Sie arbeiten läßt, obzwar Sie nicht anmaßend, nicht irrational und nicht durnpfbackig sind, vielmehr, mit achtzig! noch Haare auf dem Kopf, hingegen keinen Bauchansatz haben – Kennmale, die dem Überstehen in der Population sonst eher unförderlich sind, ich weiß, wovon ich rede.

Wo rede ich? auf einer rituellen Veranstaltung. Und da ich eine Neigung zu barocken klassischen Riten hege, will ich einem längst ausgemendelten huldigen: Während einer Geburtstagsparty, früher, zog der Dichter, falls ein Dichter da war, es war aber meist einer da, etwas aus dem Ärmel, das, wie er versicherte, rein zufällig dorthin geraten sei; was enthielt das Blatt? Verse, welcher Sorte immer – wenn aber der Jubilar sehr rühmenswert war, ein Sonett.

PETRARCA, AUF DEM WEG ÜBER DIE ALPEN,
BEDENKT SEINEN HUSTEN

Ich huste, wenn ich huste, meistens jambisch.
So daß ein Arzt, wofern ich ihn besuchte,
Mich, nähm ers wahr, als Unrettbaren buchte
Und stracks ins Beinhaus wiese. Indes schlampig

Sind, wie der Zeitgeist, heute die Doktoren
Und haben keinen Dunst mehr, was ein Vers ist,
So daß ich, ob der Klang auch sacht pervers ist,
Canzonen krächze in Banausenohren.

Wie priesen wir doch jung die Konsequenz
Und des Gedankens Schärfe, die so frisch macht
Und mählich mit dem Flachsinn reinen Tisch macht;

Wüstesten Wintern, sang man, folgt ein Lenz.
Und doch halt alternd ich am Loben fest:
Ich lob den Schlamp, da er mich leben läßt.

Fünf schräge Blicke
Dankrede für den Wilhelm-Müller-Preis

Halt kurz das Roß, und sieh auf deinen Schlitten!
Wilhelm Müller

Bedacht mit einem Preis, der eines Kollegen Namen trägt, sieht der ergriffen Gelorbeerte sich genötigt, holterdipolter nicht nur jenes Kollegen Gesamtwerk, sondern dazu Zeittafeln, Vorworte, Deutungen, Verrisse der Deutungen, sogar CDs und Gegen-CDs in den Kopf zu kriegen; das Munternde an derlei Übung ist ein ruckhaftes Hin und Her des Geistes – blindlings von Klippe zu Klippe –, das Mißliche die apriorische Gewißheit, aus all dem nie und nimmer ein Fädchen Licht ziehen zu können. Wo aber Gefahr ist, wächst das Rettende auch, singt Hölderlin; in anhaltinischer Prosa meint das: Greif, Freund, nur immer den erstbesten Strohhalm, und falls keiner zur Hand ist, denk dir einen. Ich biete die *Kultur des schrägen Blicks*; mag das ungeläufig klingen, ist der gymnastische Vollzug doch einfach: Neigen Sie, aufrecht, aber mit federnden Knien, den Kopf nach links vorn, und lassen die Augen folgen, unternehmen Sie Entsprechendes nach rechts oben, usf.; alsbald wird skeptische Energie Ihren Leib durchpulsen, die Sie stracks an die nächstherumschwebende These wenden.

I

    Neulich deutschten auf deutsch vier deutsche
        Deutschlinge deutschend,
    Sich überdeutschend am Deutsch, welcher der
        deutscheste sei.
    Vier deutschnamig benannt: Deutsch, Deutscherig,
        Deutscherling, Deutschdich;

Selbst so hatten zu deutsch sie sich die Namen gedeutscht.
Jetzt wettdeutschten sie, deutschend in grammatikalischer Deutschheit,
Deutscheren Komperativ, deutschesten Superlativ.
»Ich bin deutscher als deutsch.« »Ich deutscherer.«
»Deutschester bin ich.«
»Ich bin der Deutschereste oder der Deutschestere.«
Drauf durch Komperativ und Superlativ fortdeutschend
Deutschten sie auf bis zum – Deutschesteresteresten,
Bis sie vor komperativisch- und superlativischer
Deutschung
Den Positiv von deutsch hatten vergessen zuletzt.

*

Konstantin Kanari heiß ich, der ich lieg in dieser Gruft,
Zwei Osmanenflotten hab ich fliegen lassen in die Luft,
Bin auf meinem Bett gestorben in dem Herrn, als guter Christ,
Nur ein Wunsch auf dieser Erde noch mit mir beerdigt ist:
Daß ich mit der dritten Flotte unsrer Feind' auf hohem Meer
Mitten unter Blitz und Donner in den Tod geflogen wär.
(...)

1819 hatten die Karlsbader Beschlüsse in Deutschland und Österreich die Zensur eingeführt, »Grammatische Deutschheit« von Friedrich Rückert erschien im gleichen Jahr, der Aufruf zum Gotteskrieg stammt aus Müllers 1824 gedrucktem Erfolgsbuch »Neueste Lieder der Griechen«. Daß infolge jener Beschlüsse niemand mehr hätte politisch dichten können, ist erfunden – man konnte, wenn man bei poetischem Verstande war, und konnte, wenn man ihn zeitweilig aufgab. Die These, Wilhelm Müller habe damals nur noch verdeckt zu reden sich getraut, so daß die »Winterreise«, 1824, als politische Bekundung eines Gemaulkorbten zu lesen sei, gehört wohl weggeworfen.

II

»Goethe regiert ein kolossales Ensemble dramaturgischer Modelle und Versgestalten: Knittel, Trimeter, Alexandriner, Jamben, trochäische Tetrameter; Liedstrophen aller Arten treiben ihr munteres Wesen an den ihnen gemäßen Plätzen, welche der Meister, oberaufsichtlich entscheidend, ihnen preisgibt. Müllers Verstechnik ist eng, basic-Prosodie – er grillt Scheibchen aus dem üppigen Mahl des Heroen«, schreibt 1994 mein Freund Karl Mickel, um fortzufahren: »So das Klischee«. Doch steht das Klischee nun so erzväterisch gemeißelt da, daß sich die angehängte reservatio leicht überliest; dem abzuhelfen, betrachten wir das Motto. Es klingt gewiß mehr klassisch denn romantisch, was es ja auch soll, denn ich habe es ausgesucht, und beschließt einen 1818 zu Florenz entstandenen Zyklus »Die Monate« zum Leser spricht der *Dezember*:

Mit Peitschenknall und lautem Schellenklange
Meld ich mich dir, und schüttle weiße Flocken
Durch alle Straßen hin aus meinen Locken:
Dich, hoff ich, macht das Ungetüm nicht bange.

Es schnaubt der Renner an des Schlittens Stange,
Das blanke Halsband schütteln deine Doggen;
Die Dame hüllt in warme Flaumensocken
Den zarten Fuß, und denkt: Er bleibt so lange.

Was zauderst du? Sitz auf, mein Freund, geschwinde!
Und sei mir auf der Fahrt nicht zu verwegen,
Muß ich im Namen deiner Schönen bitten;

Den süßen, warmen Odem wehn die Winde
Und manche weiche Locke dir entgegen:
Halt kurz das Roß, und sieh auf deinen Schlitten!

Sonette, mithin, hat unser Müller gekonnt – welch heitere Obszönität, die aus der Dialektik von Allegorie und Alltag sich entwickelt, ein *coup de foudre!*, erst die Schlußwendung gebietet, damit der Schlitten nicht umkippt, Einhalt und taugt nun zur Lebensmaxime. Er konnte auch Distichen und, wie Sie aus *Konstantin Kanari* wissen, Tetrameter (die freilich, erfahre ich von Peter Hacks, seit den alten Griechen weiblich reimen, Müller folgt dem, ohne Gewinn, gelegentlich: »Sieh, o sieh die letzten Werke, die vollbracht des Helden Rechte / In dem Feld von Karpinissi, wo sein Stahl im Blute zechte«). Vor allem aber ist die Prosodie in »Die schöne Müllerin« so swingend liedtüchtig und variabel, daß ich zum Parnaß hin meine englische Mütze schwenke:

    Ich lad euch, schöne Damen, kluge Herrn
    Und die ihr hört und schaut was Gutes gern,
    Zu einem funkelnagelneuen Spiel
    Im allerfunkelnagelneusten Stil

hebt der *Dichter als Prolog* fünfhebig jambisch mit Schlagreim an; es folgt *Wanderschaft*, darin der Wechsel von männlichen Vier- und weiblichen Einfüßern sich als Nachdenklichkeit stiftender Kunstgriff erweist:

    Die Steine selbst, so schwer sie sind,
        Die Steine!
    Sie tanzen mit den muntern Reihn
    Und wollen gar noch schneller sein,
        Die Steine.

Das anschließende *Wohin?* variiert zunächst »Ich hört ein Sichlein rauschen« aus »Des Knaben Wunderhorn« und kommt anscheinend dreihebig jambisch daher:

    Ich hört ein Bächlein rauschen
    Wohl aus dem Felsenquell,

Hinab zum Tale rauschen
So frisch und wunderhell

– ab Strophe 3 indes entpuppt das Versmaß sich als daktylisch:

Hinunter und immer weiter,
Und immer dem Bache nach,
Und immer frischer rauschte
Und immer heller der Bach

– die gestaute rhythmische Energie wird freigesetzt und läßt das Wasser desto munterer zu Tale stürzen. Der Wanderer folgt, bis er des Orts seiner Bestimmung gewahr wird, die Überschrift heißt *Halt!*:

Eine Mühle seh ich blicken
Aus den Erlen heraus,
Durch Rauschen und Singen
Bricht Rädergebraus

– auch dies ist ein Dreiertakt, aber ein ganz anderer, gebremster, der das »Anhalten« und »einen Halt finden« metrisch vertrackt bekräftigt. Vier Lieder weiter – mittlerweile schafft der Held als Teil des Mühlenidylls und hat sich verliebt – gibt es vierhebige Trochäen:

Seh ich sie am Bache sitzen
Wo sie Fliegennetze strickt,
Oder sonntags für die Fenster
Frische Wiesenblumen pflückt

– das dreizehnte schließlich bietet die angemahnten Knittel:

Meine Laute hab ich gehängt an die Wand
Hab sie umschlungen mit einem grünen Band –

Ich kann nicht mehr singen, mein Herz ist zu voll,
Weiß nicht, wie ich´s in Reime zwingen soll

– und so fort, kein Lied gleicht verstechnisch dem andern, und jedes Formelement wirkt an seinem Platz. Daß Müller weniger Vers- und Strophenarten benutzt als Goethe oder Rückert, gilt gleichwohl, er ist ja aber auch nicht so alt geworden.

III

»Ach, Schubert-Müller?« murmeln, fällt des Dichters Name, selbst Gebildete heute, die Meinung ist, Franz habe mit seinen Vertonungen Wilhelms Verse geadelt. Tatsächlich lassen Silhouetten wie »Die Forelle« oder »Vorüber, ach, vorüber, du wilder Knochenmann!« Schuberts Talent passabel aufblühen; sobald Mehrsinnigkeit mitspielt (d.h. die Oberfläche gegenläufige Mitteilung birgt), reichen Geduld und Geist nicht, den Text zu Ende zu lesen, und er komponiert, der ersten Zeile folgend, frisch drauflos und daneben. Das beginnt mit *Wanderschaft*: Wo der Wechsel zwischen Lang- und Kurzvers das Gedicht immer wieder bremst (der Held nämlich steht vor seinen Arbeitgebern und erklärt stockend ihnen und sich, weshalb er fort will), suggeriert die plätschernde Klavierbegleitung, da hopse jemand ohne Gepäck bergab und trällere einen Gassenhauer. Die hübschen Akzentwechsel in *Ungeduld*

Ich schnitt es gern in alle *Rin*den ein,
Ich *grüb* es gern in jeden Kieselstein,
Ich möcht es sä´n auf jedes frische *Beet*
Mit *Kresse*samen, der es schnell verrät,
Auf jeden weißen *Zettel* möcht ichs schreiben:
Dein ist mein Herz und soll es ewig bleiben

bügelt der Tonsatz glatt und übernimmt bis Zeile 4 die

Prosodie des Eingangsverses, den resultierenden Un-Sinn (*jedes Frischebeet* statt »jedes frische Beet«, *durch den Regenhain* statt »durch den regen Hain«) pflegen gewitzte Sänger wegzunuscheln. Kein Mogeln hilft, wenn das Schwammerl den rhetorischen Gestus nicht erkennt: Mag noch angehen, daß der Held den Refrain in eine Baumrinde ritzt, bräuchte er doch für *alle Rinden* hundert Jahre und für die Kieselsteine Äonen; nach der Kressesamen-Aktion möchte er gar einem Star, den er erst fangen müßte, die neun Wörter in seiner, des Helden, Stimmlage einbimsen. All dies macht, daß die Versicherung ewiger Liebe ebenso irreal, also eher verzagt klingt, das Gedicht-Ende

> Und sie merkt nichts von all dem bangen Treiben:
> Dein ist mein Herz und soll es ewig bleiben.

liefert dazu den Klartext. Schubert indes veranstaltet ein Triumphgeschrei, als wären die Tenöre bzw. Baritöner Graugansganter; die meisten legen dazu die Linke auf die Brust und strecken, Handfläche nach oben, die Rechte vor, den kultivierten bleibt, die Arme stillzuhalten, singen müssen sie ja, was in den Noten steht. *Trockne Blumen* schildert, wie der Protagonist – er hatte die schöne Müllerin zwar erobert, bald aber an einen stattlicheren Beischläfer verloren – bitterlich einsam sich seine Selbstentleibung schönmalt:

Und Lenz wird kommen,
Und Winter wird gehn,
Und Blümlein werden
Im Grase stehn,

Ihr Blümlein alle,
Die sie mir gab,
Euch soll man legen
Mit mir ins Grab

Und wenn sie wandelt
Am Hügel vorbei,
Und denkt im Herzen:
Der meint' es treu!

Dann Blümlein alle
Heraus, heraus!
Der Mai ist kommen,
Der Winter ist aus.

– und wieder wird losgejubelt, weil ja *der Mai kommen* und der *Winter aus* ist; immerhin grummelt das Klavier noch ein bißchen nach, als klamaukte die Leiche schon de profundis. Wann immer es etwas zu verstehen gibt, versteht Schubert nichts, und wenn, dann aus Versehen.

IV

Von Müllers populären Zyklen heißt es, der spätere sei besser gedichtet, ich kann mich dem nicht anschließen. Jedenfalls ist »Die schöne Müllerin« ein trefflich gebautes Dramolett: Pro- und Epilog schaffen heiter sarkastisch einen Spiel-Rahmen, der die romantischen Requisiten goutabel macht, gleichwohl behält der Dichter Mut zur Innigkeit. Wechselnde Stimmungen treiben zum Weiterlesen, zügig wird der dramatischen Knoten geschürzt: Nach den Eröffnungsstücken führt eine *Danksagung an den Bach* die schöne Müllerin ein, Alltagsbeschreibungen (*Am Feierabend, Das Mühlenleben*) geben ihr liebenswerte Präsenz; ein Tête-à-tête am Bachufer endet unentschieden, weil der junge Mann nur der Angebeteten Spiegelbild im Wasser anstarrt, dann aber hat er doch zugelangt und kann *Mein!* rufen – und schon ist mit dem dreizehnten Lied, der Drehachse des Zyklus, *Pause*: Fortan geht es grabwärts. Dies freilich wohlretardiert: Ein *grünes Band* erbittet die Liebste, weil sie die Farbe so mag; ein *Jäger* in Grün treibt sich am Mühlbach herum und wird mit kühnen Invektiven bedacht; bald muß der Held erkennen, daß seine Eifersucht Grund hatte, trotzt, versucht, durch Ausflüge in die freie Natur seines Elends Herr zu werden (was hätte gelingen können, wenn dort nicht alles so grün wäre); das letzte Lied murmelt der Bach. Die Situationen sind durchweg glaubhaft, rhetorische Verabredungen werden als solche gekennzeichnet, Metaphern gibt es keine, weil die Gedichte selber Metaphern sind – rundum waltet poetische Redlichkeit.

V

Ein berufsloser junger Mann wohnt seit dem Frühsommer in einer Kleinstadt – ein Bach fließt durchs Weichbild, vorm Stadttor gibt es einen Brunnen samt Linde, unter der er stundenlang zu träumen pflegt – zur Miete und glaubt sich mit der Tochter des Hauses verlobt; als ihm eines Winterabends eröffnet wird, ein Betuchterer sei ihm vorgezogen, mag er den nächsten Morgen nicht abwarten und geht trotz klirrenden Frosts und zugeschneiter Wege auf und davon. So das Plot der »Winterreise«, die Lieder sind Fluchtstationen, zusammengeklammert von der wachsenden Weltverlorenheit des Helden. Wundert man sich beim Eingangsstück (»Fremd bin ich eingezogen, / Fremd zieh ich wieder aus«) schon, daß, obzwar Dunkelheit herrscht, ein *Mondenschatten* als sein Gefährte mitzieht (»Dunkel wars, der Mond schien helle«, kräht der Volksmund), und staunt, wenn er *im Gehen* noch schnell »Feinsliebchen, Gute Nacht!« ans Hoftor schreibt: bei dem Wetter!, und womit denn?, wird man beim nächsten, *Die Wetterfahne* betitelten Lied doch ungehalten: »Der Wind spielt drinnen mit den Herzen / Wie auf dem Dach, nur nicht so laut«, steht dort allen Ernstes; gemeint ist, die Ex-Geliebte samt ihren Eltern sei flatterhaft. Dann aber kommt es Schlag auf Schlag: »Die Krähen warfen Bäll' und Schloßen / Auf meinen Hut von jedem Haus«, heißt es in *Rückblick*, obwohl bei Temperaturen, die Tränen an den Wangen gefrieren lassen, Schneebälle bzw. Schloßen sich nicht bilden; eine der Krähen ist ihm gar tagelang ums Haupt geflattert, was nicht zum Verhaltensrepertoire dieser Vögel gehört – es wird sich um Poes Raben *Nevermore* gehandelt haben. Zweimal (erst in der bislang imaginierten sanften Hügellandschaft, dann im Gebirge, wo wir uns, als hätte der Held Siebenmeilenstiefel, unversehens befinden) treiben *Irrlichter* ihr Wesen, die es, entnehme ich meinem Lexikon, winters nirgendwo auf der Welt gibt; fast möchte man glauben, der Dichter wolle die Naturgesetze außer Kraft setzen. Dabei flüchtet er bloß, sobald er nicht weiter weiß, aus der Realebene in die Metapher, unterläßt aber, den Übergang anzuzeigen; zum Schluß steht ein *Leiermann* barfuß (!) auf dem Eis hinterm Dorf, wo ihn kein Mensch wahrnimmt: er ist nicht einmal eine Metapher, sondern eine Allegorie. Eben dieses strukturelle Mischmasch läßt alles Bemühen, aus der Abfolge der Gedichte die Wanderstrecke des Helden zu ermitteln (es gibt solche Versuche, mit Kartenskizze!) von vornherein scheitern. Indes schickt sich für eine Dankrede ein *lieto fine*; so schließe ich mit einem Denkvorschlag, der die Verse nicht besser macht, aber wenigstens die Suche nach einer nicht vorhandenen Großstruktur spart: »Die Winterreise« ist überhaupt kein Zyklus, sondern eine Suite. Eine Suite versammelt Stücke unterschiedlicher Redeweise, deren motivisches Material sich aufeinander beziehen kann, aber nicht muß; ansonsten ist nur verlangt, daß das Ganze unterhält und dem Zeitgeist Reverenz erweist. Da das Werkchen eh nicht gelesen, sondern nur mit Schuberts Musik gehört wird, und die meisten Hörer nach den ersten beiden Versen allenfalls Stichwörter aufnehmen, um recht zu genießen, wie schauerlich es vordem in der Welt zuging, dürfte der Schaden, den eine genretechnische Präzisierung womöglich anrichtet, eher gering sein.

Coda

Gott, auf die Einleitung zurückzukommen, wo er im zweiten Hölderlin-Zitat steckt, hadert bekanntlich seit längerem mit der Christenheit, und die übrigen Großreligionen trösten ihn kaum; als ehemaliger Wüstendämon an Tätigkeit gewöhnt, hilft er gelegentlich seinen Atheisten. So hat eine glückliche Fügung mich letzthin vor einem peinlichen Irrtum bewahrt: *Kultur des schrägen Blicks*, schrieb ich gerade, sei als Ausdruck ungeläufig, was, hatte ich hinzuzusetzen vor, nicht verwundern könne, da ich ihn ja erfunden hätte. Ich habe ihn aber gar nicht erfunden, und wenn, allenfalls die deutsche Version – die Sache selber findet sich schon bei Galileo Galilei. Der sagt:

Mi fan patir costoro il grande stento,
Che vanno il sommo bene investigando,
E per ancor non v'hanno dato dentro.

E mi vo col cervello immaginando,
Che questa cosa solamente avviene
Perché non è dove lo van cercando

usw., es handelt sich um Terzinen. Die Interlinear-Übersetzung meines Kollegen Burkhart Kroeber geht:

Mit großem Überdruß erfüllen mich jene,
die ständig nach dem höchsten Gute suchen
und es bis heute nicht gefunden haben.

Und wenn ichs wohl bedenke, scheint mir,
daß solches nur geschieht,
weil es nicht dort ist, wo sie´s suchen.

Diese Doktoren haben es nie recht verstanden,
sind nie den richtigen Weg gegangen,
der sie zum höchsten Gute führen kann.

Denn meiner Meinung nach muß,
wer etwas finden will,
die Phantasie anstrengen.

Und mit der Erfindung spielen und raten,
und kannst du nicht geradeaus gehen,
so können dir tausend andere Wege helfen.

Dies, dünkt mich, lehrt uns die Natur:
wenn einer nicht auf dem gewohnten Weg vorankommt,
sucht er sich hintenrum eine bessere Straße.

Die Art der Erfindung ist sehr mannigfaltig,
doch um das Gute zu finden, muß man, ich hab´s erprobt,
in umgekehrter Richtung gehen.

Such etwas Böses, und schon hast du es (das Gute) gefunden,
nämlich höchstes Gut und höchstes Übel
paaren sich wie das Federvieh auf dem Markte.

2001

Editorische Notiz

Das Wort und seine Strahlung erschien 1976 im Aufbau-Verlag Berlin und wurde dann in den Essayband *Ordnung im Spiegel* (Reclam-Verlag Leipzig 1985) übernommen, dessen Teil II auf der 1979 bei Hinstorff Rostock erschienenen Sammlung Amt des Dichters basierte und weitere bis dahin entstandene Texte enthielt; unsere Werkausgabe folgt der 2., nochmals um elf Texte erweiterten Auflage von 1991.

Die Talare der Gottesgelehrten hieß ein 1999 beim Mitteldeutschen Verlag Halle erschienener Querschnittband, dessen essayistische Texte, soweit sie nicht schon in *Ordnung im Spiegel* stehen, hier aufgenommen sind; die später entstandenen Reden »Zeitgeist und Übersetzung« und »Fünf schräge Blicke« sind eingeordnet.

Inhalt

Das Wort und seine Strahlung 7

Amt des Dichters 115

1.
Gedichte in der dritten Klasse 117
Weshalb schreiben Sie für Kinder und was
haben Sie davon? 124
Brief an Zentralrat der FDJ 127

2.
Kunst und Verantwortung 131
Brief an Arbeitsgemeinschaft Literatur
des Gymnasiums Butzbach 143
Wertschätzung der Umfelder 146
Dank für den Weiskopf-Preis 151
Fünf Notizen 153
Laudatio auf Werner Creutziger 156
Über den Satz: Jeder verantwortungsbewußt
Denkende heute weiß, daß die Weltzivilisation
bedroht ist. 161

3.
Probleme des Epischen 173
Antwort auf eine Umfrage zur Literaturkritik . . . 187

4.
Antwort auf eine Umfrage
zur Traditionsaufnahme 191
Nach Rilke gefragt 199
Antwort auf eine Umfrage zu Thomas Mann . . . 203
Implikationen aus Prinz von Homburg 205
Kleists Selbstmord 208

Das Klischee als Kunstleistung und die Automatisierung des schöpferischen Prozesses	210
Gespräch mit Bernd Kolf	220
Selbstporträt für Fernsehen	228
Nachwort zu Otto Flakes Hutten	236
Nachwort zu Rilke, Die Aufzeichnungen des Malte Laurids Brigge	241
Gespräch mit Rüdiger Bernhardt	254
Leda	275
Kunst und Geld	282

5.

Zur Übersetzung von Nikolos Baralaschwilis Gedichten	288
Realismus in der Poesie Washa Pschawelas	300
Poetische Kraft der Großstruktur	312
Antwort auf NDL-Umfrage 1975	317
Warum Gorki neu übersetzen?	320

6. Sechs Gedicht-Interpretationen	323
Im Maß Petrarcas	323
Rainer Maria Rilke, Herbsttag	335
Gott ist arbeiten	335
Gehortete Energie	338
Zwiefache Höllenerfahrung	341
Das wackelnde Über-Ich	345
Lied der Lieder, Möbiussches Band	347

7.

Georg Maurer zum 60. Geburtstag	350
Kito Lorenc	353
Über Karl Mickel	359
Wulf Kirsten und die schönen Dorfnamen	367
Über Richard Leising	375
Über Adolf Endler	377
Über Sarah Kirsch	379

Grieshaber 70 381
Meine Gedichte 384

Die Talare der Gottesgelehrten

Gegessen und verdaut 401
Die Neue Nekrophilie oder der Brotpreis
zieht an 410
Dachs Mandelstam 413
St. Gödel und das Naturschöne 417
Vorrede für eine Sozialministerin 422
Die Talare der Gottesgelehrten 426
Zeitgeist und Übersetzung 447
In diesem Herzen voll fröhlicher Kälte 458
Aufarbeiten 460
Toast auf Tembrock 461
Fünf schräge Blicke 463

Werke · Überblick

Band 1
Gedichte & Lieder
Ausflug machen, Gedichte 1959-1979
Kunst in Mark Brandenburg, Gedichte 1979-1987
Ich-Soll 1991
Petrarca hat Malven im Garten, Gedichte 1996-2003
Kleine Herbstmotette
Adressen an Jubilare
Reglindis, Lieder 1963-1979
Anna Katarina oder Die Nacht am Moorbusch
Gedichte für Kinder

Band 2
Erzählungen & Porträts
Sauna oder Die fernherwirkende Trübung, Erzählungen
Kopien nach Originalen, Porträts und Reportage
Die Perlen der grünen Nixe

Band 3
Stücke & Libretti
Der Soldat und das Feuerzeug
Heinrich Schlaghands Höllenfahrt
Von einem, der auszog, das Fürchten zu lernen
Das Land Bum-bum
Münchhausen
Frau Holle
Der Mehrzweckschreibtisch

Band 4
Essays & Gespräche
Das Wort und seine Strahlung
Amt des Dichters
Die Talare der Gottesgelehrten

ISBN 3-359-01494-4
(für alle vier Bände)

© 2004 Eulenspiegel · Das Neue Berlin Verlagsgesellschaft mbH & Co. KG
Rosa-Luxemburg-Str. 39, 10178 Berlin
Umschlagentwurf: Peperoni Werbeagentur, Berlin
Druck und Bindung: Salzland Druck Staßfurt

Die Bücher des Eulenspiegel Verlags
erscheinen in der Eulenspiegel Verlagsgruppe.

www.eulenspiegel-verlag.de